Florian Ochmann
Die Aktionärsrechte-Richtlinie

Schriften zum Europäischen
und Internationalen Privat-, Bank-
und Wirtschaftsrecht

EIW Band 35

Schriften zum Europäischen und Internationalen Privat-, Bank- und Wirtschaftsrecht

EIW Band 35

De Gruyter Recht · Berlin

Florian Ochmann

Die Aktionärsrechte-Richtlinie

Auswirkungen auf das deutsche und europäische Recht

W DE G RECHT

De Gruyter Recht · Berlin

Dr. iur. *Florian Ochmann*, Hamburg

♾ Gedruckt auf säurefreiem Papier,
das die US-ANSI-Norm über Haltbarkeit erfüllt.

ISBN 978-3-89949-762-5

Bibliografische Information der Deutschen Nationalbibliothek

Die Deutsche Nationalbibliothek verzeichnet diese Publikation in der Deutschen Nationalbibliografie; detaillierte bibliografische Daten sind im Internet über http://dnb.d-nb.de abrufbar.

Printed in Germany
Umschlaggestaltung: Christopher Schneider, Laufen
Datenkonvertierung/Satz: jürgen ullrich typosatz, Nördlingen
Druck und Bindung: Hubert & Co., Göttingen

Meiner Mutter

Vorwort und Danksagung

Das vorliegende Werk wurde im Juli 2009 von der Juristischen Fakultät der Humboldt-Universität zu Berlin als Dissertation angenommen. Aktuelle Entwicklungen konnten noch bis Anfang November 2009 berücksichtigt werden, die zitierten Internetseiten wurden zuletzt am 21. Oktober 2009 besucht. Die Arbeit ist in wesentlichen Zügen während meiner Zeit als Wissenschaftlicher Mitarbeiter an der Juristischen Fakultät der Humboldt-Universität zu Berlin entstanden. Sie geht auf eine Anregung meines Doktorvaters und „Chefs" Prof. Dr. Dr. Stefan Grundmann, LL.M. zurück. Ihm gebührt daher mein Dank an erster Stelle. Prof. Dr. Hans-Peter Schwintowski sei für die zügige Erstellung des Zweitgutachtens gedankt. Ganz besonders für die ausgesprochen schöne Zeit am Lehrstuhl möchte ich mich bei meinen ehemaligen Kollegen Angela Huhn, Dr. Florian Möslein, Moritz Mühling, Anja Watzenberg, Anna-Julka Lilja, Dr. Martin Schmidt, Dr. Christian Hofmann sowie Bilge Buz bedanken.

Aus meinem privaten Umfeld habe ich Hilfe und Unterstützung in vielfältiger Form erfahren. Zuerst denke ich hierbei an meine Großeltern Engelbert und Ursula Ochmann, die das Entstehen der Arbeit stets aufmerksam und mit Interesse verfolgt haben. Auch mein Bruder Nicolas hat erheblich zum Gelingen beigetragen. Die größte Unterstützung habe ich schließlich von meiner Mutter Monika Ochmann erfahren. Ihr ist diese Arbeit gewidmet. Von meinen Freunden haben vor allem meine liebe Elena, Marco, Maxim, Manolo und Kerstin dafür gesorgt, dass ich die Zeit als Doktorand insgesamt in bester Erinnerung behalten werde.

Hamburg im November 2009

Inhaltsverzeichnis

4. Teil – Durchführung der Hauptversammlung

5. Teil – Offene Fragen, Ausblick und Bewertung

Abkürzungsverzeichnis

a. A.	anderer Ansicht
ABB	Asea Brown Boveri
Abl.	Amtblatt der Europäischen Gemeinschaften, Serie L und Serie C (Jahr, Nummer, Seite)
Abs.	Absatz
ADR	American Depositary Shares
a. F.	alte Fassung
AG	Die Aktiengesellschaft – Zeitschrift für das gesamte Aktienwesen (Jahr und Seite)
AktG	Aktiengesetz vom 6. 9. 1965, BGBl. 1965 I, 1089
AktG 1937	Gesetz über Aktiengesellschaften und Kommanditgesellschaften auf Aktien (Aktiengesetz) vom 30. 1. 1937, RGBl. I, 1937, 107
AktG 1884	Gesetz betreffend die Kommanditgesellschaften auf Aktien und die Aktiengesellschaften vom 18. Juli 1884, RGBl. 1884, 123
AllgM	allgemeine Meinung
Anm.	Anmerkung
A-RL	Richtlinie 2007/36/EG des Europäischen Parlaments und des Rates vom 11. 7. 2007 über die Ausübung bestimmter Rechte von Aktionären von börsennotierten Gesellschaften (Aktionärsrechte-Richtlinie)
A-RL-E	Vorschlag einer Richtlinie des Europäischen Parlaments und des Rates über die Ausübung der Stimmrechte durch Aktionäre von Gesellschaften, die ihren eingetragenen Sitz in einem Mitgliedstaat haben und deren Aktien zum Handel auf einem geregelten Markt zugelassen sind, sowie zur Änderung der Richtlinie 2004/109/EG, KOM(2005) 685
Art.	Artikel
art.	article
ARUG	Gesetz zur Umsetzung der Aktionärsrechte-Richtlinie
AusschussB	Ausschuss des Bundestags
Az.	Aktenzeichen
BaFin	Bundesanstalt für Finanzdienstleistungsaufsicht
BayObLG	Bayerisches Oberstes Landesgericht
BB	Betriebs-Berater (Jahr und Seite)
BdB	Bundesverband deutscher Banken
BeurkG	Beurkundungsgesetz vom 26. 8. 1969, BGBl. I 1969, 1913
BGB	Bürgerliches Gesetzbuch vom 18. 8. 1896, RGBl. 1896, 195, BGBl. III 400-2
Bd.	Band
BDA	Bundesvereinigung deutscher Arbeitgeberverbände
BDI	Bundesverband der deutschen Industrie
Begr	Begründung
BGBl.	Bundesgesetzblatt (Jahr und Seite)
BGH	Bundesgerichtshof
BGHZ	Entscheidungen des Bundesgerichtshofs in Zivilsachen (Band und Seite), ab 1951
BKR	Zeitschrift für Bank- und Kapitalmarktrecht (Jahr und Seite)

BMJ	Bundesministerium der Justiz
BörsG	Börsengesetz i.d.F. der Bekanntmachung vom 27. 5. 1908, RGBl. 1908, 215, BGBl. III 4110-1
BörsZulVO	Verordnung über die Zulassung von Wertpapieren zur amtlichen Notierung an einer Wertpapierbörse vom 15. 4. 1987, BGBl. 1987 I, 1234
BReg	Bundesregierung
BT	Bundestag
BT-Drs.	Bundestagsdrucksache
BR	Bundesrat
BVerfG	Bundesverfassungsgericht
BVerfGE	Entscheidungen des Bundesverfassungsgerichts (Band und Seite)
BVR	Bundesverband der deutschen Volksbanken und Raiffeisenbanken
bzgl.	bezüglich
bzw.	beziehungsweise
CA 1985	Companies Act 1985
CA	Companies Act 2006
ca.	circa
CESR	The Committee of European Securities Regulators
CR	Computer und Recht (Jahr und Seite)
DAI	Deutsches Aktieninstitut
DAV	Deutscher Anwaltverein
DAX	Deutscher Aktienindex
DB	Der Betrieb (Jahr und Seite)
DCGK	Deutscher Corporate Governance Kodex
DCTV	DaimlerChrysler TV
DepotG	Gesetz über die Verwahrung und Anschaffung von Wertpapieren vom 11. Januar 1995, BGBl. I 1995, 34
ders.	Derselbe
d.h.	das heißt
dies.	dieselbe(n)
DIHK	Deutscher Industrie- und Handelskammertag
DJT	Deutscher Juristentag
DNotZ	Deutsche Notar Zeitschrift
DSGV	Deutscher Sparkassen- und Giroverband
DStR	Deutsches Steuerrecht – Zeitschrift für Praxis und Wissenschaft des gesamten Steuerrechts (Jahr und Seite)
DSW	Deutsche Schutzvereinigung für Wertpapierbesitz
dtv	Deutscher Taschenbuchverlag
DZWiR	Deutsche Zeitschrift für Wirtschafts- und Insolvenzrecht (Jahr und Seite)
EBOR	European Business Organization Law Review (Band, Jahr und Seite)
ECFR	Europan Commercial and Financial Law Review (Band, Jahr und Seite)
ECLR	European Competition Law Review
ecolex	Fachzeitschrift für Wirtschaftsrecht (Jahr und Seite)
EG	Europäische Gemeinschaften
EGAktG	Einführungsgesetz zum Aktiengesetz vom 6. 9. 1965, BGBl. I 1965, 1185
EGV	EG-Vertrag, Amsterdamer Fassung
EHUG	Gesetz über elektronische Handelsregister und Genossenschaftsregister sowie das Unternehmensregister vom 10. 11. 2006, BGBl. I 2006, 2553
endg	endgültig
ERCL	European Review of Contract Law (Band, Jahr und Seite)
et al.	et alii
etc.	et cetera

e.V.	eingetragener Verein
EWG	Europäische Wirtschaftsgemeinschaft
EWiR	Entscheidungen zum Wirtschaftsrecht
EWR	Europäischer Wirtschaftsraum
EU	Europäische Union
EuGH	Europäischer Gerichtshof
EuZW	Europäische Zeitschrift für Wirtschaftsrecht (Jahr und Seite)
EWS	Europäisches Wirtschafts- und Steuerrecht (Jahr und Seite)
FMStFG	Finanzmarktstabilisierungsfondsgesetz vom 17. 10. 2008, BGBl. I 2008, 1982.
Fn	Fußnote
f., ff.	folgende (Singular/Plural)
Formvorschriften-anpassungsG	Formvorschriftenanpassungsgesetz vom 1. 8. 2001, BGBl. I 2001, 1542
Frankfurt/M.	Frankfurt am Main
FS	Festschrift
GbR	Gesellschaft bürgerlichen Rechts
GD	Generaldirektion
GDV	Gesamtverband der deutschen Versicherungswirtschaft
gem.	gemäß
Ges	Zeitschrift für Gesellschafts- und Steuerrecht (Jahr und Seite)
GesE	Gesetzentwurf
GesR	Gesellschaftsrecht
GesRZ	Der Gesellschafter – Zeitschrift für Gesellschafts- und Unternehmensrecht (Jahr und Seite)
GG	Grundgesetz vom 23. 5. 1949, BGBl. I 1949, 1
ggf.	gegebenenfalls
GmbH	Gesellschaft mit begrenzter Haftung
GmbHG	Gesetz betreffend Gesellschaften mit begrenzter Haftung vom 20. 4. 1892, RGBl., 477, BGBl. III, 4123-1
GPR	Zeitschrift für Gemeinschaftsprivatrecht (Jahr und Seite)
GRR	Gemeinsamer Referenzrahmen
GWR	Zeitschrift Gesellschafts- und Wirtschaftsrecht
HFR	Humboldt-Forum Recht – Die juristische Internetzeitschrift an der Humboldt-Universität zu Berlin (Jahr und Seite)
HGB	Handelsgesetzbuch vom 10. 5. 1897, RGBl. 1897, 219, BGBl. III 4123-1
h.M.	herrschende Meinung
Hrsg.	Herausgeber
HS	Halbsatz
HV	Hauptversammlung
IAS	International Accounting Standards
idR	in der Regel
IFRS	International Financial Reporting Standards
InvG	Investmentgesetz vom 15. 12. 2003, BGBl. I 2003, 2676
InvÄndG	Gesetz zur Änderung des Investmentgesetzes und zur Anpassung anderer Vorschriften (Investmentänderungsgesetz) vom 21. 12. 2007, BGBl. I 2007, 3089
IPRax	Praxis des internationalen Privat- und Verfahrensrechts (Jahr und Seite)
ISS	Institutional Shareholder Services
i.S.v.	im Sinne von
IT	Informationstechnik
i.V.m.	in Verbindung mit

JAP	Zeitschrift für juristische Ausbildung und Praxis (Jahr, Band und Seite)
JURI	Rechtsausschuss des Europäischen Parlaments
jurisPR-HaGesR	juris PraxisReport Handels- und Gesellschaftsrecht (Band und Jahr)
JW	Juristische Woche (Jahr und Seite)
JZ	Juristen-Zeitung (früher Deutsche Rechts-Zeitschrift und Süddeutsche Juristen-Zeitung) (Jahr und Seite)
KAGG	Gesetz über Kapitalanlagegesellschaft vom 5. 10. 1994, BGBl. I 1994, 2911
KG	Kammergericht
KG a. A.	Kommanditgesellschaft auf Aktien
KMU	kleine und mittlere Unternehmen
KOM	Dokument(e) der Kommission der Europäischen Gemeinschaften (Jahr, Nummer, Seite)
KonTraG	Gesetz zur Kontrolle und Transparenz im Unternehmensbereich vom 1. 5. 1998, BGBl. I 1998, 786
KostO	Gesetz über die Kosten in Angelegenheiten der freiwilligen Gerichtsbarkeit (Kostenordnung) vom 26. 7. 1957, BGBl. III 361-1
KWG	Gesetz über das Kreditwesen vom 9. 9. 1998, BGB. I 1998, 2776
LG	Landgericht
lit.	Litera
Ltd.	Limited
MDAX	Mid-Cap-Dax
MiFiD	Markets in Financial Instruments Directive
MMR	Multimedia und Recht (Jahr und Seite)
m. w. N.	mit weiteren Nachweisen
n°	numéro
NaStraG	Gesetz zur Namensaktie und zur Erleichterung der Stimmrechtsausübung vom 25. 1. 2001, BGBl. I 2001, 123
n. F.	neue Fassung
NJW	Neue Juristische Wochenschrift (Jahr und Seite)
NJW-RR	NJW-Rechtsprechungs-Report (Jahr und Seite)
Nr.	Nummer
NZG	Neue Zeitschrift für Gesellschaftsrecht (Jahr und Seite)
o. ä.	oder Ähnliches
ÖBA	Österreichisches Bankarchiv – Zeitschrift für das gesamte Bank- und Börsenwesen (Jahr und Seite)
öAktG	österreichisches Aktiengesetz vom 1. 1. 1966, BGBl. I Nr. 59/2005
OGAW	Organismen für gemeinsame Anlagen in Wertpapieren
OLG	Oberlandesgericht
PIN	Persönliche Identifikationsnummer
RefE	Referentenentwurf
Reg	Regierung
RegBegr	Regierungsbegründung
RegE	Regierungsentwurf
REIT	Real Estate Investment Trust
REITG	Gesetz über deutsche Immobilien-Aktiengesellschaften mit börsennotierten Anteilen vom 28. 5. 2007, BGBl. I 2007, 914
RG	Reichsgericht
RGBl.	Reichgesetzblatt (Jahr und Seite)
RGZ	Entscheidungen des Reichsgerichts in Zivilsachen (Band und Seite)
RIW	Recht der internationalen Wirtschaft (Jahr und Seite)
RL	Richtlinie
Rn	Randnummer

(verb.) Rs.	(verbundene) Rechtssache(n)
S.	Seite; Satz
SdK	Schutzgemeinschaft der Kapitalanleger
SE	Societas Europaea
SECOLA	Society of European Contract Law
SE-VO	Verordnung zur Societas Europaea
SigG	Gesetz über Rahmenbedingungen für elektronische Signaturen (Signaturgesetz) vom 16. 5. 2001, BGBl. I 2001, 876
Slg.	Sammlung
SSRN	Social Science Research Network
SR	Status Recht (Jahr und Seite)
TransPuG	Gesetz zur weiteren Reform des Aktien- und Bilanzrechts, zu Transparenz und Publizität (Transparenz- und Publizitätsgesetz) vom 19. 7. 2002, BGBl. I 2002, 2681
TUG	Transparenzrichtlinie-Umsetzungsgesetz vom 5. 1. 2007, BGBl. I 2007, 10
UCC	Uniform Commercial Code
UMAG	Gesetz zur Unternehmensintegrität und Modernisierung des Anfechtungsrechts vom 22. 9. 2005, BGBl. I 2005, 2802
UmwG	Umwandlungsgesetz vom 28. 10. 1994, BGBl. I 1994, 3210 (1995, 428)
UmwG-E	Umwandlungsgesetz-Entwurf
Unterabs.	Unterabsatz
US	United States
u. U.	unter Umständen
v.	von; vom
v. a.	vor allem
Verf.	Verfasser
Vgl.	vergleiche
Vorb	Vorbemerkung
WpAIV	Wertpapierhandelsanzeige- und Insiderverzeichnisverordnung vom 13. 12. 2004, BGBl. I 2004, 3376
WpHG	Gesetz über Wertpapierhandel und zur Änderung börsenrechtlicher und wertpapierrechtlicher Vorschriften vom 26. 7. 1994, BGBl. 1994 I, 1749
WpHG-E	Wertpapierhandelsgesetz-Entwurf
WpÜG	Wertpapiererwerbs- und Übernahmegesetz vom 1. 1. 2001, BGBl. 2001 I, 3822
WM	Zeitschrift für Wirtschafts- und Bankrecht, Wertpapier-Mitteilungen, Teil IV (Jahr und Seite)
z. B.	zum Beispiel
ZBB	Zeitschrift für Bankrecht und Bankwirtschaft (Jahr und Seite)
ZEuP	Zeitschrift für Europäisches Privatrecht (Jahr und Seite)
ZGR	Zeitschrift für Gesellschafts- und Unternehmensrecht (Jahr und Seite)
ZHR	Zeitschrift für das gesamte Handelsrecht und Wirtschaftsrecht (Band, Jahr und Seite)
Ziff.	Ziffer
ZIP	Zeitschrift für Wirtschaftsrecht (Jahr und Seite)

Literaturverzeichnis

Abeltshauser, Thomas: Stukturalternativen für eine europäische Unternehmensverfassung (1990).

Albach, Horst; Lutter Marcus: Deregulierung des Aktienrechts: Das Drei-Stufen-Modell (1988).

Assmann, Heinz-Dieter: Trojaner (vulgo – räuberische Aktionäre) ohne Ende? – Ein Plädoyer für ein neuartiges Antivirenprogramm im Kampf gegen missbräuchliche Anfechtungsklagen, AG 2008, 208.

Assmann, Heinz-Dieter; Schneider, Uwe H. (Hrsg.): Wertpapierhandelsgesetz, 5. Auflage (2009); zitiert: Assmann/Schneider, WpHG.

Assmann, Heinz-Dieter; Pötzsch, Thorsten; Schneider, Uwe H. (Hrsg.): Wertpapierübernahmegesetz (2005); zitiert: Bearbeiter in Assmann/Pötzsch/Schneider, WpÜG.

Bachmann, Gregor: Verwaltungsvollmacht und „Aktionärsdemokratie" – Selbstregulative Ansätze für die Hauptversammlung, AG 2001, 635.

Bachner, Thomas; Dokalik, Dietmar: Die neue EU-Richtlinie über Aktionärsrechte und ihre Auswirkungen auf das österreichische Aktienrecht, GesRZ 2007, 104.

Bachner, Thomas: Grenzüberschreitende Ausübung von Aktionärsrechten – Gedanken zum Vorschlag einer europäischen Expertengruppe, FS Peter Doralt (2004) 33.

Bärenz, Christian: Die Auslegung der überschießenden Umsetzung von Richtlinien am Beispiel des Gesetzes zur Modernisierung des Schuldrechts, DB 2003, 375.

Barz, Carl Hans: Die große Hauptversammlung, AG 1962, Sonderbeilage Nr. 1, S. 1.

Barz, Carl Hans; Klug, Ulrich; Meyer-Landrut, Joachim; Wiedemann, Herbert; Brönner, Herbert; Mellerowicz, Herbert; Schilling, Wolfgang; Würdinger, Hans: Aktiengesetz – Großkommentar, 3. Auflage (1970–1975 in Einzellieferungen); zitiert: GroßKommAktG/Bearbeiter (3. Aufl.).

Baumbach, Adolf; Hueck, Alfred Hueck; Hueck, Götz (unter Mitwirkung von Schulze, Joachim): Aktiengesetz – Kommentar, 13. Auflage (1968); zitiert: Baumbach/Hueck.

Baums, Theodor: Zur Deregulierung des Depotstimmrechts, ILF Working Paper Series No. 67, abrufbar unter: http://publikationen.ub.uni-frankfurt.de/volltexte/2007/4884/; zitiert: Baums, Deregulierung des Depotstimmrechts.

Ders.: European Company Law Beyond the 2003 Action Plan, EBOR 8 (2007) 143.

Ders. (Hrsg.): Bericht der Regierungskommission Corporate Governance (2001); zitiert: Baums, Regierungskommission.

Ders.: Vollmachtstimmrecht der Banken – Ja oder Nein?, AG 1996, 11.

Baums, Theodor; Drinhausen, Florian: Weitere Reform des Rechts der Anfechtung von Hauptversammlungsbeschlüssen, ZIP 2008, 145.

Baums, Theodor; Kleinath, Astrid; Gajek, Daniel: Fortschritte bei Klagen gegen Hauptversammlungsbeschlüsse? Eine empirische Studie, ZIP 2007, 1629.

Baums, Theodor/v. Randow, Philipp: Der Markt für Stimmrechtsvertreter, AG 1995, 145.

Bayer, Walter: Empfehlen sich besondere Regeln für börsennotierte und geschlossene Gesellschaften?, Gutachten E zum 67. Deutschen Juristentag in Erfurt, S. E 81 (Kurzfassung abgedruckt in Beilage zu NJW 2008, Heft 21); zitiert: Bayer, Gutachten E zum 67. DJT.

Ders.: Zulässige und unzulässige Einschränkungen der europäischen Grundfreiheiten im europäischen Gesellschaftsrecht, BB 2002, 2289.

Bayer, Walter; Hoffmann, Thomas: Die nichtbörsennotierte Aktiengesellschaft, AG-Report 2008, R 379.

BDA/BDI/DAI/DIHK/GDV: Gemeinsame Stellungnahme zum Vorschlag für eine Richtlinie des Europäischen Parlaments und des Rates über die Ausübung der Stimmrechte durch Aktionäre von Gesellschaften, die ihren eingetragenen Sitz in einem Mitgliedstaat haben und deren Aktien zum Handel auf einem geregelten Markt zugelassen sind, sowie zur Änderung der Richtlinie 2004/109/EG (KOM 2005 685 endgültig), NZG 2006, 300.

BDI/BDA/DIHK/GDV/BdB: Gemeinsame Stellungnahme zum Referentenentwurf eines Gesetzes zur Unternehmensintegrität und Modernisierung des Anfechtungsrechts (UMAG-RefE), abrufbar unter: http://www.bdi-online.de/de/fachabteilungen/7469.htm.

Behnke, Thorsten: Die Stimmrechtsvertretung in Deutschland, Frankreich und England, NZG 2000, 665.

Behrens, Peter: „Corporate governance", FS Ulrich Drobnig (1998) 491.

Ders.: Krisensymptome in der Gesellschaftsrechtsangleichung, FS Ernst-Joachim Mestmäcker (1996) 831.

Berle, Adolf; Means, Gardiner: The Modern Corporation and Private Property (1923).

Bolder, Daniel: Hedge Funds und Private Equity, aux armes, citoyens?, EuZW 2008, 321.

Böttcher, Lars: Die kapitalschutzrechtlichen Aspekte der Aktionärsrechterichtlinie (ARUG), NZG 2008, 481.

Bosse, Christian: Wesentliche Neuerungen ab 2007 aufgrund des Transparenzrichtlinie-Umsetzungsgesetzes für börsennotierte Unternehmen, DB 2007, 39.

Ders.: Grünes Licht für das ARUG: das Aktienrecht geht online, NZG 2009, 807.

Brandner, Gert: Die überschießende Umsetzung von Richtlinien (2003).

Brox, Hans: Fehler bei der Leitung einer Hauptversammlung und ihre Folgen, DB 1965, 731.

Brück, Michael; Schalast, Christoph; Schanz, Kay-Michael: Das Finanzmarktstabilisierungsgesetz: Hilfe für die Banken – Systemwechsel für das Aktien- und Insolvenzrecht?, BB 2008, 2526.

Bungert, Hartwin; Paschos, Nikolaos: American Depositary Receipts – Gestaltungspotentiale kollisionsrechtliche und aktienrechtliche Aspekte, DZWiR 1995, 221.

Bunke, Caspar: Fragen der Vollmachterteilung zur Stimmrechtsausübung nach §§ 134, 135 AktG, AG 2002, 57.

Butzke, Volker: Hinterlegung, Record Date und Einberufungsfrist – Überlegungen und praktische Hinweise für die ersten Hauptversammlungen nach Inkrafttreten der Gesetzesänderungen durch das UMAG –, WM 2005, 1981.

Calabresi, Guido: The Costs of Accidents – A Legal and Economic Analysis (1970).

Ders.: Some Thoughts on Risk Distribution and the Law of Torts, Yale Law Journal 70 (1961) 499.

Callies, Christian; Ruffert, Matthias (Hrsg.): Kommentar zu EU-Vertrag und EG-Vertrag, 3. Auflage (2007); zitiert: Bearbeiter in Callies/Matthias, Kommentar zu EU-Vertrag und EG-Vertrag.

Casper, Matthias: Diskussionsbericht zu den Referaten Habersack und Riegger (Diskussionsleitung Prof. Dr. Peter Ulmer), ZHR 165 (2001) 219.

Claussen, Carsten P.: Nachtrag zur „kleinen AG", FS Volker Röhricht (2005) 63.

Ders.: Hauptversammlung und Internet, AG 2001, 161.

Coffee, John: Regulating the Market for Corporate Control: A Critical Assessment of The Tender Offer's Role in Corporate Governance, Columbia Law Review 84 (1984) 1145.

Däubler-Gmelin, Herta: Die Hauptversammlung der Zukunft – im Zeitalter des Internet, HFR 2000, 1.

Dauner-Lieb, Barbara: Aktuelle Vorschläge zur Präsenzsteigerung in der Hauptversammlung, WM 2007, 9.

Dies.: Siegeszug der Technokraten? – Der Kampf der Bits und Bytes gegen das Papier bei Börseninformationen am Beispiel von Art. 17 des Entwurfs der Transparenzrichtlinie, DStR 2004, 361.

Davies, Paul L.: Gower and Davies'Principles of Modern Company Law, 8. Auflage (2008).
Davies, Paul L.; Rickford, Jonathan: An Introduction to the New UK Companies Act, Part II, ECFR 2008, 239.
Dies.: An Introduction to the New UK Companies Act, Part I, ECFR 2008, 48.
Deckert, Martina; Lilienthal, Nicolas: Die Rechtsetzungskompetenz der EG im Privatrecht, EWS 1999, 121.
Delsaux, Pierre: Die Zukunft des EU-Gesellschaftsrechts, Finanzplatz 2006/2, 18.
Dethomas, Arthur; Rontchevsky, Nicolas: Un premier pas vers l'exercice effectif des droits des actionnaires de société s cotées dans l'ensemble de l'Union euroénne, Revue Lamy Droit des Affaires 2007, 10.
Deutsches Aktieninstitut (DAI): Stellungnahme zum Referentenentwurf des Gesetzes zur Umsetzung der Aktionärsrechterichtlinie, abrufbar unter: http://www.jura.uni-augsburg.de/prof/moellers/materialien/materialdateien/040_deutsche_gesetzgebungsgeschichte/umsetzungsgesetz_aktionaersrechterichtlinie/pdf/stellungnahme_dai_arug.pdf.
Deutscher Notarverein: Stellungnahme zum Richtlinienvorschlag, abrufbar unter: http://circa.europa.eu/Public/irc/markt/markt_consultations/library?l=/company_law/shareholders_rights/deutscher_notarverein/_EN_1.0_&a=d.
Deutsche Schutzvereinigung für Wertpapierbesitz e.V.: DSW-Stellungnahme zum ARUG, abrufbar unter: http://www.jura.uni-augsburg.de/prof/moellers/materialien/materialdateien/040_deutsche_gesetzgebungsgeschichte/umsetzungsgesetz_aktionaersrechterichtlinie/pdf/stellungnahme_dws_arug.pdf.
Deutscher Sparkassen- und Giroverband (DSGV), Bundesverband der Deutschen Volksbanken und Raiffeisenbanken (BVR), Bundesverband der Deutschen Industrie (BDI), Gesamtverband der Deutschen Versicherungswirtschaft (GDV), Deutsches Aktieninstitut (DAI): Präsenzen in Hauptversammlungen durch entbürokratisiertes Depotstimmrecht stärken! Positionspapier vom 23. 7. 2007; erhältlich bei den beteiligten Verbänden, vgl. http://www.dai.de/internet/dai/dai-2-0.nsf/WebMaskenformeln/27C4495F116312BDC125747C0053B3BC?openDocument.
Diekmann, Hans: Namensaktien bei Publikumsgesellschaften, BB 1999, 1985.
Diekmann, Hans; Merkner, Andreas: Erhöhte Transparenzanforderungen im Aktien- und Kapitalmarktrecht – ein Überblick über den Regierungsentwurf zum Risikobegrenzungsgesetz, NZG 2007, 921.
Dondero, Bruno: Directive concernant l'exercice de certains droits des actionnaires de société s cotées, Revue trimestrielle de droit financier 2007, 90.
Drinhausen, Florian; Keinath, Astrid: Regierungsentwurf eines Gesetzes zur Umsetzung der Aktionärsrechterichtlinie (ARUG) – Überblick über die Änderungen gegenüber dem Referentenentwurf, BB 2009, 64.
Dies.: Referentenentwurf eines Gesetzes zur Umsetzung der Aktionärsrechterichtlinie (ARUG) – Ein Beitrag zur Modernisierung der Hauptversammlung, BB 2008, 1238.
Drygala, Tim: Die Vorschläge der SLIM-Arbeitsgruppe zur Vereinfachung des Europäischen Gesellschaftsrechts, AG 2001, 291.

Easterbrook, Frank H.; Fischel, Daniel R.: The economic structure of corporate law (1991).
Dies.: Voting in Corporate Law, Journal of Law and Economics 26 (1983) 395.
Eckhardt, Ulrich: Ausübung des Stimmrechts durch einen anderen, insbesondere durch ein Kreditinstitut, DB 1967, 233.
Eidenmüller, Horst: Regulierung von Finanzinvestoren, DStR 2007, 2116.
Ders.: Forschungsperspektiven im Unternehmensrecht, JZ 2007, 487.
Ders.: Kapitalgesellschaftsrecht im Spiegel der ökonomischen Theorie, JZ 2001, 1041.
Eigner, Wolfgang; Winner, Martin: Die elektronische Hauptversammlung – Eine Bestandsaufnahme nach geltendem Recht und der neuen Aktionärsrechte-Richtlinie, ÖBA 2008, 43.
Escher-Weingart, Christina: Reform durch Deregulierung im Kapitalgesellschaftsrecht (2001).

Fleckner, Andreas M.: Aktienrechtliche Gesetzgebung, in Habersack, Mathias; Bayer, Walter (Hrsg): Wandel des Aktienrechts, Band 1 (2007), S. 999.

Fleischer, Holger: Zur Zukunft der gesellschafts- und kapitalmarktrechtlichen Forschung, ZGR 2007, 500.

Ders.: Das neue Recht des Sqeeze out, ZGR 2002, 757.

Ders.: Börseneinführung von Tochterunternehmen, ZHR 165 (2001), 513.

Ders.: Grundfragen der ökonomischen Theorie im Gesellschafts- und Kapitalmarktrecht, ZGR 2001, 1.

Fleischhauer, Jens: Hauptversammlung und Neue Medien, ZIP 2001, 1133.

Florstedt, Tim: Wege zur Neuordnung des aktienrechtlichen Fristensystems, Der Konzern 2008, 504.

Frey, Gerrit: Unternehmenskontrolle und Kapitalmarkt – Die Aktienrechtsreformen von 1965 und 1998 im Vergleich (2000); zitiert: Freys, Unternehmenskontrolle und Kapitalmarkt.

Gätsch, Andreas; Mimberg, Jörg: Der Legitimationsnachweis nach § 123 Abs. 3 AktG in der Fassung des UMAG bei börsennotierten Gesellschaften, AG 2006, 746.

Gantenberg, Philipp: Zur Reform der Hauptversammlung durch den Regierungsentwurf eines Gesetzes zur Unternehmensintegrität und Modernisierung des Anfechtungsrechts – UMAG, DB 2005, 207.

Geßler, Ernst; Hefermehl, Wolfgang; Eckardt, Ulrich; Kropff, Bruno: Aktiengesetz-Kommentar, 1. Auflage (1974); zitiert: Bearbeiter in Geßler/Hefermehl/Eckardt/Kropff

Goedecke, Claus; Heuser, Friedericke: NaStraG: Erster Schritt zur Öffnung des Aktienrechts für moderne Kommunikationstechniken, BB 2001, 369.

Goette, Wulf: Aktuelle Entwicklungen im deutschen Kapitalgesellschaftsrecht im Lichte der höchstrichterlichen Rechtsprechung, DStR 2009, 51.

Göz, Philipp; Holzborn, Timo: Die Aktienrechtsreform durch das Gesetz für Unternehmensintegrität und Modernisierung des Anfechtungsrechts – UMAG, WM 2006, 157.

Grohmann, Uwe: Das Informationsmodell im Europäischen Gesellschaftsrecht (2006).

Groß, Wolfgang: Vorbereitung und Durchführung von Hauptversammlungsbeschlüssen zu Erwerb und Veräußerung von Unternehmensbeteiligungen, AG 1996, 111.

Großfeld, Bernhard: Aktiengesellschaft, Unternehmenskonzentration und Kleinaktionä r (1968).

Grundmann, Stefan: Das neue Depotstimmrecht nach der Fassung im Regierungsentwurf zum ARUG, BKR 2009, 31.

Ders.: The Renaissance of Organised Shareholder Representation in Europe, FS Eddy Wymeersch (2008) 183.

Ders.: European Company Law (2007).

Ders.: Ausbau des Informationsmodells im Europäischen Gesellschaftsrecht, DStR 2004, 232.

Ders.: Europäisches Gesellschaftsrecht (2004).

Ders.: Die Struktur des Europäischen Gesellschaftsrechts – von der Krise zum Boom, ZIP 2004, 2401.

Ders.: The Structure of European Company Law – From Crisis to Boom, EBOR 5 (2004), 601.

Ders.: Wettbewerb der Rechtsordnungen im Europäischen Gesellschaftsrecht – jedes Marktsegment hat seine Struktur, ZGR 2001, 783.

Ders.: Information und ihre Grenzen im Europäischen und neuen englischen Gesellschaftsrecht, in FS Marcus Lutter (2000), 61.

Ders.: Richtlinienkonforme Auslegung im Bereich des Privatrechts – insbesondere – der Kanon der nationalen Auslegungsmethoden als Grenze?, ZEuP 1996, 399.

Grundmann, Stefan; Kerber, Wolfgang: An Optional European Contract Law Code – Advantages and disadvantages , European Journal of Law and Economics 21 (2005), 215.

Grundmann, Stefan; Möslein, Florian: Europäisierung, in Habersack, Mathias; Bayer, Walter (Hrsg.): Aktienrecht im Wandel, Band II (2007), S. 31; Grundmann/Möslein in Bayer/Habersack, Aktienrecht im Wandel, Bd. II.

Dies.: Die goldene Aktie, ZGR 2003, 317.

Grundmann, Stefan; Mülbert Peter O.: ECLR – Corporate Governance – Europäische Perspektiven, ZGR 2001, 215.

Grundmann, Stefan/Winkler, Nina: Das Aktionärsstimmrecht in Europa und der Kommissionsvorschlag zur Stimmrechtsausübung in börsennotierten Gesellschaften, ZIP 2006, 1421.

Güthoff, Julia: Gesellschaftsrecht in Großbritannien. Eine Einführung mit vergleichenden Tabellen, 3. Auflage (2004).

Habersack, Mathias: Aktienrecht und Internet, ZHR 165 (2002), 172.

Ders.: Der Finanzplatz Deutschland und die Rechte der Aktionäre – Bemerkungen zur bevorstehenden Einführung des „Sqeeze Out“, ZIP 2001, 1230.

Habersack, Mathias; Mayer, Christian: Die überschießende Umsetzung von Richtlinien – Normauslegung und Rechtsweg im Grenzbereich zwischen deutschem und europäischen Privatrecht, JZ 1999, 913.

Hainsworth, Antony: The Shareholder Rights Directive and the challenge of re-enfranchising beneficial shareholders, Law and Financial Markets Review, January 2007, 11.

Handelsrechtsausschuss des Deutschen Anwaltsvereins e.V.: Stellungnahme zum Regierungsentwurf eines Gesetzes zur Umsetzung der Aktionärsrechte-Richtlinie (ARUG), NZG 2009, 96.

Ders.: Stellungnahme des Deutschen Anwaltvereins durch den Handelsrechtsausschuss zum Referentenentwurf eines Gesetzes zur Umsetzung der Aktionärsrechte-Richtlinie (ARUG), abrufbar unter: http://www.jura.uni-augsburg.de/prof/moellers/materialien/materialdateien/040_deutsche_gesetzgebungsgeschichte/umsetzungsgesetz_aktionaersrechterichtlinie/pdf/stellungnahme_dav_arug.pdf.

Ders.: Stellungnahme zum Regierungsentwurf eines Gesetzes zur Begrenzung der mit Finanzinvestitionen verbundenen Risiken (Risikobegrenzungsgesetz), NZG 2008, 60.

Ders.: Stellungnahme zum Vorschlag der EG-Kommission für eine Richtlinie des Europäischen Parlaments und des Rates über die Ausübung der Stimmrechte durch Aktionäre von Gesellschaften, die ihren eingetragenen Sitz in einem Mitgliedstaat haben und deren Aktien zum Handel auf einem geregelten Markt zugelassen sind, sowie zur Änderung der Richtlinie 2004/109/EG, NZG 2006, 577.

Ders.: Stellungnahme zu dem Regierungsentwurf eines Gesetzes zur Unternehmensintegrität und Modernisierung des Anfechtungsrechts (UMAG), NZG 2005, 388.

Ders.: Stellungnahme zu den Gesetzgebungsvorschlägen der Regierungskommission Corporate Governance, BB Beilage 2003, Nr. 4, 24.

Ders.: Stellungnahme des Handelsrechtsausschusses des Deutschen Anwaltsvereins e.V. – zum RefE eines Gesetzes zur Namensaktie und zur Erleichterung der Stimmrechtsausübung – Namensaktiengesetz (NaStraG), NZG 2000, 443.

Ders.: Stellungnahme des Handelsrechtsausschusses des Deutschen Anwaltvereins e.V. zur Ergänzung des AktG durch einen Titel Aktienerwerb durch den Hauptaktionär , NZG 1999, 850.

Hanloser, Stefan: Proxy-Voting, Remote-Voting und Online-HV – § 134 III 3 AktG nach dem NaStraG, NZG 2001, 355.

Hannigan, Brenda: Company Law (2007).

Happ, Wilhelm: Aktienrecht. Handbuch – Mustertexte – Kommentar, 3. Auflage (2007); zitiert: Happ, Aktienrecht.

Hasselbach, Kai; Schumacher, Stephan: Hauptversammlung im Internet, ZGR 2000, 258.

Heckelmann, Martin: Hauptversammlung und Internet (2006); zitiert: Heckelmann, HV und Internet.

Heidinger, Andreas; Blath, Simon: Die Legitimation zur Teilnahme an der Hauptversammlung nach Inkrafttreten des UMAG, DB 2006, 2275.

Heinsius, Theodor; Horn, Arno, Than, Jürgen: Depotgesetz. Kommentar zum Gesetz über die Verwahrung und Anschaffung von Wertpapieren 4. 2. 1937 (1975); zitiert: Heinsius/Horn/Than, DepotG.

Heller, Arne; Sadeghi, Salmeh; Dretzki, Teresa; Ruhe, Catharina L.: Die Online-Hauptversammlung, CR 2002, 592.

Hemeling, Peter: Mehr Transparenz im Aktienregister, Finanzplatz 2008, 8.
Henn, Günter; Frodermann, Jürgen; Jannott, Dirk: Handbuch des Aktienrechts, 8. Auflage (2008); zitiert: Henn/Frodermann/Jannott/Bearbeiter, Handbuch des Aktienrechts.
Ders.: Die Gleichbehandlung der Aktionäre in Theorie und Praxis, AG 1985, 240.
High Level Group of Company Law Experts: Report of the High Level Group of Company Law Experts on Issues Related to Takeover Bids, erhältlich über SSRN: http://papers.ssrn.com/sol3/papers.cfm?abstract_id=315322
Hirte, Heribert: Kapitalgesellschaftsrecht, 5. Auflage (2006).
Ders.: Der Einfluß neuer Informationstechniken auf das Gesellschaftsrecht und die corporate-governance-Debatte, in corporations, Capital Markets and Business in the Law. Liber Amicorum Richard M. Buxbaum (2000) 283.
Ders.: Kapitalgesellschaftsrecht, 5. Auflage (2005).
Hirte, Heribert; Möllers, Thomas M.J.: Kölner Kommentar zum Wertpapierhandelsgesetz; zitiert: KK/Bearbeiter, WpHG.
Hocker, Ulrich: Minderheitenschutz und Rechte der Aktionäre in Europa, FS Gerold Bezzenberger (2000) 147.
Hoffmann-Becking, Michael (Hrsg.): Münchener Handbuch des Gesellschaftsrechts, Band 4 – Aktiengesellschaft, 3. Auflage (2007); zitiert: Bearbeiter in MüHdb GesR.
Ders.: Münchener Handbuch des Gesellschaftsrechts, Band 4 – Aktiengesellschaft, 2. Auflage (1999); zitiert: Bearbeiter in MüHdb GesR, 2. Auflage.
Höhlein, Thomas: Transparenzrichtlinie – neue Regeln Regeln in Deutschland, BaFinJournal 01/07, 9.
Hölters, Wolfgang; Deilmann, Barbara: Die „kleine“ Aktiengesellschaft (1997); zitiert: Hölters/Deilmann, Die „kleine“ Aktiengesellschaft.
Hopt, Klaus J.: Konzernrecht: Die europäische Perspektive, ZHR 171 (2007) 199.
Ders.: Gemeinsame Grundsätze der Corporate Governance in Europa, ZGR 2000, 779.
Ders.: Europäisches Gesellschaftsrecht – Krise und neue Anläufe, ZIP 1998, 96.
Ders.: Kontrolle und Transparenz im Unternehmensbereich, Freundesgabe für Friedrich Kübler (1997) 435.
Hopt, Klaus J.; Wiedemann, Herbert (Hrsg.): Aktiengesetz – Großkommentar, 4. Auflage (seit 1992 in Einzellieferungen); zitiert: GroßKommAktG/Bearbeiter.
Hopt, Klaus J.; Wymeersch, Eddy (Hrsg.): Comparative Corprate Governance: Essays and Materials (1997).
Horn, Christian: Vorbereitung und Durchführung der Hauptversammlung nach dem RefE zum ARUG, ZIP 2008, 1558.
Ders.: Die Virtualisierung von Unternehmen als Rechtsproblem (2005).
Hueck, Alfred: Anfechtbarkeit und Nichtigkeit von Gesellschafterbeschlüssen (1923).
Hüffer, Uwe: Aktiengesetz – Kommentar, 8. Auflage (2008); zitiert: Hüffer, AktG.
Ders.: Aktiengesetz – Kommentar, 4. Auflage (1999); zitiert: Hüffer, AktG, 4. Auflage (1999).
Ders.: Harmonisierung des aktienrechtlichen Kapitalschutzes – Die Durchführung der Zweiten EG-Richtlinie zur Koordinierung des Gesellschaftsrechts, NJW 1979, 1065.
Hüther, Mario: Hauptversammlung und Internet, AG 2001, 68.
Ders.: Aktionärsbeteiligung via Internet, MMR 2000, 521.
Hutter, Stephan; Kaulamo, Katja: Transparenzrichtlinie-Umsetzungsgesetz: Änderungen der Regelpublizität und das neue Veröffentlichungsregime für Kapitalmarktinformationen, NJW 2007, 550.

Jauernig, Othmar (Hrsg.): Kommentar zum BGB, 12. Auflage (2007); zitiert: Jauernig, BGB.
Johansson, Gerold: Die Ausübung des Depotstimmrechts auf Grund eigener Vorschläge des Kreditinstituts, BB 1967, 1315.
Jensen, Michael C.; Meckling, William H.: Theory of the Firm: Managerial Behavior, Agency Cost and Ownership Structure, Journal of Financial Economics 3 (1976) 305.
Joussen, Peter: Der Auskunftsanspruch des Aktionärs – Versuch einer Neuorientierung, AG 2000, 241.

Kalss, Susanne: Anlegerinteressen – Der Anleger im Handlungsdreieck von Vertrag, Verband und Markt (2001); zitiert: Kalss, Anlegerinteressen.

Kalss, Susanne; Schauer, Martin: Die Reform des Österreichischen Kapitalgesellschaftsrechts – Verhandlungen des Sechzehnten Österreichischen Juristentages –, Band II/1, 2006; zitiert: Kalss/Schauer, Reform.

Kalss, Susanne; Oppitz, Martin; Zollner, Johannes: Kapitalmarktrecht, Band 1 – System (2005); zitiert: Kalss/Oppitz/Zollner.

Kamprad, Balduin: Informations- und Auskunftspflicht über die steuerliche Tarifbelastung der Rücklagen im Jahresabschluss der AG?, AG 1991, 396.

Karollus, Margit Maria: Der Kommissionsvorschlag für eine Richtlinie zur Ausübung der Stimmrechte durch Aktionäre, GeS 2006, 99.

Kersting, Christian: Die aktienrechtliche Beschlussanfechtung wegen unrichtiger, unvollständiger oder verweigerter Erteilung von Informationen, ZGR 2007, 319.

Kiefner, Alexander; Zetzsche, Dirk: Die Aktionärlegitimation durch Record Date Nachweis und die Übergangsvorschrift des § 16 EGAktG, ZIP 2006, 551.

Kieninger, Eva-Maria: Wettbewerb der Privatrechtsordnungen im europäischen Binnenmarkt – Studien zur Privatrechtskoordinierung in der Europäischen Union auf den Gebieten des Gesellschafts- und Vertragsrechts (2002).

Kindler, Peter: Der Aktionäre in der Informationsgesellschaft, NJW 2001, 1678.

Ders.: Die sachliche Rechtfertigung des aktienrechtlichen Bezugsrechtsausschluss im Lichte der Zweiten Gesellschaftsrechtlichen Richtlinie der Europäischen Gemeinschaft, ZHR 158 (1994), 339.

Kirchhoff, Klaus Rainer; Piwinger, Manfred: Praxishandbuch Investor Relations – Das Standardwerk der Finanzkommunikation (2005).

Kleffel, Patrick: Referentenentwurf eines Gesetzes zur Umsetzung der Aktionärsrechterichtlinie (ARUG), jurisPR-HaGesR 1/2008 Anm. 4.

Knur, Alexander: Die Niederschrift über die Hauptversammlung der Aktiengesellschaft, DNotZ 1938, 700.

Kocher, Dirk: Die Teleteilnahme an der HV in Finnland und Deutschland, NZG 2001, 1074.

Kolvenbach, Walter: Die Fünfte EG-Richtlinie über die Struktur der Aktiengesellschaft (Strukturrichtlinie), DB 1983, 2235, 2240

Kort, Michael: Infotechnologie im Aktienrecht: Zum Stand der „elektronischen Hauptversammlung", NZG 2007, 653.

Kraakman, Reinier; Davies, Paul; Hansmann, Henry; Hertig, Gérard; Hopt, Klaus; Kanda, Hideki; Rock, Edward: The Anatomy of Corporate Law: A Comparative and Functional Approach (2004); zitiert: Bearb. in: Kraakman et al., The Anatomy of Corporate Law.

Krolop, Kaspar: Der Rückzug vom Kapitalmarkt (Delisting) (2005).

Kropff, Bruno: Aktiengesetz (1965); zitiert: Kropff, Begr. RegE AktG.

La Porta, Rafael; Lopez-de-Silanes, Florencio; Shleifer, Andrei: What works in Securities Laws?, Journal of Finance 61 (2006) 1.

Dies.: Corporate Ownership Around the World, Journal of Finance 54 (1999) 471.

La Porta, Rafael; Lopez-de-Silanes, Florencio; Shleifer, Andrei; Vishny, Robert: Law and Finance, Journal of Political Economy 106 (1998) 1113.

Lamers, Manfred: Die Beurkundung der Hauptversammlung einer Aktiengesellschaft, DNotZ 1962, 287.

Le Cannu, Paul: Droit des société s, 2. Auflage (2003).

Lecourt, Benoît: Adoption de la directive concernant l'exercice de certains droits des actionnaires de société s cotées, 12 juin 2007, Revue des Société s 2007, 423.

Ders.: Approbation par le Parlement européen en première lecture de la proposition de directive sur le vote des actionnaires, Revue des Société s 2007, 191.

Ders.: Proposition revisité e de directive du Parlement européen et du Conseil sur l'exercice des droits de vote des actionnaires de société s qui ont leut siège statutaire dans un État membre dont les actions sont admises à la négociation sur un marché réglementé et modifiant la directive n° 2004/109/CE, Revue des Société s 2006, 923.

Ders.: Proposition de directive visant à faciliter l'exercise transfrontalier des droits des actionnaires dans les société s cotées, Revue des Société s 2006, 200.

Lenz, Susanne: Renaissance des Depotstimmrechts – Der Vorschlag des Deutschen Sparkassen- und Giroverbandes, AG 2006, 572.

Dies.: Die gesellschaftsbenannte Stimmrechtsvertretung (Proxy-Voting) in der Hauptversammlung der deutschen Publikums-AG (2005); zitiert: Lenz, Stimmrechtsvertretung.

Leyens, Patrick: Corporate Governance: Grundsatzfragen und Forschungsperspektiven, JZ 2007, 1061.

Licht, Amir N.: The Mother of All Path Dependencies: Toward a Cross-Cultural Theory of Corporate Governance Systems, erhältlich über SSRN: http://ssrn.com/abstract=208489.

Liebscher, Thomas; Scharff, Martina: Das Gesetz über elektronische Handelsregister und Genossenschaftsregister sowie das Unternehmensregister, NJW 2006, 3745.

Lieder, Jan: Der Namensaktionä r im gesellschaftsrechtlichen Spruchverfahren, NZG 2005, 159.

Lommatzsch, Jutta: Vorbereitung der Hauptversammlung durch Mitteilungen und Weisungen nach §§ 125, 128 AktG n.F., NZG 2001, 1017.

Lutter, Marcus: Das europäische Unternehmensrecht im 21. Jahrhundert, ZGR 2000, 1.

Ders.: Gesellschaftsrecht und Kapitalmarkt, FS Zöllner (1998), 363.

Ders.: Das Girmes-Urteil, JZ 1995, 1053.

Ders.: Die Auslegung angeglichenen Rechts, JZ 1992, 593.

Ders.: Zur Abwehr räuberischer Aktionäre, FS Der Betrieb (1988) 193.

Ders.: Zur Europäisierung des deutschen Aktienrechts, FS Murad Ferid (1978) 599.

Ders.: Der Aktionä r in der Marktwirtschaft (1973).

Lutter, Marcus/Leinekugel, Rolf: Der Ermächtigungsbeschluß der Hauptversammlung zu grundlegenden Strukturmaßnahmen – zulässige Kompetenzübertragung oder unzulässige Selbstentmachtung?, ZIP 1998, 805.

Margolis, Stephen; Liebowitz, Stan: Path Dependance, in Newman, Paul (Hrsg.): The New Palgrave Dictionary of Economics and the Law, Band 2 (2002).

Marsch-Barner, Reinhard: Neuere Entwicklungen im Vollmachtstimmrecht der Banken, FS Martin Peltzer (2001) 261.

Marsch-Barner, Reinhard; Schäfer, Frank A. (Hrsg.): Handbuch börsennotiere AG (2005); zitiert: Verfasser in: Marsch-Barner/Schäfer, Handbuch börsennotierte AG.

Martens, Klaus-Peter: Die Reform der aktienrechtlichen Hauptversammlung, AG 2004, 238.

Ders.: Leitfaden für die Leitung der Hauptversammlung einer Aktiengesellschaft, 3. Auflage (2003); zitiert: Martens, Leitfaden.

Marx, Karl: Das Kapital – Kritik der politischen Ökonomie, Band 3: Der Gesamtprozeß der kapitalistischen Produktion: Nach der ersten, von Friedrich Engels herausgegebenen Auflage, Hamburg 1894 (1983); zitiert: Karl Marx, Das Kapital, Bd. 3.

Mayer, Christian; Schürnbrand, Jan: Einheitlich oder gespalten? – Zur Auslegung nationalen Rechts bei überschießender Umsetzung von Richtlinien, JZ 2004, 545.

Max, Dietrich H.: Die Leitung der Hauptversammlung, AG 1991, 77.

Meilicke, Heinz: Ist die Tarifbelastung des verwendbaren Eigenkapitals im Jahresabschluss der AG und gegenüber dem Aktionä r offenzulegen?, BB 1991, 241.

Meilicke, Heinz; Heidel, Thomas: Das Auskunftsrecht des Aktionärs in der Hauptversammlung (Teil II), DStR 1992, 113.

Merkt, Hanno: Zum Verhältnis von Kapitalmarktrecht und Gesellschaftsrecht in der Diskussion um die Corporate Governance, AG 2003, 126.

Merkt, Hanno; Göthel, Stephan R.: US-amerikanisches Gesellschaftsrecht (2006); zitiert: Merkt/Göthel, US-amerikanisches Gesellschaftsrecht.

Meyer, Christian: Der Nießbrauch an GmbH-Geschäftsanteilen und Aktien (2002).

Meyer-Sparenberg, Wolfgang: Deutsche Aktien auf dem US-amerikanischen Kapitalmarkt – eine Alternative zu ADR-Programmen?, WM 1996, 1117.
Miettinen, Johanna; Rothbächer, Rolf: Verschärfte Probleme bei der Berechnung der Gegenantragsfrist nach dem ARUG, BB 2008, 2084.
Mimberg, Jörg: Schranken der Vorbereitung und Durchführung der Hauptversammlung im Internet – die Rechtslage nach dem Inkrafttreten von NaStraG, Formvorschriften-AnpassungsG und TransPuG -, ZGR 2003, 21.
Mizruchi, Mark S.: Berle and Means revisited: the governance and power of large U.S. Corporation, Theory and Society 33 (2004) 579.
Möhring, Philipp: Proxy-Stimmrecht und geltendes deutsches Aktienrecht, FS Ernst Geßler (1971) 171.
Möllers, Thomas M.J.; Hofner, Florian: Die Offenlegungspflichten des Risikobegrenzungsgesetzes (§ 27 II WpHG-E) – Defizitäre Rechtsvergleichung und mangelnde Allokationseffizienz, NZG 2008, 166.
Möslein, Florian: Kapitalverkehrsfreiheit und Gesellschaftsrecht, ZIP 2007, 208.
Ders.: Grenzen unternehmerischer Leitungsmacht im marktoffenen Verband – Aktien- und Übernahmerecht, Rechtsvergleich und europäischer Rahmen (2007).
Mülbert, Peter O.: Empfehlen sich gesetzliche Regelungen zur Einschränkung des Einflusses der Kreditinstitute auf Aktiengesellschaften?, Gutachten 61. DJT (1996).
Ders.: Aktiengesellschaft, Unternehmensgruppe und Kapitalmarkt: Die Aktionärsrechte bei Bildung und Umbildung einer Unternehmensgruppe zwischen Verbands- und Anlegerschutzrecht (1995); zitiert: Mülbert, Aktiengesellschaft, Unternehmensgruppe und Kapitalmarkt.
Müller, Sigrid: Transparenz zahlt sich aus, Handelsblatt v. 5. 7. 2007, S. 8.
Dies.: Streit zahlt sich aus, Financial Times Deutschland v. 5. 6. 2007, S. 26.
Müller, Welf; Rödder, Thomas: Beck'sches Handbuch der AG, 2. Auflage (2009); zitiert: Beck AG-HB/Bearbeiter.
Müller-Graff, Peter-Christian: Einflussregulierungen in Gesellschaften zwischen Binnenmarktrecht und Eigentumsordnung, FS Ulmer (2003) 929.
Muthers, Christoph; Ulbrich, Martin: Internet und Aktiengesellschaft, WM 2005, 215.
Mutter, Stefan: Wie fasst man einen Hauptversammlungsbeschluss und stellt ihn fest?, AG-Report, R268.
Mutter, Stefan; Perfuß, Andreas: ARUG: Satzungsänderungen für „early adapters“, AG-Report 2008, R306.

Nießen, Tobias: Die Harmonisierung der kapitalmarktrechtlichen Transparenzregeln durch das TUG, NZG 2007, 41.
Ders.: Geänderte Transparenzanforderungen im Wertpapierhandelsgesetz, NJW-Spezial 2007, 75.
Noack, Ulrich: Neues Recht für Namensaktionäre – Zur Änderung des § 67 AktG durch das Risikobegrenzungsgesetz –, NZG 2008, 721.
Ders.: ARUG: das nächste Stück der Aktienrechtsreform in Permanenz, NZG 2008, 441.
Ders.: Die Aktionärsrechte-Richtlinie, in FS Harm Peter Westermann (2008), 1203.
Ders.: Neue Publizitätspflichten und Publizitätsmedien für Unternehmen – eine Bestandsaufnahme nach EHUG und TUG, WM 2007, 377.
Ders.: Buchbesprechung: Hauptversammlung und Internet von Martin Heckelmann, AG 2007, 219.
Ders.: Die Aktionärsrechte-Richtlinie und das deutsche Aktienrecht, SR 2007, 102.
Ders.: Die Anfechtungsklage sollte erst ab 1%-Beteiligung möglich sein, BB 2007, Die erste Seite.
Ders.: Der Vorschlag für eine Richtlinie über Rechte von Aktionären börsennotierter Gesellschaften, NZG 2006, 321.
Ders.: Aktionärsrechte im EU-Kapitalmarkt – Bemerkungen zur Konsultation der EU-Kommission, ZIP 2005, 325.
Ders.: Hauptversammlung und Internet: Information – Kommunikation – Entscheidung, erhältlich über SSRN: http://ssrn.com/abstract=646723.

Ders.: Neue Entwicklungen im Aktienrecht und moderne Informationstechnologien 2003–2005, NZG 2004, 297.
Ders.: Gesellschaftsrecht und Informationstechnik, FS Jean Nicolas Druey (2002) 869.
Ders.: Der elektronische Bundesanzeiger im Aktienrecht – ein Überblick, BB 2002, 2025.
Ders.: Erleichterung grenzüberschreitender Stimmrechtsausübung – Bericht über eine Initiative der niederländischen Regierung und der Europäischen Union, ZIP 2002, 1215.
Ders.: Online-Hauptversammlung – Stand der Dinge und wichtige Reformvorschläge, NZG 2001, 1057.
Ders.: Stimmrechtsvertretung in der Hauptversammlung nach NaStraG, ZIP 2001, 57.
Ders.: Die organisierte Stimmrechtsvertretung auf Hauptversammlungen – insbesondere durch die Gesellschaft, in FS Marcus Lutter (2000) 1463.
Ders.: Die Namensaktie – Dornröschen erwacht, DB 1999, 1306.
Ders.: Moderne Kommunikationsformen vor den Toren des Unternehmensrechts, ZGR 1998, 592.
Ders.: Hauptversammlung und Neue Medien, BB 1998, 2533.
Noack, Ulrich; Spindler, Gerald (Hrsg.): Unternehmensrecht und Internet – Neue Medien im Aktien-, Börsen-, Steuer-, und Arbeitsrecht (2001); zitiert: Bearbeiter in Noack/Spindler, Unternehmensrecht und Internet.
Noack, Ulrich; Michael, Beuskens: Einheitliche Europa-Hauptversammlung?, GPR 2006, 88.
Noack, Ulrich; Zetzsche, Dirk: Die Hauptversammlungslegitimation durch „Hinterlegung“ bei girosammelverwahrten Inhaberaktien, WM 2004, 1.
Dies.: Die Legitimation der Aktionäre bei Globalaktien und Depotverbuchung – Der Frankfurter Vorschlag für eine Reform des § 123 AktG, AG 2002, 651.
Nobel, Peter: Börsengesellschaftsrecht?, FS Rolf Bä r, Aktienrecht 1992–1997: Versuch einer Bilanz (1998) 301.
Nolan, Richard C.: Shareholder Rights in Britain, EBOR 7 (2006) 549.

Obermüller, Walter; Werner, Winfried; Winden, Kurt (Hrsg.): Die Hauptversammlung der Aktiengesellschaft, 4. Auflage (2001); zitiert: Butzke in Obermüller/Werner/Winden, Die Hauptversammlung der Aktiengesellschaft.

Paefgen, Walter G.: „Holzmüller“ und der Rechtsschutz der Aktionäre gegen das Verwaltungshandeln im Rechtsvergleich, ZHR 172 (2008) 42.
Palandt, Otto: Bürgerliches Gesetzbuch – Kommentar, 67. Auflage (2008); zitiert: Palandt/Bearbeiter.
Pannier, Matthias: Harmonisierung der Aktionärsrechte in Europa (2003).
Paschos, Nikolaos; Goslar, Sebastian: Der Referentenentwurf des Gesetzes zur Umsetzung der Aktionärsrechterichtlinie (ARUG) aus Sicht der Praxis, AG 2008, 605.
Pinto, Arthur R.: The European Union's Shareholder Voting Rights Directive from an American Perspective: Some Comparisons and Observations, Fordham International Law Journal 32 (2008); ebenfalls erhältlich unter: http://ssrn.com/abstract=1268454.
Pikó, Rita; Preissler, Tino: Die Online-Hauptversammlung bei Publikumsaktiengesellschaften mit Namensaktien, AG 2002, 223.
Pirner, Barbara; Lebherz, Axel: Wie nach dem Transparenzrichtlinie-Umsetzungsgesetz publiziert werden muss, AG 2007, 19.
Pluskat, Sorika: Auswirkungen der Aktionärsrichtlinie auf das deutsche Aktienrecht, WM 2007, 2135.
Poelzig, Doerte: Der Referentenentwurf eines Gesetzes zur Umsetzung der Aktionärsrechterichtlinie im Kampf gegen „räuberische Aktionäre“, DStR 2008, 1538.
Poelzig, Dörte; Meixner, Philipp: Die Bekämpfung missbräuchlicher Anfechtungsklagen gegen börsennotierte Gesellschaften, AG 2008, 196.
Priester Hans-Joachim: Zur Hinauskündigung von Gesellschaftern und zur Anmeldung nach § 6 GmbHG § 16 im Falle einer Einmann-GmbH, EWiR 1990, 1209.
Putzer, Alexander: Die EU-Richtlinie über Aktionärsrechte, ecolex 2007, 861.

Raiser, Thomas; Veil, Rüdiger: Kapitalgesellschaftsrecht, 4. Auflage (2005); zitiert: Raiser/Veil.

Ratschow, Eckart: Die Aktionärsrechte-Richtlinie – neue Regeln für börsennotierte Gesellschaften, DStR 2007, 1402.

Rauter, Roman: Aktionärsrechte-Richtlinie: Änderungen im Recht der Hauptversammlung, JAP 2007/2008/6.

Rebmann, Kurt; Säcker, Franz Jürgen; Rixecker, Roland: Münchener Kommentar zum Bürgerlichen Gesetzbuch, Band 6 – Sachenrecht, 5. Auflage (2009); zitiert: MüKoBGB/Bearbeiter.

Reuschle, Fabian: Das neue IPR für Intermediärverwahrte Wertpapiere, BKR 2003, 562.

Ders.: Haager Übereinkommen über die auf bestimmte Rechte in Bezug auf intermediär-verwahrte Wertpapiere anzuwendende Rechtsordnung, IPRax 2003, 495.

Richter, Wolfgang: Der Kapitalmarkt und sein Gesellschaftsrecht – Überlegungen zu einem kapitalmarktgemäßen Gesellschaftsrecht börsennotierter Gesellschaften –, ZHR 172 (2008) 419.

Riegger, Bodo: Hauptversammlung und Internet, ZHR 165 (2001), 204.

Riegger, Bodo; Mutter, Stefan: Zum Einsatz neuer Kommunikationsmedien in Hauptversammlungen von Aktiengesellschaften, ZIP 1998, 637.

Rö h, Lars: EU-Kommission legt Vorschlag für Cross Border Voting-Richtlinie vor, BKR 2006, 78.

Röhler, Klaus: American Depositary Shares (1997).

Ruffner, Markus: Grundzüge der ökonomischen Analyse eines Rechts der Publikumsgesellschaft (2000).

Ruoff, Christian: Stimmrechtsvertretung, Stimmrechtsermächtigung und Proxy-System (1999); zitiert: Ruoff, Stimmrechtsvertretung.

Sauter, Maike: Offene Fragen zum Referentenentwurf eines Gesetzes zur Umsetzung der Aktionärsrechterichtlinie (ARUG), ZIP 2008, 1706.

Dies.: Der Referentenentwurf eines Gesetzes zur Umsetzung der Aktionärsrechterichtlinie (ARUG), ILF Working Papers Series No. 85, abrufbar unter: http://www.ilf-frankfurt.de/uploads/media/ILF_WP_085.pdf.

Scanlan, Gary; Harvey, Andrew; Prime, Terence; Ogowewo, Tunde: Companies Act 2006 – A Guide to the New Law (2007).

Schäfer, Carsten: Besondere Regelungen für börsennotierte und nichtbörsennotierte Gesellschaften?, NJW 2008, 2536.

Schäfer, Hans-Bernd; Ott, Claus: Lehrbuch der ökonomischen Analyse des Zivilrechts, 4. Auflage (2005); zitiert: Schäfer/Ott, Lehrbuch der ökonomischen Analyse des Zivilrechts.

Schimansky, Herbert; Bunte, Hermann-Josef; Lwowski, Hans-Jürgen (Hrsg.): Bankrechts-Handbuch, 3. Auflage (2007); zitiert: Bearbeiter in Schimansky/Bunte/Lwowski, Bankrechtshandbuch.

Schmidt, Jessica: Die geplante Richtlinie über Aktionärsrechte und ihre Bedeutung für das deutsche Aktienrecht, BB 2006, 1641.

Dies.: Stimmrechtsvertretung und Stimmrechtsausübung „in absentia“ in Deutschland und Großbritannien – Speziell vor dem Hintergrund der aktuellen Gesellschaftsrechtsreform in Großbritannien sowie der geplanten Aktionärsrechte-Richtlinie, NZG 2006, 487.

Schmidt, Karsten: Gesellschaftsrecht – Lehrbuch, 4. Auflage (2002), zitiert: K. Schmidt, GesR.

Ders.: Stimmrecht bei Anteilsnießbrauch – Besprechung des Urteils BGH NJW 1999, 571, ZGR 1999, 601.

Schmidt, Karsten; Lutter Marcus (Hrsg.): Aktiengesetz Kommentar (2007); zitiert: Verfasser/Schmidt/Lutter, AktG.

Schneider, Uwe H.; Müller-von Pilchau, Hans-Jürgen: Der nicht registrierte Namensaktionär – zum Problem der freien Meldebestände, AG 2007, 181.

Schneider, Uwe H.; Anzinger, Heribert M.: Institutionelle Stimmrechtsberatung und Stimmrechtsvertretung – „A quiet guru's enormous clout“, NZG 2007, 88.

Schön, Wolfgang: Gesellschaftsrecht nach Maastricht – Art. 3 b EGV und das europäische Gesellschaftsrecht, ZGR 1995,1.

Ders.: Der Nießbrauch am Gesellschaftsanteil, ZHR 158 (1994) 229.

Schubert, Werner; Hommelhoff, Peter: Hundert Jahre modernes Aktienrecht – Eine Sammlung von Texten und Quellen zur Aktienrechtsreform 1884 mit zwei Einführungen (1985).

Schüppen, Matthias; Tretter, Alexandra: Hauptversammlungssaison 2009 – Satzungsgestaltung in Zeiten des Trommelfeuers, ZIP 2009, 493.

Schulte, Christoph; Bode, Christoph: Offene Fragen zur Form der Vollmachtserteilung an Vertreter i.S.v. § 135 AktG, AG 2008, 730.

Schwarz, Günter Christian: Neue Medien im Gesellschaftsrecht – Von der Präsenz- zur virtuellen Mitgliederversammlung, MMR 2003, 23.

Seibert, Ulrich: Der Referentenentwurf eines Gesetzes zur Umsetzung der Aktionärsrechterichtlinie, ZIP 2008, 906.

Ders.: Berufsopponenten – Anfechtungsklage – Freigabeverfahren – Haftungsklage – Das UMAG, eine Rechtsfolgenanalyse, NZG 2007, 841.

Ders.: Aktionärsforum und Aktionärsforumsverordnung nach § 127a AktG, AG 2006, 16.

Ders.: UMAG und Hauptversammlung – Der Regierungsentwurf eines Gesetzes zur Unternehmensintegrität und Modernisierung des Anfechtungsrechts (UMAG), WM 2005, 157.

Ders.: Die Stimmrechtsausübung in deutschen Aktiengesellschaften – ein Bericht an den Deutschen Bundestag, AG 2004, 529.

Ders.: Aktienrechtsreform in Permanenz?, AG 2002, 417.

Ders.: Aktienrechtsnovelle NaStraG tritt in Kraft – Übersicht über das Gesetz und Auszüge aus dem Bericht des Rechtsausschusses, ZIP 2001, 53.

Ders.: Der Ausschluß des Verbriefungsanspruchs des Aktionärs in Gesetzgebung und Praxis, DB 1999, 267.

Ders.: Kontrolle und Transparenz im Unternehmensbereich (KonTraG) – Der Referentenentwurf zur Aktienrechtsnovelle –, WM 1997, 1.

Seibert, Ulrich; Florstedt, Tim: Der Regierungsentwurf des ARUG – Inhalt und wesentliche Änderungen gegenüber dem Referentenentwurf, ZIP 2008, 2145.

Seibert, Ulrich; Kiem, Roger (Hrsg.): Handbuch der kleinen AG, 4. Auflage (2000); zitiert: Seibert/Kiem, Handbuch der kleinen AG.

Semler, Johannes; Volhard, Rüdiger: Arbeitshandbuch für die Hauptversammlung, 2. Auflage (2003); zitiert: Bearbeiter in ArbeitsHdb. HV.

Sieger, Jürgen J.; Hasselbach, Kai: Ausschluss von Minderheitsaktionären (Sqeeze-out) im ausländischen Recht, NZG 2001, 926.

Siems, Mathias: The Case Against Harmonization of Shareholder Rights, EBOR 6 (2005), 539.

Sieveking, Oskar: Ist rechtlich gültig eine Bestimmung in Statuten von Aktiengesellschaften, dass ein Aktionä r sich nur durch einen anderen Aktionä r vertreten lassen darf?, Gruchot 48 (1904) 516.

Sigel, Peter; Schäfer, Achim: Die Hauptversammlung der Aktiengesellschaft aus notarieller Sicht, BB 2005, 2137.

Simon, Stefan; Zetzsche, Dirk: Aktionärslegitimation und Satzungsgestaltung – Überlegungen zu § 123 AktG i.d.F. des UMAG, NZG 2005, 369.

Spindler, Gerald: Regeln für börsennotierte vs. Regeln für geschlossene Gesellschaften – Vollendung des Begonnenen?, AG 2008, 598.

Ders.: Abschied vom Papier? Das Gesetz über elektronische Handelsregister und Genossenschaftsregister sowie das Unternehmensregister, WM 2006, 109.

Ders.: Die Reform der Hauptversammlung und der Anfechtungsklage durch das UMAG, NZG 2005, 825.

Ders.: Stimmrecht und Teilnahme an der Hauptversammlung – Entwicklungen und Perspektiven in der EU und in Deutschland – in Gesellschaftsrechtliche Vereinigung (Hrsg.), Gesellschaftsrecht in der Diskussion 2005, Band 10, 31; zitiert: Spindler in GVR (2005).

Ders.: Verbesserung der Corporate Governance durch Internet?, MMR 2001, 65.

Ders.: Internet und Corporate Governance – ein virtueller (T)Raum? – Zum Entwurf des NaStraG, ZGR 2000, 420.

Ders.: Deregulierung des Aktienrechts?, AG 1998, 53.

Spindler, Gerald; Stilz, Eberhard: Kommentar zum Aktiengesetz (2007); zitiert: Spindler/Stilz/Bearbeiter, AktG.

Spindler, Gerald; Kramski, Endrik: Der elektronische Bundesanzeiger als zwingendes Gesellschaftsblatt für Pflichtbekanntmachungen der GmbH, NZG 2005, 746.

Spindler, Gerald; Hüther, Mario: Das Internet als Medium der Aktionärsbeteiligung in den USA, RIW 2000, 329.

Steiner, Klaus: Die Hauptversammlung der Aktiengesellschaft (1995); zitiert: Steiner: Die Hauptversammlung der Aktiengesellschaft.

Storck, Michel: Droit des marché s financiers – Chroniques, Revue trimestrielle de droit commercial 2007, 562.

Storck, Michel ; Schneider, Uwe H.: Doppeltes Stimmrecht für langfristig investierte Aktionäre im französischen Recht – Ein Beitrag zur „Nachhaltigkeitsprämie", AG 2008, 700.

Striebeck, Christian: Reform des Aktienrechts durch die Strukturrichtlinie der Europäischen Gemeinschaften (1992).

Stützle, Rudolf; Walgenbach, Joachim: Leitung der Hauptversammlung und Mitsprachrechte der Aktionäre in Fragen der Versammlungsleitung, ZHR 155 (1991) 516.

Sünner, Eckart: Die Einberufung der Hauptversammlung und die Zugänglichmachung von Gegenanträgen nach dem Entwurf des Transparenz- und Publizitätsgesetzes, AG 2002, 1.

Teichmann, Arndt: Der Nießbrauch an Gesellschaftsanteilen – Probleme der praktischen Gestaltung, ZGR 1973, 24.

Ders.: Der Nießbrauch an Gesellschaftsanteilen – Gesellschaftsrechtlicher Teil, ZGR 1972, 1.

Thaeter, Ralf; Guski, Roman: Shareholder Activism – Gesellschaftsrechtliche Schranken aktivistischen Aktionärsverhaltens, AG 2007, 302.

Than, Jürgen: Auf dem Weg zur virtuellen Hauptversammlung – Eine Bestandsaufnahme, FS Martin Peltzer (2001) 577.

Thiery, Gottfried: Gesetz zur Namensaktie und zur Erleichterung der Stimmrechtsausübung (NaStraG) – Das deutsche Aktienrecht entdeckt E-Mail und Internet, GesRZ 2001, 118.

Tichendor, P.J.; Donohue G.A.; Olien C.N.: Mass Media Flow and Differential Growth in Knowledge, Public Opinion Quaterly 34 (1970) 159.

Tielmann, Jörgen; Schulenburg, Volker: Aktuelle Gestaltungsempfehlungen zur Vorbereitung der Hauptversammlung nach EHUG und TUG, BB 2007, 840.

Timmann, Jan; Birkholz, Matthias: Der Regierungsentwurf für ein Risikobegrenzungsgesetz, BB 2007, 2749.

Tuerks, Robin A.: Depotstimmrecht versus U.S.-proxy-system (2000).

van der Kraans, Anatoli: The Virtual Shareholders' Meeting: How to Make it Work?, Journal of International Commercial Law and Technology (2007), 32.

Vetter, Jochen: Modifikation der aktienrechtlichen Anfechtungsklage, AG 2008, 177.

von der Crone, Hans Caspar: Die Internet-Generalversammlung, FS Peter Forstmoser (2003) 155.

von Falkenhausen, Kurt H. Freiherr: Die nächste Hauptversammlung, BB 1966, 337.

von Godin, Reinhard Freiherr; Wilhelmi, Hans; Wilhelmi, Sylvester: Aktiengesetz – Kommentar, 4. Auflage (1971), zitiert: von Godin/Wilhelmi.

von Nussbaum, Konrad: Neue Wege zur Online-Hauptversammlung durch das ARUG, GWR 2009, 215.

von Rosen, Rüdiger: Eckpunkte der Aktienrechtsreform sind zu begrüßen, BB 2008, 957.

Ders.: Transparenzrichtlinie soll die Markteffizienz steigern, Börsen-Zeitung vom 5. 1. 2006, S. 6.

von Samson-Himmelstjerna, Alexander: Überblick über die Gesellschaftsformen der Vereinigten Staaten von Amerika, RIW 1983, 152.

Waclawik, Erich: Das ARUG und die klagefreudigen Aktionäre: Licht am Ende des Tunnels?, ZIP 2008, 1141.

Wand, Peter; Tillmann, Tobias: EU-Richtlinienvorschlag zur Erleichterung der Ausübung von Aktionärsrechten, AG 2006, 443.

Weber, Martin: Vormitgliedschaftliche Treubindungen (1999); zitiert: Weber, Vormitgliedschaftliche Treubindungen.

Weber-Rey, Daniela: Effects on the Better Regulation Approach on European Company Law and Corporate Governance, ECFR 2007, 370.

Westermann, Harm Peter: Erman – BGB, 12. Auflage (2008); zitiert: Erman/Bearbeiter.

Wicke, Hartmut: Die Leitung der Hauptversammlung einer Aktiengesellschaft – Praxisrelevante Fragen und neuere Entwicklungen, NZG 2007, 771.

Wiebe, Andreas: Vorstandsmacht statt Bankenmacht? Aktienrechtlicher Rahmen und strukturelle Auswirkungen der Einführung eines Verwaltungsstimmrechts (§134 Abs.3 S.3 AktG), ZHR 166 (2002)182.

Wiedemann, Herbert: Gesellschaftsrecht, Band 1 (1980); zitiert: Wiedemann, GesR I.

Ders.: Übertragung und Vererbung von Mitgliedschaftsrechten (1963); zitiert: Wiedemann, Übertragung und Vererbung von Mitgliedschaftsrechten.

Wienicke, Laurenz: Die Stellung des Inhabers von ADRs in der Hauptversammlung der Gesellschaft, AG 2001, 504.

Ders.: Neuerungen des UMAG für die aktienrechtliche Beratungspraxis, ZIP 2004, 1082.

Willburger, Andreas: Anmerkung zu LG Frankfurt/M., DStR 2008, 1886, DStR 2008, 1889.

Wilsing, Hans-Ulrich; Goslar, Sebastian: Der Regierungsentwurf des Risikobegrenzungsgesetzes – ein Überblick, DB 2007, 2467.

Windbichler, Christine: Empfehlen sich besondere Regeln für börsennotierte Gesellschaften und für geschlossene Gesellschaften, JZ 2008, 840.

Winkler, Das Stimmrecht der Aktionäre in der Europäischen Union (2006); zitiert: Winkler, Stimmrecht.

Wymeersch, Eddy: Die Harmonisierung des Gesellschaftsrechts im Zeitalter des Internets, FS Marcus Lutter (2000) 213.

Zachert, Matthias: Zugangshindernisse und Zugangsmöglichkeiten zum US-amerikanischen Eigenkapitalmarkt aus Sicht eines deutschen Unternehmens, AG 1994, 207.

Ders.: Zugangsmöglichkeiten zum US-amerikanischen Kapitalmarkt durch American Depositary Receipts, ZIP 1993, 1426.

Zätzsch, Jörg; Gröning, Moritz: Neue Medien im deutschen Aktienrecht – zum RefE des NaStraG, NZG 2000, 393.

Zetzsche, Dirk: Shareholder Passivity, Cross-Border Voting and the Shareholder Rights Directive; abrufbar unter: http://ssrn.com/abstract=1120915; zitiert: Zetzsche, Shareholder Passivity, Cross-Border Voting and the Shareholder Rights Directive.

Ders.: Continental AG vs. Schaeffler, Hidden Ownership and European Law – Matter of Law, or Enforcement?, abrufbar unter: http//papers.ssrn.com/sol3/papers.cfm?abstract_id=1170987; zitiert: Zetzsche, Continental AG vs. Schaeffler, Hidden Ownership and European Law – Matter of Law, or Enforcement?.

Ders.: Die nächste kleine Aktienrechtsreform: Der Referentenentwurf eines Gesetzes zur Umsetzung der Aktionärsrechterichtlinie (ARUG), Der Konzern 2008, 321.

Ders.: Zwischen Anlegerschutz und Standortwettbewerb: Das Investmentänderungsgesetz, ZBB 2007,438.

Ders.: Die Aktionärslegitimation durch Berechtigungsnachweis – von der Verkörperungs- zur Registertheorie (Teil 1), Der Konzern 2007, 180.

Ders.: Die Aktionärslegitimation durch Berechtigungsnachweis – von der Verkörperungs- zur Registertheorie (Teil 2), Der Konzern 2007, 251.

Ders.: Die neue Aktionärsrechte-Richtlinie: Auf dem Weg zur Virtuellen Hauptversammlung, NZG 2007, 686.
Ders.: Virtual Shareholder Meetings and the European Shareholder Rights Directive – Challenges and Opportunities, abrufbar unter: http://ssrn.com/abstract=998429.
Ders.: Die virtuelle Hauptversammlung – Momentaufnahme und Ausblick, BKR 2003, 736.
Ders.: NaStraG – ein erster Schritt in Richtung Virtuelle Hauptversammlung für Namens- und Inhaberaktien, ZIP 2001, 682.
Ders. (Hrsg.): Virtuelle Hauptversammlung (2002); zitiert: Zetzsche, virtuelle HV.
Zöllner, Wolfgang: Vereinheitlichung der Informationswege bei Aktiengesellschaften?, NZG 2003, 354.
Ders.: Stimmrechtsvertretung der Kleinaktionäre, FS Martin Peltzer (2001) 661.
Ders.: Aktienrechtsreform in Permanenz – Was wird aus den Rechten des Aktionärs?, AG 1994, 336.
Ders. (Hrsg.): Kölner Kommentar zum Aktiengesetz, Band 1, §§ 1–75 AktG, 2. Auflage (1988); zitiert: KK/Bearbeiter.
Ders.: Die Ausübung des Stimmrechts für fremde Aktien durch die Aktiengesellschaft auf ihrer eigenen Hauptversammlung, FS Harry Westermann (1974) 603.
Ders.: Die Konzentration der Abstimmungsvorgänge auf großen Hauptversammlungen, ZGR 1974, 1.

1. Teil – Einführung und Hintergründe der Aktionärsrechte-Richtlinie

1. Kapitel: Einführung

I. Der Aktionär in der Marktwirtschaft

Eine wesentliche Ausprägung der freien Marktwirtschaft ist die Beteiligung von privaten Kapitalgebern an den industriellen Produktionsmitteln der Gesellschaft über die Kapitalmärkte, um so die Liquidität der betreffenden Unternehmungen durch rasche Verfügbarkeit von Kapital zu gewährleisten. Die Sicherstellung der Unternehmensfinanzierung erfolgt hierbei durch die Transformation privater Ersparnisse in unternehmerisch eingesetzte Investitionen, wodurch der enorme Kapitalbedarf großer Unternehmungen und Investitionsvorhaben durch die Verteilung auf viele Schultern gedeckt werden kann. In rechtlicher Hinsicht gestaltet sich dies zumeist so, dass die Unternehmung in eine Kapitalgesellschaft eingebettet wird, an der sich die Kapitalgeber als Gesellschaftsmitglieder beteiligen; die Mitgliedschaft im Verband stellt dabei gewissermaßen die Gegenleistung für das Zurverfügungstellen ihres Vermögens dar.[1] Ausgehend von dieser Überlegung lässt sich auch die Stellung der Aktionäre in der Marktwirtschaft näher umreißen, die sich durch den Erwerb von Aktien, die ggf. an einer oder mehreren Börsen gehandelt werden (vgl. § 3 Abs. 2 AktG), mit ihrem Kapital beteiligen. Spätestens bei den großen Publikumsgesellschaften, allgemeiner aber wohl zumindest bei Vorliegen von Kapitalmarktoffenheit kann daher von der Aktiengesellschaft als Kapitalsammelstelle gesprochen werden, in der mit Kapitalanlagen gewirtschaftet wird.[2] Vereinfacht dargestellt hat die Aktiengesellschaft zwei Finanzierungsmöglichkeiten: Bei der Kapitalbeschaffung mittels Darlehen muss der Kreditnehmer einen Kreditzins entrichten, bei der Beteiligung an der Aktiengesellschaft steht dem Aktionär das Gewinnbeteiligungsrecht zu. Beim Darlehen wird dabei in aller Regel die Stellung von Sicherheiten durch den Darlehensnehmer vereinbart und so der Kapitaleinsatz abgesichert oder dem Darlehensgläubiger steht ein außerordentliches Kündigungsrecht zu. Dies ist bei den Aktionären nicht der Fall, ihrer Absicherung dient vornehmlich das Stimmrecht, welches eine Kontrolle der Verwaltung garantieren soll.[3] Wie beim Darlehensgeber ist es also in erster Linie Aufgabe des Aktionärs, Kapital zur Verfügung zu stellen, an dieser Funktion orientie-

1 Marx, Das Kapital, Bd. 3, S. 452 („Kapitaleigentümer"); Passow, Die Aktiengesellschaft, S. 324–333. Bei börsennotierten Aktiengesellschaften nicht mehr ganz zweifelsfrei, vgl. Mülbert, Aktiengesellschaft, Unternehmensgruppe und Kapitalmarkt, S. 77f.; Noack in Bayer/Habersack, Aktienrecht im Wandel, Bd. II, S. 510, 513f.

2 Vgl. Begr. GesE AktG 1884, S. 464 („Kapitalsvereinigung unter der Form der Aktiengesellschaft"); Hirte, Kapitalgesellschaftsrecht, S. 1; Mülbert, Aktiengesellschaft, Unternehmensgruppe und Kapitalmarkt, S. 77; Richter, ZHR 172 (2008) 421, 421f.; Wiedemann, GesR I, S. 101–103.

3 La Porta/Lopez-de-Silanes/Shleifer/Vishny Journal of Political Economy 106 (1998) 1113, 1114.

ren sich seine primär schützenswerten Interessen und Rechte, wobei insbesondere bedacht werden muss, dass der Aktionär (Teil-)Eigentümer der Gesellschaft ist und letztendlich das unternehmerische Risiko trägt. Dies gilt umso mehr vor dem Hintergrund, dass die Kontrolle und die Verfügungsbefugnis nicht bei demjenigen liegen, der das Verlustrisiko trägt, sondern bei einem Verwaltungsorgan, so dass die Herrschaftsmacht über das Eigentum verloren geht.[4] Konkret manifestiert sich der Schutz der Aktionäre unter diesem Gesichtspunkt darin, dass die Aktionäre bei Grundsatzentscheidungen an der Entscheidungsfindung beteiligt werden[5] und über weitgehende Informations- sowie Kontrollrechte verfügen müssen, um ausreichenden Schutz vor den Interessen von Mehrheitsaktionären und der Verwaltung herzustellen.[6]

Eine Betrachtungsweise, die den Aktionär ausschließlich als Kapitalgeber sieht, greift jedoch viel zu kurz, weil ihm in ordnungspolitischer Hinsicht wichtige Aufgaben noch jenseits seiner Rolle als Kapitallieferant zugedacht werden. Die näheren Ausprägungen dieser ordnungspolitischen Bedeutung der Aktionäre gehören zu den Grundsatzfragen der Corporate Governance-Debatte, wobei noch nicht abschließend geklärt ist, welche konkrete Bedeutung der Investorenschutz für die Volkswirtschaft im jeweiligen Rechts- und Wirtschaftsraum hat.[7] Fest steht aber, dass die Aktionäre im Gefüge der Aktiengesellschaft als Kontrollinstanz fungieren sollten, die darüber wacht, dass sich die Verwaltung im Rahmen der Geschäftsführung an die Grundsätze einer ordnungsgemäßen Unternehmensführung hält, so dass missbräuchliche und eigennützige Verhaltensweisen, die auch der Volkswirtschaft schaden können, verhindert werden.[8] Ohne dass es dabei darauf ankommt, was genau eine ordnungsgemäße Unternehmensführung und -überwachung aus-

---

4 Berle/Means, The Modern Corporation and Private Property (1932) insbesondere S. 112–118 („separation of ownership and control"); Hansmann/Kraakman in: Kraakman et al., The Anatomy of Corporate Law, S. 21; Möslein, Grenzen unternehmerischer Leitungsmacht im marktoffenen Verband, S. 16–23 (m. w. N.). Vgl. hierzu auch den interdisziplinären Überblick bei: Mizruchi, Theory and Society 33 (2004) 579.

5 Easterbrook/Fischel, The economic structure of corporate law, S. 65; Grundmann, European Company Law, S. 237 f (m. w. N.). Vgl. im deutschen Recht vor allem die BGH-Rechtsprechung zu den ungeschriebenen Hauptversammlungskompetenzen bei Grundsatzentscheidungen: BGHZ 83, 122–144 (Holzmüller) und BGHZ 159, 30–48 (Gelatine I). So auch schon RegBegr. AktG 1884, S. 293, abgedruckt in: Schubert/Hommelhoff, Hundert Jahre modernes Aktienrecht, S. 387–559.

6 Z. B.: § 142 Abs. 1 S. 1 AktG (Bestellung eines Sonderprüfers); § 147 Abs. 2 S. 1 AktG (Bestellung eines besonderen Vertreters); § 258 Abs. 1 AktG (Sonderprüfung wegen unzulässiger Unterbewertung); § 132 AktG (gerichtliche Durchsetzung des Auskunftsrechts); §§ 309, 317, 318 AktG (Ersatzansprüche gegen herrschende Unternehmen, dessen Verwaltung und die eigene Verwaltung); §§ 241–249 AktG (Anfechtungs- und Nichtigkeitsklage). Überblick über die rechtlichen Kontrollbefugnisse der Aktionäre bei: Lutter, Der Aktionär in der Marktwirtschaft, S. 10–25.

7 Siehe hierzu die Untersuchungen von La Porta et al.: La Porta/Lopez-de-Silanes/Shleifer Journal of Finance 61 (2006) 1; dies., Journal of Finance 54 (1999) 471; La Porta/Lopez-de-Silanes/Shleifer/Vishny Journal of Political Economy 106 (1998) 1113. Prägnanter Überblick bei: Fleischer, ZGR 2001, 1–32; fortführend Fleischer ZGR 2007, 500. Siehe auch: Eidenmüller, JZ 2001, 1041 und JZ 2007, 487; Ruffner, Grundzüge der ökonomischen Analyse eines Rechts der Publikumsgesellschaft (2000).

8 Problem des opportunistischen Verhaltens, siehe hierzu Grundmann, European Company Law, S. 43 f.

macht,[9] ist hierbei jedenfalls eine möglichst ausgeglichene Aktionärsstruktur wünschenswert, die bei den großen Publikumsgesellschaften im optimalen Fall einen Querschnitt der gesamtgesellschaftlichen Werte und Überzeugungen reflektiert (Aktionärsdemokratie).[10] Außerdem sind die Gesellschaften mit einer guten Unternehmensführung, welche optimaler Weise auch für soziale und ökologische Themen sensibilisiert ist, in der Regel wettbewerbsfähiger und entwickeln sich besser als ihre Konkurrenten.[11]

Zwingende Voraussetzung für die effektive Wahrnehmung der ihnen zugedachten Funktionen im Verbandsgefüge ist jedoch, dass die Aktionäre über ausreichende Einflussnahmemöglichkeiten verfügen. In der kapitalmarktoffenen Gesellschaft können die Aktionäre indirekten Einfluss auf Geschäftsführung und Unternehmenspolitik zum einen dadurch nehmen, dass sie ihre Ablehnung bzw. Befürwortung gegenüber der Verwaltung zum Ausdruck bringen, indem sie Aktien an dem betreffenden Unternehmen über die Kapitalmärkte entweder kaufen oder verkaufen.[12] Dies bedeutet, dass sich die gute Unternehmensführung im Aktienkurs mit der Folge widerspiegelt, dass der Kurs bei mehrheitlicher Zustimmung steigt bzw. bei überwiegender Ablehnung sinkt, worauf die Verwaltung dann reagieren muss, um nicht Ziel feindlicher Übernahmen zu werden. Dieser Mechanismus wirkt freilich nur, wenn es einen funktionierenden Markt für ordnungsgemäße Unternehmensführung und -überwachung gibt, er versagt z.B. bereits dann, wenn ein Mehrheitsaktionär das Gebaren der Verwaltung mit trägt. Direkter Einfluss auf die Geschäftsführung kann hingegen nur durch die Ausübung der Verwaltungsrechte über die Hauptversammlung geltend gemacht werden, indem die Aktionäre insbesondere von ihren Stimm-, Rede-, Frage- und Auskunftsrechten Gebrauch machen. Diese Rechte stehen gerade auch Minderheitsaktionären zu und sie werden auf der Aktionärsversammlung ausgeübt, welche bei formaler Betrachtung das höchste Organ in der Aktiengesellschaft ist und dem gegenüber sich die Verwaltung mindestens einmal jährlich verantworten muss.[13] Sie dienen daher auch einer hinreichenden Transparenz der Unternehmensleitung, indem ein gesteigerter Rechtfertigungsdruck aufgebaut wird.[14] Das Hauptproblem bei der Ausübung der

---

9 Ausführlich: Behrens, FS Drobnig (1998) 491 (mit ausführlichen Nachweisen aus der ökonomischen Literatur); ebenfalls guter Überblick bei Leyens, JZ 2007, 1061. Siehe auch die umfangreiche Literatur zur Corporate Governance-Debatte, vgl. nur Grundmann/Mülbert, ZGR 2001, 215; Hopt, ZGR 2000, 779 (zum Einfluss der Wertpapiermärkte); Hopt/Wymeersch, Comparative Corporate Governance: Essays and Materials (1997).

10 Vgl. K. Schmidt, GesR, S. 837 („Sitz der Aktionärsdemokratie“).

11 Storck, Revue trimestrielle de droit commercial 2007, 562, 562.

12 Sog. Wall Street rule: Grundlegend Coffee, Columbia Law Review 84 (1984) 1145; Hirschman, Abwanderung und Widerspruch (1974) 3f., 17–24 (zu den Wechselwirkungen von Abwanderung (*exit*) und Widerspruch (*voice*)) und 39 (zur Wall Street rule als Ausprägung der beiden Reaktionsweisen). Siehe auch Behrens, FS Drobnig (1998) 491, 500; Grundmann, European Company Law, S. 46; Kalss, Anlegerinteressen, S. 339–343.

13 Vgl. § 120 Abs. 1 AktG. Zweifelnd jedoch Eckhardt in Geßler/Hefermehl/Eckardt/Kropff, Vorb § 118, 5 („Frage der Persönlichkeiten“).

14 Noack, Hauptversammlung und Internet: Information – Kommunikation – Entscheidung, S. 6f., erhältlich unter: http://ssrn.com/abstract=646723.

Verwaltungsrechte sind jedoch die hohen Koordinationskosten und die rationale Zurückhaltung („rational apathy“) der einzelnen Aktionäre.[15] An eben diesem Punkt setzt nunmehr die A-RL an. Mit dieser Richtlinie verfolgt der europäische Gesetzgeber das Ziel, die mit der (grenzüberschreitenden) Ausübung der Aktionärsrechte verbundenen Kosten sowohl für die Unternehmen als auch für die Anteilseigner zu senken.

II. Gang der Untersuchung

Die vorliegenden Untersuchung analysiert, bewertet und hinterfragt die Auswirkungen der A-RL auf das deutsche und europäische Recht kritisch, um so einen Beitrag zum besseren Verständnis der neuen Regelungen sowie zur optimalen Umsetzung der A-RL zu leisten. Hierfür werden zum einen die in der A-RL enthaltenen Regelungen unter Berücksichtigung der Entstehungsgeschichte, der verschiedenen Rechtstraditionen in den einzelnen Mitgliedstaaten und der Zielsetzungen des europäischen Gesetzgebers erläutert. Die Arbeit enthält rechtsvergleichende Hinweise, weil und soweit sie für die richtige Einordnung der in der A-RL enthaltenen Einzelregelungen notwendig sind. Im Anschluss an die Analyse der einzelnen europarechtlichen Vorgaben werden die korrespondierenden deutschen Vorschriften einschließlich diesbezüglicher Streitstände dargelegt, um zu klären, ob zwingender oder fakultativer Anpassungsbedarf besteht und wie sich die Pflicht zur richtlinienkonformen Auslegung des Aktienrechts in Zukunft auswirken wird. Im Anschluss an diesen Abgleich des deutschen Rechts mit der A-RL wird nicht nur ein eigener Umsetzungsvorschlag unterbreitet, sondern es werden bereits auch die der Umsetzung dienenden Vorschriften des Gesetzes zur Umsetzung der Aktionärsrechterichtlinie (ARUG)[16] berücksichtigt und kritisch erörtert. Die vorliegende Untersuchung legt neben den direkten Auswirkungen der A-RL auf das deutsche Recht auch die sich aus Anlass der Umsetzung ergebenden Möglichkeiten der Modernisierung des AktG dar. Hierbei ist vor allem das ARUG zu beachten, soweit es über die Vorgaben der A-RL hinausgeht. Zudem werden eine umfassende Bewertung und eine Einordnung der A-RL ins System des Europäischen Gesellschaftsrechts vorgenommen.

---

15 Easterbrook/Fischel, Journal of Law and Economics 26 (1983) 395, 402; Leyens, JZ 2007, 1061, 1066; Richter, ZHR 172 (2008) 419; Schäfer/Ott, Lehrbuch der ökonomischen Analyse des Zivilrechts, S. 656.

16 Das Gesetz zur Umsetzung der Aktionärsrechte-Richtlinie (ARUG) ist am 3. August 2009 in Kraft getreten; vgl. RegE ARUG vom 5. November 2008, abrufbar unter: http://bmj.bund.de/files/-/3369/RegE_ARUG.pdf; RefE ARUG vom 6. Mai 2008, abrufbar unter: http://www.bmj.bund.de/files/-/3140/RefE%20Gesetz%20zur%20Umsetzung%20der%20Aktionärsrechterichtlinie.pdf.

2. Kapitel: Hintergrund, Ziele und Vorbereitung der A-RL[17]

Die Richtlinie 2007/36/EG des Europäischen Parlaments und des Rates vom 11. Juli 2007 über die Ausübung bestimmter Rechte von Aktionären von börsennotierten Gesellschaften (Aktionärsrechte-Richtlinie)[18] ist am 3. August 2007 in Kraft getreten und muss bis zum 3. August 2009 von den Mitgliedstaaten ins nationale Recht umgesetzt werden.[19] Der Verabschiedung war im Februar 2007 eine Einigung über die konkreten Regelungen zwischen Europäischem Parlament und Rat vorangegangen. Einerseits wurde bereits vor Verabschiedung der endgültigen Fassung der A-RL die Erwartung bekundet, dass der Anpassungsbedarf im deutschen Recht überschaubar sei.[20] Dies passt zum neuen Verständnis von Harmonisierung und Subsidiarität, wonach die punktuelle einer umfassenden Harmonisierung vorgezogen wird. Für die A-RL bedeutet dies, dass die Aktionärsrechte nur insoweit adressiert werden, als sie im grenzüberschreitenden Verkehr nicht wirksam ausgeübt werden können.[21] Die Auswirkungen sind aber andererseits nicht zu unterschätzen. So hat die Umsetzung der A-RL dazu geführt, dass die Publizitätspflichten im Zusammenhang mit der Einberufung der Hauptversammlung erheblich ausgeweitet wurden, die Aktionärsrechte elektronisch ohne Anwesenheit am Versammlungsort ausgeübt werden können und die Stimmrechtsvertretung, insbesondere das Depotstimmrecht, dereguliert worden ist. Außerdem führt die

---

17 Aktionärsrechte-Richtlinie: Im folgenden wird die Abkürzung A-RL verwendet.

18 Richtlinie 200736/EG des Europäischen Parlaments und des Rates, ABl. EU L 184/17; Vorschlag vom 05. 1. 2006, KOM(2005) 685 endg; zu diesen vgl. die Beiträge von Bachner/Dokalik, GesRZ 2007, 104; BDA/BDI/DAI/DIHK/GDV NZG 2006, 300; Dethomas/Rontchevsky, Revue Lamy Droit des Affaires 2007, 10; Dondero, Revue trimestrielle de droit financier 2007, 90; Grundmann/Winkler, ZIP 2006, 1421; Karollus, Ges 2006, 99; Lecourt, Revue des Sociétés 2007, 423; ders., Revue des Sociétés 2007, 191; Noack, FS Westermann (2008) 1203; Noack/Beurskens, GPR 2006, 88; Pluskat, WM 2007, 2135; Putzer, ecolex 2007, 861; Rauter, JAP 2007/2008/6, 45; J. Schmidt, BB 2006, 1641; dies. NZG 2006, 487; Ratschow DStR 2007, 1402 Schmidt/Lutter/Spindler Vor §§ 121 ff.; Storck, Revue trimestrielle de droit commercial 2007, 562; Wand/Tillmann AG 2006, 443; Zetzsche, NZG 2007, 686.

19 Art. 15 Abs. 1 A-RL. Für die Regelungen betreffend die Stimmrechtsvertretung ergibt sich eine längere Umsetzungsfrist bis zum 3. August 2012.

20 Noack, NZG 2006, 321, 327. Auch das französische Recht entspricht des Anforderungen der A-RL weitestgehend, vgl. Dethomas/Rontchevsky, Revue Lamy Droit des Affaires 2007, 10, 15; Dondero, Revue trimestrielle de droit financier 2007, 90, 90; Storck, Revue trimestrielle de droit commercial 2007, 562, 562. Vor allem in den „neuen" Mitgliedstaaten werden die erforderlichen Anpassungen freilich erheblich sein, vgl. Commission Staff Working Document, Annex to the Proposal for a Directive of the European Parliament and of the Council on the exercise of voting rights by shareholders of companies having their registered office in a Member State and whose shares are admitted to trading on a regulated market and amending Directive 2004/109/EC, abrufbar unter http://ec.europa.eu/internal_market/company/shareholders/indexa_en.htm, S. 55–118.

21 Vgl. Grundmann/Möslein in Bayer/Habersack, Aktienrecht im Wandel, Bd. II, S. 31, 81.

A-RL zu der europaweiten Einführung eines Nachweisstichtages (record date) für börsennotierte Gesellschaften.

I. Hintergrund der A-RL

Bislang ist der Regelungsbestand zu den Aktionärsrechten auf europäischer Ebene ausgesprochen dürftig[22] und vor allem durch das Scheitern der Strukturrichtlinie[23] geprägt, in der Aussagen zur Einberufung der Hauptversammlung (Art. 22, 24 Abs. 3), zum Teilnahmerecht (Art. 26) und dem Ladungsrecht der Minderheit (Art. 23, 25 i. V. m. 16), zum Aukunftsrecht (Art. 31), zur Stimmkraft (one share, one vote, vgl. Art. 33) und zur Stimmrechtsvertretung (Art. 27 f.) enthalten waren.[24] Eine endgültige Verabschiedung der Stukturrichtlinie ist jedoch an deren Ausführlichkeit, vor allem aber daran gescheitert, dass anfangs keine Einigung darüber erzielt werden konnte, wie die Arbeitnehmermitbestimmung zu berücksichtigen war.[25] Einige die Aktionärsrechte betreffende Regelungen finden sich lediglich in der SE-VO[26] und zwar zur Einberufung der Hauptversammlung (Turnus, Minderheitenrechte) in Art. 54–56 SE-VO und zum Erfordernis einer qualifizierten Mehrheit bei Satzungsänderungen, vgl. Art. 57–60 SE-VO; der Inhalt dieser Normen wird von der A-RL jedoch nicht tangiert. Bei den Arbeiten zur A-RL war lediglich Art. 17 Abs. 2 Transparenz-Richtlinie zu beachten, weil hier gewisse Überschneidungen mit Art. 5 A-RL bezüglich der Einberufungspublizität zu konstatieren sind. Weitere Regelungen, die die Aktionärsrechte (indirekt) betreffen, stellen vor allem Publizitätsregeln zum Stimmrecht dar, namentlich die Registerpublizität gem. Art. 3 b–h Kapitalrichtlinie[27] und bei Übernahmehindernissen gem. Art. 10 d–h Übernahme-

---

22 Grundmann/Winkler, ZIP 2006, 1421, 1422.

23 Vorschlag einer fünften Richtlinie vom 9. 10. 1972 zur Koordinierung der Schutzbestimmungen, die in den Mitgliedstaaten den Gesellschaften im Sinne des Art. 58 Abs. 2 des Vertrages im Interesse der Gesellschafter sowie Dritter hinsichtlich der Struktur der Aktiengesellschaft sowie der Befugnisse und Verpflichtungen ihrer Organe vorgeschrieben sind, ABl. EG 1972 C 131/49 = KOM(72) 887; erste Änderung des Vorschlags vom 19. 8. 1983, ABl. EG 1983 C 240/2; zweite Änderung des Vorschlags vom 20. 12. 1990, ABl. EG 1991 C 7/4; dritte Änderung des Vorschlags vom 20. 11. 1991, ABl. EG 1991 C 321/9; zurückgezogen KOM (2001) 763 endg. Monografisch hierzu z. B.: Abeltshauser, Strukturalternativen für eine europäische Unternehmensverfassung (1990); Striebeck, Reform des Aktienrechts durch die Strukturrichtlinie (1992). Siehe auch: Kolvenbach, DB 1983, 2235, 2240.

24 Vgl. Grundmann/Winkler, ZIP 2006, 1421, 1422 (Fn 5); Pannier, Harmonisierung der Aktionärsrechte (2003) S. 126–137. Ausführlich zu den dort vorgesehenen Stimmrechtsregelungen: Grundmann, European Company Law, S. 245–247 (= Rn. 440–443).

25 GroßKommAktG/Grundmann, § 133, 32.

26 Verordnung (EG) Nr. 2157/2001 des Rates vom 8. Oktober 2001 über das Statut der Europäischen Gesellschaft (SE), ABl. 2001 L 294/1.

27 Zweite Richtlinie 77/91/EWG des Rates vom 13. Dezember 1976 zur Koordinierung der Schutzbestimmungen, die in den Mitgliedstaaten den Gesellschaften im Sinne des Artikels 58 Absatz 2 des Vertrages im Interesse der Gesellschafter sowie Dritter für die Gründung der Aktiengesellschaft sowie für die Erhaltung und Änderung ihres Kapitals vorgeschrieben sind, um diese Bestimmungen gleichwertig zu gestalten, ABl. EG 1977 L 26/1.

richtlinie.[28] Die bisher wohl größte Bedeutung für das Stimmrecht hat jedoch nicht ein bestimmter Legislativakt erlangt, sondern die Golden-Shares-Rechtsprechung des EuGH, nach der Privilegierungen bestimmter Aktionärsgruppen (meist der öffentlichen Hand) nicht mit der Kapitalverkehrsfreiheit vereinbar sind.[29] Wieso aber belässt es der europäische Gesetzgeber nicht bei diesem Befund, sondern sieht vielmehr Regulierungsbedarf in diesem Bereich?

1. Die Ausübung der Aktionärsrechte als Regelungsproblem

Gegenüber dem Gewinnbeteiligungsrecht (Recht auf Beteiligung am ausgeschütteten Gewinn) sind die Verwaltungsrechte (d.h. Stimm-, Teilnahme-, Rede-, Frage- und Auskunftsrecht) in den Hintergrund gerückt, weil sie keinen (unmittelbaren) Vermögensvorteil bieten.[30] Europaweit wird die Entwicklung der Hauptversammlungspräsenzen mit Sorge beobachtet und allgemein davon ausgegangen, dass diese zu niedrig sind.[31] In Deutschland ist diese Quote, auch bedingt durch den Rückzug vieler, v.a. öffentlich-rechtlicher, Kreditinstitute von der Stimmrechtsvertretung ihrer Depotkunden als Folge der Überregulierung des Depotstimmrechts (§ 135 AktG), in den letzten Jahren stetig zurückgegangen, auch wenn teilweise ein geringer Anstieg der Präsenzen zu beobachten ist.[32] Dies hängt mit dem Phänomen der *rational apathy* zusammen, mit welchem sich das Verhalten der Aktionäre erklären lässt, die ihre Aktionärsrechte, insbesondere das Stimmrecht, nicht ausüben, weil die mit dieser Ausübung verbundenen Kosten den Nutzen übersteigen.[33] Gerade bei börsennotierten Gesellschaften ist es für die Anteilseigner der Gesellschaften einfacher, eine Exit-Strategie zu verfolgen und ihren Missmut über Unternehmensführung und Kursentwicklung nicht in der Hauptversammlung zu äußern, sondern ihre Anteile über die Börse schnell und kostengünstig zu verkaufen. Es besteht aber

---

28 Richtlinie 2004/25/EG des Europäischen Parlaments und des Rates vom 21. 4. 2004 betreffend Übernahmeangebote, ABl. EG 2004 L 142/12.

29 EuGH Rs. C-58/99 Kommission/Italien, Slg. 2000, I-3811; EuGH Rs. C-503/99 Kommission/Belgien Slg. 2002, I-4809, 4830f; EuGH Rs. C-483/99 Kommission/Frankreich Slg. 2002, I-4781, 4801; EuGH Rs. C-467/98 Kommission/Portugal, Slg. 2002, I-4731; EuGH Rs. C-174/04 Kommission/Italien Slg. 2005, I-4933; EuGH verb. Rs. C-282/04 und 283/04 Kommission/Niederlande Slg. 2006, I-9141; EuGH Rs. C-98/01 Kommission/Vereinigtes Königreich Slg. 2003, I-4641; EuGH Rs. C-112/05 Kommission/Bundesrepublik Deutschland Abl. C-315 v. 22. 12. 2007 (VW-Urteil); vgl. hierzu Bayer BB 2002, 2289, 2290f.; Grundmann/Möslein ZGR 2003, 317, 351f.; Müller-Graff FS Ulmer (2003) 929, 942–948. Auch Private begünstigende Regelungen in den Anwendungsbereich der Kapitalverkehrsfreiheit einbeziehend: Möslein ZIP 2007, 208, 210–212.

30 Grundmann/Winkler, ZIP 2006, 1421, 1422. Aktionäre, die ihre Verwaltungsrechte aktiv ausüben, können aber unter Umständen über die damit verbundene „Kontrollprämie" finanzielle Vorteile erlangen, siehe S. 151.

31 Vgl. nur Ratschow, DStR 2007, 1402, 1402.

32 Baums, Deregulierung des Depotstimmrechts, S. 3. Aufstellungen der Hauptversammlungspräsenzen seit 1998 der im DAX notierten Aktiengesellschaften sind unter http://www.dsw-info.de und http://www.sdk.org (mit geringen Abweichungen) zu finden.

33 Vgl. Lutter, Der Aktionär in der Marktwirtschaft, S. 25 f.; umfassende Untersuchung der Ursachen: BMJ, Bericht vom 19. 5. 2004 über die Entwicklung der Stimmrechtsausübung in börsennotierten Aktiengesellschaften in Deutschland seit Inkrafttreten des Namensaktiengesetzes am 25. 1. 2001; dazu: Seibert, AG 2004, 529.

nun wiederum ein Bedürfnis danach, dass sich möglichst viele Aktionäre (aktiv) beteiligen. Zum einen kommt der Hauptversammlung als formal oberstes Organ der Gesellschaft eine wichtige Kontrollfunktion der Verwaltung als Bedingung für eine funktionierende Corporate Governance zu[34] und zum anderen droht bei niedrigen Präsenzen das Zustandekommen von Zufallsmehrheiten und in Folge dessen unvorhersehbaren Ergebnissen, was zu erheblicher Intransparenz des Kapitalmarkts führt. Insofern werden durch die Passivität der übrigen Aktionäre vor allem reine Finanzinvestoren begünstigt. Nicht zuletzt sei darauf hingewiesen, dass die Aktionäre zugleich die Eigentümer der betreffenden Gesellschaft sind und somit in den Schutzbereich von Art. 14 GG fallen.[35] Es ist daher die Aufgabe des Gesetzgebers, dafür zu sorgen, dass das Eigentum auch genutzt werden kann.

2. Die grenzüberschreitende Ausübung der Aktionärsrechte als Regelungsproblem

Das Bereitstellen passender Regelungen müsste an sich den nationalen Gesetzgebern überlassen bleiben, wenn ein Tätigwerden auf europäischer Ebene nicht zur Verwirklichung des Binnenmarkts notwendig ist.[36] Nun ist aber zu beobachten, dass die Aktionäre im grenzüberschreitenden Verkehr von ihren Rechten nochmals geringeren Gebrauch machen, zugleich aber angesichts der zunehmenden Internationalisierung der Kapitalmärkte die Anteile an europäischen Aktiengesellschaften, die von ausländischen Aktionären gehalten werden, stetig steigen und mittlerweile bei durchschnittlich 30% liegen.[37] Dabei führen komplexe Verwahrketten bei länderübergreifenden Beteiligungen zunehmend dazu, dass Aktionäre oft nicht fristgerecht mit hauptversammlungsrelevanten Informationen versorgt werden, so dass diese schon rein faktisch von der Ausübung ihrer Rechte ausgeschlossen sind.[38] Dies kann sogar so weit führen, dass die Information, dass die Hauptversammlung einberufen werde, den Aktionär erst erreicht, wenn diese schon längst stattgefunden hat.[39] Daher ist es zur Verwirklichung des Binnenmarktes wichtig, dass praxistaugliche Lösungen entwickelt werden. Hierfür müssen zuallererst nationale Beschränkungen wie z. B. die mit einer Hinterlegung verbundene Veräußerungssperre und extrem kurze Einberufungsfristen[40] abgeschafft werden und der Fokus vom inländischen auf den international agierenden Anleger verlagert werden.[41] Dies gilt umso mehr, wenn man davon ausgeht, dass sich die Möglichkeit der Ausübung der mit

34 Noack, FS Westermann (2008) 1203, 1204; ders., ZIP 2005, 325, 326; Ratschow, DStR 2007, 1402, 1402.

35 BVerfGE 14, 263, 276 f.; 25, 371, 407; 50, 290, 339; BVerfG, DB 1999, 1693, 1694; NJW 2000, 349, 350; Würdinger, Aktienrecht, S. 49 f. (m. w. N. aus dem Schrifttum).

36 Subsidiaritätsprinzip, Art. 5 EGV; ausführlich hierzu: Calliess in Calliess/Ruffert, Kommentar zu EU-Vertrag und EG-Vertrag, Art. 5, 1–7.

37 In Großbritannien sogar 60%, vgl. Grundmann/Winkler, ZIP 2006, 1421, 1423.

38 Delsaux, Finanzplatz 2006/2, 18, 19; Grundmann/Winkler, ZIP 2006, 1421, 1423.

39 Lutter, ZGR 2000, 1, 11.

40 Vgl. Winkler, Stimmrecht, S. 224.

41 Delsaux, Finanzplatz 2006/2, 18, 19.

Stimmrechten in Zusammenhang stehenden Rechte auch im Preis niederschlägt.[42] Aus der Sicht des grenzüberschreitenden Anlegers bestehen nämlich erhebliche rechtliche und praktische Hindernisse für die effektive Ausübung der Aktionärsrechte, so dass die Verwirklichung des (Kapital-)Binnenmarkts in diesem Bereich bislang noch aussteht.[43]

3. Kritik

Trotz dieses recht eindeutigen Binnenmarktbezugs waren die Pläne der Kommission zur Harmonisierung der Aktionärsrechte im Vorfeld nicht unumstritten. Dabei ging es nicht um die Frage, ob überhaupt harmonisiert werden sollte, hieran bestehen angesichts der großen Schwierigkeiten, mit denen die grenzüberschreitende Stimmrechtsausübung verbunden ist, keine Zweifel.[44] Hiervon klar zu trennen ist die Frage, ob diese Harmonisierung auf EU-Ebene vorgenommen werden sollte oder ob hierfür die mitgliedsstaatliche Ebene besser geeignet wäre (Stichwort: Harmonisierung oder Wettbewerb der Rechtsordnungen).[45] Gegen eine Harmonisierung auf EU-Ebene sprechen die Schwerfälligkeit der europäischen Gesetzgebung und die damit verbundene Gefahr einer Verfestigung unerwünschter Zustände, ohne dass eine schnelle Korrektur möglich erscheint. Des Weiteren besteht die Gefahr, dass existierende Pfadabhängigkeiten[46] in einzelnen Mitgliedstaaten zu Gunsten vermeintlich vorteilhafterer Regelungen abgeschafft würden.[47] Hingewiesen wurde auch darauf, dass die Stellung der Aktionäre bereits stark genug sei und eine weitere Stärkung unter dem Gesichtspunkt der damit verbundenen Vergrößerung des Einflusses professioneller Finanzinvestoren, die ausschließlich Profitinteressen verfolgen, nicht wünschenswert sei.[48]

Die Frage nach dem richtigen Verhältnis zwischen Harmonisierung und Wettbewerb der Rechtsordnungen ist keine spezifisch mit den Aktionärsrechten verbundene, sie stellt sich vielmehr in allen Bereichen des Privatrechts. Eine angemessene Austarierung zwischen diesen beiden Polen differiert je nach Rechtsgebiet und gestaltet sich aufgrund der damit verbundenen Komplexität zum Teil ausgesprochen schwierig. Besonders auch bei der Ausarbeitung eines Europäischen Vertragsge-

42 Erwägungsgrund 3 A-RL.

43 Ausführlich und monografisch zu den rechtlichen und faktischen Hindernissen bei der grenzüberschreitenden Stimmrechtsausübung: Winkler, Stimmrecht, S. 92–101, 151–165, 217–226.

44 Siems, EBOR 6 (2005) 539, 544f.; Pannier, Harmonisierung der Aktionärsrechte, S. 191–193 (m.w.N.).

45 Noack, NZG 2006, 321, 325. Allgemein zum Wettbewerb der Rechtsordnungen: Grundmann, ZGR 2001, 783; Kieninger, Wettbewerb der Privatrechtsordnungen im europäischen Binnenmarkt – Studien zur Privatrechtskoordinierung in der Europäischen Union auf den Gebieten des Gesellschafts- und Vertragsrechts (2002).

46 Vgl. hierzu: Grundmann, European Company Law, S. 273 f.; Hopt ZGR 2000, 797, 798; Licht, The Mother of All Path Dependencies: Toward a Cross-Cultural Theory of Corporate Governance Systems, abrufbar über SSRN: http://ssrn.com/abstract=208489; Margolis/Liebowitz, Path Dependance, in P. Newman (Hrsg.), The New Palgrave Dictionary of Economics and Law, Bd. 3 (2002) S. 17.

47 Siems, EBOR 6 (2005) 539, 542–544.

48 Vgl. Siems, EBOR 6 (2005) 539, 548.

setzbuchs[49] spielt dieses Thema eine zentrale Rolle; anbieten dürfte sich hier eine Optionslösung, wonach grundsätzlich die nationalen Regeln anwendbar sind, die Vertragsparteien aber für die Anwendung der europäischen Regeln „optieren" können.[50] Der Kritik an der Harmonisierung der Aktionärsrechte ist aber jedenfalls insoweit zuzustimmen, dass die Schwerfälligkeit der europäischen Institutionen und – daraus folgend – der Gesetzgebungsverfahren auf europäischer Ebene ein Problem darstellt. Dies ist allerdings ein strukturelles Problem, welches nicht dadurch gelöst werden sollte, dass möglichst keine Rechtsakte auf europäischer Ebene mehr erlassen werden, sondern durch eine Reform der Grundstrukturen, d.h. des EGV.[51] Selbstverständlich müssen auch die Pfadabhängigkeiten – wie bei jeder Richtlinie und Verordnung – berücksichtigt werden. Sowohl bei der Gefahr einer Verfestigung unerwünschter Regelungen als auch bei der Berücksichtigung von Pfadabhängigkeiten handelt es sich jedoch nicht um spezifisch mit Aktionärsrechten verbundene Phänomene. Die Sorge vor einer „Regulierungswut" des europäischen Gesetzgebers lässt sich zudem dadurch entkräften, dass die A-RL äußerst vorsichtig punktuell und nicht umfassend harmonisiert.[52] Die fundamentale Kritik an der Harmonisierung der Aktionärsrechte geht daher fehl. Viel schwerwiegender fällt im Gegenteil ins Gewicht, dass wichtige Bereiche nicht durch die A-RL harmonisiert werden: Dies betrifft vor allem das Intermediärsrecht. Ursprünglich waren Regelungen zu den Problemen des Auseinanderfallens von formeller und materieller Berechtigung, zum Begriff des Aktionärs und der damit verbundenen Bestimmung des inhaltlich Entscheidungsbefugten sowie zu den langen Verwahrketten im grenzüberschreitenden Verkehr geplant, mangels Durchsetzbarkeit haben diese den Weg in die endgültige Fassung nicht gefunden.[53] Hierin war sogar der eigentliche Schwerpunkt der A-RL gesehen worden.[54] Dies ist bedauerlich, weil sich die A-RL nicht der zentralen Frage annimmt, wem die Aktionärsrechte überhaupt zustehen. Dies ist nur unter Rückgriff auf das nationale Recht möglich.[55]

---

49 Diesbezüglich wird ein Gemeinsamer Referenzrahmen (GRR) ausgearbeitet, siehe http://europa.eu/scadplus/leg/de/lvb/l33158.htm. Erschienen ist bereits ein Entwurf eines Gemeinsamen Referenzrahmens (Draft Common Frame Of Reference), der von der Study Group on a European Civil Code und der Commission on European Contract Law (Lando-Kommission) verfasst wurde; dieser kann über http://www.law-net.eu/en_index.htm nach vorheriger Registrierung abgerufen werden. Die Society of European Contract Law (SECOLA) hat sich auf der Konferenz am 6. und 7. Juni in Barcelona mit diesem Thema beschäftigt, die Beiträge sind in ERCL 3 (2008) 225–454 abgedruckt.

50 Ausführlich: Grundmann/Kerber, European Journal of Law and Economics 21 (2005) 215; Grundmann, ERCL 1 (2005) 184.

51 Dies ist aber nicht Gegenstand der vorliegenden Untersuchung.

52 Dies entspricht dem neuen „Stil" europäischer Gesetzgebung, vgl. Grundmann/Möslein in Bayer/Habersack, Aktienrecht im Wandel, Bd. II, S. 31, 36 (= Rn. 4); Dethomas/Rontchevsky, Revue Lamy Droit des Affaires 2007, 10, 14.

53 Zetzsche, NZG 2007, 686, 687.

54 Vgl. Commission Staff Working Document (Fn 20) S. 37f.

55 Art. 2 lit. b A-RL; vgl. Dethomas/Rontchevsky, Revue Lamy Droit des Affaires 2007, 10, 14: «Cette absence de définition peut néanmoins apparaître paradoxale car la Directive subordonne l'exercise des droits à une préalable identification des actionnaires.»

II. Ziele

Mit der A-RL wird erklärtermaßen das Ziel verfolgt, grenzüberschreitende Hindernisse für die Ausübung der Stimmrechte und anderer mit dem Stimmrecht zusammenhängender Aktionärsrechte zu beseitigen, um so die effektive Ausübung der Aktionärsrechte zu fördern.[56] Freilich ist die Beseitigung solcher Hindernisse nur Mittel zum Zweck, im Kern geht es darum die Hauptversammlungspräsenzen zu erhöhen oder doch zumindest ein weiteres Absinken als Folge zunehmender Internationalisierung abzumindern. Dabei geht es auch darum, das Vertrauen wieder herzustellen, welches unter den zahlreichen Fehlentwicklungen bei der Unternehmensleitung gelitten hat.[57] Überblicksartig dargestellt werden mit der A-RL folgende Ziele verfolgt:[58]

- Die rechtzeitige Einberufung aller Hauptversammlungen soll gewährleistet werden.
- Die hauptversammlungsrelevanten Informationen und Unterlagen sollen den Aktionären rechtzeitig zugänglich gemacht werden.
- Jegliche Form der Aktiensperrung wird abgeschafft.
- Alle rechtlichen Hindernisse für die Teilnahme an der Hauptversammlung auf elektronischem Weg sollen beseitigt werden, wobei die Gesellschaften hierzu nicht verpflichtet werden.
- Die Ausübung des Stimmrechts in Abwesenheit (in absentia) soll ermöglicht werden.
- Die Stimmrechtsausübung durch Dritte (Stimmrechtsvertretung) und die Erteilung von Weisungen soll vereinfacht werden.

III. Vorbereitung der A-RL

Eine unerwartete Nachricht stellte die Verabschiedung der A-RL im Juli 2007 nicht dar. Sie war vielmehr im Vorfeld durch umfangreiche vorbereitende Maßnahmen bereits angekündigt und der Öffentlichkeit zugänglich gemacht worden. Schon am 4. November 2002 wurde der Bericht der High Level Group of Corporate Experts von deren Vorsitzenden Jaap Winter präsentiert, in dem eine legislative Initiative auf europäischer Ebene zur Harmonisierung der Aktionärsrechte (dringend) empfohlen wurde, um die effektive Ausübung des Stimmrechts zu gewährleisten.[59] Im Anschluss an diesen Bericht zeigte sich die Kommission im Aktionsplan zur Modernisierung des Gesellschaftsrechts und Verbesserung der Corporate Go-

56 Vgl. Begr. A-RL-E, S. 3.
57 Storck, Revue trimestrielle de droit commercial 2007, 562, 562.
58 Vgl. Begr. A-RL-E, S. 3 f.
59 Bericht der Hochrangigen Gruppe von Experten auf dem Gebiet des Gesellschaftsrechts über moderne gesellschaftsrechtliche Rahmenbedingungen in Europa, S. 8, abrufbar unter: http://ec.europa.eu/internal_market/company/docs/modern/report_de.pdf; vgl. hierzu Bachner, FS Doralt (2004) 33.

vernance demgegenüber ebenfalls aufgeschlossen und befürwortete die Ausarbeitung einer Richtlinie.[60] Es folgten in den Jahren 2004 und 2005 zwei öffentliche Konsultationen,[61] die es insbesondere den Verbänden aus den Mitgliedstaaten erlaubten, Stellungnahmen zu den einzelnen Problemkreisen und möglichen Regulierungsoptionen abzugeben. Begleitend zu diesen Vorarbeiten wurde eine sog. Advisory Group on Corporate Governance and Company Law eingesetzt[62] und eine Folgenabschätzung (impact study) erstellt.[63] Zu konstatieren ist daher, dass die Vorarbeiten und das Gesetzgebungsverfahren löblicher Weise sehr transparent vollzogen wurden.[64] Der Richtlinienentwurf (A-RL-E) wurde dann am 5. Januar 2006 vorgelegt.[65] Der Hauptteil der hiernach noch anstehenden Arbeiten wurde unter österreichischer Ratspräsidentschaft in der ersten Jahreshälfte 2006 erledigt, so dass der österreichische Vorsitz die Formulierungen in der A-RL maßgeblich beeinflusst hat.[66] In dieser Zeit konnten auch Lobbyverbände, insbesondere von deutscher Seite, noch erheblichen Einfluss auf den materiellen Inhalt nehmen. Dies hatte vor allem zur Folge, dass das ursprünglich vorgesehene Fragerecht im Vorfeld der Hauptversammlung[67] nicht in die endgültige Fassung aufgenommen wurde.[68] Die Verabschiedung am 15. Februar 2007 fiel schließlich in die Zeit der deutschen Ratspräsidentschaft.

---

60 Mitteilung der Kommission vom 21. Mai 2003 an den Rat und da s. Europäische Parlament: Modernisierung des Gesellschaftsrechts und Verbesserung der Corporate Governance – Aktionsplan, KOM (2003) 284 endg., S. 13.

61 Beide zu finden unter: http://ec.europa.eu/internal_market/company/shareholders/indexa_en.htm.

62 Sitzungsprotokolle abrufbar unter: http://ec.europa.eu/internal_market/company/advisory/index_de.htm.

63 Abrufbar unter: http://ec.europa.eu/internal_market/company/docs/shareholders/comm_native_sec_2006_0181_ en.pdf; Überblick zum Gesetzgebungsverfahren bei: Noack, FS Westermann (2008) 1203, 1206 f.

64 Noack, FS Westermann (2008) 1203, 1206 („neuer Stil europäischer Gesetzgebung"); ders., NZG 2006, 321, 322.

65 Vorschlag für eine Richtlinie des Europäischen Parlaments und des Rates über die Ausübung der Stimmrechte durch Aktionäre von Gesellschaften, die ihren eingetragenen Sitz in einem Mitgliedstaat haben und deren Aktien zum Handel auf einem geregelten Markt zugelassen sind, sowie zur Änderung der Richtlinie 2004/109/EG, KOM(2005) 685 endg.

66 Bachner/Dokalik, GesRZ 2006, 104, 104.

67 Vgl. hierzu: Kalss/Schauer, Reform, S. 184.

68 Vgl. Noack, FS Westermann (2008) 1203, 1207.

2. Teil – Anwendungsbereich und allgemeine Fragen

3. Kapitel: Anwendungsbereich, Art. 1 Abs. 1 A-RL

Die Richtlinie behandelt individuelle Aktionärsrechte im Zusammenhang mit der Hauptversammlung. Da es nicht Anliegen der Richtlinie ist, in die materiellen Strukturen der nationalen Aktienrechte einzugreifen,[1] enthält sie insbesondere keine Vorgaben für die ungeschriebenen Kompetenzen der Hauptversammlung bei Änderungen der Unternehmensstruktur.[2] Ebenso wenig äußert sich die A-RL zu der mit Aktien verbundenen Stimmkraft. Weder die Zulässigkeit von stimmrechtslosen Vorzugsaktien (vgl. § 12 Abs. 1 S. 2 AktG) noch die Höhe des mit einer Aktie verbundenen Stimmgewichts, d.h. die Proportionalität von Eigentum und Kontrolle, wird adressiert. Dies bedeutet vor allem, dass der Grundsatz „one share, one vote" (noch) nicht europaweit festgeschrieben wird.[3]

Der Anwendungsbereich der Richtlinie ergibt sich aus Art. 1 Abs. 1 A-RL. Hiernach legt die Richtlinie „die Anforderungen hinsichtlich der Ausübung bestimmter, mit stimmberechtigten Aktien verbundener Rechte von Aktionären im Zusammenhang mit Hauptversammlungen von Aktiengesellschaften fest, die ihren eingetragenen Sitz in einem Mitgliedstaat haben und deren Aktien zum Handel auf einem geregelten Markt zugelassen sind, der in einem Mitgliedstaat gelegen ist oder dort betrieben wird." Der ursprüngliche Vorschlag der Europäischen Kommission[4] sprach noch von der „Ausübung der Stimmrechte im Rahmen der Hauptversammlungen". Da die Richtlinie außer dem Aktionärsstimmrecht viel weitgehender die organisatorische Vorbereitung und Durchführung der Hauptversammlung[5] betrifft und daher die Bestimmung des Anwendungsbereichs in dieser Weise zu eng war, kam es zu

---

1 Noack, SR 2007, 102

2 Siehe hierzu BGHZ 83, 122–144 (Holzmüller) und BGHZ 159, 30–48 (Gelatine I). Aus der Literatur: vgl. nur Groß, AG 1996, 111; Lutter/Leinekugel, ZIP 1998, 805 (beide m.w.N.); rechtsvergleichend: Paefgen, ZHR 172 (2008) 42, 67. Aus der Rechtsprechung z.B.: LG Stuttgart, AG 1992, 236, 237f. Im deutschen Recht ist der Umfang der Hauptversammlungskompetenzen bei wesentlichen Unternehmensentscheidungen nach wie vor umstritten, vgl. Hüffer, AktG, § 119, 16–18c; MünchKommAktG/Volhard, § 119, 31–91; Henn/Frodermann/Jannott/Göhmann, Handbuch des Aktienrechts, S. 447–449 (alle m.w.N.).

3 Daher kann es vorläufig beim doppelten Stimmrecht für langfristig investierte Aktionäre im französischen Recht bleiben; vgl. dazu Storck/Schneider, AG 2008, 700. Die Kommission hat jedoch bereits eine Studie zu den Abweichungen in den Mitgliedstaaten vom Prinzip der Proportionalität zwischen Kapital und Kontrolle durchführen lassen, die am 4. 6. 2007 veröffentlicht wurde; abrufbar unter: http://ec.europa.eu/internal_market/company/shareholders/indexb_de.htm.

4 Vorschlag für eine Richtlinie des Europäischen Parlaments und des Rates über die Ausübung der Stimmrechte durch Aktionäre von Gesellschaften, die ihren eingetragenen Sitz in einem Mitgliedstaat haben und deren Aktien zum Handel auf einem geregelten Markt zugelassen sind, sowie zur Änderung der Richtlinie 2004/109/EG; KOM 2005/265. Im folgenden wird die Abkürzung A-RL-E verwendet.

5 Noack, NZG 2006, 321, 322.

der breiteren Formulierung des sachlichen Anwendungsbereichs.[6] Erfasst werden somit neben dem Stimmrecht auch das Frage-, Rede- und Teilnahmerecht der Aktionäre; nicht ausdrücklich Stellung nimmt die A-RL hingegen zum Recht auf anteilige Ausschüttung der Dividende und das Anfechtungsrecht (§§ 241 ff. AktG), weil die Regelung der Rechtsfolgen den Mitgliedstaaten überlassen bleibt.[7]

I. Persönlicher Anwendungsbereich

Der persönliche Anwendungsbereich erstreckt sich auf „Aktiengesellschaften, die ihren Sitz in einem Mitgliedstaat haben und deren Aktien zum Handel auf einem geregelten Markt zugelassen sind, der in einem Mitgliedstaat gelegen ist oder dort betrieben wird“, Art. 1 Abs. 1 A-RL.[8] Auf Betreiben des Europäischen Parlaments wurde der ursprünglich von der Kommission vorgeschlagene Text leicht abgeändert und „Emittenten“ durch „Aktiengesellschaften“ ersetzt sowie der Zusatz „der in einem Mitgliedstaat gelegen ist oder dort betrieben wird“, angefügt.[9]

Art. 2 Abs. 1 A-RL verweist für die Definition des organisierten Marktes auf Art. 4 Abs. 1 Nr. 14 MiFiD,[10] dessen Umsetzung § 2 Abs. 5 WpHG dient.[11] Die A-RL nimmt angesichts der Formulierung in Art. 1 Abs. 1 i.V.m. Art. 2 lit. a A-RL also nur die börsennotierten Gesellschaften in den Blick. Dies bedeutet aber auch, dass neben der Aktiengesellschaft auch die Societas Europaea (SE, vgl. Art. 1 Abs. 2 SE-VO), die Kommanditgesellschaft auf Aktien (KGaA, vgl. § 278 Abs. 3 AktG), die Investmentaktiengesellschaft (vgl. § 2 Abs. 5 und §§ 96 ff. InvG) sowie die REIT-Aktiengesellschaft (vgl. § 1 Abs. 3 REITG) erfasst werden.[12] Nicht börsennotierte Gesellschaften werden vom Anwendungsbereich nicht erfasst, wie sich insbesondere aus dem 1. Erwägungsgrund ergibt, der nur die Aktionäre börsennotierter Gesellschaften in den Blick nimmt. Ferner werden durch die Beschränkung auf den geregelten Markt Aktiengesellschaften aus dem Anwendungsbereich ausgenom-

---

6 Zu der Änderung kam es auf Initiative des Rechtsausschusses des Europäischen Parlaments (JURI) in der Sitzung am 29. Januar 2007. Die Änderungsanträge sind abrufbar über die Internetseite des Rechtsausschusses, http://www.europarl.europa.eu/meetdocs/2004_2009/organes/juri/juri_meetinglist.htm.

7 Noack, NZG 2006, 321, 326.

8 „Diese Richtlinie legt die Anforderungen hinsichtlich der Ausübung bestimmter, mit stimmberechtigten Aktien verbundener Aktionärsrechten im Rahmen von nach dem Recht eines Mitgliedstaates gegründeten Gesellschaften fest, *deren Aktien zum Handel auf einem geregelten Markt zugelassen sind,...*“ (Hervorhebung durch den Verf.).

9 Art. 1 Abs. 1 A-RL-E hatte ursprünglich gelautet: „Diese Richtlinie legt die Anforderungen hinsichtlich der Ausübung der Stimmrechte im Rahmen der Hauptversammlungen von Emittenten fest, die ihren eingetragenen Sitz in einem Mitgliedsstaat haben und deren Aktien zum Handel auf einem geregelten Markt zugelassen sind.“

10 Richtlinie 2004/39/04/EG des Europäischen Parlaments und des Rates vom 21. 4. 2004 über Märkte für Finanzinstrumente, zur Änderung der Richtlinien/611/EWG und 93/6/EWG des Rates und der Richtlinie 2000/12/EG des Europäischen Parlaments und des Rates und zur Aufhebung der Richtlinie 93/22/EWG des Rates, Abl. EG 2004 L 145/1.

11 Schmidt/Lutter/Ziemons, Vor §§ 121 ff., 6.

12 Ratschow, DStR 2007, 1402, 1403.

men, deren Aktien lediglich im Freiverkehr[13] gehandelt werden. Der Fokus liegt also auf den größeren Publikumsgesellschaften, für die der Freiverkehr nahezu bedeutungslos ist, da dieser für viele Investoren unattraktiv ist.[14] Diese Begrenzung des Anwendungsbereichs ist nicht zuletzt kompetenzrechtlichen Gründen geschuldet, weil die aus Art. 44 und 95 EGV abgeleitete Regelungszuständigkeit einen Bezug zum Binnenmarkt voraussetzt und folglich der Aspekt der Grenzüberschreitung Bedingung für ein Tätigwerden auf europäischem Level ist.[15] Keine Bedeutung spielt es für die Eröffnung des Anwendungsbereichs der A-RL, ob die Gesellschaften Inhaber- oder Namensaktien emittieren.[16]

Gem. Art. 1 Abs. 3 A-RL können einige Arten von Gesellschaften vom Anwendungsbereich ausgenommen werden: für gemeinsame im Sinne von Art. 1 Abs. 2 OGAW-RL,[17] d. h. Wertpapiere, (lit. a) und sonstiger Anlagen, d. h. „Organismen, deren ausschließlicher Zweck es ist, beim Publikum beschafftes Kapital für gemeinsame Rechnung anzulegen, die nach dem Grundsatz der Risikostreuung arbeiten und die keine rechtliche oder wirtschaftliche Beherrschung eines der Emittenten der zugrunde liegenden Veranlagungen anstreben, sofern diese Organismen für gemeinsame Anlagen von den zuständigen Behörden zugelassen sind und deren Aufsicht unterliegen und sie eine Verwahrstelle haben, die die Aufgaben im Sinne der OGAW-RL wahrnimmt“ (lit. b) sowie Genossenschaften (lit. c). Die ersten beiden Fallgruppen erklären sich daraus, dass für sie jeweils bereits Regelungen auf europäischer Ebene vorhanden sind. Bei letzterer Ausnahme (Genossenschaften) ist eine Betroffenheit von der A-RL schon faktisch ausgeschlossen, weil Genossenschaftsanteile nicht frei gehandelt werden.[18]

II. Erstreckung des Regelungsinhalts auf nicht börsennotierte Gesellschaften

Die Begründung der Begrenzung auf börsennotierte Aktiengesellschaften der Kommission lautet schlicht, dass es um die Erleichterung der Ausübung von Aktionärsrechten auf der Hauptversammlung gehe.[19] Diese Behauptung ließe an sich vermuten, dass sich die Richtlinie auf Regelungsprobleme konzentriert, die sich typischerweise nur auf Hauptversammlungen börsennotierter Gesellschaften stellen. Es geht der Kommission in erster Linie auch darum, die geringe Aktivität der

---

13 § 57 Abs. 1 BörsG.

14 Meyer, in: Marsch-Barner/Schäfer, Handbuch börsennotierte AG, § 6, 46

15 Kritisch: Pannier, Harmonisierung der Aktionärsrechte, S. 191–193; Siems, EBOR 6 (2005) 539, 545. Allgemein zur EG-Kompetenz im Gesellschaftsrecht: Deckert/Lilienthal, EWS 1999, 121. Zweifel bestehen allerdings an der Justiziabilität einer Kompetenzüberschreitung: Schön, ZGR 1995, 1, 34–37.

16 Ratschow, DStR 2007, 1402, 1403.

17 Richtlinie 85/611/EWG des Rates vom 20. Dezember 1985 zur Koordinierung der Rechts- und Verwaltungsvorschriften betreffend bestimmte Organismen für gemeinsame Anlagen in Wertpapieren, Abl. EG 1985 L 375/3.

18 Ratschow, DStR 2007, 1402, 1403.

19 Begr. A-RL-E, S. 4; zustimmend: Lecourt, Revue des Sociétés 2006, 200, 200.

Aktionäre zu Gunsten einer regeren Teilnahme an den Hauptversammlungen der börsennotierten Gesellschaften und zu Lasten der Praktizierung der *Wall Street rule*[20] zu vergrößern. Anhand dieses Regelungszieles ist die Beschränkung einleuchtend. Nimmt man hingegen die zur Erreichung dieses Regelungszieles verwendeten Regelungen verstärkt in die Betrachtung mit hinein, könnte dies auch anders zu beurteilen sein. Aktionärsrechte, also neben dem Gewinnbeteiligungsrecht insbesondere auch das Stimm- und Fragerecht, sind von der Börsennotierung grundsätzlich nicht abhängig sondern vielmehr Ausprägungen der Mitgliedschaft in der Aktiengesellschaft.[21] Es stellt sich daher die Frage, ob die Beschränkung des Anwendungsbereichs auf börsennotierte Aktiengesellschaften Sinn macht, was im Hinblick auf die spätere Umsetzung ins nationale Recht von Bedeutung ist, da die Mitgliedstaaten die Möglichkeit haben, gleiche Bestimmungen für nicht börsennotierte Gesellschaften einzuführen.[22]

Die A-RL folgt – wenn man so will – einem (kontinentaleuropäischen) „Trend", wonach mehr und mehr zwischen börsennotierten und „privaten", „geschlossenen" bzw. sog. „kleinen" Gesellschaften unterschieden wird.[23] Ein Wesensmerkmal des AktG 1965 war noch die Gleichbehandlung von börsennotierter und börsenferner Aktiengesellschaft.[24] Im Aktionsplan schlägt die Kommission nunmehr vor, klar zwischen bestimmten Kategorien von Gesellschaften zu unterscheiden. Insbesondere börsennotierte Gesellschaften und Gesellschaften, die öffentlich Kapital aufnehmen, sollten strengeren Regelungen unterworfen werden als private Gesellschaften, die nicht am Kapitalmarkt auftreten. Dabei war der Kommission insbesondere an besonderen Offenlegungsvorschriften gelegen.[25] Der deutsche Gesetzgeber hat bereits im Jahr 1994 mit dem Erlass des Gesetzes für kleine Aktiengesellschaften und zur Deregulierung des Aktienrechts[26] begonnen, eine kapitalmarktorientierte Trennlinie zwischen börsennotierten und nicht börsennotierten Aktiengesellschaften zu ziehen. Börsennotiert sind nach der Legaldefinition in Art. 3 Abs. 2 AktG Gesellschaften, deren Aktien zu einem Markt zugelassen sind, der von staatlich anerkannten Stellen geregelt und überwacht wird, regelmäßig stattfindet und für das Publikum mittelbar oder unmittelbar zugänglich ist. Aufgrund

---

20 Siehe hierzu bereits S. 5.

21 Insofern ist auch nicht verwunderlich, dass die Richtlinie mit ihrer Regelungsmaterie auf der Website der Kommission unter der Rubrik „Gesellschaftsrecht" und nicht „Kapitalmarktrecht" zu finden ist: http://ec.europa.eu/internal_market/company/shareholders/indexa_de.htm

22 Erstes Konsultationspapier GD Binnenmarkt vom 16. 9. 2004, S. 3, abrufbar unter: http://ec.europa.eu/internal_market/company/shareholders/indexa_de.htm

23 Lutter, FS Zöllner (1998) 363, 383. Aktuell sind ca. 15.000 deutsche Aktiengesellschaften in der Kapitalmarktstatistik der Deutschen Bundesbank aufgeführt, von denen lediglich knapp 700 börsennotiert sind; vgl. Bayer/Hoffmann, AG-Report 2008, R379.

24 Drygala, AG 2001, 291, 297.

25 Europäische Kommission, Mitteilung der Kommission an den Rat und an das Europäische Parlament: Modernisierung des Gesellschaftsrechts und Verbesserung der Corporate Governance in der Europäischen Union – aktionsplan vom 21. 5. 2003, www.europa.eu.int/comm/internal_market/de/company; vgl. Kalss/Oppitz/Zollner, Kapitalmarktrecht § 1, 58.

26 Gesetz für kleine Aktiengesellschaften und zur Deregulierung des Aktienrechts vom 2. 8. 1994, BGBl. I S. 1961.

der exponierten Stellung am Kapitalmarkt sollten an börsennotierte Aktiengesellschaften höhere Anforderungen gestellt werden.[27] Auch unter dem Gesichtspunkt der Deregulierung des Aktienrechts wird eine Stärkung des Kapitalmarktrechts zu Lasten gesellschaftsrechtlicher Vorschriften, die den Aktionärsschutz betreffen, gefordert, um ein gesundes Maß an Flexibilität auch für kleine Gesellschaften mit einem oft geschlossenen Aktionärskreis zu erreichen.[28] Dies war auch das Anliegen des Gesetzgebers z. B. bei Einführung von § 3 Abs. 2 AktG, der vor allem der sprachlichen Entlastung derjenigen Vorschriften dient, die ausschließlich Regelungen für börsennotierte Gesellschaften enthalten (z.B.: §§ 58 Abs. 2 S. 2, 110 Abs. 3, 124 Abs. 1, 124a, 130 Abs. 1 S. 3, 134 Abs. 1 S. 2, Abs. 3 S. 2, 171 Abs. 2 S. 2, 328 Abs. 3 AktG).[29] Bei der national, europäisch und international großen Bedeutung des Kapitalmarkts wird sich in Zukunft dieser „Trend“ wohl noch fortsetzen.

Die an die Börsennotierung der Aktiengesellschaft anknüpfenden Regelungen haben sich nach und nach zu einem ganz eigenen Regime von Vorschriften entwickelt, so dass man mittlerweile bereits von einem Börsenaktienrecht[30] bzw. Börsengesellschaftsrecht[31] sprechen kann. Eine solche kapitalmarktorientierte Unterscheidung macht grundsätzlich Sinn, weil bei börsennotierten Aktiengesellschaften aus Gründen des Anlegerschutzes bestimmte Formalismen und Verhaltensanforderungen erforderlich sind, die sich bei kleineren und nicht am Kapitalmarkt operierenden Aktiengesellschaften nicht rechtfertigen lassen.[32] In welchen Fällen jedoch eine auf börsennotierte Gesellschaften beschränkte oder alle Aktiengesellschaften erfassende Regulierung vorzugswürdig ist, ist häufig unklar und Gegenstand von Kontroversen.[33] Dies hängt vor allem damit zusammen, dass in Deutschland das Verhältnis und das optimale Zusammenspiel von Gesellschafts- und Kapitalmarktrecht noch nicht abschließend geklärt ist.[34] Fest steht in diesem Zusammenhang jedenfalls, dass unter dem Einfluss der immer weiter zunehmenden Internationalisierung der Aktienmärkte in Deutschland ein neben dem Aktienrecht stehendes Kapitalmarkt-

---

27 Vgl. MüKoAktG/Heider, § 3, 41; Hölters/Deilmann, Die „kleine“ Aktiengesellschaft, S. 2; Seibert/Kiem, Handbuch der kleinen AG, S. 4f.

28 Mongrafisch zur Deregulierung des Aktienrechts: Escher-Weingart, Reform durch Deregulierung im Kapitalgesellschaftsrecht (2001).

29 Hüffer, AktG, § 3, 5.

30 Seibert, WM 1997, 1; Spindler, AG 1998, 53.

31 Fleischer, ZHR 165 (2001) 513, 515 unter Hinweis auf Nobel, FS Bär (1998) 301, 309f., der diesen Begriff für das Schweizer Recht fruchtbar gemacht hat.

32 GroßKommAktG/Röhricht, § 23, 167; MüKoAktG/Heider, § 3, 43; Escher-Weingart, Reform durch Deregulierung im Kapitalgesellschaftsrecht, S. 123. Für eine Differenzierung zwischen kapitalmarktoffenen und geschlossenen Gesellschaften, die nicht nur auf die Börsennotierung abstellt: eingehend Kalss/Schauer, Reform, S. 67f.; Paschos/Goslar, AG 2008, 605, 606.

33 Vgl. das Thema der 5. Abteilung Wirtschaftsrecht des 67. DJT v. 23. bis 26. 9. 2008, deren Thema lautet: „Empfehlen sich besondere Regeln für börsennotierte und geschlossene Gesellschaften?“, zu finden unter: http://www. djt.de. Siehe hierzu auch Richter, ZHR 172 (2008) 419; Windbichler, JZ 2008, 840.

34 Vgl. Merkt, AG 2003, 126; Teichmann, Binnenmarktkonformes Gesellschaftsrecht (2006) 18–20. Siehe auch: Kalss, Anlegerinteressen, S. 8–14 (zur Rolle des Kapitalmarkts für das Verbandsrecht).

recht entstanden ist und weiterhin stark vordringt, welches den gesellschaftsrechtlichen Aktionärsschutz überlagert und zum Teil sogar verdrängt.[35]

Die Bedeutung dieser Frage wird dadurch unterstrichen, dass Thema der 5. Abteilung (Wirtschaftsrecht) des 67. Deutschen Juristentages (DJT) lautete: „Empfehlen sich besondere Regeln für börsennotierte und geschlossene Gesellschaften?"[36] Die Diskussion fokussiert sich dabei im Kern darauf, ob eine verstärkte Differenzierung anhand der Börsennotierung überhaupt bzw. in welchem Umfang rechtspolitisch wünschenswert ist. Hieran schließt sich die Überlegung an, ob das Prinzip der Satzungsstrenge für geschlossene Gesellschaften aufgeweicht werden kann, um die Attraktivität der Aktiengesellschaft für den Mittelstand zu steigern und im Wettbewerb der Rechtsordnungen verloren gegangenen Boden wieder zurück zu erobern.[37] Für die vorliegende Untersuchung sind diese Fragen von Bedeutung, weil Kriterien herausgearbeitet werden sollen, die für die optimale Umsetzung der A-RL hilfreich sein können, wenn es darum geht zu entscheiden, ob die in der A-RL enthaltenen Regeln auf nicht börsennotierte Gesellschaften ausgedehnt werden sollen.

1. Systemgerechtigkeit

Im Zuge der sich vollziehenden „Aktienrechtsreform in Permanenz" haben sich also zwei Regelungssysteme für beide „Typen" von Aktiengesellschaften herausgebildet. Mittlerweile knüpfen sich an die Börsennotierung insbesondere Publizitätspflichten, wie z.B. die Ad-hoc-Publizität (§ 15 WpHG), die Meldepflicht nach §§ 21ff. WpHG, die Verpflichtung zur Veröffentlichung von Zwischenberichten (§ 40 BörsG i.V.m. §§ 53ff BörsZulVO) usw.[38] Im Aktienrecht findet sich diese Unterscheidung mittlerweile in mehreren Normen wieder. Im Zusammenhang mit den Aktionärsrechten wichtig ist hier vor allem die Abschaffung des Hinterlegungserfordernisses für börsennotierte Gesellschaften zu Gunsten der Legitimation durch Berechtigungsnachweis (§ 123 Abs. 3 S. 2 AktG).[39] Die Abhaltung der Aufsichtsratssitzung muss in der börsenfernen AG nur einmal jährlich erfolgen (§§ 110 Abs. 3 AktG). Nur nach der Börsennotierung sind einem Vorschlag zur Wahl von Aufsichtsratsmitgliedern Angaben zu deren Mitgliedschaft in anderen gesetzlich zu bildenden Aufsichtsräten beizufügen (125 Abs. 1 S. 4 AktG) und ist eine notarielle Niederschrift des Hauptversammlungsbeschlusses zwingend erforderlich (§ 130 Abs. 1 S. 3, Abs. 2 S. 2 AktG). Außerdem sind nach § 134 Abs. 1 S. 2 AktG Höchststimmrechte nur noch bei börsenfernen Aktiengesellschaften zuläs-

---

35 Raiser/Veil, S. 52

36 Siehe hierzu Bayer, Gutachten E zum 67. DJT, S. E81ff. Eine Kurzfassung ist in der Beilage zu NJW 2008, Heft 21, publiziert.

37 Schäfer, NJW 2008, 2536, 2538; Spindler, AG 2008, 598, 598.

38 Aufzählung bei: Krolop, Der Rückzug vom Kapitalmarkt (Delisting), Anhang A, S. 385–387 (Stand 2005) und Schäfer, NJW 2008, 2536, 2537f.

39 Kritisch zur Anknüpfung an die Börsennotierung in diesem Fall: Zetzsche, Der Konzern 2007, 180, 183.

sig. Die Pflicht zur Abgabe der Entsprechenserklärung zum Deutschen Corporate Governance Kodex (DCGK)[40] gem. § 161 Abs. 1 S. 1 AktG trifft die börsenfernen Aktiengesellschaften ebenso wenig wie die Pflicht des Aufsichtsrates, nach 171 Abs. 2 S. 2 AktG mitzuteilen, welche Ausschüsse gebildet worden sind sowie die Zahl der Sitzungen und Ausschüsse. Des Weiteren hat die börsennotierte AG die Beendigung eines Anfechtungsprozesses gem. § 248a AktG unverzüglich in den Gesetzesblättern bekannt zu machen. Bei Gesellschaften, die § 3 Abs. 2 AktG unterfallen, ist ferner die Beschränkung der Stimmrechte bei einer wechselseitigen Beteiligung nach § 328 Abs. 3 AktG in der Hauptversammlung weitreichender als dies bei nichtbörsennotierten Gesellschaften der Fall ist.

Außerhalb des Aktiengesetzes gibt es noch eine ganze Reihe von Gesetzen und Vorschriften, die ausschließlich auf börsennotierte Gesellschaften Anwendung finden. An die Börsennotierung knüpfen zahlreiche kapitalmarktrechtliche Publizitätsvorschriften an.[41] Vor allem aber im Bilanzrecht spielt die Börsennotierung eine bedeutsame Rolle, weil gem. § 315a HGB an einem geregelten Markt notierte Gesellschaften ihren konsolidierten Konzernabschluss nach den internationalen Rechnungslegungsstandards IFRS (International Financial Reporting Standards) aufstellen müssen, wohingegen nicht notierte Gesellschaften ein Wahlrecht haben (vgl. § 315 HGB). Ob die unterschiedliche Behandlung der kapitalmarktaktiven und der kapitalmarktfernen Gesellschaft zur Folge hat, dass mit der Börsennotierung ein Rechtsformwechsel einhergeht oder nicht, ist umstritten. An eine Qualifizierung der börsennotierten Aktiengesellschaft als eigene Rechtsform wie in England, wo die Börsennotierung über die Rechtsform der Gesellschaft entscheidet,[42] wird zumindest gedacht.[43] Für die Umsetzung der Aktionärsrechte-Richtlinie spielt diese Frage lediglich insofern eine Rolle, als dass die Entscheidung über den Rechtsformwechsel davon abhängig gemacht wird, wie stark die an die Börsennotierung anknüpfenden Vorschriften an die Verbandsorganisation anknüpfen.

Ein wesentliches Argument gegen einen mit der Börsennotierung einhergehenden Rechtsformwechsel ist, dass die an die Börsennotierung anknüpfenden Regelungen eben nicht an die Stellung des Aktionärs im Verband anknüpfen. Eine Ausnahme bildet insofern § 161 AktG, denn die Entsprechenserklärung zum deutschen Corporate Governance Index, der sich u.a. mit Aktionärsrechten wie dem Stimmrecht (Art. 2.1.1) befasst, müssen nur Vorstand und Aufsichtsrat börsennotierter Gesellschaften abgeben, diese Pflicht trifft die nicht börsennotierten Gesellschaften nicht,

---

40 Abgedruckt bei Hüffer, AktG, § 161, 9.

41 Ad-hoc-Publizität (§ 15 WpHG), Veröffentlichungs-, Mitteilungs- und Unterrichtungspflichten (§ 39 I Nr. 3 i. V. m. §§ 63 ff. BörsZulVO), Meldepflicht nach §§ 21 ff. WpHG, Verpflichtung zur Veröffentlichung von Zwischenberichten (§ 40 BörsG i. V. m. §§ 53 ff. BörsZulVO), allgemeine Verhaltenspflichten des Emittenten nach § 39 Abs. 1 BörsG sowie Insiderregelungen (§§ 12 ff. WpHG). Gem. § 42 i. V. m. § 50 Abs. 3 BörsG kann die Börse für einzelne Handelssegmente und Indizes besondere Pflichten aufstellen (z. B. Pflicht zur Erstellung von Quartalsberichten).

42 Die Börsennotierung bildet die Trennlinie zwischen public company und private company, Güthoff, Gesellschaftsrecht in Großbritannien (2004) 5; von Samson-Himmelstjerna, RIW 1983, 152, 154.

43 Vgl. Merkt, AG 2003, 126, 128 (m. w. N.); Spindler, AG 2008, 598, 602 f.

allerdings wird auch nicht börsennotierten Gesellschaften die Beachtung des Kodex in der Präambel empfohlen. Die Diskussion lehrt jedenfalls, dass Normsetzungen, die an die Stellung des Aktionärs als Verbandsmitglied anknüpfen, bislang nicht Gegenstand einer umfassenden Differenzierung waren. Der Aspekt der Systemgerechtigkeit spricht daher dafür, dass sich die Umsetzung der A-RL an diesem Befund orientiert. Soweit sich die A-RL auf die Rechte bezieht, die der Aktionär als Verbandsmitglied auf der Hauptversammlung wahrnehmen kann, erscheint eine Umsetzung für alle Aktiengesellschaften gleichermaßen angezeigt. Beispiel hierfür sind Art. 8 und 12 A-RL, die die Stimmabgabe in absentia erlauben. Enthält die A-RL hingegen zusätzliche Publizitäts- und Offenlegungsvorschriften, sollte eine Anwendung der entsprechenden Umsetzungsnormen auf nicht börsennotierte Gesellschaften sehr sorgfältig abgewogen werden. Dies bedeutet insbesondere, dass eine Pflicht kleiner Aktiengesellschaften, Informationen auf ihrer Internetseite zu publizieren (Art. 5 Abs. 4, 14 Abs. 2 A-RL) oder Informationen im Vorfeld der Hauptversammlung zu verbreiten (Art. 5 Abs. 2 A-RL), nicht eingeführt werden sollte.

2. Deregulierung

Die Herausbildung eines Börsengesellschaftsrechts führt nicht nur dazu, dass börsennotierte Gesellschaften zwei Regelungskomplexen unterworfen sind, die durchaus unterschiedliche Zielsetzungen verfolgen können und nicht hinreichend aufeinander abgestimmt sind, sondern auch dazu, dass man sich die Frage stellen muss, wann in Bezug auf börsenferne Gesellschaften das Aktienrecht dereguliert werden kann.[44] Eine Deregulierung wird nicht nur für börsenferne sondern auch für kleine börsennotierte Gesellschaften angestrebt, denen die Kapitalaufnahme an den Börsen angesichts der Finanzierungsprobleme kleiner und mittlerer Unternehmen (KMU) erleichtert werden soll.[45] Das deutsche Aktienrecht ist für Gesellschaften, die eine gewisse Größe nicht erreichen, zu kompliziert und lastet den Gesellschaften umfangreiche Pflichten auf, die zu erfüllen sich für relativ wenige Unternehmen lohnt. Andererseits ist auch zuzugeben, dass für solche Unternehmungen immer noch die Rechtsform der GmbH offensteht, woran sich die schwierige Frage anschließt, wo die Trennlinie zwischen GmbH und kleiner Aktiengesellschaft verläuft und wie sich die Eigenständigkeit beider Rechtsformen bewahren lässt.

Eine Deregulierung des Aktienrechts in diese Richtung wird z. B. hinsichtlich der Sqeeze-out-Regeln (§§ 327 a ff. AktG) gefordert.[46] Gegen die Anwendung der Sqeeze-Out-Regeln auf die börsenfernen Gesellschaften sprechen rechtssystematische und

---

44 Vgl. bereits Albach/Lutter, Deregulierung des Aktienrechts: Das Drei-Stufen-Modell (1988). Siehe auch: Bayer, Gutachten E zum 67. DJT, S. E 20; Schäfer, NJW 2008, 2536, 2539; , AG 2008, 598, 602; Windbichler, JZ 2008, 840, 846.

45 Claussen, FS Röhricht (2005) 63, 67–77 (für die den Aufsichtsrat betreffenden Regeln). Der Begriff der nicht börsennotierten Gesellschaft überschneidet sich mit dem der kleinen Aktiengesellschaft rechtstatsächlich weitgehend, wenn auch nicht vollständig, vgl. Hüffer, AktG, § 3, 5.

46 Fleischer, ZGR 2002, 757, 770; Habersack, ZIP 2001, 1230, 1235; Drygala, AG 2001, 291, 297 f.; Hüffer, AktG, § 327 a, 4 a; a. A.: Handelsrechtsausschuss DAV NZG 1999, 850, 852.

-ökonomische Gründe. In rechtssystematischer Hinsicht sollte das GmbH-Recht Berücksichtigung finden. Dort sind Hinauskündigungsklauseln, die einem Gesellschafter das Recht einräumen, die Gesellschafterstellung nach freiem Ermessen zu beenden, unzulässig, wenn sie sich nicht sachlich rechtfertigen lassen.[47] Demgegenüber erscheint es widersprüchlich, wenn in der kapitalmarktfernen Aktiengesellschaft ein Ausschluss von Minderheitsgesellschaftern ohne sachlichen Grund möglich ist. Warum die Sachlage bei einer kapitalmarktfernen Aktiengesellschaft anders zu würdigen ist, leuchtet nicht ein. Zum Herausdrängen von unliebsamen Gesellschaftern könnte sich für den Mehrheitsgesellschafter einer GmbH die Umwandlung in eine Aktiengesellschaft anbieten.[48] Auch in rechtsvergleichender Hinsicht zeigt sich, dass Squeeze-Out-Regeln meist nur bei börsennotierten Gesellschaften Anwendung finden.[49] In rechtsökonomischer Hinsicht schlägt das Argument der Kostenersparnis durch den erleichterten Ausschluss der Mitgesellschafter fehl, da bei einem geschlossenen Anteilseignerkreis von vornherein klar ist, worauf man sich einlässt. Wichtig ist es auch den Gesichtspunkt zu beachten, dass den Gesellschaftern nur bei der börsennotierten Aktiengesellschaft die Möglichkeit offensteht, sich bei einer anderen, ebenso renditeträchtigen Gesellschaft zu beteiligen.[50] Aus diesen Gründen ist meines Erachtens die Erstreckung der §§ 327a ff. AktG auf nicht börsennotierte Gesellschaften verfehlt.

Für die Umsetzung der A-RL ergibt sich daraus das Spannungsfeld, dass die Einführung zusätzlicher Pflichten für kleine Aktiengesellschaften (v.a. Art. 5 A-RL) nur sehr behutsam erfolgen und die Besonderheiten, die sich aus einem geschlossenen Gesellschafterkreis ergeben, berücksichtigt werden sollten. Nicht sinnvoll erscheint es unter diesem Aspekt, kleinen Aktiengesellschaften die satzungsautonome Beschränkung hinsichtlich der Person des Stimmrechtsvertreters zu untersagen, weil hierfür ein berechtigtes Interesse durchaus bestehen kann. Dies sollte bei der Umsetzung von Art. 10 A-RL berücksichtigt werden.[51] Andererseits enthält die A-RL aber auch erhebliches Deregulierungspotential, welches für alle Aktiengesellschaften nutzbar gemacht werden sollte. Dies betrifft die Möglichkeit, bei der Ausübung der Aktionärsrechte und der Durchführung der Hauptversammlung auf elektronische Hilfsmittel zurückzugreifen, Art. 8 A-RL.[52] Gerade bei nicht börsennotierten Gesellschaften mit geschlossenem Gesellschafterkreis könnte nämlich die Durchführung einer rein virtuellen Hauptversammlung ohne jegliche physische Präsenz der Aktionäre einmal praktisch relevant werden.[53]

---

47 BGHZ 112, 103; Urteilsanmerkung bei: Priester, EWiR 1990, 1209.
48 Habersack, ZIP 2001, 1230, 1234 f.
49 High Level Group of Company Law Experts, Report of the High Level Group of Company Law Experts on Issues Related to Takeover Bids, S. 56 (= Chapter 3, 2.1.b), zu finden unter: http://papers.ssrn.com/sol3/papers.cfm?abstract_id=315322; Fleischer, ZGR 2002, 757, 771 f.; Sieger/Hasselbach, NZG 2001, 926.
50 Drygala, AG 2001, 291, 298; Fleischer, ZGR 2002, 757, 772.
51 Vgl. S. 152 f.
52 Siehe S. 135 f.
53 Im ARUG ist die rein virtuelle Hauptversammlung freilich nicht vorgesehen, vgl. Begr. RefE ARUG, S. 37.

3. Interessenlagen

Die Interessen der Aktionäre in börsennotierten und börsenfernen Aktiengesellschaften unterscheiden sich ganz wesentlich dadurch, dass dem Aktionär in der börsennotierten Aktiengesellschaft nicht nur die Möglichkeit offensteht, auf die Geschäftspolitik durch Wahrnehmung seiner Aktionärsrechte einzuwirken. Es besteht daneben vielmehr stets auch die Option, durch den Verkauf Zustimmung oder Ablehnung zur Geschäftspolitik zu äußern. Der wesentliche Unterschied zur börsenfernen Gesellschaft liegt hier also in der Handelbarkeit der Anteile. Die Handelbarkeit der Anteile eröffnet dem Aktionär eine weitere, zusätzliche Einflussnahmemöglichkeit.[54] Sonstige Einflussnahmemöglichkeiten sind in großen Publikumsgesellschaften wiederum recht klein, wobei die A-RL hier ein Stück weit Abhilfe schaffen soll, indem die Ausübung der Aktionärsrechte gestärkt werden soll, um die Kontrolle der Verwaltung zu verbessern. Außerdem spielt das Anfechtungsrecht des Aktionärs bei börsennotierten Gesellschaften eine ganz andere Rolle, weil hier nicht bestimmt werden kann, wer als Gesellschafter zugelassen wird und wer nicht. Vielmehr können sich sog. räuberische Aktionäre mit dem Ziel einkaufen, die Hauptversammlungsbeschlüsse anzufechten, so dass diese Anfechtungsrisiken unbedingt in die Reformüberlegungen einbezogen werden müssen.

III. Anwendungsbereich des ARUG

Die Umsetzung der A-RL durch das ARUG führt dazu, dass die Differenzierung zwischen Gesellschaften anhand der Börsennotierung weiter zunimmt. Während die Stimmrechtsausübung in Abwesenheit den Aktionären in allen Aktiengesellschaften, die dies in ihrer Satzung vorsehen, ermöglicht worden ist, § 118 Abs. 1 S. 1 und Abs. 2 AktG, enthalten die neuen Regeln zur Einberufungspublizität strengere Anforderungen für börsennotierte Gesellschaften, vgl. §§ 121 Abs. 3 S. 3, Abs. 4a, Abs. 7 S. 4, 124 Abs. 1 S. 3, 125 Abs. 1 S. 2 AktG (insbesondere Zuleitung zu Medien, die eine europaweite Verbreitung sicherstellen). Gleiches gilt für Pflicht der Einstellung bestimmter Informationen auf der Internetseite der Gesellschaften gem. §§ 124a, 126 Abs. 1 S. 3, 130 Abs. 6 AktG und die Vorgaben für den Inhalt der Beschlussfeststellung, § 130 Abs. 2 S. 2, Abs. 6 AktG.[55] Unterschiede gibt es schließlich noch hinsichtlich der Legitimation, § 123 Abs. 3 S. 2, 3 AktG, und der Länge bestimmter Fristen, §§ 122 Abs. 2 S. 3, 121 Abs. 7 S. 4 AktG.

Die Umsetzung der A-RL wird somit zur Folge haben, dass börsennotierte Gesellschaften weiteren Publizitätspflichten unterworfen werden, die sehr weitgehend erscheinen.[56] Soweit hingegen die Stellung des Aktionärs als Verbandsmitglied be-

54 Schäfer, NJW 2008, 2536, 2539; Spindler; AG 2008, 598, 603.
55 Im RefE ARUG waren für börsenferne Gesellschaften noch Formerleichterungen in § 121 Abs. 4 S. 2 (schriftliche Benachrichtigung namentlich bekannter Aktionäre) und in § 134 Abs. 3 S. 3 (formfreier Widerruf der Vollmacht) AktG vorgesehen.
56 Kritisch daher zu Recht: Noack, NZG 2008, 441, 442.

troffen ist, wenn es also nicht mehr nur um die Erteilung, Zuleitung oder Zurverfügungstellung von Informationen oder um Frist- und Formvorschriften geht, erstreckt der deutsche Gesetzgeber den Anwendungsbereich auf alle Aktiengesellschaften. Dies ist unter systematischen Gesichtspunkten begrüßenswert und folgt dementsprechend der gewissermaßen vorgegebenen Richtung eines auf zusätzlichen Informationspflichten beruhenden Börsengesellschaftsrechts, wodurch den Interessenlagen der Aktionäre genügend Rechnung getragen wird. Bedauerlich ist es, dass das Deregulierungspotential, das die A-RL eröffnet, nicht völlig ausgeschöpft wurde, weil den geschlossenen Gesellschaften die Durchführung einer rein virtuellen Hauptversammlung auch in Zukunft versagt bleiben wird.

4. Kapitel: Gleichbehandlung der Aktionäre, Art. 4 A-RL

Gem. Art. 4 A-RL muss die Gesellschaft für „alle Aktionäre, die sich bei der Teilnahme an der Hauptversammlung und der Ausübung der Stimmrechte in der Hauptversammlung in der gleichen Lage befinden, die gleiche Behandlung sicherstellen." Wird hiermit letztlich für das deutsche Recht eine Selbstverständlichkeit formuliert, erhält die Norm dadurch eine über den Anwendungsbereich der A-RL noch hinausgehende Bedeutung, dass sie dazu beiträgt, dass der Gleichbehandlungsgrundsatz weiter durch europäische Vorgaben geprägt wird und so auch die nicht harmonisierten Bereiche nationalen Rechts beeinflussen könnte. Eine der wichtigsten und am schwersten absehbaren Fragen bezieht sich daher darauf, wie Art. 4 A-RL in der Praxis interpretiert werden wird,[57] v. a. auch in den anderen Mitgliedstaaten, und ob sich hieraus mittelfristig gemeinsame Grundsätze bilden können.

I. Gleichbehandlungsgrundsatz im europäischen Recht

Gem. Art. 4 A-RL müssen die Aktionäre bei der Ausübung ihrer im Zusammenhang mit der Hauptversammlung stehenden Rechte gleichbehandelt werden. Das Gleichbehandlungsgebot gilt zwar nur hinsichtlich der vom Anwendungsbereich der A-RL erfassten Rechte. Die Gleichbehandlung der Aktionäre ist im Europäischen Gesellschafts- und Kapitalmarktrecht jedoch nicht neu. Bereits Art. 42 der EG-Kapitalschutzrichtlinie[58] bestimmt, dass die Mitgliedstaaten die Gleichbehandlung der Aktionäre sicherstellen, die sich in den gleichen Verhältnissen befinden. § 53 a AktG, der mit Wirkung vom 1. 7. 1979 durch das 2. KoordG[59] eingeführt worden ist, legt den Gleichbehandlungsgrundsatz für das gesamte deutsche Aktiengesetz fest und beruht auf dieser Norm. Außer in der Kapitalrichtlinie ist das Gleich-

57 Hainsworth, Law and Financial Markets Review 2007, 11, 16 f.: „Perhaps the biggest question" Der Gleichbehandlungsgrundsatz gem. Art. 4 A-RL hat z. B. in der französischen Literatur sehr große Beachtung gefunden: Dethomas/Rontchevsky, Revue Lamy Droit des Affaires 2007, 10, 11; Dondero, Revue trimestrielle de droit financier 2007, 90, 91.

58 Zweite Richtlinie 77/91/EWG des Rates vom 13. Dezember 1976 zur Koordinierung der Schutzbestimmungen, die in den Mitgliedstaaten den Gesellschaften im Sinne des Artikels 58 Absatz 2 des Vertrages im Interesse der Gesellschafter sowie Dritter für die Gründung der Aktiengesellschaft sowie für die Erhaltung und Änderung ihres Kapitals vorgeschrieben sind, um diese Bestimmungen gleichwertig zu gestalten, Abl. EG 1977 L 026/1.

59 Gesetz zur Durchführung der Zweiten Richtlinie des Rates der Europäischen Gemeinschaften zur Koordinierung des Gesellschaftsrechts, BGBl. I 1978, S. 1979.

behandlungsgebot noch in der Übernahme-Richtlinie[60] (Art. 3 Abs. 1 a), der Börsen-Richtlinie[61] (Art. 65 Abs. 1), der Transparenzrichtlinie[62] (Art. 17 Abs. 1) und jetzt der A-RL enthalten. Die prinzipielle Gleichbehandlung der Aktionäre ist also eine der am allgemeinsten anerkannten Regeln im Europäischen Gesellschafts- und Kapitalmarktrecht.[63] Dieser Grundsatz soll auch auf die von der A-RL adressierten Aktionärsrechte angewendet werden.[64] Das Gleichbehandlungsgebot gilt allerdings nur, soweit sich die Aktionäre „in der gleichen Lage befinden". Aktionäre dürfen daher jedenfalls nicht willkürlich, d. h. ohne sachlichen Grund, ungleich behandelt werden.[65] Ein reines Willkürverbot greift freilich gelegentlich zu kurz.[66]

II. Gleichbehandlungsgrundsatz im deutschen Recht

Im deutschen Recht war das gesellschaftsrechtliche Gleichbehandlungsgebot bereits vor Einführung von § 53 a AktG anerkannt, so dass die Sinnhaftigkeit der Einführung in Zweifel gezogen wird.[67] Wenngleich die dogmatische Einordnung umstritten ist, normiert § 53a AktG nur einen weiterreichenden, allgemeingültigen gesellschaftsrechtlichen Grundsatz für das Aktienrecht bereichsspezifisch.[68] Daher ist eine Anpassung des deutschen AktG im Rahmen des Umsetzungsprozesses durch den Gesetzgeber nicht zwingend erforderlich. Es ist dabei jedoch zu beachten, dass der Gleichbehandlungsgrundsatz bezüglich der von der A-RL adressierten Rechte der Aktionäre richtlinienkonform zu interpretieren ist und dass der EuGH letztinstanzlich für die Auslegung zuständig ist. Problematisch könnte sich in diesem Zusammenhang erweisen, dass der Gleichbehandlungsgrundsatz teils Regelungen erfasst, die auf eine europäische Richtlinie zurückzuführen sind, teilweise aber auch nationale Regelungen, die keinen solchen europäischen Hintergrund haben. Zwar beruht § 53a AktG auf Art. 42 der Kapitalrichtlinie, ohne sich

---

60 Richtlinie 2004/25/EG des Europäischen Parlaments und des Rates vom 21. April 2004 betreffend Übernahmeangebote, ABl. EG 2004 L 142/12.

61 Richtlinie 2001/34/EG des Europäischen Parlaments und des Rates vom 28. Mai 2001 über die Zulassung von Wertpapieren zur amtlichen Börsennotierung und über die hinsichtlich dieser Wertpapiere zu veröffentlichenden Informationen, ABl. EG 2001 L 184/1 (berichtigte Fassung).

62 Richtlinie 2004/109/EG des Europäischen Parlaments und des Rates vom 15. Dezember 2004 zur Harmonisierung der Transparenzanforderungen in Bezug auf Informationen über Emittenten, deren Wertpapiere zum Handel auf einem geregelten Markt zugelassen sind, und zur Änderung der Richtlinie 2001/34/EG; ABl. 2004 L 390/38.

63 Grundmann, European Company Law, S. 194f; Grundmann/Möslein in Bayer/Habersack, Aktienrecht im Wandel, Bd. II, S. 31, 60 (Rn. 29).

64 Begr. A-RL-E, S. 5.

65 BGHZ 120, 141, 150f. (zur Kapitalrichtlinie); MüKoAktG/Bungeroth, § 53 a, 12–14; tendenziell Lutter, FS Ferid (1978) 599, 607; Raiser/Veil, S. 115.

66 So zur Kapitalrichtlinie: Grundmann, European Company Law, S. 194f.; Kindler ZHR 158 (1994), 339, 359.

67 Hüffer, NJW 1979, 1065, 1068; Lutter in FS Ferid (1978) 599, 608. Dies wird z. B. in Frankreich, wo es noch an einer Festschreibung eines allgemeinen Gleichbehandlungsgrundsatzes fehlt überwiegend anders gesehen: Dondero, Revue trimestrielle de droit financier 2007, 90, 91; Dethomas/Rontchevsky, Revue Lamy Droit des Affaires 2007, 10, 11.

68 Weber, Vormitgliedschaftliche Treubindungen, S. 55 f. (m. w. N.).

aber wie jener auf den Anwendungsbereich der Richtlinie zu beschränken.[69] Bei § 53a AktG handelt es sich somit um einen Fall der sog. „überschießenden Richtlinienumsetzung“.[70] Die deutsche Rechtsordnung kennt eine Reihe solcher Normen.[71] Die Reichweite der Pflicht zur richtlinienkonformen Auslegung wird dabei kontrovers diskutiert.[72] Die Frage ist, ob eine nationale Norm auch in einer Konstellation richtlinienkonform auszulegen ist, die nicht im Anwendungsbereich der Richtlinie liegt oder ob eine sog. „gespaltene Auslegung“ in Betracht kommt. Eine „gespaltene Auslegung“ hat jedoch prinzipielle Nachteile. Die Rechtsanwendung könnte zum einen durch eine divergierende Auslegung identischer Normen leicht überfordert sein. Außerdem lässt sich ein gewisser Wertungswiderspruch zu dem aus dem Rechtsstaatsprinzip folgenden Gebot der Klarheit und Bestimmtheit von Normen nicht gänzlich von der Hand weisen.[73] Andererseits ist eine gespaltene Auslegung nicht per se verboten, wenn dies erforderlich und hinreichend gerechtfertigt ist.[74]

Der deutsche Gesetzgeber ging bei der Einführung des § 53a AktG davon aus, dass der europäische und deutsche Gleichbehandlungsgrundsatz identisch sind.[75] Es kann aber durchaus bei einem derart auslegungsbedürftigen Begriff zu Diskrepanzen kommen, vor allem wenn man die unterschiedlichen Regelungstraditionen in den Mitgliedstaaten bedenkt. Im deutschen Recht wird das Gleichbehandlungsgebot allgemein dahingehend interpretiert, dass es lediglich ein Verbot willkürlicher Ungleichbehandlung vorsieht.[76] Im Anwendungsbereich der Kapitalrichtlinie ist dies jedoch zweifelhaft, zumindest hinsichtlich einzelner Regelungen dürfte ein reines Willkürverbot nicht ausreichend sein.[77] Ganz allgemein sollte jedenfalls gelten, dass je schwerer der die Gleichheit der Aktionäre beeinträchtigende Eingriff ist, desto höher die Anforderungen an die sachliche Rechtfertigung sind.[78] Festzustellen ist daher, dass § 53a AktG der Umsetzung des europäischen Gleichheitsgebots in seinem (bisher noch eingeschränkten) Anwendungsbereich dient und auf einer europäischen Richtlinie beruht. Die Bedeutung des deutschen Gleichheitsgebots ist also stark europäisch dadurch geprägt, dass nach dem Willen des Gesetzgebers der europäische Begriff Vorbildcharakter hat und dass er der Umsetzung aller Richtlinien dient, die die Gleichbehandlung der Aktionäre beinhalten. Der Wille des Gesetzgebers und die Nachteile einer gespaltenen Auslegung sprechen folglich dafür,

---

69 MünchKommAktG/Bungeroth § 53a, 1; GroßkommAktG/Henze/Notz § 53a, 2.

70 Diesen Begriff erwähnen erstmals Habersack/Mayer, JZ 1999, 913.

71 Für einen Überblick über die Fallgruppen überschießender Richtlinienumsetzung in Deutschland Brandner, Die überschießende Umsetzung von Richtlinien, S. 15–90.

72 Ausführlich zur richtlinienkonformen Auslegung im Bereich des Privatrechts: Grundmann, ZEuP 1996, 399–424.

73 Bärenz, DB 2003, 375, 376 (m. w. N.).

74 Gespaltene Auslegung z.B. im Wirtschaftsrecht und Internationalen Privatrecht, vgl. Mayer/Schürnbrand, JZ 2004, 545, 549.

75 Begr RegE des Gesetzes zur Durchführung der Zweiten Richtlinie, BT-Drs. 8/1678, S. 13.

76 Hüffer, AktG, § 53a, 10; MünchKommAktG, § 53a, 14–16.

77 Striktes Verbot der Änderung der Quote im Wert, auch bei lediglich wirtschaftlichem Wertverlust, vgl. Grundmann, European Company Law, S. 194f.

78 BGHZ 71, 40, 45; Raiser/Veil, S. 116.

dass bei der Anwendung des Gleichheitsgebots der europäische Hintergrund stets Beachtung finden sollte. Sollte in einzelnen – nicht harmonisierten, also rein national ausgestalteten – Bereichen des Aktienrechts von einer gemeinschaftsrechtskonformen Interpretation abgewichen werden, so muss diese Abweichung (nicht nur die Ungleichbehandlung) sachlich gerechtfertigt sein. Es sollte folglich eine Vermutung für eine gemeinschaftsrechtskonforme Interpretation sprechen, so dass für eine Abweichung vom europarechtlich geprägten Gleichbehandlungsgebot außerhalb des Anwendungsbereichs der Richtlinien diese Vermutung widerlegt werden muss. Hieraus folgt noch ein weiterer wichtiger Aspekt. Allgemein wird davon ausgegangen, dass § 53 a AktG lediglich das bereits vor der Einführung geltende Recht umschreibt.[79] Angesichts des starken europäischen Hintergrunds der Norm können über diese Generalklausel aber europäische Wertungen in das deutsche Recht einfließen und ihren Regelungsgehalt beeinflussen (Ausstrahlungswirkung).[80] So sollte z.B. – gerade im Hinblick auf die A-RL – verstärkt berücksichtigt werden, dass dem europäischen Gesetzgeber an einer Stärkung der Aktionärsrechte gelegen ist. Man kann sogar so weit gehen zu sagen, dass der gesamte Regelungsbestand der A-RL der Verwirklichung der Gleichbehandlung der Aktionäre dient und zwar hinsichtlich der Organisation der Hauptversammlung (v.a. Vorbereitung und Nachbereitung) sowie bezüglich der effektiven Ausübung der Aktionärsrechte.[81] Es ist sehr gut vorstellbar, dass diese Aspekte, durchaus vergleichbar mit dem Leitgedanken der Stärkung des Verbraucherschutzes, über das Gleichheitsgebot in Zukunft verstärkt in das deutsche Recht hineinwirken und die Rechtsanwendung zu Gunsten der Aktionärsrechte beeinflussen.

III. Gleichbehandlungsgrundsatz in der A-RL

In Bezug auf die von der A-RL adressierten Rechte ist dementsprechend der Gleichheitsgrundsatz einzuhalten. Bei dem Stimmrecht beurteilt sich der Gleichbehandlungsmaßstab grundsätzlich nach der Höhe der Kapitalbeteiligung. In der unterschiedlichen Aktionärsbehandlung als Folge des ungleichen quantitativen Aktienbesitzes liegt keine Abweichung vom Gleichbehandlungsprinzip, vielmehr wird hierdurch dieses Gebot ausgestaltet.[82] Die materielle Ausgestaltung des Stimmrechts an sich ist durch die A-RL nicht adressiert. Sie gewährt den Aktionären sog. Hilfsrechte, die die effektive Ausübung der Stimmrechte und die Teilnahme an der Hauptversammlung fördern sollen. Diese Rechte gelten absolut und stehen jedem Aktionär in gleichem Maße unabhängig von der Höhe der Kapitalbeteiligung

---

79 So auch der deutsche Gesetzgeber: Begr. zum RegE des Gesetzes zur Durchführung der Zweiten Richtlinie 77/91/EWG, S. 13. Aus der Rechtsprechung: BGHZ 120, 141, 150f. Aus der Literatur: Hüffer, AktG, § 53 a, 1; ders. NJW 1979, 1065, 1068; MünchKommAktG/Bungeroth § 53 a, 2; Henn, AG 1985, 240, 242.

80 Grundmann, Europäisches Gesellschaftsrecht, S. 74 (= Rn. 156); KK/Lutter, Vor § 53 a, 17; ders. JZ 1992, 593, 598.

81 Dondero, Revue trimestrielle de droit financier 2007, 90, 91.

82 Henn, AG 1985, 240, 243.

zu (Gleichbehandlung nach Köpfen).[83] Im Grundsatz stehen daher jedem Aktionär die Rechte aus der A-RL unabhängig von der Beteiligungshöhe zu, d.h. jeder Aktionär hat das Recht, bestimmte Informationen vor der Hauptversammlung zu erhalten, die Tagsordnung zu ergänzen und Beschlussvorlagen einzubringen, an der Hauptversammlung teilzunehmen, unter den gleichen Voraussetzungen wie die anderen Aktionäre sein Stimmrecht auszuüben und Fragen zu Punkten auf der Tagesordnung zu stellen. Keine konkrete Aussage enthält die A-RL hingegen zur (Un-)Zulässigkeit von golden shares oder anderen disproportionalen Ausgestaltungen des Stimmrechts (v.a. Mehrstimmrechte) in der Aktiengesellschaft.[84] Dass das Zulassen von Vorzugsaktien ohne Stimmrecht (vgl. § 139 Abs. 1 AktG) keinen Verstoß gegen das Gleichheitsgebot darstellt, folgt aus dem Wortlaut von Art. 4 A-RL, wonach eine Gleichstellung „in Bezug auf ... die Ausübung der Stimmrechte" erfolgen muss. Im letzten Satz des Erwägungsgrundes 4 stellt die A-RL daher klar, dass die A-RL nur für Stimmrechtsaktien gilt und dass die nationalen Gesetzgeber die anderen Rechte auch für Aktien ohne Stimmrecht vorsehen können.

Die A-RL selbst erlaubt an zwei Stellen ausdrücklich eine Ungleichbehandlung auch hinsichtlich der von ihr erfassten, grundsätzlich absolut geltenden Hilfsrechte:

Gem. Art. 6 Abs. 2 A-RL können das Recht auf Ergänzung der Tagesordnung und auf Einbringung von Beschlussvorlagen[85] an eine Mindestbeteiligung geknüpft werden, die 5% des Aktienkapitals nicht übersteigen darf. Diese Rechte haben üblicherweise nur Aktionäre, die eine Mindestbeteiligung oder eine Mindestanzahl an Aktien halten. Mit der Regelung sollen die in einzelnen Mitgliedsstaaten geltenden sehr hohen Schwellenwerte abgesenkt werden.[86] Da die Bestimmung auf Mindestharmonisierung abzielt, können die Mitgliedstaaten auch großzügigere Regelungen vorsehen und geringere Schwellenwerte vorsehen.

Auch beim Fragerecht sieht die A-RL eine Möglichkeit der Ungleichbehandlung der Aktionäre vor. Gem. Art. 9 Abs. 2 RL kann das Fragerecht und die damit korrespondierende Antwortpflicht einzelner Aktionäre beschränkt werden um den ordnungsgemäßen Ablauf und die Vorbereitung der Hauptversammlung zu gewährleisten. Auf Fragen gleichen Inhalts kann eine Gesamtantwort gegeben werden, weil in diesen Fällen eine Antwort nicht notwendig ist, weil der Aktionär die betreffende Information problemlos erhalten kann. Diese Einschränkungen sind wichtig um drohenden Anfechtungsrisiken zu begegnen.[87]

---

83 Hüffer, AktG, § 53a, 7; Veil/Raiser, S. 116.
84 Grundmann/Winkler ZIP 2006, 1421, 1424.
85 Siehe hierzu noch eingehend S. 87–95.
86 Folgende Länder müssen ihre Schwellenwerte anpassen: Belgien, Estland, Ungarn, Irland, Italien, Litauen, Luxemburg, Malta, Polen; vgl. Commission Staff Working Document, Annex to the Proposal for a Directive of the European Parliament and of the Council on the exercise of voting rights by shareholders of companies having their registered office in a Member State and whose shares are admitted to trading on a regulated market and amending Directive 2004/109/EC, abrufbar unter http://ec.europa.eu/internal_market/company/shareholders/indexa_en.htm, S. 88–91.
87 Laut einer jüngst veröffentlichten empirischen Untersuchung von 51 Verfahren, die Anfechtungsklagen zum Gegenstand hatten, wurde in 27(!) Fällen eine Verletzung des Auskunftsanspruchs, des Fragerechts bzw. von Informationspflichten und in immerhin sieben Fällen eine Verletzung des

IV. Umsetzung

Wie dargelegt besteht hinsichtlich Art. 4 A-RL kein unmittelbarer Anpassungsbedarf, da § 53a AktG das Gleichheitsgebot bereits für das deutsche Recht festlegt. Fraglich ist jedoch, ob es sich eventuell anbietet, das Gleichheitsgebot speziell für die von der A-RL adressierten Rechte der Aktionäre vorzuschreiben. Eine solche Norm könnte dann als lex specialis zu § 53a AktG gelten und diese Norm in ihrem Anwendungsbereich verdrängen. Das aktienrechtliche Gleichbehandlungsgebot hat in Einzelbereichen bereits eine abgeschwächte spezialgesetzliche Ausprägung gefunden (§§ 12, 60, 131 Abs. 4, 134 Abs. 1 und 2, 186, 212, 271 AktG). Da eine abgeschwächte Form des Gleichbehandlungsgebots – abgesehen von den in der A-RL selbst enthaltenen Ausnahmen – im Hinblick auf die von der A-RL adressierten Rechte nicht richtlinienkonform wäre, macht dies jedoch keinen richtigen Sinn. Da der Gleichbehandlungsgrundsatz im gesamten Aktienrecht gilt, wäre eine solche Norm auch überflüssig, solange die gemeinschaftsrechtskonforme Auslegung des § 53a AktG beachtet wird. Verstößt ein Hauptversammlungsbeschluss gegen das Gleichheitsgebot, ist er nach § 243 Abs. 1 AktG anfechtbar.[88] Auch Eingriffe in das Teilnahmerecht und die Verletzung von Informationspflichten können zur Anfechtbarkeit des Hauptversammlungsbeschlusses führen.[89] Durch die Stärkung der Aktionärsrechte können durchaus neue Anfechtungsrisiken auf Aktiengesellschaften zukommen. Insbesondere im Hinblick auf das (noch immer) aktuelle Problem der „räuberischen Aktionäre“, die Hauptversammlungsbeschlüsse zur Erreichung persönlicher (so gut wie immer finanzieller) anfechten,[90] ist eine vorsichtige Anpassung des deutschen Rechts geboten, weil die von der A-RL adressierten Rechte sehr missbrauchsanfällig sind.[91]

V. Zwischenergebnis

In Bezug auf das in Art. 4 A-RL vorgegebene Gebot der Gleichbehandlung der Aktionäre ist daher festzuhalten, dass die europaweite Bedeutung dieses Grundsatzes weiter gestärkt wird. Hieraus wiederum folgt, dass das im deutschen Recht gem. § 53a AktG geltende Gleichheitsgebot in Zukunft verstärkt von den europäischen Wertungen geprägt werden wird, wobei zum momentanen Zeitpunkt noch nicht genau gesagt werden kann, wie sich die Pflicht zur richtlinienkonformen Auslegung in concreto auswirken wird. Sehr wahrscheinlich ist, dass der Gedanke des

---

Gleichbehandlungsgrundsatzes gem. § 53a AktG geltend gemacht, vgl. Baums/Keinath/Gajek ZIP 2007, 1629, 1640.

88 AllgM, vgl. RGZ 118, 67f.; RG JW 1935, 1776; LG Köln AG 1981, 81f.; MüKoAktG/Bungeroth, § 53a, 26; GroßKommAktG/Henze/Notz § 53a, 127; Hüffer, AktG, § 53a, 12 und § 243, 21.

89 Hüffer, AktG, § 243, 16f.

90 Aus Sicht der Praxis: Butzke in Obermüller/Werner/Winden, Die Hauptversammlung der Aktiengesellschaft, S. 7f.

91 Vgl. Kersting ZGR 2007, 319, 346f. Die drohenden zusätzlichen Anfechtungsrisiken werden bei den betreffenden Vorschriften erläutert.

Schutzes der Rechte der Aktionäre stärker berücksichtigt werden muss, als dies bislang der Fall ist. Darüber hinaus besteht freilich kein Anpassungsbedarf, weil § 53a AktG den Anforderungen der A-RL genügt.

3. Teil – Vorbereitung und Einberufung der Hauptversammlung

5. Kapitel: Vor der Hauptversammlung, Art. 5f. A-RL

Art. 5 A-RL trifft Aussagen bezüglich der Einberufung der Hauptversammlung (Verfahren, Form, Frist) und enthält insbesondere Bekanntmachungspflichten der Gesellschaft im Vorfeld der Hauptversammlung. Die Vorschrift dient dem Dispositionsschutz der Aktionäre und soll sicherstellen, dass diese rechtzeitig mit hauptversammlungsrelevanten Informationen versorgt werden und unabhängig von ihrem Aufenthaltsort genügend Zeit haben, sich vorzubereiten.[1] In Art. 6 A-RL ist das Recht auf Ergänzung der Tagesordnung sowie das Recht zur Einbringung von Gegenanträgen enthalten.

I. Einberufungsfrist, Art. 5 Abs. 1 A-RL

Die A-RL schreibt eine Einberufungsfrist von mindestens 21 Tagen vor (Abs. 1). Dies gilt unbeschadet des Artikels 9 Abs. 4 und des Artikels 11 Abs. 4 der Übernahmerichtlinie,[2] wonach die Einberufungsfristen für Übernahmeangebote mindestens 14 Tage betragen. Angedacht war eine Mindestfrist von 21 Werktagen (in der englischen Fassung: „business days"), da dies in etwa mit einer Einberufungsfrist von einem Monat korrespondiert, wie es der Rechtslage in vielen Mitgliedsstaaten entspricht.[3] Dies wurde jedoch im Hinblick auf unterschiedliche Feiertagsregelungen in den Mitgliedstaaten wieder verworfen,[4] die Frist beträgt jetzt 21 Kalendertage. Des Weiteren können die Mitgliedstaaten unter bestimmten Umständen eine Verkürzung der Einberufungsfrist auf mindestens 14 Tage vorsehen, wenn die Gesellschaft allen Aktionären gleichermaßen die Möglichkeit einer Stimmabgabe auf elektronischem Wege eröffnet. Dies gilt aber nur für Hauptversammlungen, die nicht Jahreshauptversammlung sind. Die Einberufungsfrist für Jahreshauptversammlungen kann nicht verkürzt werden. Über die Einberufungsfristverkürzung muss die Hauptversammlung mit qualifizierter Mehrheit („Mehrheit von nicht weniger als zwei Dritteln der Stimmen der vertretenen Aktien oder des vertretenen ge-

---

1 Erwägungsgrund 5 und R A-RL; Dondero, Revue trimestrielle de droit financier 2007, 90, 91; Wand/Tillmann, AG 2006, 443, 445.

2 Richtlinie 2004/25/EG des Europäischen Parlaments und des Rates vom 21. 4. 2004 betreffend Übernahmeangebote, ABl. EG 2004 L 142/12.

3 Zweites Konsultationspapier GD Binnenmarkt vom 13. 5. 2005, S. 3, abrufbar unter: http://ec.europa.eu/internal_market/company/shareholders/indexa_de.htm.

4 Vgl. GD Binnenmarkt, Synthesis of the Comment on the Second Consultation Document of the Internal Market and Services Directorate-General „Fostering an Appropriate Regime for Shareholders'Rights" (September 2005) S. 8, abrufbar unter: http://europa.eu.int/comm/internal_market/docs/shareholders/consultation2_report_en.pdf.

zeichneten Kapitals") entscheiden; ein solcher Beschluss behält nur Gültigkeit bis zur nächsten Jahreshauptversammlung.[5]

In Deutschland beträgt die Einberufungsfrist grundsätzlich sowohl für ordentliche als auch für außerordentliche Hauptversammlungen mindestens 30 Tage, § 123 Abs. 1 S. 1 AktG. Auch im A-RL-E ist man ursprünglich von einer Einberufungsfrist von mindestens 30 Tagen ausgegangen (Art. 5 A-RL-E). Man wollte das Problem zu kurzer Ladungsfristen für grenzüberschreitend agierende Anleger lösen, daher war die rechtzeitige Versorgung nicht-ansässiger Aktionäre mit hauptversammlungsrelevanten Informationen ein zentraler Aspekt bei den Arbeiten zur A-RL.[6] Es war sogar vorgesehen, dass die Unterlagen bis zu diesem Zeitpunkt zu „versenden" seien. Dies hätte für Deutschland Umsetzungsbedarf zur Folge gehabt.[7] Gem. §§ 121 Abs. 3 S. 1, 123 Abs. 1 AktG a. F. genügte es nämlich, die Hauptversammlung durch Veröffentlichung in den Gesellschaftsblättern, in der Regel also im elektronischen Bundesanzeiger, einzuberufen. Die Voraussetzungen des „Versendens" erfüllt aber nur die Mitteilungspflicht nach § 125 Abs. 1 S. 1, Abs. 2, Abs. 4 AktG,[8] wonach eine Mitteilungspflicht gegenüber bestimmten Aktionären, Kreditinstituten und Aktionärsvereinigungen besteht. Hierfür stand bislang eine Frist von 12 Tagen nach Bekanntmachung der Einberufung im elektronischen Bundesanzeiger zur Verfügung, nunmehr wurde diese Frist auf mindestens 21 Tage vor der Hauptversammlung verlängert, vgl. § 125 Abs. 1 S. 1 AktG. Diese Frist kann sich gem. § 16 Abs. 4 S. 3 WpÜG bei Übernahmesachverhalten auf bis zu vier Tage verkürzen. Ein Vorteil dieser Regelung ist, dass Ergänzungen der Tagesordnung, die auf Verlangen von Minderheitsaktionären erfolgen, bereits bei Versendung der Einberufungsunterlagen an die Aktionäre berücksichtigt werden können. Dies ist deswegen möglich, weil gem. §§ 124 Abs. 1, 122 Abs. 2 S. 3 AktG die Minderheit, die die Ergänzung der Tagesordnung verlangt, ihr Verlangen mindestens 24 Tage (bei börsennotierten Gesellschaften mindestens 30 Tage) vor der Hauptversammlung einreichen muss, damit die Bekanntmachung rechtzeitig vor der Hauptversammlung erfolgen kann.[9] Mit der im A-RL-E getroffenen Regelung wäre das deutsche System der kombinierten Einberufung über den elektronischen Bundesanzeiger und die anschließende Übermittlung an den Aktionär allerdings nicht vereinbar gewesen.[10]

Nach Durchführung des zweiten Konsultationsverfahrens und aufgrund der Stellungnahmen zum Konsultationspapier vom 13. 5. 2006[11] wurde die Einberufung der Hauptversammlung unter der österreichischen Ratspräsidentschaft neu formuliert und auf 21 Tage verkürzt. Dies entspricht dem Entwurf der 5. EG-Richt-

---

5 Siehe hierzu S. 44 f.
6 Winkler, Stimmrecht, S. 246.
7 Wand/Tillmann, AG 2006, 443, 445 f.
8 Wand/Tillmann, AG 2006, 443, 445 f.
9 Vgl. zur alten Rechtslage: Handelsrechtsausschuss DAV, NZG 2006, 577.
10 Noack, FS Westermann (2008) 1203, 1208; Wand/Tillmann, AG 2006, 443, 445.
11 Zweites Konsultationspapier GD Binnenmarkt vom 13. 5. 2005 (Fn 3) S. 3. Stellungnahmen aus Deutschland können über http://www.jura.uni-augsburg.de/prof/moellers/materialien/4_gesell schaftsrecht/145_ril_2007_36_EG_ausuebung_stimmrechte_durch_aktionaere/abgerufen werden.

linie (Strukturrichtlinie),[12] in dem die Einberufungsfrist auch auf mindestens 21 Tage festgelegt war. Insbesondere das *Versenden* der Hauptversammlungseinladung hatte gerade von deutscher Seite her Kritik hervorgerufen, da dieses Erfordernis zu einer unnötigen Verlängerung der Vorbereitungszeit und einem deutlichen Mehraufwand geführt hätte.[13]

Ein weiteres Problem wäre die Bestimmung des Adressaten der Versendung gewesen. Bei Inhaberaktien findet keine unmittelbare Kommunikation zwischen Anteilseignern und Gesellschaften statt. Diese läuft vielmehr über Intermediäre, bei denen die Aktionäre Depotkonten haben und die ihrerseits Konten bei Zentralverwahrern oder anderen Kreditinstituten halten. Insofern hätte es eines Hinweises in der endgültigen Fassung der A-RL bedurft, wie die Gesellschaften dieser Verpflichtung entsprechen können. Es hätte sich dann ein ergänzender Hinweis angeboten, dass die Versendung bei Inhaberaktien an den Zentralverwahrer zur Fristwahrung genügte.[14]

1. Verkürzung der Einberufungsfrist durch das FMStG

Nunmehr müssen die Mitgliedsstaaten sicherstellen, dass die Gesellschaft die Einberufung zur Hauptversammlung mindestens 21 Tage vorher „vornimmt" (vgl. Art. 5 Abs. 1 A-RL). Ein Versenden ist zu diesem Zeitpunkt nicht mehr erforderlich, so dass das AktG diesbezüglich nicht den Anforderungen der A-RL angepasst werden muss. Nicht mit dieser Vorgabe der A-RL vereinbar ist die aufgrund der Finanzkrise vorübergehend eingeführte Vorschrift des Art. 2 § 7 Abs. 1 S. 2 FMStG, wonach die Einberufungsfrist mindestens einen Tag beträgt, wenn die Hauptversammlung zur Beschlussfassung über die Erhöhung des Grundkapitals und den Ausschluss des Bezugsrechts zugunsten des Finanzmarktstabilisierungsfonds (Art. 1 § 1 FMStG) einberufen wird.[15] Gem. Art. 2 § 7 S. 3 FmStG gilt daher ab dem 2. August 2009 eine Mindesteinberufungsfrist von 21 Tagen.

Meines Erachtens ist eine solche Fristverkürzung – ungeachtet der europarechtlichen Bedenken – selbst dann nicht gerechtfertigt, wenn sich das Unternehmen in einer akuten finanziellen Schieflage befindet, weil sie dazu führt, dass die Aktionäre mangels Benachrichtigung (vgl. Art. 2 § 7 S. 1 FMStG i. V. m. § 16 Abs. 4 S. 4 WpÜG) faktisch von der Teilnahme an der Hauptversammlung ausgeschlossen werden kön-

---

12 Vorschlag einer fünften Richtlinie vom 9. 10. 1972 zur Koordinierung der Schutzbestimmungen, die in den Mitgliedstaaten den Gesellschaften im Sinne des Art. 58 Abs. 2 des Vertrages im Interesse der Gesellschafter sowie Dritter hinsichtlich der Struktur der Aktiengesellschaft sowie der Befugnisse und Verpflichtungen ihrer Organe vorgeschrieben sind, ABl. EG 1972 C 131/49 = KOM(72) 887; erste Änderung des Vorschlags vom 19. 8. 1983, ABl. EG 1983 C 240/2; zweite Änderung des Vorschlags vom 20. 12. 1990, ABl. EG 1991 C 7/4; dritte Änderung des Vorschlags vom 20. 11. 1991, ABl. EG 1991 C 321/9; zurückgezogen KOM (2001) 763 endg.

13 Handelsrechtsausschuss DAV, NZG 2006, 577.

14 Ein in diese Richtung gehender Hinweis befand sich in Begr. A-RL-E, S. 5; vgl. hierzu Wand/Tillmann, AG 2006, 443, 445 f.; Noack, NZG 2006, 321, 322.

15 Ähnlich: Brück/Schalast/Schanz, BB 2009, 2526, 2533.

nen. Eine Kapitalerhöhung unter Ausschluss des Bezugsrechts ist einer der schwerwiegendsten Eingriffe in die Eigentumsrechte der Aktionäre, die zumindest verfahrensrechtlich dadurch abgesichert werden müssen, dass die Aktionäre die Gelegenheit erhalten, sich auf der Hauptversammlung zu äußern. Dies gilt gerade für ausländische Aktionäre und den damit zusammenhängenden Gesichtspunkt der Attraktivität des Standortes Deutschland für einen internationalen Investorenkreis. Die Verkürzung der Einberufungsfrist ist auch nicht für den Fall zwingend erforderlich, dass die betreffenden Unternehmen unter Umständen äußerst kurzfristig Kapitalbedarf haben und durch das Zuwarten bis zur Durchführung der Hauptversammlung in ihrer Existenz bedroht wären, weil gem. Art. 2 § 7 Abs. 4 FMStG eine vorherige Leistung durch den Finanzmarktstabilisierungsfonds in das Vermögen der Gesellschaft der Eingabepflicht zugeordnet werden kann und den Fonds dann von der Eingabepflicht befreit.

2. Keine Verkürzung der Einberufungsfrist

Die Vorgaben der A-RL geben schließlich Anlass zu der Frage, ob eine Absenkung der Einberufungsfrist des § 123 Abs. 1 AktG entsprechend Art. 5 Abs. 1 A-RL empfehlenswert ist. Das AktG von 1937 bestimmte noch, dass die Einberufungsfrist lediglich zwei Wochen betrage. Mit dem AktG 1965 kam es zur Verlängerung dieser Frist auf einen Monat, da zwei Wochen als übermäßig kurz angesehen wurden.[16] Da die Einberufungsfrist der Informationssicherheit und der Präsenzsicherung dient,[17] sollen die Aktionäre die Möglichkeit haben, sich den Hauptversammlungstermin freizuhalten und sich auf die Versammlung vorzubereiten. Dies ist gerade für gebietsfremde Aktionäre besonders schwierig.[18] Sie haben meist aus markttechnischen Gründen keinen direkten Zugang zu den Kapitalmärkten und halten ihre Aktien üblicherweise bei Finanzintermediären, die ihrerseits Konten bei anderen Intermediären oder Zentralverwahrern[19] unterhalten, so dass bei grenzüberschreitenden Investments in Aktiengesellschaften üblicherweise mehrere Finanzintermediäre „hintereinander geschaltet" sind.[20] Die unmittelbare Kommunikation zwischen Gesellschaften und Aktionären ist aus diesem Grund nicht möglich. Nach Ansicht der Kommission genügen die Emittenten ihren hauptversammlungsbezogenen Pflichten daher bereits dann, wenn sie die Einladung bei Inhaberaktien an den Zentralverwahrer und bei Namensaktien an die registrierten (und nicht an die wirtschaftlichen) Aktionäre schicken.[21] Bei Beteiligung von unter Umständen meh-

16 Vgl. Hüffer, AktG, § 123, 1.
17 Butzke in Obermüller/Werner/Winden, Die Hauptversammlung der Aktiengesellschaft, S. 32 (=Rn. B55); Hüffer, AktG, § 123, 1; GroßKommAktG/Werner, § 123, 2; Spindler/Stilz/Willamowski, AktG, § 123, 2.
18 Rechtsvergleichend Grundmann/Winkler, ZIP 2006, 1421, 1423.
19 Z. B. Clearstream Banking AG. Zum System der Girosammelverwahrung im Effektenwesen und der Stellung des Zentralverwahrers: Kümpel/Bruski in Schimansky/Bunte/Lwowski, Bankrechtshandbuch, § 104, 68 ff.
20 Winkler, Stimmrecht, S. 295.
21 Begr. A-RL-E, S. 5.

reren Intermediären hat dies zur Folge, dass noch erheblich mehr Zeit vergeht, bis die Informationen den eigentlichen Investor erreichen.[22] Die Kommission geht davon aus, dass es mindestens drei bis vier Tage dauert, bis die Einladung den Investor erreicht.[23] Ebenso viel Zeit benötigt der Informationsfluss dann nochmals in umgekehrter Richtung, vom Investor zum Emittenten. Es ist aber gerade ein Kernanliegen der A-RL, dass alle Aktionäre genügend Zeit haben, um die der Hauptversammlung vorzulegenden Unterlagen zu prüfen und ihr Abstimmungsverhalten festzulegen und dass eben deshalb die Hauptversammlung rechtzeitig anberaumt wird.[24] Zur Erreichung dieses Ziels ist eine zweiwöchige Frist nicht angemessen, so dass die Mitgliedstaaten, in denen Inhaberaktien vorherrschen, längere Einberufungsfristen vorsehen sollten.

Ein weiteres Argument gegen die Verkürzung der Einberufungsfrist betrifft die damit verbundene Verknappung der Zeit zum Rückruf von „verliehenen“ Aktien. Bei der sog. „Aktienleihe“ („stock lending“) handelt es sich um eine gerade bei Großinvestoren beliebte Praxis, Aktien einem Dritten zu übertragen. Dieser ist dann vertraglich verpflichtet, die Aktien auf Abruf oder nach einer bestimmten Zeit zurückzugeben. Damit der Investor seine Stimmrechte auf der Hauptversammlung ausüben kann, muss er die Aktien vor jeder Versammlung zurückrufen und benötigt dafür eine gewisse Zeit, weil bei den Buchungsvorgängen häufig mehrere Intermediäre eingeschaltet werden, wofür auch noch Zeit einberechnet werden muss, v.a. im Hinblick auf den Nachweisstichtag, bis zu dem der aus dem Wertpapier Berechtigte seine Legitimation nachweisen muss, um in der Hauptversammlung stimmberechtigt zu sein.

Daher erscheint die von der A-RL nunmehr vorgesehene Einberufungsfrist von 21 Kalendertagen im Grundsatz nicht zu lang sondern im Gegenteil eher etwas kurz. Der A-RL-E war dementsprechend auch noch von einer 30-tägigen Einberufungsfrist ausgegangen wie es – abgesehen vom Erfordernis des „Versendens“ – der Rechtslage in Deutschland (§ 123 Abs. 1 AktG) entspricht. Diese Länge erscheint meines Erachtens angemessen. Nach Möglichkeit sollten die Gesellschaften ihre Hauptversammlungen eher noch früher einberufen, da sie den Aktionären die persönliche Wahrnehmung ihrer Rechte erleichtern sollten.[25] Das deutsche Recht sollte daher diesbezüglich nicht geändert werden.[26]

3. Keine Verkürzung der Einberufungsfrist bei außerordentlicher Hauptversammlung

Es stellt sich aber die Frage, ob nicht hinsichtlich der Länge der Einberufungsfrist zwischen ordentlichen und außerordentlichen Hauptversammlungen unterschie-

---

22 Winkler, Stimmrecht, S. 296.
23 Zweites Konsultationspapier GD Binnenmarkt vom 13. 5. 2005 (Fn 3) S. 9.
24 Erwägungsgrund 6 A-RL.
25 Happ, Aktienrecht, S. 1177.
26 So auch Ratschow, DStR 2007, 1402, 1403.

den werden sollte. In anderen Rechtsordnungen, z.B. im französischen Code de Commerce,[27] wird diese Unterscheidung getroffen. Auch im englischen Recht gilt nur für außerordentliche Hauptversammlungen eine Einberufungsfrist von 14 Tagen.[28] Der europäische Gesetzgeber geht ebenfalls davon aus, dass eine solche Unterscheidung hilfreich sein kann.[29]

Wie sich aus der Überschrift vor § 175 AktG ergibt, handelt es sich bei der ordentlichen Hauptversammlung nach deutschem Verständnis um die vom Vorstand jährlich unverzüglich nach Eingang des Berichts des Aufsichtsrates über die Prüfung des Jahresabschlusses, des Lageberichts und des Gewinnverwendungsvorschlags sowie bei Mutterunternehmen auch des Konzernabschlusses und des Konzernlageberichts einzuberufende Hauptversammlung. Alle anderen Hauptversammlungen können als außerordentliche bezeichnet werden. Eine außerordentliche Hauptversammlung kann notwendig werden, wenn aktuelle Anlässe eine weitere Versammlung zwecks Fassung der notwendigen Beschlüsse erforderlich machen. Zu diesen aktuellen Anlässen, die eine außerordentliche Hauptversammlung erfordern, gehören z.B. Beschlüsse über die Zustimmung zu einem Verschmelzungsvertrag gem. § 65 UmwG oder der Abschluss eines Unternehmensvertrages. Insbesondere bei wichtigen und eilbedürftigen Angelegenheiten kann die kurzfristige Abhaltung einer außerordentlichen Hauptversammlung notwendig sein. Die Monatsfrist des § 123 Abs. 1 S. 1 AktG könnte daher in Bezug auf außerordentliche Hauptversammlungen zu lang sein. Die Vorbereitungszeit verlängert sich zusätzlich noch durch die Insertionsvorlaufzeiten beim (elektronischen) Bundesanzeiger, wodurch sich in der Praxis die Vorlaufzeit auf ca. sechs Wochen beläuft. Gerade auch im Hinblick auf eine geordnete Beschlussfassung in Vorstand und Aufsichtsrat hinsichtlich der Beschlussvorschläge an die Hauptversammlung (§ 124 Abs. 3 S. 1 AktG) beträgt die insgesamt erforderliche Vorbereitungszeit in der Praxis ungefähr ein Vierteljahr, was für die Herbeiführung außerordentlicher Hauptversammlungsbeschlüsse äußerst lang erscheint. Um diese Fristabhängigkeit zu vermeiden, wird die Zuständigkeit der Hauptversammlung daher so weit wie möglich gemieden.[30] Für einen Ausnahmebereich hat der Gesetzgeber daher bereits eine kürzere Frist eingeführt: Gem. § 16 Abs. 4 WpÜG kann die Hauptversammlung zur Beschlussfassung über die Reaktion auf Übernahmeangebote einberufen werden. Da der Anwendungsbereich dieser Ausnahmevorschrift wegen der Beschränkung auf diesen einen Beschlussgegenstand gering ist, wird z.B. von *Kubis* die Wiedereinführung der Zwei-Wochen-Frist des § 107 AktG 1937 gefordert.[31]

27 Le Cannu, Droit des sociétés, S. 497.
28 Winkler, Stimmrecht, S. 247.
29 Lehne, Entwurf eines Berichts über den Vorschlag für eine Richtlinie des Europäischen Parlaments und des Rates über die Ausübung der Stimmrechte durch Anteilseigner von Gesellschaften, die ihren eingetragenen Sitz in einem Mitgliedstaat haben und deren Aktien zum Handel auf einem geregelten Markt zugelassen sind, sowie zur Änderung der Richtlinie 2004/109/EG, S. 9, zu finden unter: http://www.europarl.europa.eu/sides/getDoc.do?pubRef=-//EP//NONSGML+REPORT+A6-2007-0024+0+DOC+PDF+V0//DE.
30 MüKoAktG/Kubis, § 123, 2.
31 MüKoAktG/Kubis, § 123, 2.

Es ist auf der anderen Seite aber auch zu beachten, dass eine unterschiedliche Behandlung von ordentlichen und außerordentlichen Hauptversammlungen hinsichtlich der Frist womöglich zur Folge hat, dass bestimmte, besonders heikle Beschlussgegenstände zum Gegenstand von außerordentlichen Hauptversammlungen gemacht werden.[32] Außerdem bestehen auf Anlegerseite die gleichen Informations- und Vorbereitungsbedürfnisse, ohne dass es darauf ankommt, ob es sich um eine ordentliche oder eine außerordentliche Hauptversammlung handelt. Insbesondere spricht gegen eine kürzere Einberufungsfrist, dass die Beschlüsse die Gegenstand einer außerordentlichen Hauptversammlung werden können, häufig von strategischer Bedeutung sind, so dass unter diesem Aspekt die Anteilseigner eigentlich mehr – und nicht weniger – Zeit benötigen.[33] Bei Gesellschaften mit dominierenden Mehrheitsaktionären kommt noch hinzu, dass diese meist bereits vor der Einberufung Kenntnis von den Beschlussvorlagen haben, während den Minderheitsaktionären genug Zeit gegeben werden muss, um anhand der Einberufungsinformationen untereinander abzustimmen, um ihre Rechte effektiv wahrnehmen und ihre Kontrollfunktion ausüben zu können.[34] Diese Erwägungen sprechen dafür, dass hinsichtlich der Frist Hauptversammlungseinberufungen stets gleichbehandelt werden sollten. Dementsprechend sah der Kommissionsvorschlag auch vor, dass die Einberufungsfrist für jede Hauptversammlung 30 Kalendertage betrage, Art. 5 Abs. 1 A-RL-E.

Noch im Konsultationsverfahren war für außerordentliche Versammlungen eine Mindestfrist von zehn Werktagen vorgesehen, die aufgrund starker Kritik im A-RL-E nicht mehr vorgesehen war. Die Frage der Mindestfrist für die Einberufung außerordentlicher Hauptversammlungen war eine der am heftigsten umstrittenen Regelungen.[35] Daher enthält die A-RL einen Kompromiss. Grundsätzlich muss jede Hauptversammlung mindestens 21 Tage vorher einberufen werden. Gem. Art. 5 Abs. 2 Unterabs. 1 A-RL können die Aktionäre allerdings beschließen, dass die Gesellschaft die Einberufung einer Hauptversammlung, die nicht Jahreshauptversammlung ist, spätestens am 14. Tag vor dem Tag der Versammlung vornimmt. Die Frist zur Einberufung der Jahreshauptversammlung kann nicht verkürzt werden. Voraussetzung für die Wirksamkeit eines solchen Beschlusses ist zum einen, dass ihm eine qualifizierte Mehrheit („eine Mehrheit von nicht weniger als zwei Dritteln der Stimmen der vertretenen Aktien oder des vertretenen gezeichneten Kapitals") zustimmt. Zum anderen besteht diese Möglichkeit nur, wenn die Gesellschaft allen Aktionären gleichermaßen die Möglichkeit einer Stimmabgabe auf elektronischem Wege eröffnet. Zuletzt muss noch beachtet werden, dass ein solcher Beschluss nur bis zur nächsten Jahreshauptversammlung gilt.

---

32 Deutscher Notarverein, Stellungnahme zum Richtlinienvorschlag vom 11. 7. 2005, S. 4; zu finden unter: http://www.jura.uni-augsburg.de/prof/moellers/materialien/4_gesellschaftsrecht/145_ril_2007_36_EG_ausuebung_stimmrechte_durch_aktionaere/.

33 Zweites Konsultationspapier GD Binnenmarkt vom 13. 5. 2005 (Fn 3) S. 8.

34 Winkler, Stimmrecht, S. 247.

35 Spindler in GVR (2005) 31, 44.

Der Gedanke hinter dieser Vorschrift ist der, dass diejenigen Aktionäre, denen die elektronische Teilnahme an einer Hauptversammlung eröffnet wird, weniger Zeit für die Vorbereitung brauchen. Dies setzt voraus, dass die Aktionäre von der Möglichkeit der elektronischen Teilnahme auch wirklich Gebrauch machen. Man kann daher abwarten, ob sich diese Art der Teilnahme durchsetzt.[36] Andererseits ist dieser in der A-RL gefundene Kompromiss eine durchaus interessante Möglichkeit, den Interessen der Aktionäre an einer rechtzeitigen Einberufung auf der einen und dem Gesellschaftsinteresse an einer möglichst raschen Abhaltung der (außerordentlichen) Hauptversammlung auf der anderen Seite gerecht zu werden.[37] Wie § 16 Abs. 4 WpÜG zeigt, ist eine 14-tägige Frist auch nicht immer zu kurz sondern vielmehr in manchen Fällen erforderlich, damit die Gesellschaft schnellstmöglich auf neue Entwicklungen reagieren kann.[38] Technisch ist die Vorbereitung in dieser Zeitspanne zu bewältigen.[39] Dies gilt umso mehr, wenn man bedenkt, dass die Aktionäre die Möglichkeit der elektronischen Teilnahme haben, wodurch sich die zur Vorbereitung benötigte Zeit verkürzen kann.

Auch eine Abkürzung der Ladungsfrist in abschließend aufgeführten Konstellationen könnte vorgesehen werden, wie dies bereits in Art. 9 Abs. 4 und 11 Abs. 4 Übernahme-RL[40] bei Übernahmesachverhalten der Fall ist.[41] Der Vorteil von mehr Satzungsautonomie ist jedoch, dass die Gesellschaften in der Regel schneller auf unvorhergesehene Entwicklungen reagieren als die Legislative und dass die Aktionäre selbst entscheiden können, welche Beschlussgegenstände zum Wohle der betreffenden Gesellschaft als besonders eilbedürftig anzusehen sind. Hierzu können z.B. besonders dringende Kapitalmaßnahmen gehören, die zum Wohle der Gesellschaft erforderlich sind.[42] Der Gesetzgeber sollte dann die Aktionäre nicht bevormunden und in Ausnahmevorschriften abschließend regeln, wann eine Fristverkürzung zulässig ist. Vielmehr sollten die Aktionäre selbst entscheiden können, ob und in welchen Fällen sie eine kürzere Einberufungsfrist als notwendig oder ausreichend erachten.

Allerdings gibt es ein wesentliches Hindernis, welches gegen die Übernahme einer entsprechenden Regelung ins deutsche Recht spricht. Die Mitgliedstaaten sind nämlich bei der Festlegung der Fristen gehalten, eine Abstimmung mit dem Nachweisstichtag[43] vorzunehmen. Sowohl die Frist zur Einberufung der ordentlichen Hauptversammlung als auch ggf. die verkürzte Frist von 14 Tagen gem. Art. 5 Abs. 3 A-RL müssen nämlich den Anforderungen des Art. 7 Abs. 3 S. 4 A-RL entsprechen. Nach dieser Vorschrift stellen die Mitgliedstaaten sicher, dass zwischen

---

36 Ratschow, DStR 2007, 1402, 1403.
37 Vgl. Dethomas/Rontchevsky, Revue Lamy Droit des Affaires 2007, 10, 12.
38 Vgl. hierzu Begr. Reg GesE zu § 16 Abs. 4 WpÜG, BT Drs. 14/7034, S. 47.
39 MüKoAktG/Kubis, § 123, 2.
40 Bzw. § 16 Abs. 4 WpÜG.
41 Handelsrechtsausschuss DAV, NZG 2006, 577.
42 Vgl. § 121 Abs. 1 AktG: Hauptversammlungen sind einzuberufen, wenn es das Wohl der Gesellschaft erfordert.
43 Art. 7 Abs. 2 A-RL.

dem letzten zulässigen Tag für die Einberufung der Hauptversammlung und dem Nachweisstichtag gem. Art. 7 Abs. 2 Unterabs. 1 A-RL mindestens acht – bei einer wiederholten Einberufung gem. Art. 7 Abs. 3 S. 6 A-RL sechs – Tage liegen. Die Mitgliedstaaten können ihr Wahlrecht zur Verkürzung der Einberufungsfrist demnach nur dann auf 14 Tage verkürzen, wenn sich der dort geltende Nachweisstichtag auf ein Datum bezieht, das nicht vor dem fünften Tag vor der Hauptversammlung liegt, wobei der Tag der Einberufung und der Nachweisstichtag gem. Art. 7 Abs. 3 S. 5 A-RL nicht mitgezählt werden.[44] In Deutschland liegt der Nachweisstichtag aber relativ weit vorher, gem. § 123 Abs. 3 S. 3 AktG spätestens am 21. Tag vor dem Versammlungstermin. Folglich müsste § 123 Abs. 3 S. 3 AktG insofern geändert bzw. müsste hiervon eine Ausnahme gemacht werden, dass sich der Nachweis frühestens auf den fünften Tag vor der Hauptversammlung beziehen darf. Dies würde das in Deutschland vorherrschende System der Inhaberaktien und der hiermit verbundenen längeren Vorlauffristen dann doch überfordern. Man könnte jedoch an eine auf Namensaktien beschränkte Einführung denken. Dies hätte eine weitere Steigerung der Attraktivität dieser Aktiengattung zur Folge und würde wohl zu einer verstärkten Umstellung von Inhaber- auf Namensaktien führen.

4. Wiederholung der Einberufung

Eine zweite Ausnahme enthält der dritte Unterabsatz von Art. 5 Abs. 1 A-RL. Dieser bestimmt, dass weder die 21- noch die 14-tägige Frist der vorangehenden Unterabsätze beachtet werden muss, wenn eine zweite oder eine weitere Hauptversammlung einberufen werden muss, weil auf die erste Einberufung hin ein für diese Versammlung erforderliches Quorum nicht erreicht worden ist, vorausgesetzt, die Bestimmung des Art. 5 Abs. 1 A-RL wurde bei der ersten Einladung eingehalten, kein neuer Punkt wird auf die Tagesordnung gesetzt und zwischen der endgültigen Einberufung und dem Datum der Hauptversammlung liegen mindestens zehn Tage. Die Verkürzung der Frist auf zehn Tage ist also zulässig, wenn es sich um die Wiederholung einer mangels ausreichender Aktionärspräsenz beschlussunfähigen Hauptversammlung handelt, wobei darauf geachtet werden muss, dass kein neuer Tagesordnungspunkt hinzugefügt wird. Eine ähnliche Regelung ist z.B. im französischen Recht zur *société anonyme* enthalten: Hiernach bedarf es für die erstmalige Einberufung einer außerordentlichen Hauptversammlung eines Quorums von einem Drittel aller Stimmrechte. Bei der zweiten oder dritten Einberufung reicht ein Viertel.[45]

Das AktG trifft keine Aussage über die Beschlussfähigkeit, so dass grundsätzlich kein Mindestpräsenzquorum vorgesehen ist. Die Hauptversammlung ist daher bereits beschlussfähig, wenn nur ein Aktionär mit einer Stimme teilnimmt.[46] Eine

44 Bachner/Dokalik, GesRZ 2007, 104, 106.
45 Le Cannu, Droit des sociétés, S. 525.
46 RGZ 82, 386, 388; Hüffer, AktG, § 133, 8; MüKoAktG/Volhard, § 133, 16.

Ausnahme ergibt sich jedoch für den Fall der Nachgründung aus § 52 Abs. 5 S. 2 AktG: Die Anteile der dem im ersten Jahr nach der Eintragung der Gesellschaft in das Handelsregister geschlossenen Vertrag zustimmenden Mehrheit der Aktionäre müssen mindestens ein Viertel des gesamten Grundkapitals erreichen, so dass ein entsprechender Anteil am Grundkapital auf der Hauptversammlung vertreten sein muss.[47] Darüber hinaus kann in den Satzungen der Gesellschaften vorgesehen werden, dass die Wirksamkeit bestimmter Beschlüsse ein Quorum voraussetzt, um die Beschlussfähigkeit bei geringer Präsenz zu verhindern.[48] Auch von dieser Ausnahme kann der deutsche Gesetzgeber jedoch nur dann Gebrauch machen, wenn er beachtet, dass gem. Art. 7 Abs. 3 S. 6 A-RL mindestens sechs Tage zwischen dem letzten zulässigen Tag für die Einberufung und dem Nachweisstichtag liegen dürfen, was zur Folge hätte, dass der Nachweisstichtag sehr kurz vor dem Hauptversammlungstermin liegen würde. Dieser Aspekt spricht auch hier entscheidend gegen eine Inanspruchnahme dieses Wahlrechts zur Fristverkürzung, es sei denn man nimmt in Kauf, dass Inhaber- und Namensaktien hinsichtlich der Fristen unterschiedlich behandelt werden.

5. Umsetzung

Aus Art. 5 Abs. 1 A-RL ergibt sich kein Anpassungsbedarf des AktG. Der gegen die Vorgaben der A-RL verstoßende Art. 2 § 7 S. 2 FMStG, der die Verkürzung der Einberufungsfrist auf mindestens einen Tag vorsieht, ist bei Hauptversammlungen, die nach dem 2. August 2009 einberufen werden, nicht mehr anwendbar. Im Übrigen sprechen rechtspolitische Erwägungen gegen eine kürzere Einberufungsfrist. Weder ist eine Abkürzung der Einberufungsfrist des § 123 Abs. 1 S. 1 AktG von bisher 30 auf 21 Tage angezeigt, noch muss zwingender Weise bezüglich der Einberufungsfrist zwischen ordentlichen und außerordentlichen Hauptversammlungen unterschieden werden. Es ist daher zu begrüßen, dass es auch nach Inkrafttreten des ARUG bei einer Mindesteinberufungsfrist von 30 Tagen bleiben wird. Eine Abkürzung der Einberufungsfristen bei Namensaktien könnte aber die Attraktivität der Rechtsform der Aktiengesellschaft und des Finanzplatzes Deutschland steigern und sollte daher bei zukünftigen Aktienrechtsnovellen stets mitbedacht werden.

Im Gegensatz zu Deutschland wird Art. 5 Abs. 1 A-RL in einer ganzen Reihe von Mitgliedstaaten zu Anpassungen führen, deren Einberufungsfristen nicht den Vorgaben der A-RL entsprechen.[49] In Frankreich wiederum ist umstritten, ob An-

---

47 Hüffer, AktG, § 133, 8; MüKoAktG/Volhard, § 133, 16.

48 Butzke in Obermüller/Werner/Winden, Die Hauptversammlung der Aktiengesellschaft, S. 222 (= Rn. F40); MüKoAktG/Volhard, § 133, 17; Semler in MüHdb. GesR, § 39, 33.

49 Zu diesen Mitgliedstaaten zählen: Österreich, Belgien, Zypern, Dänemark, Estland, Griechenland, Island, Italien, Luxemburg, Malta, Niederlande, Norwegen und Großbritannien, vgl. Commission Staff Working Document, Annex to the Proposal for a Directive of the European Parliament and of the Council on the exercise of voting rights by shareholders of companies having their registered office in a Member State and whose shares are admitted to trading on a regulated market and amending passungsbedarf besteht. Zwar bestimmt art. R. 225-69 code de commerce, dass zwischen der ersten Einberufung und der „assemblée génerale" nur mindestens 15 Tage liegen müssen. Allerdings haben die Gesellschaften 35 Tage vor der „assemblée" und noch vor der eigentlichen Einberufung die Zusammenkunft anzukündigen, vgl. art. R. 225-73, II code de commerce (« avis de réunion »).[50] Letztendlich wird es auch in Frankreich auf eine Verlängerung der Einberufungsfrist auf mindestens 21 Tage hinauslaufen, denn im «avis de droit» müssen nicht die gem. Art. 5 Abs. 3 A-RL zwingend anzugebenden Mindestinformationen enthalten sein.[51]

II. Modalitäten der Einberufung (Einberufungspublizität), Art. 5 Abs. 2 A-RL

Die Frage, auf welche Art und Weise die Einberufung von den Gesellschaften vorzunehmen ist, wurde während der Arbeiten an der A-RL besonders kontrovers diskutiert. Die Modalitäten der Einberufung sind in den Mitgliedstaaten sehr unterschiedlich ausgestaltet.[52] Das zunächst vorgesehene Erfordernis des „Versendens" im A-RL-E wurde aufgrund des Widerstandes insbesondere von deutscher Seite zugunsten eines Modells aufgegeben, welches zum einen den Rückgriff auf bestimmte Medien, die eine europaweite Verbreitung der Informationen gewährleisten, und zum anderen das Internet einbezieht.[53] Da es sich auch hierbei nur um einen Mindeststandard (Art. 3 A-RL) handelt, können die Mitgliedstaaten darüber hinausgehende Anforderungen an die Modalitäten der Einberufung vorsehen.

1. Zurückgreifen auf Medien

Art. 5 Abs. 2 A-RL enthält Mindestvorgaben bezüglich der Art und Weise, wie die „Vornahme" der Einberufung zu erfolgen hat. Die Vorschrift ist so konzipiert, dass Medien verwendet werden sollen, die eine europaweite Verbreitung der Information zu den Aktionären gewährleisten.[54] Es muss ein Medium gewählt werden, das auf nicht diskriminierende Weise einen schnellen Zugang gewährleistet. Die Gesellschaften müssen dabei auf Medien zurückgreifen, bei denen vernünftigerweise davon ausgegangen werden kann, dass sie die Informationen tatsächlich an die Öffentlichkeit in der gesamten Gemeinschaft weiterleiten. Es ist den Mitgliedstaaten nicht gestattet vorzuschreiben, dass lediglich Medien eingesetzt werden, deren Betreiber in ihrem Hoheitsgebiet ansässig sind. Von diesen Verpflichtungen können solche Gesellschaften ausgenommen werden, die in der Lage sind, die Namen und

---

Directive 2004/109/EC, abrufbar unter http://ec.europa.eu/internal_market/company/shareholders/indexa_en.htm, S. 61–64.

50 Dethomas/Rontchevsky, Revue Lamy Droit des Affaires 2007, 10, 12.

51 Dondero, Revue trimestrielle de droit financier 2007, 90, 91.

52 Winkler, Stimmrecht, S. 215 f. (für Deutschland, Frankreich und Großbritannien).

53 Noack, FS Westermann (2008) 1203, 1208.

54 Noack, SR 2007, 102.

Anschriften der Aktionäre aus einem aktuellen Aktionärsregister zu ermitteln. Für diese Gesellschaften können die Mitgliedstaaten vorsehen, dass sie jedem Aktionär die Einberufung zu übersenden haben. In keinem Fall jedoch dürfen die Mitgliedstaaten den Gesellschaften erlauben, von den Aktionären Gebühren für die Vornahme der Einberufung zu verlangen. Die Pflicht zur Einbeziehung von Medien i.S.v. Art. 5 Abs. 2 A-RL umfasst allerdings lediglich die Weiterleitung. Eine Pflicht zur Veröffentlichung der Einberufungsinformationen besteht nicht, die Gesellschaften müssen also insbesondere keine Anzeige in einer Zeitung drucken lassen, jedoch genügt wiederum die bloße Verfügbarkeit auf einer Internetseite nicht.[55] Wie der Betreiber des entsprechenden Mediums mit den zugeleiteten Informationen umzugehen hat, regelt die A-RL nicht. Da es sich bei der Einberufung einer Hauptversammlung nur sehr selten um eine redaktionell interessante Nachricht handelt, macht die Weiterleitungspflicht in dieser Form wenig Sinn.[56]

Veröffentlichungspflichten bezüglich der Einberufung der Hauptversammlungen enthalten in Deutschland sowohl AktG als auch WpHG (für börsennotierte Gesellschaften, vgl. §§ 30a ff. i.V.m. § 2 Abs. 6 WpHG). Das AktG sieht ein zweistufiges System vor, welches eine allgemein zugängliche Bekanntmachung der Einberufung und die zusätzliche individuelle Benachrichtigung der Aktionäre erfordert. Gem. § 121 Abs. 4 S. 1 AktG erfolgt die Einberufung durch Bekanntmachung in den Gesellschaftsblättern. Dies bedeutet gem. § 25 S. 1 AktG, dass die Einberufung wenigstens in den elektronischen Bundesanzeiger eingerückt werden muss.[57] Die Satzung kann zwar daneben noch andere, auch ausländische, Medien vorsehen, § 25 S. 2 AktG.[58] Dies ist jedoch in vielen Fällen wenig zweckmäßig.[59] Eine § 121 Abs. 3 S. 1 AktG entsprechende Regelung für börsennotierte Gesellschaften enthält auch § 30b Abs. 1 Nr. 1 und 2 WpHG. Gem. dieser Vorschrift muss der Emittent zugelassener Aktien die Einberufung der Hauptversammlung einschließlich der Tagesordnung unverzüglich im elektronischen Bundesanzeiger veröffentlichen. Da dasselbe Ergebnis bereits aus §§ 121 Abs. 4 S. 1, 25 S. 1 AktG folgt, ist die Norm insoweit überflüssig.[60] Um eine doppelte Veröffentlichungspflicht der Emittenten zu vermeiden, bestimmt § 30b Abs. 1 S. 2 WpHG, dass eine einmalige Veröffentlichung ausreichend ist, wenn diese bereits an anderer Stelle vorgeschrieben wird. Bei größeren Aktiengesellschaften ist es daneben üblich, aber nicht verpflichtend vorgeschrieben, eine Anzeige mit verkürzter Tagesordnung in einer überregionalen Tageszeitung drucken zu lassen.[61] Noch bis einschließlich Ende 2008 hatten börsennotierte Gesellschaften die Einberufung gem. §§ 39 Abs. 1, 46 Abs. 4 WpHG[62] in mindestens einem überregionalen Börsenpflichtblatt zu veröf-

55 Bachner/Dokalik, GesRZ 2007, 104, 107.
56 Noack, SR 2007, 102; ders. NZG 2008, 441, 442.
57 Die gleiche Pflicht ergibt sich aus § 30 b WpHG.
58 Ratschow, DStR 2007, 1402, 1404.
59 GroßKommAktG/Werner, § 121, 64; Hüffer, AktG, § 121, 9; MüKoAktG, § 121, 31; Schmidt/Lutter/Ziemons, § 121, 42.
60 Noack, WM 2007, 377, 378: Die Vorschrift ist „zu zwei Dritteln überflüssig“.
61 Marsch-Barner in Marsch-Barner/Schäfer, Handbuch börsennotierte AG, S. 1106.
62 Vgl. §§ 63, 70 BörsenZulVO a.F.

fentlichen. Gem. § 31 Abs. 4 BörsG a. F.[63] bestimmte die Zulassungsstelle mindestens drei inländische Zeitungen zu Börsenpflichtblättern, wobei mindestens zwei dieser Zeitungen Tageszeitungen mit überregionaler Verbreitung im Inland sein müssen.[64] Aus der Übergangsregelung des § 46 Abs. 4 WpHG ergibt sich, dass die Verpflichtung zur Einbeziehung der Börsenpflichtblätter bis zum 31. 12. 2008 bestehen blieb. Mit Ablauf der Übergangsfrist kann sich die Pflicht zur Bekanntmachung der Einberufung in den Börsenpflichtblättern weiterhin aus den Börsenordnungen ergeben.[65] Gem. Ziff. 2.3.1 Satz 3 DCGK soll der Vorstand außerdem die Einberufung mit der Tagesordnung auf der Internetseite der Gesellschaft zum Download bereitstellen. Eine individuelle Benachrichtigung der Aktionäre über die Einberufung der Hauptversammlung ist in §§ 125 Abs. 1 S. 1, Abs. 2, Abs. 5, 128 Abs. 1 AktG vorgesehen. Allerdings musste diese Mitteilung nach alter Rechtslage gem. § 125 Abs. 1 S. 1 AktG a. F. erst 12 Tage nach der Bekanntmachung der Einberufung im elektronischen Bundesanzeiger erfolgen und lag somit nicht innerhalb der gem. Art. 5 Abs. 1 A-RL vorgeschriebenen Mindestfrist von 21 Tagen.

Eine Ausnahme gilt gem. § 16 Abs. 4 WpÜG für Hauptversammlungen, die im Zusammenhang mit einem Übernahmeangebot stehen. Eine solche Versammlung muss mindesten zwei Wochen zuvor einberufen worden sein, § 16 Abs. 4 S. 1 WpÜG. Die Mitteilungsfrist nach § 125 Abs. 1 AktG kann sich dabei auf bis zu vier Tage verkürzen, wenn die Monatsfrist unterschritten wird, § 16 Abs. 4 S. 3 WpÜG. Die Vorschrift ist bei Angeboten zum Erwerb von Wertpapieren, bei Übernahmeangeboten und Pflichtangeboten anwendbar und soll sowohl eine zügige Durchführung sicherstellen als auch gewährleisten, dass den Aktionären der Zielgesellschaft genügend Zeit bleibt, um von Angebot und dessen Ausgestaltung Kenntnis zu nehmen und eine Entscheidung zu treffen, was bei Anwendung der Regelvorschriften schwer möglich ist, so dass Fristen und Formalien modifiziert werden.[66] Die Norm dient der Umsetzung von Art. 9 Abs. 4 Übernahme-RL.[67] Die entsprechenden Vorschriften der Übernahme-RL werden durch die A-RL nicht geändert, so dass es weiterhin bei dieser Ausnahme bleiben wird, vgl. Art. 5 Abs. 1 A-RL. Allerdings weitet Art. 2 § 7 Abs. 1 S. 1 FMStG den Anwendungsbereich des § 16 Abs. 4 WpÜG aus, indem die entsprechende Anwendbarkeit für die Beschlussfassung der Hauptversammlung über Kapitalerhöhungen gegen Einlagen angeordnet wird. Da es an einer entsprechenden Ausnahme in der A-RL fehlt, ist die Europarechtskonformität von Art. 2 § 7 Abs. 1 S. 1 FMStG äußerst zweifelhaft.

---

63 Abgedruckt z. B. in Beck-Texte im dtv – Bankrecht, 34. Auflage (2007).

64 Tielmann/Schulenburg, BB 2007, 840, 843.

65 Tielmann/Schulenburg, BB 2007, 840, 843. Der Börsenordnung der Börse Düsseldorf war eine entsprechende Pflicht zu entnehmen (§§ 81 Abs. 1 i. V. m. § 82 Abs. 1 Börsenordnung Düsseldorf a. F.). In der ab dem 24. 6. 2009 geltenden Fassung ist die Pflicht zur Bekanntmachung in den Börsenpflichtblättern gestrichen worden.

66 Seiler in Assmann/Pötzsch/Schneider, WpÜG, § 16, 60.

67 Richtlinie 2004/25/EG des Europäischen Parlaments und des Rates vom 21. April 2004 betreffend Übernahmeangebote, Abl. EG 2004 L 142/12.

In Bezug auf die Einberufungspublizität der Hauptversammlungen deutscher Gesellschaften ist daher festzuhalten, dass es bislang zulässig war, dass eine börsennotierte Gesellschaft die Einberufung der Hauptversammlung durch ausschließliches Einstellen in den elektronischen Bundesanzeiger vornahm. Die gem. §§ 39 Abs. 1, 46 Abs. 4 WpHG noch bestehende Pflicht der Veröffentlichung in einem oder mehreren überregionalen Börsenpflichtblättern ist zum 31. Dezember 2008 entfallen. Zu klären ist daher, ob die alleinige Veröffentlichung im elektronischen Bundesanzeiger den abstrakten Anforderungen der A-RL entspricht.[68] Dieser Punkt hat sich im Laufe der Arbeiten zur Umsetzung der A-RL als erster großer Streitpunkt bezüglich der zukünftigen Anwendung der neuen Regeln herauskristallisiert. Kritisch wird vor allem die Einführung von § 121 Ab s. 4a AktG gesehen, der die Pflicht zur Zuleitung zu einem Medienbündel in das deutsche Recht übernimmt, wobei zum Teil die Streichung dieser Norm gefordert,[69] teilweise die Zuleitung zum elektronischen Bundesanzeiger als ausreichend erachtet[70] wird. Es wird bei dieser Diskussion freilich nicht genügend dem Umstand Rechnung getragen, dass § 121 Abs. 4a AktG auf Art. 5 Abs. 2 A-RL beruht und folglich richtlinienkonform ausgelegt werden muss.

a) Der Rückgriff auf Medien in der Transparenz-RL[71]

Die Transparenz-RL bezweckt einen erleichterten Zugang zu Informationen über Wertpapieremittenten im Binnenmarkt.[72] Eine Aussage zur direkten Kommunikation und somit auch zur Einberufung der Hauptversammlung zwischen Gesellschaften und Aktionären enthält Art. 17 Abs. 2 Transparenz-RL, die entsprechende deutsche Vorschrift ist § 30b WpHG. Die Zustimmung der Hauptversammlung vorausgesetzt, ist die Einberufung der Hauptversammlung auch bei ausschließlicher Nutzung elektronischer Hilfsmittel zulässig, vgl. Art. 17 Abs. 3 Transparenz-RL. Im Rahmen der Einberufung der Hauptversammlung bislang nicht erforderlich ist der Rückgriff auf ein Medienbündel, weshalb die bisherige deutsche Regelung auch nicht gegen Art. 21 Abs. 1 Transparenz-RL verstößt, da dort die Art und Weise der Einberufung der Hauptversammlung nicht geregelt ist.[73] Dies ändert sich nunmehr durch Art. 5 Abs. 2 A-RL. Auch die Einberufung der Hauptversammlung muss nunmehr in der gleichen Form bekannt gemacht werden, wie die in Art. 21 Abs. 1 Transparenz-RL (bzw. § 3a WpAIV) aufgeführten Informationen.

---

68 Bejahend: Paschos/Goslar, AG 2008, 598, 608; Pluskat, WM 2007, 2135, 2140; Ratschow, DStR 2007, 1402, 1404; Sauter, ZIP 2008, 1706, 1707; Zetzsche, NZG 2007, 686, 688; ders., Der Konzern 2008, 321, 323. Verneinend: Horn, ZIP 2008, 1558, 1560; Noack, SR 2007, 102; Schmidt/Lutter/Ziemons, Vor §§ 121 ff., 13.

69 Paschos/Goslar, AG 2008, 598, 608.

70 Sauter, ZIP 2008, 1706, 1707; Zetzsche, Der Konzern 2008, 321, 323.

71 Richtlinie 2004/109/EG des Europäischen Parlaments und des Rates vom 15. Dezember 2004 zur Harmonisierung der Transparenzanforderungen in Bezug auf Informationen über Emittenten, deren Wertpapiere zum Handel auf einem geregelten Markt zugelassen sind, und zur Änderung der Richtlinie 2001/34/EG; Abl. 2004 L 390/38.

72 Erwägungsgrund 1 Transparenz-RL.

73 Spindler, WM 2006, 109, 111.

Daher ist für die Auslegung des Medienbegriffs der A-RL die Transparenz-RL maßgebend. Denn der EU-Gesetzgeber verwendet in Art. 5 Abs. 2 Unterabs. 1 S. 2 A-RL bewusst eine Formulierung, die derjenigen in Art. 21 Abs. 1 Transparenz-RL entspricht: Beide Vorschriften verlangen den Rückgriff auf Medien, die eine Verbreitung der Informationen in der ganzen Gemeinschaft gewährleisten. Die A-RL baut diesbezüglich auf der Transparenz-RL auf. Nach der Konzeption beider Richtlinien soll durch diesen Rückgriff auf Medien ein „Push" der Information zu den Aktionären gewährleistet werden, indem diesen durch die Medien die betreffende Information zugeleitet wird.[74] Auch im Anwendungsbereich der Transparenz-RL ist der diskriminierungsfreie, schnelle sowie kostenfreie Zugang zu bestimmten Informationen der Emittenten im Binnenmarkt zu gewährleisten und die Informationen sind zusätzlich einem „amtlich bestellten System" zur Verfügung zu stellen. Gem. Art. 21 Abs. 2 Transparenz-RL dienen solche Systeme der zentralen Speicherung vorgeschriebener Informationen und sollten den Mindestqualitätsnormen in Bezug auf Datensicherheit, Gewissheit über die Herkunft der Informationen, Zeitaufzeichnung und leichten Zugang der Endnutzer genügen. Durch das EHUG wurde mit dem Unternehmensregister ein System in diesem Sinne in Deutschland eingeführt, welches vom elektronischen Bundesanzeiger sowie von den Gesellschaften auferlegten Mitteilungspflichten gespeist wird.[75] Bemerkenswert ist in diesem Zusammenhang, dass sich unter anderem aus den Erwägungsgründen der Transparenz-RL deutlich ergibt, dass die Internetveröffentlichung nicht als alleinige Veröffentlichungsart vorgesehen ist; vielmehr wird die Bedeutung gerade von Printmedien hervorgehoben.[76] Zwar sollte die Bedeutung von elektronischen Medien gestärkt werden, diese sollten jedoch aufgrund des intendierten Schutzes der Kleinanleger und der noch bestehenden Probleme der Verlässlichkeit der elektronischen Medien nicht ausschließlich an die Stelle der Printmedien treten.[77] Nach dem Veröffentlichungsregime der Transparenzrichtlinie beruht die Publikation der vorgeschriebenen Kapitalmarktinformationen auf zwei Säulen: Zum einen sind die Kapitalmarktinformationen über Medien in der gesamten EU zu verbreiten, zum anderen müssen diese an das amtlich bestellte System zur zentralen Speicherung weitergeleitet werden.[78] Hieraus folgt, dass die Formulierung, die nunmehr auch in die A-RL übernommen wurde, nicht die ausschließliche Zuleitung der vorgegebenen Informationen zu einem amtlich bestellten System genügen lässt. Erforderlich ist vielmehr *zusätzlich* die Zuleitung zu solchen Medien, die eine europaweite Verbreitung gewährleisten.

---

74 Bachner/Dokalik, GesRZ 2007, 104, 106f.; kritisch zu Recht Noack, SR 2007, 102.
75 Noack, WM 2007, 377, 380.
76 Erwägungsgrund Nr. 8 Transparenz-RL.
77 Spindler, WM 2006, 109, 111.
78 Hutter/Kaulamo, NJW 2007, 550, 554.

b) Das Zurückgreifen auf Medien in § 3a WpAIV

Der deutsche Gesetzgeber hat dieses Veröffentlichungsregime mit dem „Transparenzrichtlinie-Umsetzungsgesetz“ (TUG),[79] welches am 20. 1. 2007 in Kraft trat, ins nationale Recht eingeführt. Die von der Transparenz-RL aufgestellten Anforderungen an die Art und Weise der Veröffentlichung sind in den das WpHG ergänzenden Regelungen der WpAIV[80] enthalten. Gem. § 3a Abs. 1 WpAIV müssen Pflichtinformationen Medien zur Veröffentlichung zugeleitet werden, bei denen davon ausgegangen werden kann, dass sie die Informationen in der gesamten EU und in den übrigen Mitgliedstaaten des EWR rasch und so zeitgleich wie möglich (vgl. § 3a Abs. 2 Nr. 1 WpAIV) verbreiten.[81] Keine konkrete Aussage enthalten die §§ 3a ff. WpAIV über die Zahl und Art der einzusetzenden Medien, dies richtet sich nach den Besonderheiten des konkreten Einzelfalls und bleibt dem Wertpapieremittenten überlassen, wobei allen Anlegern unabhängig von ihrem Wohnort ein gleicher Zugang zu den Informationen ermöglicht werden soll. Hierbei sind insbesondere die Aktionärsstruktur und der Ort der Börsenzulassung zu beachten. Für die Verbreitung kommen mehrere Medienarten in Betracht. Neben einem elektronisch betriebenen Informationsverbreitungssystem können sich die informationspflichtigen Wertpapieremittenten auch News Provider, Nachrichtenagenturen und der wichtigsten nationalen und europäischen Printmedien und entsprechender Internetseiten bedienen.[82] Gerade vor dem Hintergrund der möglichst zeitgleichen Information aller (inländischen und ausländischen) Anleger wird die Bedeutung elektronischer Kommunikationsformen erheblich gestärkt, ohne dass jedoch die Nutzung von Printmedien gänzlich obsolet wird.[83] Insofern ist von einem „Bündel unterschiedlicher Medienarten“ auszugehen. Ob die Zahl der unterschiedlichen Medienarten und die eingesetzten Medien angemessen sind, muss jeweils im konkreten Einzelfall bewertet werden. Laut Gesetzesbegründung gehören zu dem angemessenen Medienbündel für die europaweite Verbreitung in der Regel folgende Medienarten: elektronisches Informationsverbreitungssystem, News Provider, Printmedium, Nachrichtenagentur und Finanzwebsite.[84] Eine eindeutige bzw. handhabbare Klärung des Begriffs der Medien i. S. v. § 3a WpAIV ist hiermit jedoch leider nicht verbunden.[85] Diesbezüglich ist die Empfehlung des Ausschusses der Wertpapieraufsichtsbehörden zu beachten, die hinsichtlich der zu verwendenden Medien Umsetzungsvorschläge enthält[86] und der sich der deutsche

---

79 BGBl. I 2007, 10 (vom 5. Januar 2007); siehe hierzu auch Nießen, NJW-Spezial 2007, 75, 76.
80 Wertpapierhandelsanzeige- und Insiderverzeichnisverordnung vom 13. Dezember 2004, BGBl. I 2004, S. 3376.
81 Hierzu: Pirner/Lebherz, AG 2007, 19, 21 ff.; Nießen, NZG 2007, 41, 46; Hutter/Kaulamo, NJW 2007, 550, 555; Noack, WM 2007, 377, 380; Bosse, DB 2007, 39 f.
82 Begr. RegE, BT-Drs. 16/2498, S. 49.
83 Hutter/Kaulamo, NJW 2007, 550, 555; kritisch Dauner-Lieb, DStR 2004, 361, 362 ff.
84 Begr. RegE, BT-Drs. 16/2498, S. 49.
85 Noack, WM 2007, 377, 380.
86 CESR, Final Technical Advice on Proposals on Possible Implementing Measures of Transparency Directive, Nr. 31, abrufbar unter: http://ec.europa.eu/internal_market/securities/docs/prospectus/cesr-05-407_en.pdf.

Gesetzgeber angeschlossen hat.[87] Auch diese Empfehlung legt sich jedoch nicht auf bestimmte Medien oder ein fest umschriebenes Medienbündel fest, so dass eine rechtlich unverbindliche Liste mit zur Verwendung durch die Emittenten empfohlenen Medien von der BaFin herausgegeben werden dürfte.[88] Bislang gibt die BaFin einen Mindeststandard als Orientierungshilfe vor, wonach sich ein angemessenes Medienbündel aus allen fünf in der Gesetzesbegründung enthaltenen Medienarten (pro Medienart ein Medium) zusammensetzen muss. Davon muss mindestens ein Medium eine europaweite Verbreitung ermöglichen. Auch die Einschaltung eines Informationsdienstleisters (Service Provider), der die Zuleitung an Medien vornimmt, kann erfolgen.[89] Außerdem kann gem. Art. 21 Abs. 4 S. 3 Transparenz-RL die Kommission eine Liste mit empfohlenen Medien aufstellen. Über den Inhalt einer solchen Liste der Kommission wurde zumindest bereits beraten.[90] Festgehalten werden kann hiernach also, dass zu dem Medienbündel nicht nur elektronische Medien gehören und dass insbesondere auf Printmedien auch weiterhin zurückgegriffen werden soll. Auch wenn eine endgültige Klärung des Umfangs und der Zusammensetzung des Medienbündels nicht möglich ist, so besteht letztlich kein Zweifel daran, dass auf mehrere Medienarten zurückgegriffen werden muss und dass der ausschließliche Rückgriff auf den elektronischen Bundesanzeiger nicht ausreicht.

Ein weiterer Gesichtspunkt, der gegen die ausschließliche Verwendung elektronischer Medien spricht ist, dass § 3a WpAIV bzw. Art. 21 Abs. 1 Transparenz-RL einen diskriminierungsfreien Zugang zu wichtigen Informationen bezwecken: Manche (meist Klein-) Anleger haben jedoch (noch immer) keinen Internetanschluss und informieren sich ausschließlich über andere Medien (z.B. Zeitungen, Fernsehen), so dass diesen der Zugang zu ausschließlich elektronisch bekannt gemachten Informationen unter Umständen erschwert oder gar unmöglich gemacht wird.[91] Auch hieraus folgt daher, dass zu dem zu verwendenden Medienbündel auch nicht-elektronische Medien gehören müssen.

Die auf die Transparenz-RL zurückgehenden Publizitätsregeln müssen seit Anfang 2007 bereits bei bestimmten Kapitalmarktinformationen beachtet werden. Zu den hiernach publizitätspflichtigen Informationen zählen folgende: Ad-hoc-Veröffentlichungen (§ 15 WpHG), Mitteilungen über Geschäfte von Personen mit Führungsaufgaben und von Personen, die mit diesen in enger Beziehung stehen (sog. Director's Dealing, § 15a WpHG), Wahl des Herkunftsstaates (§ 2b Abs. 1 S. 3 WpHG), Stimmrechtsänderungen (§§ 26, 26a, 29a Abs. 2, 41 Abs. 4a WpHG), Internetadresse, auf der die Finanzberichte abgerufen werden können (§ 22 WpAIV), zusätzliche Angaben gem. §§ 30e Abs. 1 S. 1, 30f Abs. 2 WpHG. Nicht zu den Informationen, die den Anforderungen der §§ 3a, 3b und 3c entsprechen müssen, gehörte bislang die Information, dass die Hauptversammlung einberufen wird.

---

87 Begr. RegE, BT-Drs. 16/2498, S. 49; vgl. Pirner/Lebherz, AG 2007, 19, 22ff.
88 Noack, WM 2007, 1722.
89 Höhlein, BaFinJournal 01/2007, 9, 10.
90 Bachner/Dokalik, GesRZ 2007, 104, 107.
91 Spindler, WM 2006, 109, 111.

c) Das Zurückgreifen auf Medien bei der Einberufung

Fraglich ist, ob die für die Transparenz-RL und § 3a WpAIV herausgearbeiteten Grundsätze ohne weiteres auf die Einberufungspublizität übertragen werden können. Nach aktueller Rechtslage kann die Einberufung der Hauptversammlung gem. § 121 Abs. 3 S. 1 AktG durch Bekanntmachung in den Gesellschaftsblättern erfolgen. Gem. § 25 S. 1 AktG bedeutet dies, dass die Einberufung mindestens in den elektronischen Bundesanzeiger einzurücken ist. Aus § 30b Abs. 1 Nr. 1 und 2 WpHG ergeben sich keine hierüber hinausgehenden Modifizierungen der Einberufungspublizität, die zwingend vorgeschrieben sind. Das ausschließliche Einstellen in den elektronischen Bundesanzeiger genügt den Anforderungen des Art. 5 Abs. 2 A-RL nicht, wenn man diesen im Lichte der Parallelvorschrift des Art. 21 Abs. 1 Transparenz-RL interpretiert. Gegen eine Übertragung der zur Transparenz-RL herausgearbeiteten Anforderungen an das Medienbündel spricht, dass die von der A-RL anders als die von der Transparenz-RL erfassten Informationen nicht unbedingt kursrelevant sind.[92] Werden diese Informationen an Verbreitungsdienste weitergeleitet, von denen sich die Investoren die entsprechenden Daten meist kostenpflichtig besorgen können, sind die dadurch verursachten Kosten dadurch gerechtfertigt, dass kursrelevante Informationen von den professionellen Anlegern als Transaktionskosten in den Kurs eingepreist und durch die hierdurch bedingte Kursanpassung indirekt die Privatanleger geschützt werden.[93] Eine weitere Folge des Rückgriffs auf Medien könnte sein, dass die Verbreitungsdienste nicht alle vorgeschriebenen Informationen weitergeben.[94] Andererseits spricht die Entstehungsgeschichte der A-RL dafür, dass der Rückgriff auf Medien als Ersatz dafür gedacht ist, dass im Gesetzgebungsverfahren das Erfordernis des „Versendens" weggefallen ist. Der Rückgriff auf Medien sollte hier einen gewissen Ausgleich schaffen, wobei bewusst auf die bereits in der Transparenz-RL verwendete Formulierung zurückgegriffen wurde, weil diese einen bereits erprobten Kompromiss darstellte, der für alle Mitgliedstaaten akzeptabel erschien. Dabei sollte bedacht werden, dass zu dem Medienbündel insbesondere auch Printmedien gehören, so dass die besseren Gründe für ein strenges Verständnis des Art. 5 Abs. 2 A-RL sprechen, auch wenn die Regelung freilich überhaupt nicht effektiv ist. Daher genügt das ausschließliche Einstellen in den elektronischen Bundesanzeiger den Anforderungen der A-RL nicht,[95] was bei der Umsetzung durch das ARUG zwingend beachtet werden muss.

Dabei stellt sich die Frage, ob die Verpflichtung der Zuleitung zu Medien nur für börsennotierte oder für alle Aktiengesellschaften gelten soll. Für börsennotierte Gesellschaften erscheint der zusätzliche Aufwand durch die Verpflichtung des Rückgriffs auf Medien überschaubar, da diese schon bisher gem. §§ 39 Abs. 1, 46

---

92 Zetzsche, Der Konzern 2008, 321, 323.
93 Zetzsche, NZG 2007, 686, 688.
94 Zetzsche, NZG 2007, 686, 688.
95 AA Pluskat, WM 2007, 2135, 2140; Ratschow, DStR 2007, 1402, 1404; Zetzsche, NZG 2007, 686, 688. Differenzierend: Drinhausen/Keinath, BB 2009, 64, 66 (Betreiber des elektronischen Bundesanzeigers muss künftig einen entsprechenden Verbreitungsservice anbieten).

Abs. 4 WpHG zur Veröffentlichung in einem Börsenpflichtblatt verpflichtet sind und gem. §§ 3a, 3b, 3c WpAIV kapitalmarktrelevante Informationen an ein entsprechendes Medienbündel zuleiten müssen. Allerdings ist die Regelung wenig sinnvoll. Aus Art. 5 Abs. 2 A-RL folgt nämlich lediglich die Pflicht der Gesellschaften, den Medien die Information zuzuleiten, dass demnächst eine Hauptversammlung abgehalten werde. Eine Pflicht zur Sicherstellung, dass die Einberufung in dem ausgewählten Medienbündel tatsächlich publiziert wird, besteht hingegen nicht.[96] Da es sich hierbei jedoch nur selten um eine redaktionell interessante Nachricht handelt, dürfte auf Seiten der Medien, denen diese Information zugeleitet worden ist, nur in wenigen Fällen Interesse an einer tatsächlichen Veröffentlichung bestehen.[97] Selbst wenn es aber zu einer Veröffentlichung in einem der Medien, zu denen zugeleitet wurde, kommt, müsste ein Anleger das entsprechende Medium konsultieren. Angesichts der Informationsflut, denen die Anleger täglich ausgesetzt sind, ist es alles andere als sicher, dass sie so von der Einberufung zuverlässig Kenntnis erlangen. Den Gesellschaften erwächst daher zusätzlicher bürokratischer Aufwand, dem ein allenfalls geringer Nutzen gegenüber steht. Zu berücksichtigen ist des weiteren, dass gem. § 241 Nr. 1 AktG Einberufungsmängel zur Nichtigkeit(!) von Hauptversammlungsbeschlüssen führen. Anfechtungsberechtigt sind in einem solchen Fall auch die nicht erschienenen Aktionäre (§ 245 Nr. 2 AktG). Angesichts der seit langem erhobenen Forderung nach einer Verringerung der Anfechtungsrisiken von Hauptversammlungsbeschlüssen, ist darauf zu achten, dass sich die sog. „räuberischen Aktionäre“[98] nicht die Stärkung der Aktionärsrechte zu nutze machen und vermehrt rechtsmissbräuchliche Klagen mit der Begründung einreichen die Gesellschaften hätten bei der Auswahl der Medien Fehler gemacht.[99]

Der Anwendungsbereich dieser Norm sollte aufgrund der angesprochenen Anwendungsschwierigkeiten nicht unnötig ausgeweitet werden. Es ist kein Grund ersichtlich, weshalb auch nicht börsennotierten Gesellschaften die Pflicht des Rückgriffs auf Medien i.S.v. Art. 5 Abs. 2 A-RL auferlegt werden sollte. Es sollte nicht von der gem. Art. 3 A-RL eröffneten Möglichkeit Gebrauch gemacht werden, die Regelung auch auf börsenferne Gesellschaften anzuwenden. Um unüberschaubare Anfechtungsrisiken zu vermeiden, sollten Fehler bei der Auswahl des Medienbündels nicht zur Nichtigkeit von Hauptversammlungsbeschlüssen führen.[100] Ausreichend ist es, solche Fehler als Ordnungswidrigkeit zu sanktionieren. Eine Variante der Umsetzung dieser Vorgabe wäre gewesen, die Modalitäten der Einberufung der Hauptversammlung gem. § 30b WpHG an die Vorgaben der A-RL anzupassen. Dazu hätte § 30b Abs. 1 Nr. 1 WpHG in die Veröffentlichungsvor-

---

96 Noack, FS Westermann (2008) 1203, 1209; Schmidt/Lutter/Ziemons, Vor §§ 121 ff., 13.
97 Noack, SR 2007, 102.
98 Lutter, FS Der Betrieb (1988) 193, 194.
99 Empirische Untersuchung bei Baums/Keinath/Gajek, ZIP 2007, 1629 (m. w. N.).
100 Diese Problem wird im ARUG dadurch gelöst, dass ein Verstoß gegen § 121 Abs. 4a AktG gem. §§ 241 Nr. 1 und 243 Abs. 3 Nr. 1 AktG nicht zur Anfechtbarkeit oder gar Nichtigkeit der Hauptversammlungsbeschlüsse führen wird.

schrift des § 3a WpAIV aufgenommen werden müssen.[101] Dies hätte den Vorteil gehabt, dass die Anfechtung eines Beschlusses der Hauptversammlung aufgrund fehlerhafter Auswahl des Medienbündels gem. § 30g WpHG ausgeschlossen wäre, so dass keine neuen unüberschaubaren Anfechtungsrisiken entstünden. Es wären außerdem von der Regelung nur börsennotierte Gesellschaften erfasst, vgl. § 30b Abs. 1 WpHG. Für diese Gesellschaften ist die Zuleitung zu Medien zu bewältigen, weil sie bereits nach alter Rechtslage qualifizierte Publizitätspflichten erfüllen müssen. Für diese Gesellschaften bedeutet die neue Regelung letztlich, dass sie nicht mehr wie bisher nur an überregionale Börsenpflichtblätter zuleiten müssen, sondern sich darüber hinaus auch an Medien mit europaweiter Verbreitung wenden müssen. Dabei können sie auf die bis dahin gemachten Erfahrungen hinsichtlich der Art und Weise der Veröffentlichung der Informationen, die bereits jetzt von § 3a WpAIV erfasst werden, zurückgreifen.

2. Mitteilung an die Aktionäre

Zusätzlich zu der von der A-RL vorgeschriebenen Publizität der Einberufung können die Mitgliedstaaten die Verwendung sonstiger Medien und Kommunikationsformen weiterhin vorschreiben. In Betracht kommt z.B. die Veröffentlichung im elektronischen Bundesanzeiger, denn gem. Art. 3 A-RL sind die Mitgliedstaaten nicht gehindert, über die europäischen Vorgaben hinauszugehen, um die Wahrnehmung der Aktionärsrechte zu erleichtern.[102] Es kann daher im deutschen Recht dabei bleiben, dass die Einberufung im elektronischen Bundesanzeiger als maßgebliches Veröffentlichungsmedium beibehalten wird. Dies bietet sich an, weil dort alle veröffentlichungspflichtigen Unternehmensdaten an zentraler Stelle zur Verfügung stehen und so sinnvoll einer Zersplitterung von Informationen entgegengewirkt wird (Prinzip des „one-stop-shoppings“).[103] Beibehalten werden kann ebenso die individuelle Benachrichtigung der Aktionäre gem. §§ 125 Abs. 1 S. 1, Abs. 2, Abs. 4, 128 Abs. 1 AktG, die die Gesellschaften verpflichtet, bestimmte hauptversammlungsrelevante Informationen, an die Aktionäre weiterzugeben. Die Einberufungen müssten dann von den Gesellschaften im elektronischen Bundesanzeiger, auf der Internetseite und unter Rückgriff auf ein Bündel verschiedener Medien sowie zusätzlich noch durch individuelle Benachrichtigung der Aktionäre erfolgen. Durch die Kumulation der Informationspflichten der A-RL und des AktG droht den Gesellschaften jedoch ein erheblicher bürokratischer Mehraufwand, dem kein vergleichbarer Nutzen gegenübersteht.[104]

Die hierdurch drohende Überregulierung der Einberufungspublizität steht beispielhaft für die jüngere Entwicklung, dass vor allem börsennotierte Gesellschaften immer mehr Informationspflichten unterworfen werden, meist allerdings auf-

101 Noack, SR 2007, 102.
102 Schmidt/Lutter/Ziemons, Vor §§ 121 ff., 13.
103 Liebscher/Scharff, NJW 2006, 3745, 3749.
104 Noack, FS Westermann (2008) 1203, 1209 f.

grund kapitalmarktrechtlicher Vorschriften. Zwar sind Vorschriften, die Informationsverpflichtungen enthalten, als vergleichsweise weniger einschneidende aber gleich wirksame Maßnahmen gerade im (europäischen) Gesellschaftsrecht häufig gegenüber intensiveren Maßnahmen vorzugswürdig.[105] Auf der einen Seite ist dabei jedoch nicht aus dem Blick zu verlieren, dass Transparenz Kosten verursacht und auf der anderen Seite, dass durch eine Überschwemmung des Kapitalmarkts mit überflüssigen Informationen die wirklich wichtigen und relevanten Ereignisse unterzugehen drohen.[106] Daher sollten Publizitätspflichten mit Augenmaß gehandhabt und darauf geachtet werden, dass möglichst wenig überflüssige Publizitätspflichten ihren Weg ins Gesetz finden. Dieses Problem stellt sich gerade bei der Einberufungspublizität, weil hier hinzukommt, dass das Verhältnis wertpapier- und aktienrechtlicher Vorschriften, die jeweils Informationspflichten begründen, noch nicht optimal austariert und aufeinander abgestimmt ist.[107]

a) „Push oder Pull“

Dies wirft die Frage auf, ob in Zukunft von der individuellen Benachrichtigung der Aktionäre der Gesellschaften, die Inhaberaktien ausgeben, abgesehen bzw. ob diese erleichtert werden kann.[108] Da der Rückgriff auf Medien und das Internet durch die A-RL nunmehr zwingend vorgeschrieben ist, muss die Verwendung des Medienbündels vom deutschen Gesetzgeber zwingend vorgesehen werden, auch wenn man dies zu Recht bedauern mag.[109] Um den Gesellschaften zu weitgehende Publizitätspflichten zu ersparen, könnte es sich statt dessen anbieten, dass in Zukunft auf die individuelle Benachrichtigung der Aktionäre gem. §§ 125 Abs. 1 S. 1, Abs. 2, Abs. 4, 128 Abs. 1 AktG verzichtet wird, wie dies im RefE ARUG vorgesehen war.[110] Speziell diese Mitteilungsverpflichtung hat einen erheblichen Aufwand für die Gesellschaften zur Folge. Die Mitteilung erfolgt in der Regel durch die Übersendung eines Schriftstücks in Papierform. Die dadurch entstehenden Kosten müssen die Gesellschaften – und damit indirekt deren Anteilseigner – tragen, vgl. § 128 Abs. 3 AktG.[111] Ein solcher Verzicht hätte zur Folge, dass sich der Aktionär, der an der Hauptversammlung teilnehmen will, auf der Internetseite der betreffenden Gesellschaft, im elektronischen Bundesanzeiger oder über das entsprechende Medienbündel selbst über Stattfinden, Termin, Ort usw. kundig machen müsste. Ein

---

105 Grundmann in FS Lutter (2001) 61, 66 f.; ders., DStR 2004, 232, 236. Monografisch: Grohmann, Informationsmodell (2006) S. 23 ff.

106 Von Rosen, Börsenzeitung v. 5. 1. 2006, S. 6.

107 Hutter/Kaulamo, NJW 2007, 471, 477.

108 Im RefE ARUG war dementsprechend die Aufgabe des bisherigen Systems der Einberufungspublizität vorgesehen, vgl. §§ 125 Abs. 2, 128 Abs. 1 AktG.

109 Horn, ZIP 2008, 1558, 1560; Noack, SR 2007, 102; ders. NZG 2008, 441, 442.

110 Vgl. Zetzsche, NZG 2007, 686, 689 (für Feststellung des Abstimmungsergebnisses). Diesen Weg geht der RefE ARUG, indem den Aktionären gem. § 128 Abs. 1 AktG die Einberufungsunterlagen nur „auf Verlangen“ übermittelt werden.

111 Die Höhe der zu ersetzenden Kosten ist in der „Verordnung über den Ersatz von Aufwendungen der Kreditinstitute vom 17. Juni 2003 (BGBl. I 2003, S. 885)“ geregelt. Die Weiterleitung von Briefen kostet mindestens 0,45€ pro Stück. Die Kosten für die elektronische Übersendung sind wesentlich geringer und betragen wenigstens 0,20€ pro Versendung.

Mitgliedstaat, der diesen Weg beschreitet sind die Niederlande, wo nur eine Bekanntmachungs-, nicht aber eine Zusendungspflicht besteht.[112]

Dies wirft die grundsätzliche Frage auf, ob die Einberufung zur Hauptversammlung mittels eines „Pull“– oder eines „Push“-Modells erfolgen sollte. Dabei geht es um die Frage, ob sich die Aktionäre die Kenntnisnahme von der Einberufung der Hauptversammlung selbst beschaffen sollten, indem sie sich in Medien und Internet selbst informieren oder ob die Einberufung durch die Gesellschaft in aktiver Form betrieben werden soll.[113] In ersterem Fall („pull“) wären die Aktionäre gezwungen, sich regelmäßig darüber zu informieren, ob demnächst eine Hauptversammlung abgehalten wird. Da der Aktionär diesbezüglich keinerlei Indiz erhält, bedeutete dies einen enormen Aufwand im Vergleich zu dem Aufwand, den die Gesellschaft für die Mitteilung betreiben muss, und wäre ökonomisch ineffizient. Ein erhebliches Absinken der Hauptversammlungspräsenzen wäre daher die Folge, weil insbesondere nicht davon ausgegangen werden kann, dass die Zuleitung zu Medien die Informationsdefizite ausgleichen könnte.[114] Folglich sollte die Gesellschaft als „cheapest cost avoider“[115] dafür sorgen, dass ihre Anteilseigner von der Einberufung Kenntnis erlangen.[116]

Daher sollte nicht gänzlich darauf verzichtet werden, dass die Aktionäre von der Einberufung individuell informiert werden. Zwar soll die Zuleitung an die Medien, die eine europaweite Verbreitung gewährleisten, einen „push“ der Information zu den Empfängern gewährleisten.[117] Das Zuleiten an ein Bündel von Medien wird jedoch die Versorgung der Aktionäre mit hauptversammlungsrelevanten Daten wie dargelegt nicht zuverlässig sicherstellen. Und auch das ausschließliche Einstellen in den elektronischen Bundesanzeiger und auf einer Internetseite der Gesellschaft ist bedenklich, weil den Anteilseignern dann zugemutet würde, sich selbst über das Internet informieren zu müssen, ob und wann eine Hauptversammlung stattfindet. Dies ließe sich mit der von der A-RL bezweckten Stärkung der Aktionärsrechte überhaupt nicht vereinbaren und bedeutete im Gegenteil im Ergebnis eine Schwächung derselben, weil sich die Stellung der Aktionäre dadurch erheblich verschlechterte. Außerdem fehlt es dem elektronischen Bundesanzeiger bislang an einer ausreichenden Akzeptanz als zentrales Medium zur Verbreitung kapitalmarktrelevanter Informationen.[118]

---

112 Buch 2, § 113 Buergerlijk Wetboek; Zetzsche, Der Konzern 2008, 321, 325.
113 Fleischhauer, ZIP 2001, 1133, 1138.
114 Zetzsche, Der Konzern 2008, 321, 325 (Absinken der Hauptversammlungspräsenzen um bis zu 15% des Grundkapitals).
115 Calabresi, Yale Law Journal 70 (1961) 499; vgl. auch ders., The Cost of Accidents A Legal and Economic Analysis (1970). Aus der deutschen Literatur: Schäfer/Ott, Lehrbuch der ökonomischen Analyse des Zivilrechts, S. 227 f.
116 Heckelmann, HV und Internet, S. 134.
117 Bachner/Dokalik, GesRZ 2007, 104, 107.
118 Spindler/Kramski, NZG 2005, 746, 747.

b) Elektronische Benachrichtigung

Allerdings kann man die drohende Überfrachtung der Gesellschaften mit Veröffentlichungspflichten zum Anlass nehmen, die Benachrichtigung der Aktionäre insofern zu erleichtern, als dass verstärkt auf elektronische Medien zurückgegriffen wird. Hierdurch könnte das Problem abgemildert werden, dass Emittenten aufgrund kapitalmarktrechtlicher Vorschriften bereits einer Vielzahl von Informationspflichten unterliegen.[119]

Die Möglichkeit des Rückgriffs auf elektronische Medien für die Kommunikation zwischen Gesellschaft und Aktionären wurde in den letzten Jahren gestärkt. Relevanz für die Einberufung der Hauptversammlung besitzt hierbei insbesondere die Einführung des elektronischen Bundesanzeigers als einziges zwingend vorgeschriebenes Veröffentlichungsmedium.[120] Seit Erlass des Gesetzes „zur Namensaktie und zur Erleichterung der Stimmrechtsausübung – (NaStraG)", durch das die neuen Informationstechnologien in das AktG eingeführt wurden,[121] kann die Mitteilung der Einberufung gegenüber namentlich bekannten Aktionären elektronisch erfolgen, wobei jedoch stets die vorherige Zustimmung des Aktionärs und gem. § 30b Abs. 3 Nr. 1a WpHG ein zustimmender Hauptversammlungsbeschluss erforderlich ist.[122] Umstritten ist dabei, ob die Angabe der E-Mail-Adresse bei einem Kreditinstitut zugleich konkludent die Einwilligung in die ausschließlich elektronische Benachrichtigung darstellt.[123] Einigkeit besteht insofern, dass die elektronische Unterrichtung jedenfalls dann möglich ist, wenn der Aktionär dies ausdrücklich wünscht.[124]

Als Reaktion auf die A-RL wird von *Noack* de lege ferenda vorgeschlagen, dass die Kommunikation mittels elektronischer Medien zum Regelfall erklärt wird, um die Gesellschaften zu entlasten. Technisch könnte dies z.B. durch Einstellen in das elektronische Postfach des Kunden bei seiner Bank bewerkstelligt werden. Bestehen Aktionäre weiterhin auf dem Papierversand, könnten diese dann die Mehrkosten zu tragen haben.[125] Der Verzicht auf den zustimmenden Hauptversammlungsbeschluss wird gleichfalls gefordert.[126]

Die ausschließliche Verwendung elektronischer Medien birgt allerdings auch Risiken. Noch immer bestehen Bedenken hinsichtlich der kurzfristigen technischen Realisierbarkeit und Sicherheit des Internet. Noch ist die Technik nicht so weit ausgereift, dass absolut sichergestellt werden kann, dass die bei den Aktionären eingehenden Informationen insbesondere im Hinblick auf die zunehmende Inter-

---

119 Noack, WM 2007, 377, 381.
120 Noack, BB 2002, 2025.
121 Noack, NZG 2001, 1058.
122 Heckelmann, HV und Internet, S. 133f.
123 Befürwortend Marsch-Barner in Noack/Spindler, Unternehmensrecht und Internet, S. 57, 63, ablehnend Heckelmann, HV und Internet, S. 140; Mimberg, ZGR 2003, 21, 42.
124 Claussen, AG 2001, 161, 168; Hüther, AG 2001, 68, 75; Lommatzsch, NZG 2001, 1017, 1018; Mimberg, ZGR 2003, 21, 40.
125 Noack, FS Westermann (2008) 1203, 1210.
126 BDA/BDI/DAI/DIHK/GDV, NZG 2006, 300, 302.

netkriminalität authentisch und integer sind, und dass durch Viren, Serverabstürze u. ä. verursachte Systempannen vermieden werden können.[127] Besonders schwer wiegt auch das Argument, dass bestimmte Aktionäre, die über keinen Internetzugang verfügen, von elektronisch verbreiteten Mitteilungen entweder überhaupt nicht oder erst verspätet Kenntnis erlangen können und so vom Informationsfluss abgeschnitten werden.[128] Man sollte außerdem den europarechtlichen Hintergrund einer solchen Regelung bedenken und dass in einigen Mitgliedstaaten die Telekommunikationsnetze noch nicht annähernd gut genug ausgebaut sind, um eine flächendeckende Nutzung zu gewährleisten. Es droht mithin die Gefahr eines sog. „digital divide". Hierunter wird eine gesellschaftliche Spaltung zwischen denjenigen, die keinen Zugang zu elektronisch verfügbaren Informationen haben und einer Informationselite mit Internetzugang verstanden.[129] Dies hat v. a. aber zur Folge, dass Aktionäre ohne Internetzugang benachteiligt werden, was im Hinblick auf das Gleichbehandlungsgebot der Aktionäre bedenklich ist.[130] Eine Ungleichbehandlung könnte insbesondere im Hinblick auf Kleinanleger gegenüber Großaktionären und institutionellen Investoren erfolgen, weil es meist Privat- und Kleinstanleger sind, die über keinen Internetzugang verfügen. Letztendlich würden die Gesellschaften die Kosten der Einberufung auf ihre Aktionäre abwälzen, denen für „Online"-Zeit, Ausdruck bestimmter Unterlagen usw. Kosten entstünden, die bislang von den Emittenten getragen werden. Diese Probleme könnten durch den ergänzenden Einsatz von Printmedien gemildert werden.[131] Im Vergleich zum Verbraucherschutzrecht stellt sich schließlich die Frage, inwiefern die Interessenlage mit derjenigen von Privat- und Kleinanlegern vergleichbar ist und ob eine gewisse Schutzbedürftigkeit der Anleger beachtet werden muss, die sich aus den verschiedensten Gründen gegen eine Nutzung der Neuen Medien entscheiden.[132]

Andererseits sollte auch Beachtung finden, dass die Benachrichtigung der Aktionäre in Papierform Kosten verursacht, die durch Vervielfältigung, Versendung usw. entstehen und von den Gesellschaften zu tragen sind. Da nach Umsetzung der A-RL den Gesellschaften zusätzliche Informationspflichten durch die verpflichtende Zuleitung zu dem Medienbündel auferlegt werden, wird der bürokratische Aufwand im Zusammenhang mit der Einberufung weiter anschwellen, so dass nach Möglichkeiten gesucht werden muss, dies an anderer Stelle wieder auszugleichen, wobei sich der Rückgriff auf das Internet geradezu aufdrängt.[133] Zwar ist es richtig, dass bestimmte Aktionäre, die über keinen Internetzugang verfügen, vom Informationsfluss abgeschnitten werden. Allerdings gilt Ähnliches im umgekehrten Fall, d. h. bei postalischer Versendung der Einberufung. Dann erhalten

127 Dauner-Lieb, DStR 2004, 361, 362 f.
128 Vgl. Claussen, AG 2001, 161, 165.
129 Tichendor, P., Donohue, G. & Olien Public Opinion Quaterly 34 (1970) 159–170; vgl. Dauner-Lieb, DStR 2004, 361, 364, der zufolge z. B. in Portugal die Internetnutzung erst bei ca. 15% liegt.
130 Vgl. Zöllner, NZG 2003, 354, 358.
131 Dauner-Lieb, DStR 2004, 361, 364 ff.
132 Zöllner, NZG 2003, 354. 358.
133 Noack, FS Westermann (2008) 1203, 1211.

nämlich die ausländischen Aktionäre die Unterlagen sehr häufig zu spät und sind aufgrund dieses Umstandes nicht nur hinsichtlich des Erhaltes von Informationen, sondern sogar bezüglich der Teilnahme an der Hauptversammlung faktisch ausgeschlossen.[134]

c) Stellungnahme

Gegen die Stärkung elektronischer Medien im Zusammenhang mit der Vorbereitung der Hauptversammlung sprechen gewichtige Gründe. Dennoch sollte man sich bewusst machen, dass schon nach alter Rechtslage die Versendung per Email erfolgen konnte, vorausgesetzt der Aktionär stimmte zu. Die Kommunikation zwischen Gesellschaften und Anteilseignern erfolgt also bereits seit längerem über das Internet, sofern eine Einwilligung vorliegt. Probleme mit Authentizität und Integrität der so verbreiteten Informationen, Internetkriminalität, Serverprobleme usw. sind daher jedenfalls nicht neu. Man sollte sich dabei bewusst sein, dass es sich bei der Versendung der Mitteilungen gem. §§ 125 Abs. 1, Abs. 2, Abs. 4, 128 Abs. 1 AktG in gedruckter Form auf postalischem Weg um einen kostenintensiven Luxus handelt, den man sich leistet, um das hohe Informationsniveau zu gewährleisten, durch das sich das deutsche System bislang ausgezeichnet hat. Obwohl es zweifelhaft ist, ob sich durch verstärkte Verwendung Neuer Medien dieses Informationsniveau überhaupt verschlechtert, dürften eventuell auftretende Informationsdefizite durch das neue Erfordernis der Zuleitung zu einem Medienbündel zumindest teilweise aufgefangen werden.

Ein wesentliches Anliegen der A-RL ist es gerade, die Wahrnehmung der Aktionärsrechte auf elektronischem Wege zu erleichtern. Die Nutzung moderner Technologien spielt eine Schlüsselrolle zur Erreichung der vom europäischen Gesetzgeber mit der A-RL verbundenen Ziele.[135] Daher bestimmt Art. 8 A-RL, dass alle Hindernisse für die Teilnahme an und Ausübung von Rechten auf der Hauptversammlung auf elektronischem Wege und die damit verbundenen kostspieligen Beschränkungen beseitigt werden müssen.[136] Die Verwendung der Neuen Medien im Zusammenhang mit der Einberufung ginge hiermit konform, widersinnig aber wäre es, den Einsatz elektronischer Medien *während* der Hauptverhandlung zu stärken, diesen jedoch *vor* der Hauptverhandlung künstlich zu beschränken. Einer Umsetzung im Sinne der A-RL entspricht es folglich, die elektronische Benachrichtigung über die Einberufung der Hauptverhandlung als Regelfall zuzulassen.

Es soll hier nicht bestritten werden, dass das Phänomen des „digital divide" möglicherweise ein großes gesellschaftliches Problem darstellt. Beachtet werden sollte dabei jedoch, dass es sich bei der hier in Rede stehenden Information, die elektronisch vermittelt werden soll, lediglich um die Einberufung von Hauptversammlungen handelt und somit um ein Thema, das keine elementare Bedeutung hat. Die Furcht vor den Nachteilen des verstärkten Rückgriffs auf elektronische Medien soll-

---

134 Noack, AG 2007, 219.
135 Erwägungsgrund 6 A-RL.
136 Vgl. Erwägungsgrund 10 A-RL.

te außerdem nicht dazu führen, dass die Nutzung des Internet für alle beschränkt wird, um niemanden zu benachteiligen. Vielmehr muss möglichst vielen Personengruppen der Zugang zu den Neuen Medien ermöglicht werden. Es ist jedenfalls nicht die Aufgabe des Aktienrechts die Entstehung bzw. Vertiefung einer Informationsspaltung unserer Gesellschaft zu verhindern, sondern dafür zu sorgen, dass den Gesellschaften Regeln zur Verfügung stehen, die zeitgemäß sind und den Anforderungen des internationalen Wettbewerbs genügen. Die hier in Rede stehende Information, die Information also, dass eine Hauptversammlungen einberufen wird, hat außerdem für sehr viele Aktionäre, die nicht auf ihr Teilnahmerecht bestehen, einen Wert, der gegen Null tendiert. Insbesondere die Kleinanleger, deren Schutz vielfach gefordert wird, nehmen ihre Rechte trotz Benachrichtigung per Brief nicht wahr, weil sich der Aufwand für sie nicht rentiert.[137] Nicht nur der Aufwand, der den Gesellschaften zugemutet wird, steht folglich in keinem vernünftigen Verhältnis zum Nutzen, sondern gerade im Hinblick auf Klein- und Privatanleger bewirkt das gegenwärtige umständliche System, dass sich die Wahrnehmung der Aktionärsrechte schlichtweg nicht lohnt. Gerade auch zum Schutz von Klein- und Privatanlegern sollte daher verstärkt auf moderne Technologien zurückgegriffen werden. Hierbei dürfen insbesondere die ausländischen Anteilseigner nicht aus dem Blick verloren werden. Gerade diesen soll die Rechtsausübung durch die A-RL erleichtert werden, was unter Rückgriff auf moderne Technologien gelingen kann. Falsch wäre es daher, wenn das allgemeingesellschaftliche Problem des „digital divide“ verhinderte, dass die Kommunikation zwischen Gesellschaften und Anteilseignern zeitgemäß gestaltet werden kann. Von einem mündigen Aktionär kann vielmehr verlangt werden, dass dieser sich Zugang zum Internet verschafft. Folglich sollte die Verwendung elektronischer Hilfsmittel für die Übermittlungen von Daten gestärkt werden.

d) Klarstellung zu Gunsten elektronischer Medien

In Deutschland wurde früher die Versendung in Schriftform verlangt, weil der Vorstand zur Übersendung der Einberufungsunterlagen verpflichtet war.[138] Mit dem Wegfall des Erfordernisses des „Übersendens“ durch Art. 1 Nr. 9a NaStraG bestand zwar grundsätzlich keine Festlegung auf Schriftform mehr, so dass elektronische Hilfsmittel für die individuelle Benachrichtigung nach §§ 125 Abs. 1, Abs. 2, Abs. 4, 128 Abs. 1, Abs. 6 AktG a.F. eingesetzt werden konnten. Unklar war aber, unter welchen Voraussetzungen dies möglich war. Elektronische Übertragungsformen waren jedenfalls nur insoweit zulässig, als mit einem Zugang bei den Aktionären in vergleichbarer Weise wie bei schriftlicher Mitteilung gerechnet werden konnte.[139] Mindestvoraussetzung hierfür war, dass die Aktionäre eine E-Mail-Adresse hatten und sie der informationspflichtigen Gesellschaft bekannt

---

137 Großfeld, Aktiengesellschaft, Unternehmenskonzentration und KleinAktionär, S. 16–19. Phänomen auch bekannt unter dem Terminus „rational apathy“, siehe z. B. Hainsworth, Law and Financial Markets Review, January 2007, 11, 13.
138 GroßKommAktG/Werner, § 125, 69.
139 Hüffer, AktG, § 125, 6.

gaben.[140] Da der Gesetzgeber sich nur dahin gehend eingelassen hatte, dass elektronische Übertragungsformen nicht ausgeschlossen sein sollten, war umstritten, ob in der Angabe einer E-Mail-Adresse bereits eine Einwilligung in deren Verwendung zur Benachrichtigung über die Hauptversammlungseinberufung gesehen werden konnte[141] oder ob zusätzliche Anhaltspunkte hinzukommen mussten, die auf eine zumindest konkludente Zustimmung schließen ließen.[142] Dies führte zu Unsicherheiten über die Rechtslage, was gerade im Hinblick auf die Anfechtungsgefahr (§ 241 Nr. 1 AktG) problematisch war.[143] Daher ist es zu der Einführung von § 125 Abs. 2 S. 2 AktG gekommen, wonach die Satzung die Übermittlung auf elektronischem Weg vorschreiben kann.

Diese Regelung hat jedoch nicht zur Folge, dass Aktionäre sich gegen ihren Willen elektronisch benachrichtigen lassen müssen. Zu berücksichtigen sind nämlich nicht nur die Vorgaben der A-RL und des AktG, wichtig sind insbesondere die Aussagen, die in Art. 17 Abs. 3 Transparenz-RL getroffen werden. Gem. Art. 17 Abs. 3 Transparenz-RL ist Voraussetzung für die Zulässigkeit der Übermittlung von Daten durch elektronische Hilfsmittel, dass die Zustimmung durch einen Hauptversammlungsbeschluss vorliegt.[144] Aufgrund der europarechtlichen Vorgabe kann nicht auf dieses Zustimmungserfordernis verzichtet werden. Im Hinblick auf die Einwilligung des einzelnen Aktionärs gewährt Art. 17 Abs. 3c Transparenz-RL weiteren Spielraum. Nach dieser Vorschrift sind die Aktionäre schriftlich um die Erteilung ihrer Zustimmung für die Übermittlung von Informationen mittels elektronischer Hilfsmittel zu bitten; die Zustimmung gilt als erteilt, wenn sie nicht innerhalb einer angemessenen Zeitspanne widersprechen. Es bleibt stets die Möglichkeit, dass die Aktionäre zu jedem späteren Zeitpunkt verlangen können, dass ihnen die Informationen schriftlich übermittelt werden. Unter einer elektronischen Übermittlung ist nach Art. 2 Abs. 1 Ziff. 1 Transparenz-RL der Einsatz elektronischer Geräte für die Verarbeitung, einschließlich der digitalen Komprimierung, Speicherung und Übertragung von Daten über Kabel, Funk, optische Technologien oder andere elektromagnetische Verfahren zu verstehen. Die Regelung ist sinnvoll, da sie einerseits den berechtigten Interessen einiger Aktionäre Rechnung trägt, die Mitteilungen unter Rückgriff auf elektronische Hilfsmittel nicht wünschen und andererseits dem Kostendruck und überhöhten Bürokratieaufwand, dem die Gesellschaften unterliegen berücksichtigt.

Eine die Anforderungen der Transparenz-RL wiederholende Regelung enthält § 30b Abs. 3 Nr. 1d WpHG, wonach die Aktionäre entweder einer schriftlichen Bitte zugestimmt oder dieser nicht innerhalb eines angemessenen Zeitraums widersprochen haben müssen, damit die Einberufung der Hauptversammlung elektronisch erfolgen kann. Zulässig ist es nach dieser Vorschrift, dass der gegenwärtigen Praxis entsprechend eine Einwilligung zur elektronischen Informationsverbrei-

140 Begr. RegE BT-Drs 14/4051, 12, NZG 2000, 443, 446; Assmann/Schneider, WpHG, § 30b, 32.
141 Marsch-Barner in Noack/Spindler, Unternehmensrecht und Internet, 57, 63.
142 Heckelmann, HV und Internet, S. 140; Mimberg, ZGR 2003, 21, 39f.
143 Noack, FS Westermann (2008) 1203, 1210.
144 Kritisch: BDA/BDI/DAI/DIHK/GDV, NZG 2006, 300, 302.

tung über einen Online-Dialog eingeholt wird.[145] Aufgrund massiver Bedenken an dieser Vorschrift wurde die Übergangsbestimmung des § 46 Abs. 3 WpHG eingeführt, die vorsieht, dass § 30b Abs. 3 Nr. 1 WpHG nur auf Informationen angewendet wird, die nach dem 31. 12. 2007 übermittelt werden.[146] Inhaltlich wird die Norm jedoch sowohl den Interessen der Gesellschaften an einer möglichst zeitgemäßen und kostengünstigen Kommunikation mit den Anteilseignern als auch denjenigen Aktionären gerecht, die nicht mit elektronischen Hilfsmitteln arbeiten wollen. Jedenfalls bei börsennotierten Gesellschaften können Anteilseigner weiterhin auf schriftliche Benachrichtigung bestehen, wobei aber die Initiative von ihnen ausgehen muss.

Die Gesellschaften und depotführenden Institute können hiervon unabhängig im Rahmen der Pflege ihrer Aktionärsbeziehungen die schriftliche Benachrichtigung als Service zur Verfügung stellen. Es ist aber nicht möglich und auch nicht wünschenswert, den Aktionären, die auf eine Benachrichtigung per Post bestehen, die erhöhten Kosten in Rechnung zu stellen.[147] Eine Abwälzung der Einberufungskosten von den Gesellschaften auf die Kreditinstitute scheidet ebenso aus. Aus § 128 Abs. 3 AktG i. V. m. der auf dieser gesetzlichen Grundlage erlassenen Verordnung[148] folgt, dass sämtliche wirtschaftliche Folgen der sich aus § 128 Abs. 1 AktG ergebenden Weitergabepflicht von den Gesellschaften und nicht den Kreditinstituten zu tragen sind.[149] Die künftige Bedeutung des Einsatzes elektronischer Hilfsmittel im Rahmen ihrer Mitteilungspflichten gem. §§ 125 Abs. 1, Ab s. 2, Abs. 4, 128 Abs. 1, Abs. 3 AktG dürfte nicht unerheblich sein und hängt mit der jeweiligen Bereitschaft der Gesellschaften zusammen, die von den Kreditinstituten für die Weiterleitung der Informationen erhobenen Gebühren zu zahlen.

e) Abschaffung des Zustimmungserfordernisses de lege ferenda

Vom Zustimmungserfordernis der Hauptversammlung gem. § 30b Abs. 3 WpHG sollte de lege ferenda abgesehen werden. Diese Voraussetzung für die Möglichkeit der betreffenden Gesellschaften Informationen elektronisch zu übermitteln wurde eingeführt, weil massive Bedenken gegen die elektronische Informationsvermittlung erhoben wurden.[150] Nunmehr kann nicht mehr nur jeder einzelne Aktionär der elektronischen Übermittlung widersprechen, es bedarf noch zusätzlich der Zustimmung der Hauptversammlung. Inwiefern das Erfordernis eines solchen positiven Beschlusses allerdings den vermeintlichen Gefahren der modernen Technologien entgegenwirken soll, ist unklar. Es sollte deshalb auf diese „Kapriole“[151]

---

145 Begr. RegE, BT-Drucks. 16/2498, 41.
146 TUG-Stellungnahme BR und Gegenäußerung BReg BT-Drs. 16/2917, abgedruckt in KK/Hirte/Möllers, WpHG, 2713 f.; siehe auch: Bosse, DB 2007, 39, 43.
147 AA Noack, FS Westermann (2008) 1203, 1211.
148 Verordnung über den Ersatz von Aufwendungen der Kreditinstitute vom 17. Juni 2003 (BGBl. I 2003, S. 885).
149 Mimberg, ZGR 2003, 21, 39.
150 TUG-Stellungnahme BR und Gegenäußerung BReg BT-Drs. 16/2917, abgedruckt in Hirte/Möllers, Kölner Kommentar zum WpHG, S. 2713 f.
151 Noack, AG 2007, 219, 220.

verzichtet werden. Die Aktionäre sind ausreichend geschützt, wenn sie individuell über den Einsatz elektronischer Hilfsmittel entscheiden können.[152]

3. Namensaktien

Die Mitgliedstaaten können von einer Verpflichtung zum Rückgriff auf das Medienbündel bei Gesellschaften absehen, die in der Lage sind, die Namen und Anschriften ihrer Aktionäre aus einem aktuellen Aktionärsregister zu ermitteln und die die Einberufung individuell übersenden, Art. 5 Abs. 2 Unterabs. 3 A-RL. Mit dieser Regelung sollen die verschiedenen Arten von Aktien (Inhaber- und Namensaktien) berücksichtigt werden.[153] In mehreren Mitgliedstaaten dominieren Namensaktien (sehr) weitgehend.[154] Die Ausnahme lässt sich aufgrund der Eigenschaft der Namensaktie erklären, die den unmittelbaren Kontakt mit den Aktionären ermöglicht, so dass die für die Hauptversammlung relevanten Informationen in den meisten Fällen direkt an die Aktionäre versandt werden können. Grund hierfür ist, dass sich die Namen und Adressen der Namensaktieninhaber aus dem Aktienregister ergeben. Folglich sind diesen Gesellschaften ihre Aktionäre ganz überwiegend mit Namen und Anschrift bekannt. Gegenüber den Gesellschaften, die Namensaktien ausgeben, gilt nur derjenige als Aktionär, der als solcher namentlich in das Aktienregister der betreffenden Emittenten eingetragen ist.[155] Anders als bei Inhaberaktien muss der Informationsfluss dann nicht zwingend erst über eine Kette von den Besitz vermittelnden Kreditinstituten gehen, so dass der jeweilige Aktionär schneller und einfacher kontaktiert werden kann. Dies gilt insbesondere bei namentlich bekannten Aktionären, die ihren (Wohn-) Sitz im Ausland haben. In diesen Fällen steigt die Wahrscheinlichkeit signifikant, dass die (ausländischen) Aktionäre relevante Informationen rechtzeitig erhalten und in der Folge in die Lage versetzt werden, ihre Rechte tatsächlich auszuüben.[156] Denn gerade im grenzüberschreitenden Bereich lassen sich mittels der Namensaktie die großen Hindernisse mehrstufiger Intermediärsketten für die „Investor Relations“[157] verringern.[158]

Diese Überlegungen setzen allerdings voraus, dass die Ausnahme für Namensaktien auch dann gilt, wenn das Aktionärsregister Lücken aufweist. [159] Zu denken ist etwa an einen etwaigen freien Meldebestand oder die Eintragung eines Kreditinstituts

---

152 BDA/BDI/DAI/DIHK/GDV, NZG 2006, 300, 302.

153 Zur Notwendigkeit der Unterscheidung zwischen Inhaber- und Namensaktien: vgl. Bachner, FS Doralt (2004) 33, 41.

154 Grundmann, Europäisches Gesellschaftsrecht, S. 188; Hocker, FS Bezzenberger (2000) 147, 148 f.

155 Vgl. § 67 Abs. 2 S. 1 AktG. Allerdings bestehen Stimmrechte gem. § 67 Abs. 2 S. 3 AktG nicht, solange ein Auskunftsverlangen, inwieweit dem Eingetragenen die Aktien, als deren Inhaber er im Aktienregister eingetragen ist, auch gehören, nicht erfüllt ist.

156 Vgl. BDA/BDI/DAI/DIHK/GDV NZG 2006, 300, 303.

157 „Investor Relations“ (IR) ist ein Synonym für die Finanzkommunikation einer Aktiengesellschaft mit Aktionären bzw. Investoren, Analysten und Finanzmedien; vgl. Kirchhoff/Piwinger, Praxishandbuch Investor Relations, S. 7 f.

158 Schneider/Müller-von Pilchau, AG 2007, 181.

159 Schmidt/Lutter/Ziemons, Vor §§ 121 ff., 14.

gem. § 67 Abs. 4 S. 5 AktG als Aktionär.[160] In diesen Fällen ist nicht der wirtschaftlich Berechtigte sondern etwa ein Kreditinstitut eingetragen. Der Eingetragene ist dann im Innenverhältnis verpflichtet, sicherzustellen, dass der wirtschaftlich Berechtigte seine Rechte wahrnehmen kann. Es könnte sich diesbezüglich als problematisch erweisen, dass häufig nicht die Aktionäre sondern sog. Nomineebestände in das Aktienregister eingetragen werden. Zurückzuführen ist dieses Phänomen im Wesentlichen darauf, dass gerade ausländische Verwahrstellen sehr häufig nicht bereit sind, ihre Kunden über die Verwahrkette in das Aktienregister zu melden. Daher sind bei großen Gesellschaften für bis zu 70% des Grundkapitals anstatt der Aktionäre Nomineebestände eingetragen.[161]

Folglich ist Voraussetzung für das Eingreifen der Ausnahme, dass der europäische Gesetzgeber auch bei Vorliegen solcher Nomineebestände (bzw. freier Meldebestände) davon ausging, dass die Gesellschaften „in der Lage sind, die Namen und Anschriften ihrer Aktionäre“ zu ermitteln.[162] Für die gegenteilige Annahme sprechen jedoch keine überzeugenden Gründe, vielmehr dürfte es kaum börsennotierte Gesellschaften geben, bei denen dieses Phänomen nicht auftritt.[163] Damit die Ausnahmevorschrift überhaupt einen Anwendungsbereich hat, kommt es folglich in formeller Hinsicht darauf an, ob die Gesellschaften Namensaktien ausgeben oder nicht. Geben sie ausschließlich Namensaktien aus, genügt im Rahmen der Einberufung der Hauptversammlung die Versendung an die im Aktienregister eingetragenen Aktionäre. Eines Rückgriffs auf Medien bedarf es dann nicht.

Fraglich ist, ob der deutsche Gesetzgeber von der Möglichkeit, Namensaktiengesellschaften nicht zum Rückgriff auf Medien zu verpflichten, Gebrauch machen sollte. Dafür spricht die Unsicherheit über die genaue Zusammensetzung des Medienbündels. Da das Publizitätsregime des Art. 5 Abs. 2 A-RL nicht effektiv ist, weil die Information, dass eine Gesellschaft demnächst eine Hauptversammlung abhalten werde, selten ein aus redaktioneller Sicht interessantes Ereignis ist, und nur eine Zuleitungspflicht aber keine Pflicht zur Sicherstellung der europaweiten Verbreitung besteht, könnte der deutsche Gesetzgeber mit guten Gründen von dieser Ausnahme Gebrauch machen und von einer entsprechenden Verpflichtung börsennotierter Gesellschaften, die Namensaktien ausgeben, absehen.

Allerdings wurde die Umsetzung der A-RL zum Anlass genommen klarzustellen, dass die Benachrichtigung an die Namensaktionäre gem. § 125 Abs. 2 S. 1 AktG elektronisch vorgenommen werden kann. Wie bei Inhaberaktien sprechen auch hier die besseren Gründe für die Zulässigkeit der Verwendung elektronischer Hilfsmittel.[164] Problematisch ist aber dann, dass Art. 5 Abs. 2 Unterabs. 2 A-RL voraussetzt, dass die Gesellschaft verpflichtet ist, die Einberufung an die Aktionäre

---

160 Hierzu: Schneider/Müller-von Pilchau, AG 2007, 181.
161 Hemeling, Finanzplatz 2008, 18: „In der Praxis entspricht das Aktienregister bei Weitem nicht mehr dem gesetzlichen Leitbild.“
162 Schmidt/Lutter/Ziemons, Vor §§ 121 ff., 14.
163 Zetzsche, NZG 2007, 686, 687.
164 Siehe bereits S. 62 f.

„zu übersenden."[165] Der Wortlaut spricht daher gegen die Zulässigkeit für Namensaktiengesellschaften sowohl auf die Zuleitung zum Medienbündel als auch auf schriftliche Benachrichtigung verzichten zu können. Außerdem sollten Gesellschaften nur dann von der Pflicht des Rückgriffs auf Medien, die die europaweite Verbreitung der Information gewährleisten, ausgenommen werden, wenn sie auf andere Art und Weise sicherstellen können, dass die Aktionäre informiert werden. Daher kann von dieser Ausnahme kein Gebrauch gemacht werden, wenn zugleich die Verwendung elektronischer Hilfsmittel erlaubt wird. § 125 Abs. 2 S. 2 AktG ist somit nicht über jeden Zweifel an der europarechtlichen Konformität erhaben.

4. Einberufungskosten

In keinem Fall darf die Gesellschaft die Kosten für die von der A-RL vorgeschriebene Art und Weise der Einberufung ihren Aktionären in Rechnung stellen und Gebühren für deren Vornahme verlangen, Art. 5 Abs. 2 Unterabs. 4 A-RL. Für die Zuleitung von Informationen zu einem Medienbündel oder die Übersendung der Einberufung an Namensaktionäre ist demzufolge die Erhebung von Gebühren unzulässig. Eine Kostentragungsregelung ist auch in Art. 17 Abs. 3 d Transparenz-RL[166] enthalten, wonach bei der Aufteilung der Kosten, die mit der Übermittlung derartiger Informationen durch elektronische Hilfsmittel einhergehen, der Gleichbehandlungsgrundsatz zu berücksichtigen ist.

Bei den über die Vorgaben der A-RL hinausgehenden Anforderungen an die Modalitäten der Einberufung ist fraglich, ob die Gesellschaften die Einberufungskosten auf ihre Aktionäre abwälzen dürfen bzw. können sollten. Man könnte insofern an eine Regelung denken, nach der Aktionäre, die sich der Verwendung elektronischer Hilfsmittel verweigern, die durch die schriftliche Benachrichtigung entstehenden Mehrkosten zu tragen haben.[167] Dagegen spricht zum einen, dass dies im Vergleich zur aktuellen Rechtslage eine Schwächung der Aktionärsrechte bedeutete. Zum anderen muss bedacht werden, dass die Weiterleitung von Mitteilungen gem. § 128 AktG in Papierform für Kreditinstitute eine lukrative Einnahmequelle darstellt und dass diese freiwillig nicht zu einer elektronischen Weiterleitung bereit sein werden, wenn sie keine größeren Gewinnspannen erzielen können.[168] Im Ergebnis würden somit wahrscheinlich keine oder kaum Kosten eingespart, diese würden lediglich von den Gesellschaften auf deren Aktionäre abgewälzt werden. Sinnvoller erscheint es daher, dass die Aktionäre darüber entscheiden, wie sie benachrichtigt werden wollen, ohne dass hier die Profitinteressen der Kreditinstitute eine Rolle spielen. Folglich sollten Aktionäre nicht die Mehrkosten tragen müssen, wenn sie weiterhin auf einer Kommunikation in Papierform bestehen.

---

165 Englische Fassung: „send", französische Fassung: „adresser".
166 Vgl. § 30b Abs. 3 WpHG.
167 Noack, FS Westermann (2008) 1203, 1210.
168 Baums, Regierungskommission, S. 131.

5. ARUG

Im deutschen Recht muss gem. Art. 5 Abs. 2 A-RL vorgesehen werden, dass die Einberufung in einer Form vorgenommen wird, die in nicht diskriminierender Weise einen schnellen Zugang gewährleistet. Diesbezüglich müssen die Gesellschaften, die Inhaberaktien ausgeben, verpflichtet werden, auf Medien zurückzugreifen, bei denen vernünftigerweise davon ausgegangen werden kann, dass sie die Informationen tatsächlich an die Öffentlichkeit in der gesamten Gemeinschaft weiterleiten. Bei dieser Pflicht handelt es sich um ein Novum im deutschen Aktienrecht, welches zur Einführung des neuen § 121 Abs. 4a AktG geführt hat, dessen Formulierung in S. 1 sich an § 3a WpAIV bzw. Art. 17 Abs. 1 Transparenz-RL orientiert.[169] Der deutsche Gesetzgeber hat das Problem der hierdurch drohenden Überregulierung der Einberufungspublizität bei Hauptversammlungen erkannt und trägt dem durch Absehen von der schriftlichen Benachrichtigung der Aktionäre gem. §§ 125 Abs. 2 S. 2, 128 Abs. 1 S. 2 AktG Rechnung. Im Übrigen bleibt es dabei, dass die Einberufung in den Gesellschaftsblättern bekannt zu machen ist, vgl. § 121 Abs. 4 AktG.[170]

a) Zuleitung an Medien zur europaweiten Verbreitung

§ 121 Abs. 4a AktG, der Art. 5 Abs. 2 A-RL umsetzt, lautet:

„Bei börsennotierten Gesellschaften, die nicht ausschließlich Namensaktien ausgegeben haben und die Einberufung nicht unmittelbar nach Absatz 4 Satz 2 und 3 übersenden, ist die Einberufung spätestens zum Zeitpunkt der Bekanntmachung solchen Medien zur Veröffentlichung zuzuleiten, bei denen davon ausgegangen werden kann, dass sie die Information in der gesamten Europäischen Union verbreiten."

Diese neue Pflicht der Gesellschaften ist in rechtspolitischer Hinsicht zu kritisieren, weil sie zum einen keine deutliche Verbesserung der Aktionärsinformation bringen wird und zum anderen einen erheblichen Verwaltungsaufwand verursacht. Dennoch konnte der deutsche Gesetzgeber von der Einführung des § 121 Abs. 4a AktG nicht absehen,[171] ohne einen Verstoß gegen die europäischen Vorgaben der A-RL zu begehen. Da nämlich – wie ausgeführt[172] – die Zuleitung zum elektronischen Bundesanzeiger den Anforderungen des Art. 5 Abs. 2 A-RL nicht genügt, ist die neue Regelung trotz berechtigter Zweifel an deren Zweckmäßigkeit und Sinnhaftigkeit zwingend erforderlich.[173]

Alternativ hätte der deutsche Gesetzgeber seiner Umsetzungspflicht durch Aufnahme des § 30b Abs. 1 Nr. 1 WpHG in die Veröffentlichungsvorschrift des § 3a WpAIV nachkommen können. Vorteil einer Regelung im WpHG wäre gewesen, dass

---

169 Vgl. Horn, ZIP 2008, 1558, 1560.
170 § 121 Abs. 4 S. 1 AktG.
171 So aber Paschos/Goslar, AG 2008, 605, 608.
172 Siehe S. 51–55.
173 AA Zetzsche, Der Konzern 2008, 321, 323.

gem. § 30g WpHG die Anfechtung von Hauptversammlungsbeschlüssen im Falle eines Verstoßes gegen § 30b Abs. 1 Nr. 1 WpHG ausgeschlossen ist. Vorteil der Regelung im AktG ist wiederum, dass das Nebeneinander von AktG und WpHG zum Teil aufgehoben wird, indem die Einberufungspublizität allein ins AktG integriert wird, wobei zu beachten ist, dass parallel zur Neuregelung der Einberufungspublizität ein Verstoß gegen die Zuleitungspflicht nach § 121 Abs. 4a AktG gem. §§ 241 Nr. 1 und 243 Abs. 3 Nr. 2 AktG weder zur Nichtigkeit noch zur Anfechtbarkeit der Hauptversammlungsbeschlüsse führt, weil die in § 405 Abs. 3a Nr. 1 AktG enthaltene Sanktion als Ordnungswidrigkeit als ausreichend angesehen wird.[174] Dies ist angesichts der erheblichen Unsicherheiten, mit der die Rechtsanwendung bei Auswahl des Medienbündels konfrontiert sein wird, uneingeschränkt zu begrüßen.

Richtig ist es meines Erachtens darüber hinaus, dass die erforderlich werdenden Anpassungen nicht für diejenigen Gesellschaften gelten, die nicht börsennotiert sind. Die aus Art. 5 Abs. 2 A-RL folgende Pflicht des Rückgriffs auf ein Medienbündel, das die europaweite Verbreitung der Information „Einberufung der Hauptversammlung" sicherstellt, ist gerade für kleine Aktiengesellschaften mit geschlossenem Aktionärskreis zu aufwendig und ineffektiv.

b) Individuelle Benachrichtigung der Aktionäre

Im RefE ARUG war vorgesehen, dass die Gesellschaften den Aktionären die Einberufungsunterlagen nicht mehr ungefragt zukommen lassen mussten, sondern dass zur Vermeidung überflüssigen Aufwandes bei Inhaberaktien eine Einberufungsbenachrichtigung nur noch auf Verlangen erfolgen musste, vgl. § 128 Abs. 1 S. 1 AktG RefE ARUG. Eine Verpflichtung von Aktionärsvereinigungen zur Weiterleitung der Einberufungsunterlagen war ebenfalls nicht mehr vorgesehen, vgl. § 128 Abs. 3 S. 1 AktG RefE ARUG.

Diese im Lauf des Gesetzgebungsverfahrens wieder gestrichene Regelung zeigt, dass der deutsche Gesetzgeber die Gefahr der drohenden Überregulierung erkannt und Maßnahmen hiergegen ergriffen hat, wenngleich der RefE ARUG übers Ziel „hinausschoss". Vorgesehen war diesbezüglich die völlige Abschaffung der Weiterleitungspflicht der Kreditinstitute gem. § 128 Abs. 1 S. 1 AktG RefE ARUG, so dass die Mitteilungen der Aktionäre nur noch „auf deren Verlangen" zu übermitteln gewesen wären. Da sich die Weiterleitungspflicht an die Kreditinstitute richtet, kann ein solches Verlangen zwar schon in den Depotvertrag aufgenommen werden.[175] Dies bedeutete zugleich jedoch, dass der Aktionär die Information, dass die Hauptversammlung einberufen wird, zumeist auf anderem Weg als durch Benachrichtigung erhalten müsste und schließlich selbst aktiv werden müsste, um sein Teilnahmerecht wahrzunehmen. Da zum einen so die Benachrichtigung aller Aktionäre nicht mehr sichergestellt und in der Folge ein Absinken der Präsenzen zu befürchten ist, ist eine komplette Abschaffung der individuellen Benachrichtigung

174 Begr. RefE ARUG, S. 61; Seibert/Florstedt, ZIP 2008, 2145, 2147.
175 Begr. RefE ARUG, S. 45.

nicht empfehlenswert.[176] Dies hätte den großen Nachteil zur Folge, dass die Aktionäre sich selbst darüber informieren müssten, wann die Hauptversammlung stattfindet, ohne hieran individuell erinnert zu werden („pull").[177] Dies hätte ein signifikantes Absinken der Hauptversammlungspräsenzen zur Folge gehabt,[178] was das Anliegen von A-RL und ARUG konterkariert hätte. Darüber hinaus besteht ein Wertungswiderspruch zu § 125 Abs. 2 S. 1 AktG, wonach Namensaktionäre weiterhin persönlich durch die Gesellschaft über die Einberufung unterrichtet werden, während sich Inhaberaktionäre die Informationen selbst beschaffen müssten.[179]

Daher ist im RegE ARUG die individuelle Benachrichtigung wieder ins AktG aufgenommen worden. Gem. § 125 Abs. 1 S. 1 AktG hat der Vorstand mindestens 21 Tage vor der Hauptversammlung den Kreditinstituten und den Aktionärsvereinigungen, die bereits Stimmrechte für Aktionäre ausgeübt oder die die Mitteilung verlangt haben, die Einberufung mitzuteilen. Diese Mitteilungen müssen gem. § 128 Abs. 1 S. 1 AktG unverzüglich weitergeleitet werden, wobei die Satzung gem. S. 2 die Übermittlung auf den Weg elektronischer Kommunikation beschränken kann. Der Klarstellung zugunsten elektronischer Kommunikationsmittel dient gleichfalls, dass in § 128 Abs. 1 S. 1 AktG von der Verwendung des Wortes „weitergeben" zu Gunsten der Formulierung „übermitteln" abgesehen wird. Nach dem Willen des Gesetzgebers soll hierdurch „deutlicher" zum Ausdruck gebracht werden, dass die Zuleitung der Mitteilungen an die Aktionäre elektronisch erfolgen kann.[180] Besser noch wäre es, von der papierschriftlichen auf die elektronische Benachrichtigung, d.h. Textform gem. § 126b BGB, umzustellen, wie dies auch für die Bevollmächtigung eines Stimmrechtsvertreters in § 134 Abs. 3 S. 2 AktG vorgesehen ist, weil der Begriff „elektronische Kommunikation" im AktG neu ist und folglich mit Rechtsunsicherheit verbunden sein wird.[181] Gem. § 125 Abs. 2 S. 1 AktG ist wie bisher die gleiche Mitteilung den Aktionären durch den Vorstand „zu machen", die es verlangen oder zu Beginn des 14. Tages vor der Versammlung als Aktionär im Aktienregister der Gesellschaft eingetragen sind. Parallel zu § 128 Abs. 1 S. 2 AktG ausgestaltet ist § 125 Abs. 2 S. 2 AktG, wonach die Übermittlung auf den Weg elektronischer Kommunikation auch bei Namensaktien beschränkt werden kann, wenn die Satzung dies vorsieht.

Hervorzuheben ist, dass gem. § 128 Abs. 1 S. 2 AktG der Anspruch des Aktionärs auf die elektronische Benachrichtigung durch die Satzung beschränkt werden kann, so dass das Verlangen des Aktionärs der Übersendung der Unterlagen an sei-

---

176 Siehe schon S. 59.
177 Siehe ausführlich zu den Nach- und Vorteilen eines „pull" oder „push" der Informationen: S. 58f.
178 Vgl. Stellungnahme des Zentralen Kreditausschusses zum ARUG vom Juni 2008, S. 7f.; abrufbar unter: http://www.voeb.eu/de/themen/recht/aktienrecht; Zetzsche, Der Konzern 2008, 321, 324f.
179 Sauter, ZIP 2008, 1706, 1708.
180 Begr. RefE ARUG, S. 45.
181 Im Ergebnis ebenso: Noack, NZG 2008, 441, 442.

ne Postadresse in diesem Fall unbeachtlich wäre.[182] Die Kreditinstitute sind in diesem Fall „auch aus anderen Gründen nicht zu mehr verpflichtet." Die hiermit vom Gesetzgeber verfolgten Ziele sind zwar an sich überzeugend. § 128 Abs. 1 S. 2 AktG stehen jedoch in gewissem Widerspruch zu den Vorgaben von § 30b Abs. 3 Nr. 1 WpHG, wonach die Aktionäre der elektronischen Übermittlung widersprechen können. Durch das Nebeneinander dieser beiden Vorschriften wird die Rechtslage sehr unübersichtlich, weil beide Normen verschiedene Aussagen treffen. Noch komplizierter gestaltet sich dies dadurch, dass gem. § 125 Abs. 2 AktG die Aktionäre möglicherweise auch weiterhin die Übersendung in Papierform bei der Gesellschaft beantragen können.[183] Es wäre allerdings wenig wünschenswert, wenn die eigentlich der Entlastung der Gesellschaften dienende Stärkung der elektronischen Medien zu einer noch weitergehenden Überregulierung der Einberufungspublizität führte.

Daher sollte ein anderer Weg gewählt werden, wobei zu beachten ist, dass § 30b WpHG auf Art. 17 Transparenz-RL beruht und daher nicht ohne weiteres aufgehoben werden kann. Die Klarstellung, dass die Einberufung mittels elektronischer Hilfsmittel erfolgen kann, sollte dabei im AktG klargestellt werden, die entsprechende Formulierung in § 128 Abs. 1 S. 2 AktG ist zwar geglückt. Bei börsennotierten Gesellschaften wäre dann noch § 30b Abs. 3 WpHG zu beachten.[184] Hier könnte die Aufnahme einer § 30b Abs. 3 Nr. 1 WpHG entsprechenden Vorschrift ins AktG (z.B. in § 128 Abs. 1 S. 2 AktG) erfolgen.[185] Dies bedeutete, dass die Gesellschaften ihre Aktionäre elektronisch benachrichtigen können, wenn die Hauptversammlung zugestimmt hat und die Aktionäre nicht widersprechen bzw. ihre Zustimmung fingiert wird (vgl. § 30b Abs. 3 Nr. 1d WpHG). Für diese Lösung spricht besonders, dass die Vorschriften des AktG mit den auf Art. 17 Transparenz-RL beruhenden WpHG-Vorschriften harmonisiert werden sollten, da diese im Hinblick auf die Einberufung widersprüchlich sind.[186] Ein wesentlicher Vorteil einer solchen Lösung wäre daher die Abschwächung der Zweigleisigkeit im Aktienrecht (AktG und WpHG) im Sinne einer verbesserten Abstimmung der einschlägigen Vorschriften. Hierbei sollte – wie in auch bislang in § 128 Abs. 1 S. 2 AktG vorgesehen – nicht zwischen börsennotierten und nicht börsennotierten Gesellschaften unterschieden werden, weil auch die Aktionäre von nicht börsennotierten Gesellschaften ein berechtigtes Interesse an einer schriftlichen Einberufung der Hauptversammlung haben können und hier kein Grund zur Ungleichbehandlung besteht.

---

182 Drinhausen/Keinath, BB 2009, 64, 66; Horn, ZIP 2008, 1558, 1563; Seibert/Florstedt, ZIP 2008, 2145, 2147; kritisch: Handelsrechtsausschuss DAV, NZG 2009, 96, 97.

183 Vgl. Paschos/Goslar, AG 2008, 605, 609 (Mitteilungsverlangen nach § 125 Abs. 2 AktG ohne Angabe einer Email-Adresse stellt zugleich einen Widerspruch gegen die elektronische Übermittlung i.S.d. § 30b Abs. 3 Nr. 1d WpHG dar).

184 Drinhausen/Keinath, BB 2009, 64, 67.

185 Dies könnte z.B. lauten: „Zulässig ist die elektronische Übermittlung, wenn der Aktionär zustimmt oder nach vorheriger Aufforderung durch die Gesellschaft nicht innerhalb von zwei Wochen widerspricht und die Hauptversammlung zustimmt."

186 Vgl. Noack, FS Westermann (2008) 1203, 1210.

c) Pflichtauslagen

Gem. § 175 Abs. 2 S. 4 AktG, der durch das EHUG probehalber in das AktG aufgenommen wurde, sind die Gesellschaften von der Verpflichtung befreit, die in der Vorschrift aufgeführten Unterlagen ab der Einberufung in den Geschäftsräumen der Gesellschaft auszulegen und auf Verlangen den Aktionären Abschriften zu erteilen, wenn die betreffenden Unterlagen zum Abruf auf der Internetseite zum Abruf bereit stehen. Dieses Konzept wurde nun auf alle Pflichtauslagen und die in der Hauptversammlung vor- oder auszulegenden Unterlagen ausgedehnt.[187] Da börsennotierte Gesellschaften gem. § 124a AktG die Unterlagen zwingend auf ihrer Internetseite zur Verfügung stellen müssen, besteht nunmehr nur für nicht börsennotierten Gesellschaften eine Wahlmöglichkeit.[188] § 175 Abs. 2 S. 4 AktG entsprechende Formulierungen sind in die entsprechenden anderen Vorschriften des AktG und UmwG (§§ 52, 179a, 293f., 319, 327c AktG und §§ 62, 63, 230 UmwG) aufgenommen worden. Hingewiesen sei aber darauf, dass dieses Konzept möglicherweise nicht mit Art. 5 Abs. 3d A-RL vereinbar ist, wonach die Einberufung eine Angabe darüber enthalten muss, wo und wie der vollständige und ungekürzte Text der Unterlagen und Beschlussvorlagen nach Art. 5 Abs. 4c und d A-RL erhältlich ist. Meines Erachtens ist diese Norm allerdings so zu verstehen, dass nur auf solche Unterlagen hingewiesen werden muss, die nicht vollständig und ungekürzt auf der Internetseite abgerufen werden können.[189]

d) Namensaktien

Gem. § 121 Abs. 4 S. 2 AktG RefE ARUG war vorgesehen, dass die Hauptversammlung bei börsennotierten Gesellschaften mit eingeschriebenem Brief, bei nicht börsennotierten Gesellschaften schriftlich einberufen wird, wenn die Aktionäre namentlich bekannt sind und die Satzung nichts anderes bestimmt. Für nicht börsennotierte Gesellschaften hätte das Schriftformerfordernis im Vergleich zur bisherigen Rechtslage sogar eine Formverschärfung bedeutet, die aber deshalb nicht allzu schwerwiegend gewesen wäre, weil die Satzung Formerleichterungen zulassen konnte.[190] Die Änderung wurde dennoch wieder zurückgenommen, es bleibt bei dem Verweis auf §§ 125 bis 127 AktG. Dies hat zur Folge, dass die Mitteilung gem. § 125 Abs. 2 S. 2 AktG auf den Weg elektronischer Kommunikation beschränkt werden kann.

Auch bei Namensaktiengesellschaften sprechen zwar die besseren Gründe dafür, dass die Mitteilung gem. § 125 Abs. 2 S. 2 AktG elektronisch erfolgen kann. Ein unmittelbar aus der A-RL folgender Nachteil ist dann jedoch, dass Gesellschaften, die Namensaktien ausgeben, gem. Art. 5 Abs. 2 Unterabs. 2 A-RL wohl nur dann von der Pflicht des Rückgriffs auf das Medienbündel i. S. v. Art. 5 Abs. 2 Unterabs. 1 A-RL ausgenommen werden können, wenn sie zur schriftlichen Benachrichtigung

---

187 Zetzsche, Der Konzern 2008, 321, 324.
188 Horn, ZIP 2008, 1558, 1561.
189 Siehe hierzu S. 82.
190 Horn, ZIP 2008, 1558, 1560.

verpflichtet werden.[191] Eine Zuleitung zum Medienbündel i.S.v. § 121 Abs. 4a AktG ist aber nur bei Gesellschaften notwendig, die nicht ausschließlich Namensaktien ausgegeben haben und die Einberufung nicht unmittelbar nach § 121 Abs. 4 S. 2 und 3 AktG übersenden. Eine entsprechende Satzungsregel vorausgesetzt, können Namensaktionäre ausschließlich elektronisch benachrichtigt werden,[192] so dass ein Verstoß gegen die Vorgaben der A-RL vorliegt. Aus diesem Grund (allein) sollte die Übersendung in Papierform § 125 Abs. 1 und 2 AktG a.F. beibehalten werden.

III. Mindestinhalt der Einladung

Art. 5 Abs. 3 A-RL führt bestimmte Informationen auf, die mindestens in der Einladung zur Hauptversammlung enthalten sein und unter Einhaltung der Voraussetzungen des Art. 5 Abs. 2 A-RL bekannt gemacht werden müssen. Zweck der Vorschrift ist, dass die Aktionäre nicht nur über das Bestehen ihrer Rechte informiert werden, sondern auch praktisch in die Lage versetzt werden, diese Rechte auszuüben.[193] Aus dem Gesetz folgte vor Inkrafttreten des ARUG jedoch als einzige zwingende Teilnahmevoraussetzung die Aktionärseigenschaft. Die Umsetzung der Vorgaben der A-RL hat zur Folge, dass die Teilnahmebedingungen detailliert beschrieben werden müssen.[194]

1. Ort, Zeit, Tagesordnung

Gem. lit. a muss die Einladung die genaue Angabe von Ort und Zeit der Hauptversammlung sowie die vorgeschlagene Tagesordnung enthalten.

Die Angabe von Ort und Zeit folgte im deutschen Recht aus § 121 Abs. 3 S. 2 AktG a.F., wonach auch noch die Firma angegeben werden musste. Die Tagesordnung war keine Mindestangabe der Einberufung. Die Tagesordnung ist eine kurzgefasste Beschreibung aller Versammlungsangelegenheiten und zwar in der Reihenfolge, in der sie behandelt werden.[195] Sie war – vom Sonderfall des § 124 Abs. 4 AktG a.F. abgesehen – gem. § 124 Abs. 1 S. 1 AktG zeitgleich mit der Einberufung in den Gesellschaftsblättern bekannt zu machen. In der Praxis wurde es daher regelmäßig schon so gehandhabt, dass Einberufung und Bekanntmachung der Tagesordnung in einem Text zusammengefasst wurden.[196] Bezüglich der Angabe von Ort, Zeit

---

191 Etwas anderes könnte sich lediglich aus der autonomen Interpretation der A-RL ergeben. Hiergegen sprechen jedoch die verwendeten Formulierungen in den jeweiligen Sprachen: „übersenden", „adresser", „to send" sowie Telos und Systematik von Art. 5 A-RL, siehe hierzu S. 67 f.

192 Begr. RegE ARUG, S. 46.

193 Ratschow, DStR 2007, 1402, 1404.

194 Schmidt/Lutter/Ziemons, Vor §§ 121 ff., 11.

195 Vgl. OLG Stuttgart AG 1995, 283, 284; Hüffer, AktG, § 124, 2; MüKoAktG/Kubis § 124, 3 (m.w.N.).

196 Beck AG-HB/Reichert § 5, 121.

und Tagesordnung bestand somit kein Anpassungsbedarf. Dennoch stellt § 121 Abs. 3 S. 2 AktG klar, dass die Tagesordnung bei der Einberufung angegeben werden muss, ohne dass sich dies in der Praxis auswirken würde.[197]

2. Verfahren zur Teilnahme und Stimmrechtsausübung

Lit. b schreibt die „klare und genaue Beschreibung der Verfahren, die die Aktionäre einhalten müssen, um an der Hauptversammlung teilnehmen und ihr Stimmrecht ausüben zu können“, vor.[198] Eine Konkretisierung anhand beispielhaft aufgeführter Informationen folgt in drei Unterabsätzen, die nicht abschließend sind.

Gem. Art. 5 Abs. 3 lit. b i) A-RL gehören hierzu sowohl Angaben über das Recht der Aktionäre auf die Minderheitenrechte gem. Art. 6 A-RL, soweit diese Rechte nach der Einberufung ausgeübt werden können als auch Angaben über das Fragerecht (Art. 9 A-RL) sowie die bezüglich der Ausübung dieser Rechte geltenden Fristen, bis zu denen diese Rechte ausgeübt werden können. Falls die Einladung einen Hinweis enthält, dass ausführliche Informationen über diese Rechte auf der Internetseite der Gesellschaft verfügbar sind, genügt auch die Angabe der Fristen, bis zu denen diese Rechte ausgeübt werden können.

Weiter schreibt Art. 5 Abs. 3 lit. b ii) A-RL vor, dass zu den Mindestangaben gehört, wie das Stimmrecht durch Vertretung ausgeübt werden kann. Hierzu gehören dafür gegebenenfalls erforderliche Formulare. Auch eine Angabe der Methoden, wie die Gesellschaft über die Bestellung von Vertretern via elektronische Medien benachrichtigt werden kann.

Gem. Art. 5 Abs. 3 lit. b iii) A-RL kommen hierzu noch gegebenenfalls Informationen über die Verfahren für die Stimmabgabe per Brief oder auf elektronischem Weg.

Im deutschen Recht muss die Einberufung gem. § 123 Abs. 3 S. 1 AktG einen Hinweis enthalten, dass die Teilnahme oder die Stimmrechtsausübung davon abhängt, dass sich die Anteilseigner zuvor angemeldet haben, wenn die Satzung dies vorsieht. Bei Inhaberaktien kann außerdem gem. § 123 Abs. 3 S. 1 AktG in der Satzung festgelegt werden, wie die Berechtigung zur Teilnahme bzw. zur Stimmrechtsausübung nachzuweisen ist, wobei bei börsennotierten Gesellschaften gem. § 123 Abs. 3 S. 2 AktG ein in Textform erstellter besonderer Nachweis des Anteilsbesitzes durch das Depot führende Kreditinstitut genügt. Die Erläuterung der Modalitäten der Teilnahme und der Stimmrechtsausübung in der Einberufung war dem deutschen Recht bislang jedenfalls in diesem Umfang fremd und daher neu zu regeln.[199] Gem. § 121 Abs. 3 S. 2 AktG a. F. waren die satzungsmäßig ausgestalteten Teilnahmebedingungen und die Bestimmungen der Satzung über Hin-

---

197 Paschos/Goslar, AG 2008, 605, 605.
198 Vgl. auch Art. 17 Abs. 2 Transparenz-RL bzw. § 30a Abs. 1 Nr. 5 WpHG.
199 Pluskat, AG 2007, 2135, 2141; Ratschow, DStR 2007, 1402, 1404.

terlegung und Anmeldung.[200] Dabei blieb jedoch offen, wie genau diese Angabe im Einzelnen sein musste.[201] Eine Anpassung des § 121 Abs. 3 AktG a.F. an die Vorgaben der A-RL war gerade auch hinsichtlich der Nichtigkeitsfolge des § 241 Nr. 1 AktG erforderlich.

3. Nachweisstichtag

Die Aktionäre sind über den Nachweisstichtag gem. Art. 7 Abs. 2 A-RL sowie darüber aufzuklären, dass das Teilnahme- und Stimmrecht nur von denjenigen ausgeübt werden darf, die an diesem Stichtag Aktionäre sind, lit. c. In § 123 Abs. 3 S. 3 AktG ist festgelegt, dass sich der Nachweis der Aktionärseigenschaft auf den Beginn des 21. Tages vor der Hauptversammlung bezieht und dass er der Gesellschaft bis spätestens zum siebten Tag vor der Versammlung zugehen muss. Da es sich hierbei um eine Teilnahmevoraussetzung handelt, war hierüber bereits gem. § 121 Abs. 3 S. 2 AktG a.F. in der Einberufung zu informieren.[202] Lediglich der Klarstellung dient daher die neu in § 121 Abs. 3 S. 3 Nr. 1 AktG aufgenommene Vorgabe, dass die Gesellschaften über den Nachweisstichtag zu informieren haben.

4. Text der Unterlagen und Beschlussvorlagen

Des weiteren besteht in Zukunft die Verpflichtung der Gesellschaften anzugeben, wo und wie die Aktionäre den vollständigen und ungekürzten Text der der Hauptversammlung vorzulegenden Unterlagen und Beschlussvorlagen nach Art. 5 Abs. 4 c) und d) A-RL erhalten können.

Fraglich ist, ob dem Erfordernis der Erhältlichkeit genügt wird, wenn lediglich auf die Internetseite mit dem Hinweis verwiesen wird, dass die betreffenden Unterlagen dort zum Download bereitstünden. Dagegen spricht, dass die Pflicht zur Angabe der Internetseite, auf der gem. Art. 5 Abs. 4 c und d A-RL die der Hauptversammlung vorzulegenden Unterlagen und Beschlussvorlagen verfügbar sein müssen, bereits in lit. e vorgeschrieben ist. Die Unterlagen und Beschlussvorlagen müssen daher nach systematischer Auslegung noch auf andere Art und Weise erhältlich sein als nur über die Internetseite, da die Regelung des lit. d ansonsten keinen eigenen Anwendungsbereich hätte. Aus der Formulierung der Norm folgt jedoch, dass ein Hinweis auf die Erhältlichkeit der Dokumente voraussetzt, dass die Angaben auf der Internetseite unvollständig bzw. in verkürzter Form verfügbar sind. Die Pflicht, einen zusätzlichen Hinweis auf die Erhältlichkeit in die Einladung aufzunehmen, betrifft somit nur diejenigen Unterlagen und Beschlussvorlagen, die nicht vollständig und ungekürzt auf der Internetseite zum Abruf zur Verfügung stehen, etwa weil die Datenmengen zu umfangreich sind.

---

200 Hüffer, AktG, § 121, 10; MüKoAktG/Kubis, § 121, 40; GroßKommAktG/Werner, § 121, 57f.
201 Ratschow, DStR 2007, 1402, 1404.
202 Schmidt/Lutter/Ziemons, § 121, 35.

Im deutschen Recht folgt aus § 175 Abs. 2 S. 1 AktG, dass der Hauptversammlung vorzulegende Unterlagen im Geschäftsraum der Gesellschaft ausliegen, gem. § 175 Abs. 2 S. 2 AktG kann jeder Aktionär hiervon eine Abschrift verlangen. Den Aktionären muss daher in der Einberufung mitgeteilt werden, wo diese Unterlagen ausliegen und wie diese ihnen zugänglich gemacht werden. Für börsennotierte Gesellschaften gilt diese Pflicht jedoch nicht, weil sie gem. § 124a AktG ohnehin verpflichtet sind, die Unterlagen auf ihrer Internetseite zu veröffentlichen, so dass für sie gem. § 175 Abs. 2 S. 4 AktG die Pflicht zur Auslage in den Geschäftsräumen und zur Erteilung von Abschriften entfällt. Eine Möglichkeit, die Dokumente in verkürzter Form zum Abruf bereitzustellen, gibt es nicht, so dass sich auch der Hinweis in der Einberufung auf eine anderweitige Erhältlichkeit erübrigt. Eine Anpassung des deutschen Rechts war somit nicht erforderlich.

5. Internetseite

Schließlich muss in der Einberufung noch die Adresse der Internetseite angegeben werden, auf der die von Art. 5 Abs. 4 A-RL vorgeschriebenen Informationen abrufbar sind. Die Internetseite wird bereits in Ziff. 2.3.1 S. 3 DCGK zur Gewährleistung einer guten Corporate Governance nutzbar gemacht. Ihr Einsatz ist nunmehr für börsennotierte Gesellschaften zwingend vorgeschrieben, vgl. § 124a AktG.

6. ARUG

Die inhaltlichen Angaben, die die Einberufung enthalten muss, lassen sich § 121 Abs. 3 S. 1 bis 3 AktG entnehmen. Hiernach müssen alle Aktiengesellschaften in der Einberufung die Firma, den Sitz der Gesellschaft, Zeit und Ort der sowie die Tagesordnung angeben. Neu ist daran, dass auch nicht börsennotierte Gesellschaften zur Angabe ihrer Tagesordnung verpflichtet sind, was durchaus sinnvoll ist, um den Aktionären eine Vorstellung von den anstehenden Tagesordnungspunkten zu geben. Nur für börsennotierte Gesellschaften vorgeschrieben wird die Aufnahme der Angaben, die in Art. 5 Abs. 3 b) bis e) A-RL enthalten sind; diese haben mit nahezu identischem Wortlaut Eingang ins AktG gefunden. Zu beachten ist, dass sich die Angaben zu den Rechten von Aktionären auf die Fristen zur Ausübung der Rechte beschränken können. Die Fristen müssen dabei konkret berechnet werden und in der Einladung muss der letzte Tag, an dem das jeweilige Recht ausgeübt werden kann, konkret angegeben werden.[203]

a) Nachweisstichtag

Wie schon gem. §§ 121 Abs. 3 S. 2, 123 Abs. 3 S. 3 AktG ist der Nachweisstichtag anzugeben, so dass sich diesbezüglich keine praktischen Neuerungen ergeben. Neu ist lediglich die entsprechende Klarstellung in § 121 Abs. 3 S. 3 Nr. 1 AktG.

---

203 Drinhausen/Keinath, BB 2009, 64, 66.

Hingewiesen sei jedoch auf die Begründung des RefE ARUG und des RegE ARUG, die klarstellen, dass es sich bei § 123 Abs. 3 S. 3 AktG nicht um eine Frist sondern einen Zeitpunkt (Termin) mit der Folge handelt, dass weder § 123 Abs. 4 AktG noch § 193 BGB auf die Berechnung des Nachweisstichtages anwendbar sind, weil keine Willenserklärung abzugeben oder Handlungen vorzunehmen sind.[204] Folglich kann der Nachweisstichtag auch auf einen Sonn- oder Feiertag fallen,[205] was sich ausdrücklich auch aus § 121 Abs. 7 S. 2 AktG ergibt. Diese Frage war bislang umstritten und insbesondere aufgrund einer Entscheidung des Landgerichts Frankfurt a.M.[206] waren erhebliche Unsicherheiten für die Rechtsanwendung zu konstatieren.[207] Die Klarstellung ist daher uneingeschränkt zu begrüßen.

b) Verfahren zur Teilnahme und Stimmrechtsausübung

Der Zweck der Regelung des Art. 5 Abs. 3 A-RL liegt darin, dass die Aktionäre umfassend darüber informiert werden, wie sie ihre Rechte wahrnehmen und sich darauf vorbereiten können.[208] Dies soll ihnen in der Einberufung mitgeteilt werden. Gem. § 121 Abs. 3 S. 2 AktG a. F. waren entsprechende Angaben in der Einberufung bereits nach alter Rechtslage vorgeschrieben. Auch wenn die Norm vermutlich den Anforderungen der A-RL entsprochen hätte, ist es im Hinblick auf § 241 Nr. 1 AktG und die dort angeordnete Nichtigkeit eines Hauptversammlungsbeschlusses wegen Nichtigkeitsmängeln zu begrüßen, dass die das Teilnahmeverfahren konkretisierenden Angaben gem. Art. 5 Abs. 3 c lit. i) – lit. iii) A-RL in § 121 Abs. 3 S. 3 Nr. 2 a und b AktG integriert werden.

§ 121 Abs. 3 S. 3 Nr. 1 AktG stellt klar, dass die Voraussetzungen für die Teilnahme an der Hauptversammlung und die Ausübung des Stimmrechts sowie gegebenenfalls der Nachweisstichtag nach § 123 Abs. 3 S. 3 AktG in der Einberufung enthalten sein müssen. Wirklich neu ist diese Vorgabe im Gegensatz zu § 121 Abs. 3 S. 3 Nr. 2 a und b AktG, wonach Angaben zu den zu verwendenden Formularen für die Bevollmächtigung eines Stimmrechtsvertreters und der elektronischen Übermittelung einer solchen Vollmachterteilung in der Einberufung enthalten sein müssen, nicht. Auch das Verfahren der brieflichen oder elektronischen Stimmabgabe ist anzugeben, falls die Satzung eine entsprechende Form der Stimmrechtsausübung vorsieht. Zwingende Vorgaben für die zu verwendenden Formulare kann die Gesellschaft nur für die Bevollmächtigung gesellschaftseigener Vertreter (vgl. § 134 Abs. 3 AktG) vorsehen, weil für Vollmachten an andere Vertreter Textform genügt.[209] Bemerkenswert ist, dass § 121 Abs. 3 S. 3 AktG nur börsennotierte Gesellschaften erfasst. Dies hat zur Folge, dass nicht börsennotierte Gesellschaften – anders als bisher – ihre Teilnahmebedingungen nicht mehr in die Einberufungsunterlagen aufnehmen müssen;[210]

204 Begr. RegE ARUG, S. 42.
205 Begr. RefE ARUG, S. 42.
206 LG Frankfurt/M., NZG 2008, 112.
207 Florstedt, AG 2009, 465, 467; Horn, ZIP 2008, 1558, 1559.
208 Ratschow, DStR 2007, 1402, 1404.
209 Zetzsche, Der Konzern 2008, 321, 322.
210 Kritisch: Zetzsche, Der Konzern 2008, 321, 322.

für sie genügt die Angabe von Firma, Sitz der Gesellschaft, Ort und Zeit der Hauptversammlung sowie der Tagesordnung.

c) Minderheitenrechte

In Umsetzung von Art. 5 Abs. 3b lit. (i) A-RL bestimmt § 121 Abs. 3 S. 3 Nr. 3 AktG, dass in der Einberufung die Rechte der Aktionäre auf Ergänzung der Tagesordnung (§ 122 Abs. 2 AktG), auf Veröffentlichung von Gegenanträgen (§ 126 Abs. 1 AktG) sowie Wahlvorschlägen (§ 127 AktG) und auf Auskunfterteilung gem. § 131 Abs. 1 AktG anzugeben sind. Wörtlich übernommen wurde die Formulierung der A-RL im zweiten Halbsatz von § 121 Abs. 3 S. 3 Nr. 3 AktG, wonach sich die Angaben auf die Fristen für die Ausübung der Rechte beschränken können, wenn im Übrigen ein Hinweis auf weitergehende Informationen auf der Internetseite aufgenommen wird. Der angefügte Halbsatz zeigt deutlich, dass die Anforderungen an diese Angaben über die einzelnen Aktionärsrechte nicht ausführlich sein müssen und es nicht zu einer Informationsflut in der Einberufung kommen soll. Folglich ist der Umfang dieser Angaben nicht allzu umfangreich auszugestalten.[211] Das hieraus folgende Anfechtungsrisiko lässt sich durch die sorgfältige Ausarbeitung eines Mustertextes mindern, wobei sich ein vollständiger Ausschluss des Anfechtungsrechts wie bei § 121 Abs. 4a AktG nicht anbietet, weil die Informationen essentiell für die Ausübung der Aktionärsrechte sind.[212]

d) Pflichtauslagen und Internetseite

Außerdem schreibt die A-RL vor, dass in der Einberufung eine Internetseite angegeben werden muss, auf der die von Art. 5 Abs. 4 A-RL vorgeschriebenen Informationen verfügbar sind. Auch diese Pflicht war im AktG a.F. noch nicht vorgesehen und ist folglich in § 121 Abs. 3 S. 3 Nr. 5 AktG neu eingeführt worden. Richtig ist, dass der Anwendungsbereich der Vorschrift auf börsennotierte Gesellschaften beschränkt ist. Gegen eine Ausdehnung des Anwendungsbereichs spricht nämlich, dass nicht alle Aktiengesellschaften über eine Internetseite verfügen. Gerade kleinere Gesellschaften und Familienunternehmen sehen hiervon ab. Diese Gesellschaften sollten nicht gezwungen werden, eine teure Internetpräsenz unterhalten zu müssen um Transparenzanforderungen gerecht zu werden, die auf große Publikumsgesellschaften zugeschnitten sind.

Im ARUG fehlt die von Art. 5 Abs. 3d A-RL vorgeschriebene Verpflichtung der Gesellschaften anzugeben, wo und wie die der Hauptversammlung vorzulegenden Unterlagen erhältlich sind. Grund hierfür ist, dass börsennotierte Gesellschaften gem. § 124a Nr. 3 AktG verpflichtet sind, diese Unterlagen auf ihrer Internetseite zum Abruf zur Verfügung zu stellen, so dass sie die Unterlagen gem. § 175 Abs. 2 S. 4 AktG nicht auslegen müssen. Als ein Problem könnte sich dies erweisen, wenn aufgrund technischer Störungen, ausgelasteter Kapazitäten oder auch schlicht aus

211 So auch: Horn, ZIP 2008, 1558, 1559 (Mitteilung von Frist, Adresse zur Einreichung eines Antrags und das Medium der Veröffentlichung genügen).
212 Ähnlich: Paschos/Goslar, AG 2008, 605, 606.

Kostengründen von einer vollständigen Wiedergabe auf der Internetseite abgesehen wird. Dann müssen die der Hauptversammlung vorzulegenden Unterlagen gem. § 175 Abs. 1 S. 1 AktG in den Geschäftsräumen der Gesellschaft ausgelegt werden. In diesem Fall ist eine Angabe zur Erhältlichkeit in der Einberufung nicht vorgesehen. Wegen Verstoß gegen die Vorgaben des § 124a AktG läge dann gem. § 405 Abs. 3a Nr. 2 AktG eine Ordnungswidrigkeit vor. Anfechtungsrisiken sind gem. § 243 Abs. 3 Nr. 2 AktG ausgeschlossen.

e) Gesamtzahl der Aktien und Stimmrechte

Noch im RefE ARUG war vorgesehen, dass die Einberufung außerdem die Gesamtzahl der Aktien und Stimmrechte aufführen muss, § 121 Abs. 3 S. 3 Nr. 4 AktG RefE ARUG. Diese Vorgabe bleibt nunmehr in der Vorschrift des § 30b Abs. 1 Nr. 1 WpHG geregelt, welche der Umsetzung von Art. 17 Abs. 2 Transparenz-RL dient und daher nicht durch die A-RL vorgegeben ist. Die Norm sollte ursprünglich ins AktG überführt werden, um Doppelregelungen zum Einberufungsinhalt zu vermeiden.[213] Ein Nachteil dieser Überführung ins AktG wäre zwar die Schaffung zusätzlicher Anfechtungsrisiken, die gem. § 30g WpHG ausgeschlossen sind, weil es an einer entsprechenden Einschränkung in § 243 Abs. 3 AktG fehlt.[214] Eine Überführung der Regelung wiese dennoch den richtigen Weg für die Regulierung der Einberufung der Hauptversammlung, die nicht in zwei unterschiedlichen Gesetzen geregelt sein sollte, wie dies momentan der Fall ist. Das Nebeneinander der §§ 121 ff. AktG und § 30b WpHG, die einander auch noch inhaltlich widersprechen, schafft Rechtsunsicherheit und ist nicht zuletzt unter dem Gesichtspunkt der Systemgerechtigkeit nicht haltbar. Die die Einberufung der Hauptversammlung betreffenden Regelungen sollten daher einheitlich und ausschließlich im AktG enthalten sein, so dass insbesondere § 30b Abs. 3 Nr. 1 WpHG ins AktG überführt werden sollte.[215]

IV. Informationsbereitstellung im Internet

Aus Art. 5 Abs. 4 A-RL folgt die Pflicht bestimmte, dort aufgelistete Informationen auf der Internetseite der Gesellschaft spätestens ab dem 21. Tag vor der Hauptversammlung „zur Verfügung" zu stellen.[216] Dies deckt sich mit der Frist zwischen Einberufung der Hauptversammlung gem. Art. 5 Abs. 1 A-RL. Sieht ein Mitgliedstaat jedoch per Gesetz oder eine Gesellschaft in ihrer Satzung eine längere Einberufungsfrist vor (z.B. gem. § 123 Abs. 1 S. 1 AktG in Deutschland: 30 Tage), ist es nach der A-RL zulässig, die Abrufbarkeit der Informationen auf der Internetseite dennoch nur für einen Zeitraum von 21 Tagen vorzusehen. In einem solchen Fall sollte aus den Einberufungsunterlagen ersichtlich sein, ab wann die Informatio-

213 Begr. RefE ARUG, S. 66.
214 Paschos/Goslar, AG 2008, 605, 607.
215 Ähnlich: Zetzsche, Der Konzern 2008, 321, 322f.
216 Klarer ist die englische Fassung: „make available"; vgl. auch französische Fassung: „mettre à la disposition".

nen auf der Internetseite der Gesellschaft verfügbar sein werden.[217] In Art. 5 Abs. 4 Unterabs. 3 A-RL erfolgt eine Harmonisierung mit den Einberufungsvorschriften der Übernahme-RL bei Hauptversammlungen im Zusammenhang mit einem Übernahmeangebot. Hiernach verkürzt sich der Zeitraum, in dem die Informationen auf der Internetseite abrufbar sein müssen, entsprechend, wenn die Einberufung gem. Art. 9 Abs. 4 oder Art. 11 Abs. 4 Übernahme-RL erst nach dem 21. Tag vor der Hauptversammlung erfolgt.[218]

Die Pflicht des Zurverfügungstellens von hauptversammlungsrelevanten Informationen während eines durchgehenden Zeitraums vor der Hauptversammlung ist aktuell in so gut wie keinem Mitgliedstaat vorgesehen.[219] Deutschen Gesellschaften ist das Bereithalten von hauptversammlungsrelevanten Informationen auf der Internetseite freilich nicht völlig neu. Börsennotierte Gesellschaften waren bereits vor dem ARUG verpflichtet, bestimmte Informationen auf ihren Internetseiten zur Verfügung zu stellen. Dies folgt aus den §§ 37v, w, x WpHG, §§ 14, 27 WpÜG und indirekt aus §§ 126, 161 AktG. Gem. § 161 AktG i.V.m. Ziff. 2.3.1 S. 3 DCGK sollen die Gesellschaften die vom Gesetz für die Hauptversammlung verlangten Berichte und Unterlagen einschließlich des Geschäftsberichts nicht nur in den Geschäfträumen gem. § 175 Ab s. 2 AktG auslegen und den Aktionären auf Verlangen übermitteln, sondern auch auf der Internetseite der Gesellschaft zusammen mit der Tagesordnung veröffentlichen. Da die Gesellschaften jedoch den Empfehlungen des DCGK nicht zwingend Folge zu leisten brauchen, genügte das deutsche Recht nicht den Anforderungen der A-RL.[220] Es musste daher die Pflicht einer solchen Publikation eingeführt werden.

Folgende Information müssen die Gesellschaften auf ihrer Internetseite zum Abruf bereithalten:

1. Einberufung nach Art. 5 Abs. 1 A-RL

Die Einberufung der Hauptversammlung nach Art. 5 Abs. 1 A-RL muss verfügbar sein. Dabei muss auch der Mindestinhalt gem. Art. 5 Abs. 3 A-RL angegeben werden.

2. Gesamtzahl der Aktien und Stimmrechte

Gem. Art. 5 Abs. 4b A-RL hat die Internetseite die Gesamtzahl der Aktien und der Stimmrechte zum Zeitpunkt der Einberufung zu präsentieren. Falls das Kapital

217 Bachner/Dokalik, GesRZ 2007, 104, 106.
218 Das gleiche gilt bei Fristverkürzung gem. Art. 5 Abs. 1 Unterabs. 2 A-RL.
219 In Frankreich können die Dokumente bislang wie in Deutschland am Sitz der Gesellschaft eingesehen werden, vgl. art. L. 225–225, R. 225-73 und R. 225-89 code de commerce. Siehe hierzu: Dethomas/Rontchevsky, Revue Lamy Droit des Affaires 2007, 10, 12. In Großbritannien ist es zwar üblich, hauptversammlungsbezogene Informationen und Dokument auf der Internetseite zum Abruf zur Verfügung zu stellen, es ist aber gesetzlich noch nicht zwingend vorgeschrieben: Nolan, EBOR 7 (2006) 549, 578.
220 Noack, FS Westermann (2008) 1203, 1208.

der Gesellschaft in zwei oder mehrere Aktiengattungen eingeteilt ist, müssen getrennte Angaben zur Gesamtzahl für jede Aktiengattung gemacht werden.

3. Unterlagen für die Hauptversammlung

Des weiteren müssen die der Hauptversammlung vorzulegenden Unterlagen abrufbar sein. Die A-RL macht keine Mindestangabe, um welche Dokumente es sich dabei handeln muss.

Welche Unterlagen der Hauptversammlung nach deutschem Recht vorgelegt werden müssen, ergibt sich für die ordentliche Hauptversammlung aus §§ 176 Abs. 1 S. 1, 175 Abs. 2 AktG. Die Vorlagepflicht bezieht sich auf Jahresabschlüsse, ggf. Einzelabschlüsse nach IAS,[221] Lageberichte sowie auf den Bericht des Aufsichtsrats und den Vorschlag des Vorstands für die Verwendung des Bilanzgewinns. Bei einem Mutterunternehmen i. S. v. § 290 Abs. 1 HGB kommen der Konzernabschluss, der Konzernlagebericht und der Bericht des Aufsichtsrats hinzu (vgl. § 175 Abs. 2 S. 3 AktG). Diese Unterlagen sind gem. § 175 Abs. 2 S. 1 AktG von der Einberufung an in dem Geschäftsraum der Gesellschaft auszulegen. Verlangt ein Aktionär eine Abschrift der Vorlagen, so muss ihm diese erteilt werden (§ 175 Abs. 2 S. 2 AktG), es sei denn, sie stehen auf der Internetseite zum Abruf zur Verfügung (§ 175 Abs. 2 S. 4 AktG).

Durch die A-RL wird es nunmehr erforderlich, dass diese Unterlagen auch auf der Internetseite zur Verfügung stehen. Ebenso muss vorgesehen werden, dass in der Einberufung angegeben wird, wo diese Unterlagen erhältlich sind. Die alleinige Verfügbarkeit auf der Internetseite und der diesbezügliche Hinweis in der Einberufung gem. §§ 121 Abs. 3 S. 2 Nr. 4, 124a Nr. 4 AktG genügen, wenn dort der vollständige und ungekürzte Text zum Abruf zur Verfügung steht.[222]

4. Beschlussvorlagen bzw. Bemerkungen der Verwaltung

Ebenso abrufbar sein muss eine Beschlussvorlage. Von Aktionären eingebrachte Beschlussvorlagen sind so schnell wie möglich nach ihrem Eingang bei der Gesellschaft hinzuzufügen. Bereits A-RL-E verlangte die Bereitstellung des vollständigen und ungekürzten Textes „der Beschlüsse und der Unterlagen, die auf der Hauptversammlung zwecks Annahme eingebracht werden sollen."[223] Die endgültige Fassung der A-RL bestimmt nunmehr, dass die Beschlussvorlage oder, wenn kein Beschluss gefasst werden soll, eine Erläuterung eines nach dem anwendbaren Recht zu benennenden zuständigen Organs der Gesellschaft zu jedem Punkt der vorgeschlagenen Tagesordnung der Hauptversammlung auf der Internetseite verfügbar sein muss.

---

221 Wahlrecht gem. § 325 Abs. 2a HGB.
222 Vgl. S. 73.
223 Art. 5 Abs. 2d, Abs. 3c A-RL-E.

Die A-RL legt nicht fest, welches Gesellschaftsorgan die Beschlussvorlage zu formulieren hat. Die Bestimmung des zuständigen Organs bleibt somit dem nationalen Gesetzgeber überlassen. Dies macht Sinn, weil eine sinnvolle Lösung von der Organstruktur (dualistisch oder monistisch abhängt).[224] Gem. § 124 Abs. 3 S. 1 AktG müssen Vorstand und Aufsichtsrat zu jedem Tagesordnungspunkt, über den die Hauptversammlung beschließen soll, Vorschläge machen. Zur Wahl von Aufsichtsratsmitgliedern und Prüfern hat nur der Aufsichtsrat Vorschläge zur Beschlussfassung zu machen. Gem. § 124 Abs. 3 S. 2 AktG sind keine Beschlussvorschläge erforderlich, wenn die Wahl von Aufsichtsratsmitgliedern nach § 6 Montan-Mitbestimmungsgesetz an Wahlvorschläge gebunden ist. Wenn Beschlussgegenstände auf Verlangen einer Minderheit auf die Tagesordnung gesetzt worden sind, besteht die Vorschlagspflicht ebenso wenig. Fraglich ist, ob sich aus Art. 5 Abs. 4d A-RL eine Pflicht der Verwaltung ergibt, sich auch zu diesen Tagesordnungspunkten zu äußern. Wenn ein Antrag eines oder mehrerer Aktionäre vor der Hauptversammlung auf die Tagesordnung gesetzt wird, wird gem. Art. 6 Abs. 1a A-RL auch eine Begründung oder eine Vorlage für einen in der Hauptversammlung zu fassenden Beschluss beiliegen, deren Abrufbarkeit dann genügen sollte. Ein eigener Vorschlag der Verwaltung ist in diesen Fälle entbehrlich, weil sachlich nicht erforderlich.[225] Freilich bleibt es der Verwaltung unbenommen durch die Formulierung eines eigenen Beschlussvorschlags in Bezug auf einen so initiierten Tagesordnungspunkt Stellung zu beziehen.[226]

Der zweite Halbsatz des Art. 5 Abs. 4b A-RL legt fest, dass die von Aktionären eingebrachten Beschlussvorlagen so bald wie möglich nach ihrem Eingang bei der Gesellschaft auf der Internetseite hinzugefügt werden müssen. Verhindert werden soll die in manchen Mitgliedstaaten noch übliche Praxis, dass der Vorstand einen Punkt auf die Tagesordnung setzt, der entsprechende Antrag aber erst in der Hauptversammlung von einem Aktionär eingebracht wird, der oft die Mehrheit der Anteile hält.[227] Dem Vorstand ist der Inhalt des Antrags zuvor offiziell noch gar nicht bekannt, so dass die Veröffentlichung verzögert und Tagesordnungspunkte nachgeschoben werden können.[228] Das deutsche Recht verhindert eine solche Praxis wirkungsvoll, indem es die Verwaltung gem. § 124 Abs. 3 S. 1 AktG verpflichtet, zu jedem Gegenstand der Tagesordnung bei deren Bekanntmachung Vorschläge zur Beschlussfassung zu machen, so dass die Aktionäre im Vorfeld davon unterrichtet werden, was in Bezug auf die einzelnen Tagesordnungspunkte beabsichtigt ist.[229]

224 Bachner/Dokalik, GesRZ 2007, 104, 106.
225 Bachner/Dokalik, GesRZ 2007, 104, 108.
226 Vgl. Hüffer, AktG, § 124, 15; MüKoAktG/Kubis, § 124, 44; Schmidt/Lutter/Ziemons, § 124, 24.
227 Bachner/Dokalik, GesRZ 2007, 104, 108.
228 Zum österreichischen Recht: MüKoAktG/Bachner, § 124, 83.
229 GroßKommAktG/Werner, § 124, 66; MüKoAktG/Kubis, § 124, 42.

5. Formulare für Abstimmung in absentia

Zuletzt müssen noch die Formulare, die ggf. bei Stimmabgabe durch Vertretung und bei Stimmabgabe per Brief zu verwenden sind, zum Download bereitgehalten werden, es sei denn diese Formulare werden an die Aktionäre direkt versandt. Diese Verpflichtung gilt dann nicht, wenn die entsprechenden Formulare aus technischen Gründen nicht im Internet zur Verfügung gestellt werden können. In einem solchen Fall muss die Gesellschaft dafür sorgen, dass auf der Website angegeben wird, wie die Formulare in Papierform erhältlich sind und diese an die Aktionäre, die es beantragen, per Post gebührenfrei versenden.

Art. 5 Abs. 4 lit. e A-RL konkretisiert die Transparenz-RL. Nach Art. 17 Abs. 2 lit. b Transparenz-RL sind den Aktionären „zusammen mit der Benachrichtigung zur Hauptversammlung oder auf Verlangen nach ihrer Anberaumung ein Vollmachtsexemplar entweder in Papierform oder (ggf.) in elektronischer Form" zugänglich zu machen, so dass die A-RL diesbezüglich keine wirkliche Neuerung beinhaltet. Ursprünglich war daher gem. Art. 17 A-RL-E auch eine entsprechende Änderung des Art. 17 Abs. 2 Transparenz-RL vorgesehen, von der allerdings wieder abgesehen wurde, weil die Transparenz-RL auch solche Gesellschaften erfasst, deren Sitz sich in Drittstaaten befindet und die an einer Börse innerhalb der Gemeinschaft notiert sind.[230]

Eine vergleichbare Verpflichtung musste ebenfalls neu aufgenommen werden. Bislang richtete sich die Mitteilungspflicht ausschließlich nach § 125 Abs. 1 S. 2 AktG. Hiernach sind die Gesellschaften verpflichtet, in der Mitteilung an die Aktionäre auf die Möglichkeiten der Ausübung des Stimmrechts durch einen Bevollmächtigten, z.B. durch eine Aktionärsvereinigung, hinzuweisen. Auf zulässige Beschränkungen in der Satzung der Gesellschaft hinsichtlich des Kreises der Stimmrechtsbevollmächtigten ist ebenfalls hinzuweisen.[231] Ziff. 2.3.3. S. 2 DCGK empfiehlt zusätzlich, dass die Gesellschaft die Aktionäre bei der Stimmrechtsvertretung unterstützen soll. Das Gesetz traf aber keine Aussage bezüglich zu verwendender Formulare. Dies mag auch daran liegen, dass für die Bevollmächtigung eines Stimmrechtsvertreters Formerleichterungen in großem Umfang durch die Satzung zulässig waren. Grundsätzlich war gem. § 134 Abs. 3 S. 2 AktG a.F. für die Bevollmächtigung Schriftform vorgeschrieben, doch die Gesellschaften konnten die Vollmachterteilung durch Fax, E-Mail oder andere elektronische Hilfsmittel zulassen.[232] Es waren nur Erleichterungen der Vollmachtserteilung zulässig, Erschwerungen durfte die Satzung nicht vorsehen.[233] Gegenüber einem Kreditinstitut war die Erteilung einer Vollmacht formfrei möglich, § 135 Abs. 2 S. 1 AktG a.F., und konnte auch auf elektronischem Weg oder sogar per Telefon erteilt werden.[234] Beim Depotstimmrecht musste allerdings gem. § 135 Abs. 2 S. 2 AktG a.F. über die jeder-

---

230 Karollus, GeS 2006, 99, 101.
231 Lommatzsch, NZG 2001, 1017, 1017; MüKoAktG/Kubis, § 125, 16.
232 RegBegr. BT-Drs. 14/4051; Hüffer, AktG, § 134, 22a; Wiebe, ZHR 166 (2002) 182, 186f.
233 RegBegr. BT-Drs. 14/4051; Hüffer, AktG, § 134, 23.
234 MüKoAktG/Schröer, § 135, 42.

zeitige Möglichkeit des Widerrufs und andere Vertretungsmöglichkeiten informiert werden.

Formulare für die Stimmabgabe per Brief, die entsprechend Art. 12 S. 2 A-RL verlangt werden können, müssen dann ebenfalls auf der Internetseite zur Verfügung stehen. Diesbezüglich enthielt das deutsche Recht keine Anforderungen, da die Ausübung des Stimmrechts aufgrund des Grundsatzes der Präsenzhauptversammlung[235] weder per Post noch durch elektronische Hilfsmittel zulässig war.[236]

6. ARUG

Die zwingende Bereitstellung dieser Informationen auf der Internetseite musste ins deutsche Recht noch eingeführt werden. Fraglich ist, ob auch nicht börsennotierte Gesellschaften dieser Pflicht unterworfen werden sollten. Verneint man dies, hätte eine Anpassung der entsprechenden deutschen Vorschrift, § 30a Abs. 1 Nr. 5 WpHG, erfolgen können. Auch bezüglich der anderen Informationen hätte eine entsprechende Regelung ins WpHG aufgenommen werden können. Dagegen spricht, dass nicht börsennotierte Gesellschaften dennoch kapitalmarktorientiert sein können und auch hier ein Transparenzbedürfnis besteht.[237] Dies spricht für die Aufnahme einer Vorschrift ins AktG und eine Ausweitung auf börsenferne Gesellschaften anbieten.[238] Andererseits wären davon auch die kleinen Aktiengesellschaften betroffen, die gelegentlich über gar keinen Internetauftritt verfügen und eine entsprechende Internetpräsentation erst aufbauen müssten. Eine solche Verpflichtung kann daher einen verhältnismäßig großen Aufwand für kapitalmarktferne Aktiengesellschaften bedeuten und für diese die Rechtsform der Aktiengesellschaft unattraktiv machen. Bei Aktiengesellschaften mit einem geschlossenen Gesellschafterkreis besteht außerdem häufig ein berechtigtes Interesse an Diskretion, die Allgemeinheit sollte in solchen Fällen keinen Zugang zu Tagesordnungspunkten und Anträgen erhalten. Sinnvoller ist es daher eine weitere Überregulierung kapitalmarktferner Gesellschaften zu verhindern.[239] Daher sollte die aus Art. 5 Abs. 4 A-RL folgende Verpflichtung nur für börsennotierte Gesellschaften vorgesehen werden.

Eine Umsetzungsmöglichkeit wäre es gewesen, eine Vorschrift ins WpHG einzuführen, die die Emittenten i.S.v. § 2 Abs. 6 Nr. 1 WpHG dazu verpflichtete, die entsprechenden Informationen auf der Internetseite zur Verfügung zu stellen und diese in der Einberufung zur Hauptversammlung anzugeben. Dies hätte den Vorteil gehabt, dass keine neuen Anfechtungsgründe geschaffen würden, weil ein Verstoß gem. § 30g WpHG nur eine Ordnungswidrigkeit darstellen und nicht zur An-

---

235 Ganz h.M.: Hüffer, AktG, § 118, 5f.; MüKoAktG/Kubis, § 118, 24; Schmidt/Lutter/Spindler, § 118, 30 (m.w.N.); GroßKommAktG/Mülbert, § 118, 59ff.
236 Siehe J. Schmidt, NZG 2006, 487, 490.
237 Bachner/Dokalik, GesRZ 2007, 104, 108.
238 Noack, FS Westermann (2008) 1203, 1210.
239 Siehe hierzu bereits S. 57–59.

fechtbarkeit führen würde.[240] Der deutsche Gesetzgeber hat sich wiederum für eine Regelung im AktG entschieden, deren Anwendungsbereich auf börsennotierte Gesellschaften beschränkt, wobei zugleich die Anfechtbarkeit ausgeschlossen ist. Die Vorgabe der A-RL, wonach auf der Internetseite börsennotierter Gesellschaften möglichst alle hauptversammlungsrelevanten Informationen vom Zeitpunkt der Einberufung an veröffentlicht werden und zum Abruf bereit stehen müssen, setzt der neue § 124a S. 1 AktG um.[241] „Alsbald" nach dem Zeitpunkt, zu dem die Hauptversammlung einberufen worden ist (also spätestens 30 Tage vorher), betrifft dies praktisch alle für die Hauptversammlung wichtigen Informationen, d.h. Inhalt der Bekanntmachung der Einberufung (Nr. 1); eine Erläuterung, wenn zu einem Tagesordnungspunkt kein Beschluss gefasst werden soll (Nr. 2); die der Hauptversammlung zugänglich zu machenden Unterlagen (Nr. 3); die Gesamtzahl der Aktien und der Stimmrechte im Zeitpunkt der Einberufung (ggf. getrennt nach Aktiengattungen) (Nr. 4); für die Bevollmächtigung eines Stimmrechtsvertreters oder für eine Briefwahl erforderliche Formulare (Nr. 5). Nach der Einberufung der Hauptversammlung eingegangene Gegenanträge einer Minderheit bzw. Anträge auf Ergänzung der Tagesordnung sind gem. § 124a S. 2 AktG unverzüglich nach Eingang auf der Internetseite zugänglich zu machen.

All diese Angaben decken sich mit denen, die Art. 5 Abs. 4 A-RL enthält, so dass die Internetseite im deutschen und europäischen Recht zum „zentralen Medium des Informationsaustausches"[242] wird. Die Sanktion nach Ordnungswidrigkeitenrecht gem. § 405 Abs. 3a Nr. 3 AktG ist hinreichend effektiv sein, um Verstöße zu verhindern,[243] und den Gesellschaften werden allzu kostspielige Rechtsstreitigkeiten erspart, in denen es z.B. darum geht, welche Unterlagen genau gem. § 124a S. 1 Nr. 3 AktG der Versammlung zugänglich zu machen sind.

V. Zwischenergebnis

Die Regeln zur Einberufung, v.a. zur Einberufungspublizität, werden durch das ARUG erheblich geändert und an die Vorgaben der A-RL angepasst. Ein Novum im deutschen Aktienrecht stellt § 121 Abs. 4a AktG dar, wonach bei börsennotierten Gesellschaften die Informationen bezüglich der Einberufung der Hauptversammlung einem Medienbündel zugeleitet werden müssen, welches die europaweite Verbreitung der Informationen sicherstellt. Dieser Pflicht ist meines Erachtens nicht mit der alleinigen Zuleitung zum elektronischen Bundesanzeiger Genüge getan.

Neu ist des weiteren die Vorschrift des § 124a AktG, die die Nutzung der Internetseite als zentrales Kommunikationsmedium zwischen Gesellschaft und Aktionär

240 Vgl. Noack, SR 2007, 102.
241 Vgl. Noack, NZG 2008, 441, 442f. (mit Hinweis auf § 175 Abs. 2 S. 4 AktG, wonach das Zugänglichmachen der Abschlussunterlagen auf der Internetseite die Auslagepflicht in den Gesellschaftsräumen entbehrlich macht).
242 Begr. RefE ARUG, S. 43.
243 Vgl. Begr. RegE ARUG, S. 62f.

zwingend vorschreibt. Zu beachten ist hierbei, dass die der Hauptversammlung vorzulegenden Unterlagen und Beschlussvorlagen vollständig und ungekürzt auf der Internetseite zum Abruf zur Verfügung stehen müssen.

Die Vorgaben von Art. 5 A-RL werden so umgesetzt, dass die Gefahr eines Verstoßes gegen europäisches Recht – abgesehen von einer Ausnahme – nicht besteht. Richtlinienwidrig ist allerdings meines Erachtens die Möglichkeit der Übermittlung gem. § 125 Abs. 2 S. 2 AktG im Wege elektronischer Kommunikation an Namensaktionäre ohne Pflicht zur Zuleitung an Medien nach § 124a AktG.

Es besteht das Problem der Überregulierung, weil die Gesellschaften die Einberufung unter Rückgriff auf vier (!) Voraussetzungen vornehmen müssen:

- Bekanntmachung in den Gesellschaftsblättern, § 121 Abs. 4 S. 1 AktG.
- Zuleitung an Medien zur europaweiten Verbreitung, § 121 Abs. 4a AktG.
- Veröffentlichung auf der Internetseite, § 124a AktG.
- Individuelle Benachrichtigung der Aktionäre, §§ 125 Abs. 1, Abs. 2, 128 Abs. 1 AktG, § 30b Abs. 3 Nr. 1 WpHG.

Begrüßenswert ist, dass das verwirrende Nebeneinander von § 30b Abs. 1 WpHG und § 121 Abs. 3 AktG teilweise aufgelöst wird[244] und dass der Gesetzgeber als Ausgleich für die neue Pflicht der Zuleitung von Medien (§ 121 Abs. 4a AktG) eine Entlastung vorsieht, indem gem. § 128 Abs. 1 S. 2 AktG Einberufungsunterlagen an die Aktionäre elektronisch übermittelt werden können, wenn dies in der Satzung vorgesehen wird.[245] Die Effektivität der letztgenannten Regelung krankt jedoch daran, dass § 30b Abs. 3 Nr. 1 WpHG in Umsetzung von Art. 17 Abs. 3 Transparenz-RL andere Voraussetzungen für die elektronische Übermittlung der Einberufung aufstellt (kein Widerspruch des Aktionärs und zustimmender Hauptversammlungsbeschluss). Die entlastende Wirkung wird zusätzlich durch § 125 Abs. 2 AktG aufgehoben, wonach die Aktionäre die Übermittlung der Einberufungsunterlagen womöglich schriftlich verlangen können. Die hiermit bezweckte Entlastung der Gesellschaften tendiert somit gegen Null. Wirklich Sinn macht daher nur die Übernahme einer § 30b Abs. 3 Nr. 1 WpHG entsprechenden Regelung ins AktG. Dies sollte Anlass dazu geben, sämtliche die Einberufung der Hauptversammlung betreffenden Regelungen ins AktG aufzunehmen und das diesbezügliche Nebeneinander von AktG und WpHG möglichst vollständig aufzuheben.

VI. Minderheitenrechte, Art. 6 A-RL

Die Aktionäre üben grundsätzlich ihre Rechte auf der Hauptversammlung aus.[246] Damit diese Funktion der Hauptversammlung effizient und u.U. auch gegen den Willen der Verwaltung erhalten bleibt, sind die Rechte der Minderheit auf Ein-

244 Vgl. Drinhausen/Keinath, BB 2008, 1238, 1242.
245 Vgl. Noack, NZG 2008, 441, 441 f.
246 Vgl. § 118 Abs. 1 AktG.

bringung eigener Beschlussanträge und Ergänzung der Tagesordnung essentiell, da anderenfalls nur ein Blockaderecht und keine Möglichkeit der Beeinflussung der anderen Aktionäre für die eigene Strategie bestünden.[247] Art. 6 A-RL dient der Sicherung dieser Minderheitenrechte.[248]

1. Vorgaben der A-RL

Anders als noch im A-RL-E sind in der endgültigen Fassung das Recht, Punkte auf die Tagesordnung der Hauptversammlung zu setzen (Art. 6 Abs. 1 lit. a A-RL), und das Gegenantragsrecht (Art. 6 Abs. 1 lit. b A-RL) deutlich voneinander getrennt. Grund für diese Separierung ist, dass für die letztmögliche Wahrnehmung des jeweiligen Minderheitenrechts unterschiedliche Zeitpunkte gelten. Während das Gegenantragsrecht zu angekündigten Tagesordnungspunkten grundsätzlich noch während der Hauptversammlung ausgeübt werden kann, muss bei der Ergänzung der Tagesordnung gem. Art. 6 Abs. 3 S. 1 i.V.m. Abs. 4 A-RL zwingend beachtet werden, dass alle anderen Aktionären rechtzeitig vor der Hauptversammlung davon Kenntnis erlangen können. Die entsprechende Frist steht weder zur Disposition der Mitgliedstaaten noch kann sie satzungsautonom verlängert oder verkürzt werden.[249] Außerdem können die Mitgliedstaaten gem. Art. 6 Abs. 3 S. 2 A-RL auch für das Gegenantragsrecht vorsehen, dass dies nur bis zu einer bestimmten Zeit ausgeübt werden darf. Sie sind hierzu jedoch nicht verpflichtet, es handelt sich um eine fakultative Frist.

Für das Recht auf Ergänzung der Tagesordnung gem. Art. 6 Abs. 1 lit. a A-RL gilt, dass ein einheitlicher Stichtag festgelegt werden muss, bis zu dem dieses Recht ausgeübt werden kann, wobei dieser Stichtag eine bestimmte Zahl von Tagen vor der Hauptversammlung oder der Einberufung liegen muss.[250] Die so geänderte Tagesordnung muss den Aktionären gem. Art. 6 Abs. 4 A-RL auf dieselbe Weise verfügbar gemacht werden wie eine ggf. zuvor bereits bekanntgemachte Tagesordnung.[251] Dies muss vor dem geltenden record date[252] bzw. so rechtzeitig vor der Hauptversammlung erfolgen, dass die anderen Aktionäre noch Zeit haben, einen Vertreter zu benennen oder per Brief abzustimmen, vorausgesetzt es gilt kein Nachweisstichtag.[253] Es besteht darüber hinaus Begründungszwang. Anstatt einer Begründung kann auch eine Vorlage für einen in der Hauptversammlung zu fassenden Beschluss beigelegt werden.[254]

Art. 6 Abs. 1 Unterabs. 2 und 3 A-RL eröffnen den Mitgliedstaaten weitere Wahlmöglichkeiten. Es kann vorgesehen werden, dass das Recht auf Ergänzung der

247 Noack, NZG 2006, 321, 323 f.
248 Vgl. Grundmann/Winkler, ZIP 2006, 1421, 1425.
249 Bachner/Dokalik, GesRZ 2007, 104, 108.
250 Art. 6 Abs. 3 S. 1 A-RL.
251 Art. 5 Abs. 2 A-RL.
252 Art. 7 Abs. 2 A-RL.
253 Siehe hierzu S. 91–93.
254 Art. 6 Abs. 1 lit. a, 2. HS A-RL.

Tagesordnung auf die Jahreshauptversammlung beschränkt ist. Voraussetzung hierfür ist jedoch, dass gewährleistet ist, dass eine außerordentliche Hauptversammlung einberufen werden kann, deren Tagesordnung alle von diesen Aktionären beantragten Punkte enthält. Der Gedanke dahinter ist, dass die Einberufung einer außerordentlichen Hauptversammlung, die unter hohem Zeitdruck stehen kann, nicht durch Anträge einer Minderheit verzögert werden soll. Zur Wahrung der Minderheitenrechte muss dann allerdings die Einberufung einer weiteren außerordentlichen Hauptversammlung vorgesehen werden.[255] Außerdem kann die Ausübung der Rechte aus Art. 6 Abs. 1 lit. a und b A-RL an die Voraussetzung geknüpft werden, dass diese schriftlich ausgeübt werden müssen, Unterabs. 3. „Schriftlich" in diesem Sinne meint schließlich die Übermittlung durch Postdienste oder auf elektronischem Wege, wobei die hierdurch ausgeschlossene telefonische Wahrnehmung der Minderheitenrechte unter Berücksichtigung der damit verbundenen Beweisschwierigkeiten sowieso wenig zweckdienlich ist.

Es ist vorgesehen, dass die Minderheitenrechte „einzeln oder gemeinschaftlich" ausgeübt werden können. Die meisten Mitgliedstaaten verweigern den Aktionären ein diesbezügliches Individualrecht und sehen Schrankenregelungen vor.[256] Dies ist auch weiterhin zulässig, allerdings bestimmt Art. 6 Abs. 2 A-RL, dass eine vorgeschriebene Mindestbeteiligung an der Gesellschaft fünf Prozent des Aktienkapitals nicht überschreiten darf. An diesem Mindestmaßstab müssen sich die Mitgliedstaaten nunmehr orientieren, wobei es sich aus rechtsvergleichender Perspektive dabei schon um mehr als nur einen Minimalstandard handelt.[257] Hiermit wird bezweckt, dass die in einigen Mitgliedstaaten geltenden übertrieben hohen Schwellenwerte abgesenkt werden.[258] Ursprünglich war in Art. 6 Abs. 2 A-RL-E zusätzlich vorgesehen, dass die Mindestbeteiligung einen Nennwert von zehn Millionen Euro nicht übersteigen darf. Die Ausgestaltung der Mindestbeteiligung war jedoch umstritten, weil keine Einigung darüber erzielt werden konnte, ob sich der Grenzwert auf den nominalen oder den Nennwert beziehen sollte. Daher wurde auf diese absolute Hürde im Laufe des Gesetzgebungsverfahrens verzichtet, so dass es nunmehr nur noch auf die prozentuale Beteiligung am Aktienkapital ankommt.[259]

2. Umsetzungsvorschlag

Im deutschen Recht werden das Gegenantragsrecht und das Recht zur Ergänzung der Tagesordnung verschieden behandelt. Die Aktionäre können Beschlussvorschläge zu Punkten auf der Tagesordnung machen, ohne dass es hierbei auf eine

---

255 Dies verkennt Rauter, JAP 2007/2008/6, 45, 47, der davon ausgeht, das die Minderheitenrechte für die *Jahres-HV*(und nicht für außerordentlich Hauptversammlungen) ausgeschlossen werden können.
256 Noack, NZG 2006, 321, 324. Für Frankreich: Dondero, Revue trimestrielle de droit trimestrielle 2007, 90, 91. Für Großbritannien : Nolan, EBOR 7 (2006) 549, 578.
257 Grundmann/Winkler, ZIP 2006, 1421, 1425 (Fn 41).
258 Begr. A-RL-E, S. 6.
259 Pluskat, WM 2007, 2135, 2141.

Mindestbeteiligung oder die Einhaltung einer bestimmten Frist ankommt.[260] In § 126 Abs. 1 AktG ist die Publizitätspflicht der Gesellschaft bezüglich der Gegenanträge geregelt.[261] Die Gesellschaft ist verpflichtet, Anträge einschließlich des Namens des betreffenden Aktionärs, der Begründung sowie ggf. einer Stellungnahme der Verwaltung an die in §§ 125 Abs. 1 bis Abs. 3 AktG genannten Berechtigten zugänglich zu machen. Diese Pflichtpublizität gilt jedoch nur, wenn die oppositionellen Aktionäre den Antrag spätestens zwei Wochen vor der Hauptversammlung an die in der Einberufung hierfür mitgeteilte Adresse übersandt haben.

Vor dem Hintergrund der A-RL wäre es zulässig, dass ein Stichtag vor der Hauptversammlung oder der Einberufung festgelegt wird, bis zu dem die Ausübung des Gegenantragsrechts erfolgen muss.[262] Das deutsche Recht geht insofern jedoch einen anderen Weg und enthält in § 126 Abs. 2 S. 1 AktG eine Liste von Fallgruppen, die die Publizitätspflicht der Gesellschaft entfallen lassen. Bei den dort erfassten Konstellationen handelt es sich um unzulässige oder missbräuchliche Fälle, die abschließend aufgezählt sind.[263] Die Übernahme der fakultativen Frist des Art. 6 Abs. 3 S. 2 A-RL ist nicht erfolgt, so dass das Recht, Gegenanträge ohne Ankündigung und erstmalig in der Hauptversammlung zu stellen, bestehen bleibt.[264] Ändern wird sich nur, dass die Gegenanträge – wenn sie der börsennotierten Gesellschaft rechtzeitig zugehen – gem. § 126 Abs. 1 S. 3 AktG auf der Internetseite zu veröffentlichen sind.

Die Voraussetzungen für die Ergänzung der Tagesordnung lassen sich § 122 Abs. 2 AktG entnehmen. Die Norm erlaubt es den oppositionellen Aktionären zu verlangen, dass Beschlussvorschläge über Gegenstände einer demnächst stattfindenden Hauptversammlung bekannt gemacht werden. Dies geschieht „in gleicher Weise“ wie das Verlangen der Einberufung einer Hauptversammlung gem. § 122 Abs. 1 AktG. Ein solches Verlangen kann jedoch nur gestellt werden, wenn die Minderheit mindestens fünf Prozent (zwanzigster Teil) des Grundkapitals ausmacht. Abweichend von Abs. 1 kann die Ergänzung auch dann verlangt werden, wenn die Minderheit einen Nennbetrag von 500.000 € auf sich vereinigt, wobei es sich hierbei wegen der hohen Grundkapitalausstattung der großen deutschen Aktiengesellschaften um keine erhebliche Erleichterung handelt.[265] Die absolute Hürde entspricht bei Aktiengesellschaften mit einem Grundkapital von bis zu 10 Mio. € nicht mehr der europäischen Vorgabe des Art. 6 Abs. 2 A-RL, da sie dann fünf Prozent des Aktienkapitals übersteigt und sollte daher gestrichen werden.[266]

---

260 Butzke in Obermüller/Werner/Winden, Die Hauptversammlung der Aktiengesellschaft, S. 73 (= Rn. B149); GroßKommAktG/Werner, § 126, 2; MüKoAktG/Kubis, § 126, 1; Schmidt/Lutter/Ziemons, § 126, 7; Spindler/Stilz/Willamowski, AktG, § 126, 5.
261 Hüffer, AktG, § 126, 1; MüKoAktG/Kubis, § 126, 1; GroßKommAktG/Werner, § 126, 1; Schmidt/Lutter/Ziemons, § 126, 1.
262 Vgl. Art. 6 Abs. 3 S. 2 A-RL.
263 LG Frankfurt, AG 1992, 235, 236; Hüffer, AktG, § 126, 8; MüKoAktG/Kubis, § 126, 22.
264 Ebenso: Pluskat, WM 2007, 2135, 2141.
265 MüKoAktG/Kubis, § 122, 28; a.A. Butzke in Obermüller/Werner/Winden, Das Recht der Hauptversammlung, S. 52 (=Rn. B112).
266 Pluskat, WM 2007, 2135, 2141.

Fraglich ist außerdem, wie Art. 6 Abs. 3 A-RL umgesetzt werden kann, wonach ein einheitlicher Stichtag festgesetzt werden muss, bis zu dem die Minderheit ihr Recht auf Ergänzung der Tagesordnung wahrnehmen kann. Vor allem muss dieses Recht so früh ausgeübt werden, dass die geänderte Tagesordnung noch vor dem record date bekannt gemacht werden kann, damit die übrigen Aktionäre eine Entscheidung darüber treffen können, ob sie an der Hauptversammlung teilnehmen (Art. 6 Abs. 4 A-RL). Wenn also der Nachweisstichtag in Deutschland gem. § 123 Abs. 3 S. 3 AktG auf den Beginn des 21. Tages vor der Hauptversammlung festgelegt wurde, müsste die Bekanntmachung der ergänzten Tagesordnung allerspätestens am 25. Tag vor der Hauptversammlung erfolgen, damit ein gebietsfremder Aktionär noch eine Chance hat, diese rechtzeitig vor dem record date zur Kenntnis zu nehmen, besser noch für den technischen Ablauf wäre eine Bekanntmachung fünf oder sechs Tage vor dem Nachweisstichtag.[267]

Gem. § 124 Abs. 1 S. 2 AktG a.F. genügte es in Deutschland nach alter Rechtslage, dass die ergänzte Tagesordnung binnen zehn Tagen nach der Einberufung der Hauptversammlung bekannt gemacht wird. Dies war mit den Anforderungen der A-RL nicht vereinbar. Fraglich ist, wie die optimale Anpassung an die Richtlinienvorgaben erfolgen könnte. Es könnte einerseits die Frist des § 124 Abs. 1 S. 2 AktG a.F. so angepasst werden, dass die Bekanntmachung rechtzeitig vor dem Nachweisstichtag erfolgt.[268] Dies bedeutete eine Änderung dahingehend, dass die geänderte Tagesordnung binnen 24 oder 25 Tagen bekannt gemacht werden müsste, so dass die Aktionäre ihr Ergänzungsrecht spätestens 25 bzw. 26 Tage vor der Hauptversammlung ausüben müssten, weil die Gesellschaft noch einen Tag für die Veröffentlichung der geänderten Tagesordnung benötigt.[269] Da die Einberufungsfrist gem. § 123 Abs. 1 S. 1 AktG auf mindestens 30 Tage festgelegt ist, bedeutete dies, dass dem Minderheitsaktionär nur vier oder fünf Tage Zeit blieben, um sein Ergänzungsrecht auszuüben.

Eine andere Möglichkeit wäre die Verkürzung der Frist in Bezug auf den Nachweisstichtag in § 123 Abs. 3 S. 3 AktG. An Stelle der einundzwanzigtägigen könnte eine – noch im RegE des UMAG[270] vorgesehene – vierzehntägige Frist eingeführt werden. Der Vorteil einer solchen Abkürzung wäre, dass den Aktionären mehr Zeit zur Ergänzung der Tagesordnung gegeben werden könnte. Die nach alter Rechtslage erfolgte Festlegung auf 21 Tage fand ihre Begründung darin, dass der zeitliche Abstand zwischen Nachweisstichtag und dem Stichtag für den Zugang des Nachweises ausreichend bemessen sein sollte, sowie in der Kostenersparnis der Kreditinstitute, die den Legitimationsnachweis zusammen mit den Einberufungsunterlagen versenden.[271] Dies rechtfertigt jedoch nicht eine allzu starke Verkürzung des Rechts der Minderheit zur Ausübung ihres Ergänzungsrechts, v.a. wenn man bei der Einberu-

267 Zur Parallelproblematik im österreichischen Recht: Bachner/Dokalik, GesRZ 2007, 104, 108 f.
268 Vgl. Pluskat, WM 2007, 2135, 2141.
269 Bachner/Dokalik, GesRZ 2007, 104, 109.
270 RegE Begr. BT-Drs. 15/5092, 14.
271 AuschussBT BT-Drs. 15/5693, 17. (Beschlussempfehlung und Bericht des Rechtsausschusses des BT)

fung verstärkt auf kostengünstige elektronische Hilfsmittel setzt.[272] Da ein Zeitraum von 14 Tagen zur Vorbereitung der Hauptversammlung bereits völlig angemessen[273] und auch im internationalen Vergleich lang ist,[274] stellt eine entsprechende Abkürzung die sinnvollste Lösung dar.

Um die Anforderungen der A-RL zu erfüllen, sollte zudem eine Ausübungsfrist für das Recht zur Ergänzung der Tagesordnung vorgesehen werden.[275] Bei der Bemessung der Länge einer solchen Frist sind einerseits das Interesse der oppositionellen Aktionäre an einer möglichst langen Frist nach der Einberufung der Hauptversammlung zur Vorbereitung des Antrags und andererseits die Sicherstellung einer ausreichenden Vorbereitungszeit der übrigen Anteilseigner zu berücksichtigen.[276] In dieser Beziehung kollidieren folglich die Interessenlagen der Aktionäre untereinander. Eine Festsetzung der Frist auf den 20. oder 21. Tag vor der Hauptversammlung dürfte diesen gegenläufigen Interessen am ehesten gerecht werden. Die Ausübungsfrist läge dann noch sechs Tage vor dem record date.

Des weiteren muss eine Tagesordnung, die infolge der Ausübung des Ergänzungsrechts der Minderheit geändert worden ist, gem. Art. 6 Abs. 4 A-RL auf dieselbe Weise verfügbar gemacht werden wie die vorherige Tagesordnung, muss also die Anforderungen des Art. 5 Abs. 2 A-RL erfüllen. Dies bedeutet, dass die geänderte Tagesordnung nicht nur in den elektronischen Bundesanzeiger und auf die Internetseite der Gesellschaft gestellt werden muss, sondern insbesondere auch noch Medien zugeleitet werden muss, die eine europaweite Verbreitung sicherstellen. Daher müssen die Publizitätserfordernisse des § 121 Abs. 4a AktG neben der Einberufung der Hauptversammlung mit der vorgeschlagenen Tagesordnung auch für die gegebenenfalls ergänzte Tagesordnung gelten, so dass eine entsprechende Ergänzung dieser Vorschrift erfolgen musste.

Aus Art. 6 Abs. 4, 2. HS A-RL folgt, dass Gesellschaften, die Namensaktien ausgeben und für die deshalb kein Nachweisstichtag i.S.v. Art. 7 Abs. 2 A-RL gilt,[277] die ergänzte Tagesordnung so rechtzeitig bekannt geben müssen, dass die anderen Aktionäre in der Lage sind einen Vertreter zu benennen oder per Brief abzustimmen. Es war hier die deutsche Regelung des § 124 Abs. 1 S. 3 AktG a.F. einschlägig, die die sinngemäße Anwendung des § 121 Abs. 4 AktG a.F. anordnete. Dies bedeutete, dass die der Gesellschaft namentlich bekannten Aktionäre per eingeschriebenem Brief über die ergänzte Tagesordnung benachrichtigt werden konnten, sofern die Satzung nichts anderes bestimmte.[278] Gem. § 121 Abs. 4 S. 2 i.V.m. § 125 Abs. 1

272 Wie durch das ARUG vorgesehen, siehe S. 71.
273 Gantenberg, DB 2005, 207, 208; Noack, NZG 2004, 297, 303.
274 Vgl. Winkler, Stimmrecht, S. 147ff.: Großbritannien 48 Stunden vor der Hauptversammlung.
275 Pluskat, WM 2007, 2135, 2141.
276 Bachner/Dokalik, GesRZ 2007, 104. 109.
277 Vgl. Art. 7 Abs. 2 Unterabs. 2 A-RL, wonach Namensaktiengesellschaften kein record date zu haben brauchen und auch § 123 Abs. 3, der von „Inhaberaktien" spricht.
278 In Zukunft wird daher zu Recht klargestellt werden, dass diese Benachrichtigung mittels elektronischer Hilfsmittel erfolgen kan n, vgl. § 118 Abs. 1 S. 1 AktG.

S. 1, Abs. 2 AktG a.F. musste diese Mitteilung binnen 12 Tagen nach Bekanntmachung der Hauptversammlung im elektronischen Bundesanzeiger den Aktionären mitgeteilt werden. Auch wenn die Verweistechnik handwerklich misslungen sein mochte,[279] war ein wesentlicher Vorteil dieser Regelung, dass die Gesellschaften die Aktionäre nicht erst über die vorgeschlagene und dann noch einmal über die geänderte Tagesordnung informieren mussten, sondern dass vielmehr eine einmalige Benachrichtigung nach Ausübung des Ergänzungsrechts der Minderheit genügte.[280]

3. ARUG

Im RefE ARUG war vorgesehen, dass gem. § 122 Abs. 2 S. 3 AktG RefE ARUG die opponierende Minderheit ihr Ergänzungsrecht bis zum 21. Tag vor der Hauptversammlung ausüben musste, so dass der Gesellschaft dann gem. § 124 Abs. 1 S. 1 AktG RefE ARUG drei Tage Zeit geblieben wären, um die geänderte Tagesordnung bekannt zu machen. Die Zeit zur Prüfung der Zulässigkeit der Minderheitenverlangen wäre äußerst knapp bemessen gewesen.[281] Berücksichtigt man die Vorlaufzeit des elektronischen Bundesanzeigers, verblieben der Verwaltung u. U. nur wenige Stunden hierfür. Dies hätte eine erhebliche Verschärfung der ohnehin schon bestehenden Probleme bei der Berechnung der Gegenantragsfrist zur Folge gehabt.[282] Nochmals schwerer hätte gewogen, dass die Vorgaben der A-RL nicht richtig umgesetzt worden wären, weil die Vorgabe des Art. 6 Abs. 4 A-RL missachtet würde, wonach die geänderte Tagesordnung vor dem Nachweisstichtag bekannt gemacht werden muss.[283] Eine Änderung des § 123 AktG war jedoch zunächst nicht vorgesehen.

Daher hat sich der deutsche Gesetzgeber dieses Problems im Gesetzgebungsverfahren noch einmal angenommen[284] und sieht eine Lösung vor, wonach das Minderheitsverlangen gem. § 122 Abs. 2 S. 2 AktG bei börsennotierten Gesellschaften mindestens 30 Tage (!) vor der Hauptversammlung der Gesellschaft zugehen muss. Bei nicht börsennotierten Gesellschaften beträgt die Frist immerhin noch 24 Tage, wobei der Tag des Zugangs nicht mitzurechnen ist. Gem. §§ 121 Abs. 7, 122 Abs. 2 S. 3, 2. HS AktG werden dabei weder der Tag der Hauptversammlung noch der Tag des Eingangs des Verlangens mitgerechnet. Die gesamte Vorlaufzeit verlängert sich somit bei nicht börsennotierten auf mindestens 26, bei börsennotierten Gesellschaften sogar auf mindestens 32 Tage. Die Neuregelung bedeutet vor allem, dass die Ergänzungsverlangen der Minderheitsaktionäre sehr früh ausgearbeitet und eingereicht werden müssen. Im Extremfall beruft die Gesellschaft die Hauptversammlung mit der Mindestfrist des § 123 Abs. 1 AktG von 30 Tagen ein, wo-

---

279 MüKoAktG/Kubis, § 121, 52.
280 Vgl. Hüffer, AktG, § 124, 7a; MüKoAktG/Kubis, § 124, 23.
281 Florstedt, Der Konzern 2008, 504, 508.
282 Miettinen/Rothbächer, BB 2008, 2084.
283 So auch Paschos/Goslar, AG 2008, 605, 609.
284 Vgl. Seibert/Florstedt, ZIP 2008, 2145, 2149.

durch das Tagesordnungsergänzungsrecht de facto nicht ausgeübt werden könnte, weil der Inhalt der Tagesordnung noch gar nicht bekannt gegeben worden ist. Dieses Problem wird dadurch entschärft, dass sich gem. § 123 Abs. 2 S. 4, Abs. 3 S. 1, 2. HS AktG die Einberufungsfrist um die Anmeldefrist von bis zu sechs Tagen verlängert, wenn in der Satzung keine kürzere Frist vorgesehen ist.[285] Es sind aber durchaus Satzungsgestaltungen denkbar, die dazu führen, dass die Frist zur Einreichung des Minderheitsverlangens bereits abgelaufen ist, bevor die Hauptversammlung überhaupt einberufen worden ist.

Abgesehen davon, dass die Neuregelung unnötig kompliziert und unübersichtlich ist, stellt es eine unangemessene Verkürzung der Minderheitenrechte dar, dass Verlangen zur Ergänzung so weit im Vorfeld der Hauptversammlung eingereicht werden müssen. Eine Stärkung der Aktionärsrechte stellt dies jedenfalls nicht dar. Ziel einer Regulierung der Minderheitenrechte sollte es sein, dass zugleich dem Bedürfnis der Gesellschaften nach Planungssicherheit und dem Anliegen der Aktionäre auf funktionierende Einflussnahmemechanismen Rechnung getragen wird. Dies gilt gerade auch im Hinblick auf ausländische Aktionäre. Da jedoch mit der Vorverlagerung der Einreichungsfrist gem. § 122 Abs. 2 S. 2 AktG ohne gleichzeitige Vorverlagerung der Einberufungsfrist das Tagesordnungsergänzungsrecht erheblich erschwert – wenn nicht sogar unmöglich gemacht – wird, vermag die Neuregelung nicht zu überzeugen.[286] Der eleganteste Weg zur Abstimmung der Anmelde-, Einberufungs- und Minderheitenfristen ist daher meines Erachtens die Verlegung des Nachweisstichtags auf den 14. Tag vor der Hauptversammlung.

Haben Minderheitsaktionäre ein Ergänzungsverlangen rechtzeitig geltend gemacht, so ist die geänderte Tagesordnung gem. § 124 Abs. 1 S. 1 AktG entweder bereits mit der Einberufung oder andernfalls unverzüglich nach Zugang des Verlangens bekannt zu machen. Die Bekanntmachung erfolgt in gleicher Weise wie die Einberufung, vgl. § 124 Abs. 1 S. 2 und 3 AktG. Dies entspricht den Anforderungen des Art. 6 Abs. 4 A-RL. Bei Gesellschaften, die Namensaktien ausgeben, ist die geänderte Tagesordnung gem. §§ 124 Abs. 1 S. 2, 121 Abs. 4 S. 2, 125 Abs. 1 S. 1 AktG vom Vorstand spätestens 21 Tage vor der Hauptversammlung bestimmten Kreditinstituten und Aktionärsvereinigungen mitzuteilen, welche wiederum unverzüglich die – ggf. elektronische – Übermittlung vornehmen müssen, vgl. § 128 Abs. 1 S. 2 AktG.

4. Zwischenergebnis

Aus Art. 6 A-RL ergibt sich folgender Anpassungsbedarf im deutschen Recht: Das Erfordernis, dass die opponierenden Aktionäre mindestens 500.000 € auf sich vereinigen müssen, um ihr Recht auf Ergänzung der Tagesordnung verlangen zu können, sollte abgeschafft werden. Dagegen ist die relative Hürde von mindestens

---

285 Begr. RegE ARUG, S. 43.
286 AA Paschos/Goslar, AG 2008, 605, 609 (Vorverlegung des Stichtages, bis zu dem Minderheitsverlangen bei der Gesellschaft eingegangen sein müssen).

fünf Prozent des Grundkapitals (gerade noch) richtlinienkonform. Außerdem muss die geänderte Tagesordnung rechtzeitig vor dem Nachweisstichtag bekannt gemacht werden. Dies sollte durch eine Verkürzung der Fixierung des Nachweisstichtages auf 14 Tage vor der Hauptversammlung und eine gleichzeitige Verlängerung der Frist des § 124 Abs. 1 S. 2 AktG a.F. auf 21 Tage[287] vor der Hauptversammlung erfolgen.

Eine Harmonisierung der Fristenregelungen wie sie hier vorgeschlagen ist (v.a. die Vorverlagerung des Nachweisstichtages auf den 14. Tag vor der Hauptversammlung) wird mit dem ARUG leider nicht vorgenommen, ebenso wenig wird in § 122 Abs. 2 S. 1 AktG das Erfordernis eines anteiligen Betrages von 500.000 € aufgegeben. In Zukunft muss das Ergänzungsrecht gem. § 122 Abs. 2 S. 2 AktG der Gesellschaft bei börsennotierten Gesellschaften 30 Tage vor der Versammlung zugehen, wobei der Tag des Zugangs und der Versammlung nicht mitzurechnen ist. Zwar kann sich zugleich die Einberufungsfrist gem. § 123 Abs. 2 S. 4, Abs. 3 S. 1 AktG um sechs Tage verlängern. Es kann aber nicht ausgeschlossen werden, dass (vor allem ausländische) Aktionäre von ihrem Recht zur Ergänzung der Tagesordnung nicht rechtzeitig Gebrauch machen können. Bei nicht börsennotierten Gesellschaften beträgt die Frist immerhin noch 24 Tage.

---

287 Bzw. 20 Tage.

4. Teil – Durchführung der Hauptversammlung

6. Kapitel: Teilnahme an der Hauptversammlung

I. Legitimation, Art. 7 A-RL

Ein wesentliches Anliegen der A-RL ist die Beseitigung von Hindernissen, die die Stimmrechtsausübung durch die Aktionäre erschweren. Zum einen sollen die stimmberechtigten Inhaber von Aktien das Stimmrecht ausüben können, weil sich dieses Recht im Preis niederschlägt.[1] Vor allem aber sollen die Aktionäre ihre Kontrollfunktion wirksam ausüben können, um ihren Beitrag zu einer effektiven Corporate Governance leisten zu können.[2] Als das bedeutendste Hindernis hat die Kommission hierbei die Sperrung der Aktien während eines bestimmten Zeitraums vor der Hauptversammlung identifiziert.[3] Die Rechte einer erheblichen Anzahl an Mitgliedstaaten sehen nach wie vor Einschränkungen der Handelbarkeit der Aktien vor und haben noch keine Nachweisstichtagsregelung.[4] Nach den ersten beiden Konsultationen hatte sich aber herausgestellt, dass es gerade für institutionelle Investoren wichtig ist, dass die Handelbarkeit der Aktien im Zusammenhang mit der Teilnahmeberechtigung an der Hauptversammlung nicht beeinträchtigt wird.[5] Zwar bedeutet die Hinterlegung bei Inhaberaktien nicht unbedingt einen Ausschluss der Handelbarkeit. Jedenfalls im deutschen Recht kann auch nach erfolgter Hinterlegung eine Veräußerung vorgenommen werden, wobei das Depot führende Institut auf einer Rückgabe der Hinterlegungsbescheinigung bestehen wird.[6] Die Veräußerung ist aber selbst dann wirksam, wenn eine solche Bescheinigung nicht ausgehändigt wird.[7] Dennoch sehen die stimmberechtigten Aktieninhaber hierin einen entscheidenden Grund ihr Stimmrecht nicht auszuüben,[8] weil mit der Hinterlegung bezweckt wird, dass eine Veräußerung bis zur Hauptversammlung verhindert wird, damit derjenige, der an der Hauptversammlung teilnimmt auch tatsächlich noch an diesem Tag der wahre Berechtigte ist.[9] Zudem ist es in manchen

---

1 Wobei dieses Argument insofern hinkt, dass sich die etwaigen Hindernisse bei der Stimmrechtsausübung auf die Preisbildung auswirken und vom Markt berücksichtigt werden.

2 Erwägungsgrund 3 A-RL.

3 Begr. A-RL-E, S. 3.

4 In folgenden Mitgliedstaaten ist eine Aktiensperre bei börsennotierten Gesellschaften zulässig: Österreich, Belgien, Tschechien, Griechenland, Ungarn, Italien, Polen, Portugal, Slowakei und Spanien, vgl. Commission Staff Working Document (Fn 4) S. 75f.

5 GD Binnenmarkt, Synthesis of the Comment on the Second Consultation Document of the Internal Market and Services Directorate-General „Fostering an Appropriate Regime for Shareholders'Rights“ (September 2005) S. 11, abrufbar unter: http://europa.eu.int/comm/internal_market/docs/shareholders/consultation2_ report_en.pdf.

6 Gleiches gilt z.B. in Österreich, vgl. Karollus, GeS 2006, 99 (in Fn 26).

7 MüKoAktG/Kubis, § 123, 21; GroßKommAktG/Werner, § 123, 49.

8 Vgl. Begr. RegE UMAG, abgedruckt in: ZIP 2004, 2455, 2456; Noack/Zetzsche, WM 2004, 1, 6.

9 MüKoAktG/Kubis, § 123, 21; GroßKommAktG/Werner, § 123, 34, 45.

Mitgliedstaaten weder aus dem Gesetz noch aus den Satzungen mit Sicherheit ersichtlich, ob mit der Hinterlegung auch eine tatsächliche Verfügungssperre verbunden ist.[10] Folglich bewirkt die Hinterlegung zwar nicht rechtlich, in der Regel aber faktisch eine Verfügungssperre und wird von den Investoren mit einer solchen gleichgesetzt.[11] Erfolgt zwischen Hinterlegung/Sperrung nun doch die Veräußerung ist ein weiteres Problem, dass der Aktienbestand aktualisiert und mit den Stimmrechten abgeglichen werden muss. Da sich dieses Verfahren aufwendig und fehleranfällig gestaltet, droht die Nichtberücksichtigung abgegebener Stimmen.[12] Daher wird europaweit jegliche Form der Aktiensperrung beseitigt und statt dessen ein stichtagsbezogenes System eingeführt werden.[13] Es wird bei einem stichtagsbezogenen System darauf verzichtet, dass derjenige, der an der Hauptversammlung teilnimmt, mit Sicherheit noch am Tag der Hauptversammlung Aktionär ist.[14] Es wird vielmehr bezogen auf einen bestimmten Tag vor der Hauptversammlung, nämlich dem Nachweisstichtag (record date), bereits festgelegt, wer stimmberechtigt sein wird. Dabei wird bewusst in Kauf genommen, dass die Möglichkeit besteht, dass die Aktien zwischen dem Nachweisstichtag und dem Tag der Hauptversammlung veräußert werden können, so dass Stimmrecht und Inhaberschaft kurzfristig voneinander getrennt werden.[15]

1. Vorgaben der A-RL

Im Vergleich zum A-RL-E wurde die endgültige Fassung des Art. 7 Abs. 1 A-RL etwas konkreter gefasst und sowohl die Abschaffung der Hinterlegung (lit. a) als auch sonstiger Hindernisse (lit. b) normiert. Aus Art. 7 Abs. 1 lit. a A-RL folgt nunmehr, dass die Teilnahme an der Hauptversammlung und die daran gebundene Stimmrechtsausübung „in keiner Weise daran geknüpft ist, dass die [...] Aktien vor der Hauptversammlung bei einer anderen natürlichen oder juristischen Person hinterlegt, auf diese übertragen oder auf deren Namen eingetragen werden". Die Mitgliedstaaten müssen folglich jegliche Form der Aktiensperre untersagen, auch entsprechende Satzungsklauseln sind unzulässig.[16] Um zu verhindern, dass andere Hindernisse die Teilnahme bzw. Ausübung des Stimmrechts erschweren, findet sich in Art. 7 Abs. 1 lit. b A-RL die Ergänzung, dass keinerlei Beschränkungen zulässig

---

10 Grundmann/Möslein in Habersack/Bayer, Aktienrecht im Wandel, Bd. II, S. 31, 83 (Rn. 70); Winkler, Stimmrecht, S. 170 f.; in Belgien z. B. bewirkt die Hinterlegung eine strikte Verfügungssperre bei girosammelverwahrten Aktien.

11 Baums, Regierungskommission, S. 138; Noack/Zetzsche, WM 2004, 1, 6 f.

12 Begr. A-RL-E, S. 6; Grundmann/Winkler, ZIP 2006, 1421, 1425; Noack/Zetzsche, WM 2004, 1, 7. Zweifelnd an der Wirksamkeit der in der A-RL vorgesehenen Regelung: International Corporate Governance Network (ICGN), Comment Letter – EC Directive on Shareholder Rights, Ziff. 2.

13 Begr. A-RL-E, S. 4.

14 Noack/Zetzsche, AG 2002, 651, 656.

15 Vgl. Seibert, WM 2005, 157.

16 J. Schmidt, BB 2006, 1641, 1642. Nicht eindeutig der A-RL zu entnehmen ist, ob für die Erbringung des Nachweises am record date die Hinterlegung alternativ vorgesehen werden könnte, vgl. Schmidt/Lutter/Ziemons, Vor §§ 121 ff., 24.

sind, die ausschließlich in der Zeit zwischen Nachweisstichtag und Hauptversammlung liegen.

Neben die Abschaffung des Hinterlegungssystems tritt gem. Art. 7 Abs. 2 A-RL die zwingende Einführung eines Nachweisstichtages für die Legitimation der Aktionäre. Die Mitgliedstaaten müssen vorsehen, dass als teilnahme- und stimmberechtigter Aktionär derjenige gilt der am Nachweisstichtag die entsprechenden Aktien hält. Eine solche Regelung für sich genommen brächte diejenigen Mitgliedstaaten in die Bredouille, in denen sowohl Namens- als auch Inhaberaktien zugelassen sind, wozu Deutschland gehört.[17] Diese müssten dann für beide Aktiengattungen den gleichen Nachweisstichtag festlegen, was wohl dazu führen würde, dass die Emittenten von Namensaktien eine ähnlich lange Frist wie bei Inhaberaktien zu beachten hätten.[18] Aus diesem Grund bestimmt Art. 7 Abs. 2 Unterabs. 2 A-RL, dass kein Nachweisstichtag für Gesellschaften vorgesehen werden braucht, die die Namen und Anschriften der Aktionäre mittels eines aktuellen Aktionärsregisters am Tag der Hauptversammlung ermitteln können. Wird die Entscheidung getroffen, dass auch für Namensaktien ein Nachweisstichtag eingeführt werden soll, so gestattet Art. 7 Abs. 3 S. 2 A-RL, dass die Fristen für Inhaber- und Namensaktien unterschiedlich ausgestaltet werden dürfen, wobei jedoch für diejenigen Gesellschaften, die beide Aktienarten ausgeben, ein einziger Nachweisstichtag vorgesehen werden muss.

Als besonders problematisch während der Verhandlungen erwies sich die Bestimmung des Tages vor der Hauptversammlung, auf den sich der Nachweis beziehen sollte.[19] Zum einen wurde ein Termin favorisiert, der äußerst kurz vor der Hauptversammlung liegt,[20] damit die Teilnehmer die tatsächlich bestehenden Beteiligungsverhältnisse widerspiegeln. Dies stellt wiederum die Gesellschaften vor Schwierigkeiten, die Inhaberaktien ausgeben und daher ihre Aktionäre nicht kennen. Angesichts der langen Intermediärsketten, die gerade bei ausländischen Investoren vorkommen, bedarf es mehr Zeit für die Bewältigung des damit verbundenen logistischen Aufwandes.[21] Dieses Problem stellt sich bei Namensaktien nicht in vergleichbarem Ausmaß, da hier der für die Teilnahme erforderliche Nachweis demjenigen ausgestellt werden kann, der im Register als Aktionär eingetragen ist. Dementsprechend liegt auch in Mitgliedstaaten, in denen überwiegend Namensaktien ausgegeben werden, der Nachweisstichtag vergleichsweise kurz vor der Hauptversammlung,[22] während in den Mitgliedstaaten, in denen Inhaberaktien dominieren, längere Fristen üblich sind.[23]

---

17 § 10 Abs. 1 AktG.
18 Bachner/Dokalik, GesRZ 2007, 104, 110.
19 Bachner/Dokalik, GesRZ 2007, 104, 110.
20 GD Binnenmarkt (Fn 5) S. 12.
21 Vgl. Grundmann/Winkler, ZIP 2006, 1421, 1425; Zetzsche, Der Konzern 2007, 180, 195.
22 Z.B.: 48 Stunden in Großbritannien, vgl. Commission Staff Working Document (Fn 4), abrufbar unter http://ec.europa.eu/internal_market/company/shareholders/indexa_en.htm, S. 45.
23 Z.B.: 21 Tage in Deutschland, § 123 Abs. 3 S. 3 AktG.

Angesichts dieser Diskrepanzen ist es nachvollziehbar, dass eine recht komplizierte Regelung getroffen wurde. Grundsätzlich darf der Nachweisstichtag höchstens 30 Tage vor dem Tag der Hauptversammlung liegen, auf die er sich bezieht, Art. 7 Abs. 3 S. 3 A-RL. Allerdings muss noch gem. Art. 7 Abs. 3 S. 4 A-RL beachtet werden, dass zwischen dem letztmöglichen Tag der Einberufung und dem Nachweisstichtag mindestens acht Tage liegen, wobei diese beiden Tage bei der Berechnung nicht mitgezählt werden (Art. 7 Abs. 3 S. 5 A-RL). Damit soll sichergestellt werden, dass zwischen der Bekanntmachung der Einberufung und dem record date eine ausreichende Zeit für eventuelle Vorbereitungen der Aktionäre liegt. Insbesondere sollen verliehene Aktien[24] rechtzeitig zurückgerufen werden können, da dies Voraussetzung für die Stimmrechtsausübung ist.[25] Wichtig ist, dass Art. 7 Abs. 3 A-RL im Zusammenspiel mit Art. 5 und 6 A-RL und den für die Einberufung der Hauptversammlung und die Ausübung der Minderheitenrechte gesehen werden muss. Macht ein Mitgliedstaat von der gem. Art. 5 Abs. 1 Unterabs. 2 A-RL eröffneten Möglichkeit Gebrauch, die Einberufungsfrist auf 14 Tage zu verkürzen, muss dennoch gewährleistet sein, dass zwischen Nachweisstichtag und dem Tag der Hauptversammlung acht Tage liegen. Da sich eine solche achttägige Spanne mit Art. 5 Abs. 1 Unterabs. 3 A-RL aber überhaupt nicht mehr ausginge, bestimmt Art. 7 Abs. 3 S. 6 A-RL, dass bei einer zehntägigen Mindesteinberufungsfrist für die zweite bzw. weitere Hauptversammlung nur mindestens sechs Tage zwischen letztmöglichem Tag der Einberufung und Nachweisstichtag liegen müssen und dass diese beiden Tage dann nicht mitgezählt werden (Art. 7 Abs. 3 S. 7 A-RL).

Für den Nachweis der Aktionärseigenschaft folgt aus Art. 7 Abs. 4 A-RL, dass nur solche Anforderungen vorgeschrieben werden dürfen, die für die Feststellung der Identität der Aktionäre erforderlich und zur Erreichung dieses Zwecks angemessen sind. Da die A-RL diesbezüglich keine konkreten Angaben macht, stellt sich die Frage, wie der Nachweis aufgrund dieser Anforderungen ausgestaltet werden könnte. Es ist den Aktionären jedenfalls in Folge der „Mediatisierung des Aktienbesitzes“ nicht möglich, sich durch die Präsentation der Wertpapiere zu legitimieren.[26] Während bei Namensaktien die Legitimation am besten über die Registrierung im Aktienregister erfolgt, gibt es bei Inhaberaktien verschiedene denkbare Verfahren. Da eine Gesellschaft, die Inhaberaktien ausgibt, ihre Aktionäre nicht dem Aktienregister entnehmen kann, ist sie idR auf die Mitwirkung der depotführenden Kreditinstitute angewiesen. Handelt es sich bei den Depotkunden um Intermediäre, die nicht die „wahren“ Aktieninhaber sind, stellt sich die Frage, ob der Nachweis eines solchen Intermediärs über den Aktienbestand und den Berechtigten genügt („direct approach“).[27] Alternativ könnte auch verlangt werden, dass die Bestätigungen die gesamte Intermediärskette durchlaufen müssen, so dass sich der Emittent nicht auf die Zuverlässigkeit der depotführenden Kreditinstitute verlassen

24 Siehe hierzu Dethomas/Rontchevsky, Revue Lamy Droit des Affaires 2007, 10, 15.
25 Bachner/Dokalik, GesRZ 2007, 104, 109; Grundmann/Winkler, ZIP 2006, 1421, 1425.
26 Noack, FS Westermann (2008) 1203, 1215, 1216 f. Ausführlich: Zetzsche, Der Konzern 2007, 180, 181 f.
27 Pluskat, WM 2007, 2135, 2136.

dürfte und eine größtmögliche Richtigkeitsgewähr bestünde („chain approach").[28] Das zweite Legitimationsverfahren hat den Nachteil, dass es unter Umständen sehr umständlich ist, wenn mehrere Intermediäre zwischengeschaltet sind, insbesondere wenn dies in Papierform „der Kette entlang" erfolgt.[29] Vor dem Hintergrund, dass die A-RL auf die Vereinfachung und Beschleunigung der Legitimation abzielt, besteht die Gefahr, dass der chain approach nicht „erforderlich" bzw. „angemessen" i. S. v. Art. 7 Abs. 4 A-RL ist,[30] wobei man dem in Zukunft eventuell mittels der Etablierung einer vollelektronischen Legitimation begegnen könnte.[31]

2. Legitimation im deutschen Recht

Ein stichtagsbezogenes System gilt im deutschen Recht für börsennotierte Gesellschaften bereits seit dem 1. November 2005[32] und wurde mit dem UMAG[33] eingeführt. Die Einführung eines record date und die Beseitigung der Möglichkeit eines satzungsmäßigen Hinterlegungserfordernisses war schon von der Regierungskommission Corporate Governance gefordert worden.[34] Sie hatte vorgeschlagen, dass die Satzung die Legitimation nur noch davon abhängig machen können sollte, dass sich die Aktionäre vor der Hauptversammlung anmelden und ein formeller Nachweis ihrer Aktionärsstellung erbracht würde, wobei es genügen sollte, dass sich der Nachweis der Inhaberschaft auf den siebten Tag vor der Hauptversammlung bezöge.[35] Bedenken bestanden lediglich hinsichtlich zusätzlicher Anfechtungsrisiken, weil Aktionäre, die nach erfolgter Anmeldung mit Bescheinigung der Inhaberschaft ihre Aktien veräußern, dennoch an der Hauptversammlung teilnehmen und dort ihr Stimmrecht ausüben. Wenn Nicht-Aktionäre ihre Stimme abgeben, könnte dies die Anfechtbarkeit der betreffenden Hauptversammlungsbeschlüsse zur Folge haben, wobei jedoch in den allermeisten Fällen die Stimmabgabe eines (Nicht-)Aktionärs für das Beschlussergebnis nicht kausal ist und schon aus diesem Grund eine Anfechtbarkeit ausscheidet. Nicht völlig ausgeschlossen werden kann jedoch die Gefahr des Missbrauchs durch einzelne Aktionäre oder Aktionärsgruppen.[36] Der Vorschlag sollte ursprünglich bereits mit Erlass des TransPuG[37] umgesetzt werden und so enthielt noch der Referentenentwurf eine entsprechende

---

28 Grundmann/Winkler, ZIP 2006, 1421, 1426.
29 Noack, FS Westermann (2008) 1203, 1215; ders., NZG 2006, 321, 323.
30 Grundmann/Winkler, ZIP 2006, 1203, 1215.
31 Noack, FS Westermann (2008) 1203, 1215.
32 Vgl. die Übergangsregelung § 16 EGAktG, hierzu: Butzke, WM 2005, 1981, 1982; Göz/Holzborn, WM 2006, 157, 163; Kiefner/Zetzsche, ZIP 2006, 551, 552 ff.
33 Gesetz zur Unternehmensintegrität und Modernisierung des Anfechtungsrechts v. 22. 9. 2005, BGBl. I, 2802, BT-Drs. 15/5092.
34 Vgl. Baums, Regierungskommission, S. 139.
35 Baums, Regierungskommission, S. 138.
36 Baums, Regierungskommission, S. 139.
37 Gesetz zur weiteren Reform des Aktien- und Bilanzrechts, zu Transparenz und Publizität (Transparenz- und Publizitätsgesetz) v. 19. 7. 2002, BGBl. I 2002, 2681.

Formulierung.[38] Die technisch schwierige Neuregelung wurde jedoch aufgrund kritischer Stellungnahmen wieder herausgenommen und in überarbeiteter Form mit dem UMAG auf den Weg gebracht.[39] Seither ist die Hinterlegung als gesetzliche Grundform der Anmeldung zur Hauptversammlung abgeschafft.[40]

a) Nachweisstichtag und Hinterlegung

Die Legitimation der Aktionäre für die Teilnahme an der Hauptversammlung ist in der Vorschrift des § 123 Abs. 3 AktG geregelt, die nur für Inhaberaktien gilt.[41] Die Satzung kann bestimmen, wie der Berechtigungsnachweis zu erfolgen hat, wobei für börsennotierte Gesellschaften gem. § 123 Abs. 3 S. 2 AktG die Satzungsautonomie zum Schutz der Aktionäre insofern eingeschränkt ist, dass eine Bestätigung des depotführenden Kreditinstituts als Berechtigungsnachweis in jedem Fall genügt.[42] Der deutsche Gesetzgeber hat sich folglich für den direct approach entschieden und verlässt sich auf die Zuverlässigkeit der depotführenden Institute.[43] Dieser Nachweis muss sich gem. § 123 Abs. 3 S. 3 AktG auf den Beginn des 21. Tages vor der Versammlung beziehen. Eine satzungsautonome Fixierung des Nachweisstichtages ist nicht möglich, dieser ist zur Vermeidung einer unübersichtlichen Situation als Folge von Satzungsfreiheit bezüglich des record date zwingend vorgeschrieben und gilt für alle börsennotierten Aktiengesellschaften.[44] Es gilt dann im Verhältnis zur Gesellschaft nur derjenige als Aktionär, der den Nachweis erbracht hat, § 123 Abs. 3 S. 6 AktG. Von dem Nachweis der Berechtigung zur Teilnahme an der Hauptversammlung ist die Anmeldung der Aktionäre zur Hauptversammlung zu unterscheiden. Bezüglich der Anmeldung ist den Gesellschaften gem. § 123 Abs. 2 S. 1 AktG Satzungsfreiheit gewährt, grundsätzlich bestehen hierfür keine Formerfordernisse, wa s. für Inhaber- und Namensaktien gleichermaßen gilt.[45] Sowohl die Anmeldung als auch der Nachweis über die Aktionärseigenschaft muss den Gesellschaften gem. § 123 Abs. 2 S. 2 bzw. Abs. 3 S. 3 AktG mindestens sechs Tage vor der Hauptversammlung zugehen, soweit diese Frist in der Satzung nicht verkürzt wird.

Für nicht börsennotierte Gesellschaften gelten § 123 Abs. 3 S. 2 und 3 AktG nicht, so dass diese in ihrer Satzung gem. § 123 Abs. 3 S. 1 AktG auch alternative Legitimationsnachweise wie z. B. die Hinterlegung vorsehen können.[46] Es können daher die

---

38 BMJ, Referentenentwurf eines Transparenz- und Publizitätsgesetzes, abgedruckt in: NZG 2002, 78, 79.
39 Seibert, WM 2005, 157. Kritisch zum Referentenentwurf: Sünner, AG 2002, 1.
40 Vgl. Begr. RegE UMAG, ZIP 2004, 2455, 2457; Zetzsche, Der Konzern 2007, 180, 182.
41 Hüffer, AktG, § 123, 9.
42 Hüffer, AktG, § 123, 11; zu den inhaltlichen Anforderungen an diesen Nachweis: Gätsch/Mimberg, AG 2006, 746, 748.
43 Grundmann/Winkler, ZIP 2006, 1421, 1426, Noack, FS Westermann (2008) 1203, 1215. „Depotführende Institute" sind gem. § 1 Abs. 1 und Abs. 1 a KWG Kreditinstitute oder Finanzdienstleistungsinstitute.
44 Begr. RegE UMAG, ZIP 2455, 2457.
45 Seibert, WM 2005, 157; Spindler, NZG 2005, 825, 827.
46 Handelsrechtsausschuss des DAV, NZG 2005, 388, 389; Heidinger/Blath, DB 2006, 2275, 2277.

alten Hinterlegungsklauseln beibehalten werden bzw. sogar neu vorgesehen werden.[47] Dies macht allerdings nur dann Sinn, wenn die Gesellschaften noch nicht von der gem. § 10 Abs. 5 AktG eröffneten Möglichkeit Gebrauch gemacht haben, den Anspruch der Aktionäre auf Verbriefung satzungsmäßig auszuschließen. Eine Hinterlegung verbunden mit einer Präsentation der Aktienurkunden ist nämlich dann nicht möglich, wenn sämtliche Aktien unverbrieft sind, da nichts „hinterlegt" werden kann.[48] In der Praxis hat dies zur Folge, dass die Aktien trotz entgegenstehender Satzungsbestimmungen nicht hinterlegt werden, sondern dass lediglich eine Anmeldung verbunden mit der Vorlage einer Bankbescheinigung erfolgt.[49] Es können auch ganz andere Nachweise der Teilnahmeberechtigung vorgesehen werden; für die Gesellschaften ohne Börsennotierung, die Inhaberaktien ausgeben, herrscht weitgehende Satzungsautonomie.[50]

b) Anpassungsbedarf

Auf den ersten Blick ergibt sich aus Art. 7 A-RL kein Umsetzungsbedarf.[51] Das deutsche Recht entspricht den europäischen Vorgaben insofern, dass für börsennotierte Gesellschaften gem. § 123 Abs. 3 S. 2 und 3 AktG bereits ein Nachweisstichtag gilt und die Hinterlegung abgeschafft wurde. Auch werden keine übermäßig hohen Anforderungen an die Erbringung des Nachweises der Aktionärseigenschaft aufgestellt, es genügt gem. § 123 Abs. 3 S. 2 AktG die dort umschriebene Bankbescheinigung (direct approach).[52]

(1) Verlegung des Nachweisstichtags

Allerdings darf die Vorschrift des Art. 7 A-RL nicht isoliert betrachtet werden, sie ist vielmehr im Zusammenhang mit den Fristen der Art. 5 und 6 A-RL zu sehen. Hier macht die A-RL detaillierte Vorgaben. Im Rahmen der Vorbereitung der Hauptversammlung durchlaufen die Gesellschaften mehrere Phasen. Für die Einberufung bestimmt die A-RL zunächst eine 21-tägige Mindestfrist, das deutsche Recht geht hierüber noch hinaus und legt sich auf mindestens 30 Tage vor der Hauptversammlung fest. In der Zeit vor der Hauptversammlung muss dann sichergestellt werden, dass die Aktionäre ihre Rechte auf der Hauptversammlung auch tatsächlich ausüben können. Dazu gehört auch, dass die Aktionäre gegebenenfalls verliehene Aktien zurückrufen können und ihre Minderheitenrechte, die in Art. 6 A-RL geregelt sind, wirksam geltend machen können. Daher bestimmt Art. 7 Abs. 3 S. 4 A-RL, dass zwischen Einberufung und Nachweisstichtag mindes-

---

47 Hüffer, AktG, § 123, 10. Ausführlich zur Legitimation durch Hinterlegung: MüKoAktG/Kubis, § 123, 21 ff.; GroßKommAktG/Werner, § 123, 34 ff.
48 MüKoAktG/Kubis, § 123, 21; Noack, FS Westermann (2008) 1203, 1215; Noack/Zetzsche, AG 2002, 651; GroßKommAktG/Werner, § 123, 52.
49 Begr. RegE UMAG, ZIP 2004, 2455, 2457.
50 Butzke, WM 2005, 1981, 1983; Göz/Holzborn, WM 2006, 157, 163.
51 Ratschow, DStR 2007, 1402, 1405; J. Schmidt, BB 2006, 1641, 1643; Wand/Tillmann, AG 2006, 443, 447.
52 Pluskat, WM 2007, 2135, 2136.

tens acht Tage liegen müssen. Zwar genügt der Zeitrahmen im deutschen Recht zwischen Einberufung (30 Tage) und Nachweisstichtag (Beginn des 21. Tages) auch dieser Anforderung. Allerdings muss eine durch die Minderheit ergänzte Tagesordnung gem. Art. 6 Abs. 4 A-RL vor dem Nachweisstichtag bekannt gemacht werden, was einen äußerst knappen Zeitrahmen für die Ausübung dieses Rechts zur Folge hat. Daher bietet es sich unter dem Gesichtspunkt des Minderheitenschutzes an, dass der Nachweisstichtag auf einen Tag gelegt wird, der näher vor der Hauptversammlung liegt, verlegt wird.[53]

Es stellt sich daher die Frage, ob wichtige Gründe dafür sprechen, dass sich der Nachweis auf den 21. Tag vor der Hauptversammlung beziehen muss. Im RegE zum UMAG war noch vorgesehen, dass sich der Nachweisstichtag auf den 14. Tag vor der Hauptversammlung beziehen müsse.[54] Wie bereits ausgeführt, wird hier davon ausgegangen, dass eine Frist von 14 Tagen vor der Hauptversammlung ausreichend ist, was umso mehr gilt, wenn dabei elektronische Hilfsmittel eingesetzt werden.[55] Dass es dann vor der Verabschiedung des UMAG noch zur Verlängerung der Frist auf den Beginn des 21. Tages vor der Hauptversammlung kam, liegt v.a. an der damit verbundenen Kostenersparnis der Kreditinstitute, die den Legitimationsnachweis zusammen mit den Einberufungsunterlagen versenden.[56] Die Kostenersparnis rechtfertigt jedoch nicht die Verkürzung der Zeit zur Ausübung des Ergänzungsrechts der Minderheit.[57] Daher sollte meines Erachtens wieder auf die ursprünglich bereits vorgesehene Fixierung des Nachweisstichtages am Beginn des 14. Tages vor der Hauptversammlung zurückgegriffen werden und § 123 Abs. 3 S. 3 AktG entsprechend geändert werden.

(2) Einführung eines Nachweisstichtags für Namensaktien

Weiterhin gibt Art. 7 A-RL Anlass zu der Überlegung, ob ein Nachweisstichtag auch für Namenaktien eingeführt werden sollte. Eine Verpflichtung zur Einführung eines solchen besteht bei Namensaktien zwar nicht;[58] sie lässt vielmehr den Mitgliedstaaten die Wahl und bestimmt lediglich, dass eine einheitliche Stichtagsregel für alle Gesellschaften gilt, wobei aber zwischen Namensaktien und Inhaberaktien unterschieden werden kann, vgl. Art. 7 Abs. 3 S. 1 und 2 A-RL. Der deutsche Gesetzgeber hat von der Einführung eines „record date" für Namensaktien abgesehen weil er der Ansicht war, dass eine positivrechtliche Regelung überflüssig wäre.[59] Dies folgt zum einen daraus, dass wegen § 125 Abs. 2 AktG Namensaktiengesellschaften Mitteilungen ohnehin nur an Aktionäre versenden müssen, die spä-

---

53 Vgl. Ratschow, DStR 2007, 1402, 1404: Verlegung des Nachweisstichtages auf einen Tag nach dem 19. Tag vor der Hauptversammlung.
54 Siehe hierzu Seibert, WM 2005, 157.
55 Vgl. Begr. RegE UMAG, ZIP 2004, 2455, 2458; zustimmend: Gantenberg, DB 2005, 207; Noack, NZG 2004, 297, 303; Winkler, Stimmrecht, S. 164.
56 AuschussB BT-Drs. 15/5693, S. 17. (Beschlussempfehlung und Bericht des Rechtsausschusses des BT).
57 Siehe auch S. 91 f.
58 Art. 7 Abs. 2 Unterabs. 2 A-RL.
59 Begr. RegE UMAG, ZIP 2004, 2455, 2458.

testens zwei Wochen vor der Hauptversammlung im Aktienregister eingetragen werden.[60] Weiter ist es bei Namensaktiengesellschaften in der Praxis üblich, dass vor der Hauptversammlung ein Umschreibestopp erfolgt und die Umschreibung im Aktienregister ausgesetzt wird, so dass eine dem record date englischen Zuschnitts und der Regelung des Stichtags bei Inhaberaktien gleichende Wirkung erzielt wird.[61] Außer Acht gelassen wird dabei jedoch, dass die Vornahme eines solchen Umschreibestopps in rechtlicher Hinsicht mangels Rechtsgrundlage nicht auf sicheren Füßen steht.[62] Daher wäre nicht zuletzt im Sinne von Rechtssicherheit und Rechtsklarheit die Einführung eines verbindlichen Nachweisstichtages auch für Namensaktien zu begrüßen.[63] Der Nachweisstichtag für die Namensaktie könnte sich auf den siebten Tag vor der Hauptversammlung beziehen, so dass eine andere Frist als bei Inhaberaktien gilt.[64] Es wäre folglich empfehlenswert, dass der deutsche Gesetzgeber einen Nachweisstichtag für Namensaktien ins AktG einfügt.[65]

(3) Keine Anwendung auf nicht börsennotierte Gesellschaften

Schließlich muss noch geklärt werden, ob der Nachweisstichtag nur für börsennotierte Gesellschaften verpflichtend vorgeschrieben oder ob auch bei nicht börsennotierten Gesellschaften die Hinterlegung abgeschafft werden sollte. Der deutsche Gesetzgeber hat sich dazu entschlossen, für nicht börsennotierte Gesellschaften weitgehend Satzungsfreiheit zu gewähren, so dass nach wie vor die Hinterlegung der Aktien als Voraussetzung für die Teilnahme an der Hauptversammlung vorgesehen werden kann.[66] Allerdings sprechen für eine Anwendung einer Stichtagsregelung auf börsenferne Gesellschaften wichtige Gründe. Zum einen stellt insbesondere das Erfordernis der Hinterlegung auch bei privaten Aktiengesellschaften ein recht umständliches Formalerfordernis für die Teilnahme dar, welches angesichts der technischen Entwicklung nicht mehr notwendig erscheint.[67] Zum anderen könnte eine allzu weitgehende Satzungsfreiheit für nicht börsennotierte Aktiengesellschaften dazu ausgenutzt werden, die Teilnahme von Minderheitsaktionären auf missbräuchliche Art und Weise zu erschweren.[68] Dieser Missbrauchseinwand wiederum wird dadurch entschärft, dass es von Seiten der Gesellschaften keineswegs missbräuchlich ist, wenn dort die Entscheidung getroffen wird, weiterhin an der Hinterlegung als Legitimation festzuhalten, dies entsprach ja bis vor kurzem noch dem geltenden Recht in Deutschland für sämtliche Aktiengesellschaften. Es ist außerdem

---

60 Seibert, WM 2005, 157, 158.
61 Begr. RegE UMAG, ZIP 2004, 2455, 2458; Winkler, Stimmrecht, S. 165.
62 Gegen die Zulässigkeit eines solchen Umschreibestopps: Diekmann, BB 1999, 1985, 1989; Noack, DB 1999, 1306, 1309.
63 Winkler, Stimmrecht, S. 165.
64 Seibert, WM 2005, 157, 158, der noch darauf hinweist, dass dies die Flexibilität der Namensaktie beeinträchtigt.
65 Im RefE ARUG ist freilich keine Vorverlagerung des Nachweisstichtages vorgesehen.
66 Hüffer, AktG, § 123, 10; Zetzsche, NZG 2005, 369, 371.
67 Kalss/Schauer, Reform, S. 191.
68 Bachner/Dokalik, GesRZ 2007, 104, 110.

zu bedenken, dass die Abschaffung der Hinterlegung vor allem ausländischen Aktionären einen Anreiz zur Teilnahme an der Hauptversammlung und zur Ausübung ihrer Rechte geben soll, was hauptsächlich bei größeren Publikumsgesellschaften mit Börsennotierung und einem internationalen Anlegerkreis relevant wird.[69] Daher besteht diesbezüglich jedenfalls kein akuter Änderungsbedarf. Eine Abschaffung der diesbezüglichen Unterscheidung zwischen börsennotierten und nicht börsennotierten Aktiengesellschaften hinsichtlich des Nachweisstichtages ist nicht zwingend notwendig.

3. ARUG

Die gem. Art. 7 Abs. 3 S. 4 und 6 Abs. 4 A-RL notwendige Abstimmung des Nachweisstichtages, der Einberufungsfrist sowie der Frist zur Einbringung von Ergänzungsverlangen hat der deutsche Gesetzgeber zum Anlass genommen ein neues Berechnungsinstrumentarium für Fristen und Termine in § 121 Abs. 7 AktG einzuführen.[70] Ziel ist eine Neuordnung der von „Zweifelsfragen" und „Berechnungsschwierigkeiten" geprägten bisherigen Fristen- und Terminregelungen.[71] Nach der neuen Berechnungsmethode ist der Tag der Versammlung nicht mitzurechnen und eine Verlegung von einem Sonntag, Sonnabend oder einem Feiertag auf einen zeitlich vorausgehenden oder nachfolgenden Werktag kommt nicht in Betracht.[72] Klargestellt wird ferner, dass die §§ 187 bis 193 BGB keine entsprechende Anwendung finden, weil die notwendige Berechnungstechnik nunmehr vollständig im AktG geregelt ist.[73] Nur nicht börsennotierte Gesellschaften können in der Satzung eine andere Berechnung vorsehen, die z.B. einen Feiertagsschutz enthält, vgl. § 121 Abs. 7 S. 4 AktG. Wichtig und neu ist, dass alle Fristen und Termine des Unterabschnitt der §§ 121 ff. AktG von der Hauptversammlung zurück berechnet werden, wobei weder der Versammlungstag noch der Tag, an dem ein Erfolg bewirkt oder eine Handlung vorgenommen werden muss, mitgerechnet werden darf. Außerdem wird der Begriff des Termins in das AktG eingeführt werden. Termine sind juristische Sekunden, die auf den Beginn des errechneten Tages, also 0 Uhr fallen.[74] Termine in diesem Sinne sind der Nachweisstichtag nach § 123 Abs. 3 S. 3 AktG sowie die Mitteilungen nach § 125 Abs. 2 AktG und § 128 Abs. 1 AktG.

Die Einführung des neuen § 121 Abs. 7 AktG geht einher mit der Neufassung der Absätze 2 und 3 in § 123 AktG, die die Anmeldefrist betrifft. Gem. § 123 Abs. 2 S. 2 AktG muss die Anmeldung der Gesellschaft sechs Tage[75] vor der Versammlung zugehen, es sei denn, die Satzung sieht eine kürzere, in Kalendertagen zu bemessen-

---

69 Vgl. Begr. RegE UMAG, ZIP 1005, 2455, 2457.
70 Angeregt bereits durch Florstedt, Der Konzern 2008, 504, 508–511.
71 Drinhausen/Keinath, BB 2009, 64, 65; Seibert/Florstedt, ZIP 2008, 2145, 2148.
72 Streichung des Feiertagsprivilegs, vgl. Drinhausen/Keinath, BB 2008, 64, 65; Seibert/Florstedt, ZIP 2008, 2145, 2148.
73 Begr. RegE ARUG, S. 42.
74 Begr. RegE ARUG, S. 42.
75 Bisher: Bis spätestens am siebten Tag, vgl. § 123 Abs. 2 S. 3 AktG.

de Frist vor. Der Tag des Zugangs ist gem. § 123 Abs. 2 S. 3 AktG nicht mitzurechnen. Besondere Beachtung verdient hierbei der neue S. 4, wonach sich die Einberufungsfrist von 30 Tagen gem. § 123 Abs. 1 S. 1 AktG um die Tage der Anmeldefrist in S. 2 verlängert, so dass die Einberufung bis zu 36 Tage vor der Hauptversammlung erfolgen muss.[76] Bei börsennotierten Gesellschaften muss der in Textform erstellte Nachweis des Anteilsbesitzes durch das depotführende Institut auch mindestens sechs Tage vor der Hauptversammlung zugehen, sofern die Satzung keine kürzere, in Kalendertagen zu bemessende Frist vorsieht.

Von der Neufassung der Fristenregimes verspricht sich der deutsche Gesetzgeber eine Entlastung der Praxis sowie eine Beseitigung von Auslegungsspielräumen.[77] Alle Fristen und Termine §§ 121 ff. werden sich daher an § 121 Abs. 7 AktG orientieren, so dass für diesen Unterabschnitt die allgemeinen Regeln, insbesondere die Verjährungsregeln der §§ 187 bis 193 BGB nicht mehr anzuwenden sind. Dies ist erfreulich, weil endgültig klargestellt wird, dass der Nachweisstichtag gem. § 123 Abs. 3 S. 3 AktG keine Frist ist und daher auch auf einen Sonntag, Sonnabend oder Feiertag fallen kann. Weniger erfreulich ist die Verlängerung der Einberufungsfrist auf bis zu 36 Tage vor der Hauptversammlung, wobei weder der Tag der Hauptversammlung noch der Tag der Einberufung mitzuzählen sind, so dass die Gesellschaften insgesamt 38 Tage Vorlaufzeit einplanen müssen.

Zu beachten ist schließlich die Übergangsvorschrift des § 20 EGAktG. Das neue Fristenregime ist gem. § 20 Abs. 1 EGAktG erstmals auf Hauptversammlungen anzuwenden, die nach dem 31. Oktober 2009 einberufen werden. Da die Satzungen in der Regel zu diesem Zeitpunkt nicht an die neuen Vorgaben angepasst sein werden, bestimmt § 20 Abs. 3 AktG, dass Fristenregelungen, die abweichend von § 123 Abs. 2 S. 2, Abs. 3 S. 3 AktG nicht in Kalendertagen ausgedrückt sind, bis zur ersten ordentlichen Hauptversammlung nach Inkrafttreten des ARUG wirksam bleiben und sich übergangsweise weiterhin nach § 123 Abs. 4 AktG richten.

4. Zwischenergebnis

Obwohl die Einführung eines Nachweisstichtags gem. § 123 Abs. 3 S. 3 AktG im deutschen Recht schon vollzogen worden ist, hat Art. 7 A-RL ganz erhebliche Auswirkungen und wird zur Neufassung der Absätze 2 und 3 von § 123 AktG und einer Neuregelung der Fristen führen. Die §§ 121 ff. AktG erhalten gem. § 121 Abs. 7 AktG ein eigenes Fristenregime, dessen Besonderheit ist, dass Fristen und Termine von der Versammlung zurückberechnet werden können und dass eine Verlegung von einem Sonntag, Sonnabend oder Feiertag auf einen Werktag nicht in Betracht kommt. Für die Vorbereitung der Hauptversammlung gelten somit Sonderregeln, die die allgemeinen Vorschriften der §§ 187 bis 193 BGB verdrängen. Neu ist der Begriff des Termins im Aktienrecht. Termine sind juristische Sekunden, die auf den

---

76 Vgl. Begr. RegE ARUG, S. 43.
77 Begr. RegE ARUG, S. 42; Seibert/Florstedt, ZIP 2008, 2145, 2148.

Beginn des errechneten Tages, also 0 Uhr fallen. Die Einführung des neuen Fristenregimes soll in erster Linie zu mehr Rechtssicherheit beitragen, indem klargestellt wird, dass der Nachweisstichtag keine Frist sondern ein Termin i.S.v. § 121 Abs. 7 S. 1 AktG ist.

Die Einführung dieses Fristenregimes muss auch im Zusammenhang mit der Vorgabe der A-RL gesehen werden, die gem. Art. 6 Abs. 4, 7 Abs. 3 S. 4 A-RL vorschreibt, dass die Frist zur Ausübung der Minderheitenrechte mit dem Nachweisstichtag und der Einberufungsfrist abzustimmen ist. Hierdurch ist insgesamt die Neuordnung der Fristen im Vorfeld der Hauptversammlung erforderlich geworden. Der deutsche Gesetzgeber sieht als Lösung eine sehr weitgehende Vorverlagerung mit der Folge vor, dass die Einberufung 30 bis 36 Tage und das Tagesordnungsergänzungsrecht 30 Tage vor der Hauptversammlung vorzunehmen ist, wobei weder der Tag der Hauptversammlung noch der Tag der Einberufung/des Ergänzungsverlangens mitzuzählen sind. Dies führt dazu, dass Aktionäre im Extremfall erst dann von der Einberufung Kenntnis erlangen, wenn die Frist zur Ausübung des Ergänzungsrechts bereits abgelaufen ist, was eine ungerechtfertigte Verkürzung der Minderheitenrechte darstellt. Zur Vermeidung dieser Nachteile der Neuregelung sollte der Nachweisstichtag auf den 14. Tag vor der Versammlung verlegt werden.

II. Elektronische Hauptversammlung, Art. 8 A-RL

Die Bestimmung mit dem wohl größten Zukunftspotential ist Art. 8 A-RL, wobei die Ausschöpfung dieses Potentials größtenteils nicht Sache der nationalen Gesetzgeber sondern der adressierten Gesellschaften sein wird.[78] Die Vorschrift beseitigt sehr weitgehend Beschränkungen seitens der Mitgliedstaaten, die einer elektronischen Teilnahme der Aktionäre an der Hauptversammlung entgegen stehen. Bereits Art. 5 Abs. 4 A-RL enthält eine deutliche Hinwendung zu elektronischen Medien, indem der Internetseite der Gesellschaften zentrale Bedeutung für die Einberufung der Hauptversammlung zugeordnet wird.[79] Dies entspricht dem mit der A-RL verfolgten Anliegen die Bedeutung elektronischer Medien zu stärken.[80] Es ist daher nicht verwunderlich, dass die größte Aufmerksamkeit bei Verabschiedung gerade der in Art. 8 A-RL verorteten „Einführung der elektronischen Hauptversammlung“ gewidmet wurde.[81] In der europäischen Praxis ist die Bedeutung der ausschließlich elektronischen Teilnahme an der Hauptversammlung bislang allenfalls gering,[82] wenngleich sich jedenfalls die Wissenschaft bereits intensiv mit

---

78 Bachner/Dokalik, GesRZ 2007, 104, 111; Eigner/Winner, ÖBA 2008, 43, 44; Noack, SR 2007, 102.
79 Kort, NZG 2007, 653, 656; Pluskat, WM 2007, 2135, 2140 ; Ratschow, DStR 2007, 1402, 1404.
80 Mitteilung der Kommission an den Rat und das Europäische Parlament vom 21.5. 2003 KOM(2003) 284 endgültig, S. 10; Eigner/Winner, ÖBA 2008, 43, 43; Lecourt, Revue des Sociétés. 2007, 423, 424.
81 Vgl. Noack, FS Westermann (2008) 1203, 1213.
82 Für Deutschland, Frankreich und Großbritannien: Winkler, Stimmrecht, S. 213.

den rechtlichen und technischen Voraussetzungen virtueller Aktionärstreffen auseinander auseinandergesetzt hat.[83]

In der Absicht, bestehende rechtliche Hindernisse bezüglich der Ausübung der Stimmrechte durch gebietsfremde Aktionäre zu beseitigen, hat sich daher der europäische Gesetzgeber mit solchen Erschwernissen befasst, die der Teilnahme an der Hauptversammlung auf elektronischem Weg entgegenstehen und will sie beseitigt wissen. Die Kommission verspricht sich davon die Erleichterung einer (v.a. aktiven) Teilnahme der Aktionäre an der Hauptversammlung gerade bei grenzüberschreitendem Bezug und überwindet das in den meisten Mitgliedstaaten geltende Ortsprinzip im Sinne einer Präsenzveranstaltung, in der Voraussetzung für die Ausübung der Aktionärsrechte die persönliche Anwesenheit der Anteilseigner bzw. von deren Vertretern ist.[84] Da jedoch noch immer Bedenken an der Ausgereiftheit und Sicherheit der Technik bestehen bzw. geäußert werden, wird darauf verzichtet, den Aktionären in allen Fällen die elektronische Teilnahme zu gestatten.[85] Wesentlich hierbei ist sicherlich auch der Gedanke, dass die Frage der Kosten, die eine derartige Möglichkeit der Teilnahme verursacht, noch nicht abzuschätzen ist, weil bislang noch zu wenig Erfahrungswerte existieren.[86]

Bemerkenswert an dieser Regelungstechnik ist, dass nur die Mitgliedstaaten und nicht auch die Gesellschaften (indirekt) in die Pflicht genommen werden. Es entsprach von Beginn an der Auffassung der Kommission, dass in Bezug auf die Nutzung moderner Technologien bei der Organisation der Hauptversammlung keine Behinderungen bestehen sollten, wobei jedoch die endgültige Entscheidung über den tatsächlichen Einsatz neuer Technologien und die Abschätzung der damit verbundenen Nutzen, Kosten und Risiken bei den Gesellschaften liegt.[87] Trotz des Mindestnormcharakters dürfen die Mitgliedstaaten den Gesellschaften aus den in Art. 8 Abs. 2 Unterabs. 1 A-RL vorgesehenen Anforderungen keine zusätzlichen Pflichtvorgaben in Bezug auf die Ausgestaltung der elektronischen Teilnahme machen.[88] Abgesehen von der Frage, ob dies denn überhaupt sinnvoll wäre, ist diese Technik der Regelsetzung gerade im deutschen Aktienrecht sehr selten. Für dieses ist die Kombination von detaillierten Regelungen und dem Grundsatz der Satzungsstrenge (§ 23 Abs. 5 S. 1 AktG) charakteristisch, die für eine Anpassung die Mitwirkung des Gesetzgebers erfordert und einen erheblichen Bedarf an „aktien-

---

83 Vgl. Fleischhauer, ZIP 2001, 1133; Habersack, ZHR 165 (2001) 172; Hasselbach/Schumacher, ZGR 2000, 258; Heckelmann, HV und Internet; Heller/Sadeghi/Dretzki/Ruhe, CR 2002, 592; Zetzsche, virtuelle HV.

84 Zetzsche, NZG 2007, 686, 690. Für Großbritannien: Hainsworth, Law and Financial Market Review, January 2007, 11, 16; kritisch: Nolan, EBOR 7 (2006) 549, 586f.

85 Begr. A-RL-E, S. 4.

86 Daher kritisch : BDA/BDI/DIHK/GDV/DAI, NZG 2006, 577, 578; vgl. auch Noack/Beurskens, GPR 2006, 88, 89; Noack NZG 2006, 321, 325. Zu den bislang in Deutschland gemachten Erfahrungen mit der elektronischen Übertragung der Hauptversammlung, vgl. Zetzsche, virtuelle HV, S. 263ff.

87 Bachner/Dokalik, GesRZ 2007, 104, 111.

88 AA Bachner/Dokalik, GesRZ 2007, 104, 111 (Fn 57); Karollus, Ges 2006, 99, 102 (Fn 32).

rechtlichem Lobbyismus" zur Folge hat.[89] Insofern ist Art. 8 A-RL ein anschauliches Beispiel für den (positiven) Einfluss anderer (v.a. der angloamerikanischen) Rechtsordnungen auf das deutsche Aktienrecht.

Wieso aber wird der elektronischen Hauptversammlung so viel Bedeutung beigemessen, dass sich der europäische Gesetzgeber dazu entschlossen hat, diese Form der Teilnahme europaweit durchzusetzen? Am Anfang der Überlegungen stehen wieder die Funktionen der Aktionärstreffen in der Unternehmensverfassung. Konzeptionell betrachtet ist die Hauptversammlung das oberste Organ der Gesellschaft, weil in ihr die Eigentümer zusammentreffen und über Zukunft und Schicksal entscheiden.[90] Sie ist also für eine funktionierende Corporate Governance unverzichtbar.[91] Angesichts niedriger Hauptversammlungspräsenzen in Folge der rationalen Apathie der Aktionäre ist die Wahrnehmung dieser Funktionen im Gefüge der Unternehmensverfassung gefährdet.[92] Ein zentraler Lösungsansatz zur Bekämpfung dieses Problems ist die europaweite Einführung der Möglichkeit auf elektronischem Weg an der Hauptversammlung teilzunehmen. Hiervon verspricht man sich eine Verringerung der Kosten für Aktionäre und Gesellschaften sowie eine Flexibilisierung des Rechts der Hauptversammlung und in der Konsequenz ein Ansteigen der Präsenzen gerade im Hinblick auf die ausländischen Aktionäre.[93] Ob sich diese Art der Teilnahme an der Hauptversammlung in Zukunft tatsächlich durchsetzen wird, kann zum gegenwärtigen Zeitpunkt nicht sicher beantwortet werden und hängt entscheidend mit der zukünftigen technologischen Entwicklung sowie der Bereitschaft der Gesellschaften zusammen hiervon Gebrauch zu machen.

1. Vorgaben der A-RL

Aus Art. 8 A-RL folgt die Verpflichtung der Mitgliedstaaten, dass sie den Gesellschaften erlauben, „ihren Aktionäre *jede* Form der Teilnahme an der Hauptversammlung *auf elektronischem Wege* anzubieten".[94] Im Vergleich zum A-RL-E wurde die Vorschrift etwas prägnanter formuliert, ohne dass jedoch eine andere inhaltliche Ausrichtung bezweckt war.[95] Im Laufe der Beratungen neu aufgenommen wurde zwecks Veranschaulichung eine beispielhafte Aufzählung der zu ermöglichenden elektronischen Teilnahmeformen.[96] Durch Art. 8 A-RL werden die Mit-

---

89 Vgl. Fleckner in Habersack/Bayer, Wandel des Aktienrechts, Bd. I, S. 999, 1017.
90 Wymeersch, FS Lutter (2000) 213, 221.
91 Explizit für die A-RL: Noack, FS Westermann (2008) 1203, 1219.
92 Ausführlich hierzu siehe bereits S. 4–6.
93 Erwägungsgrund 14 A-RL; Drinhausen/Keinath, BB 2008, 1238, 1238; Kleffel, jurisPR-HaGesR 1/2008 Anm. 4; Putzer, ecolex 2007, 861, 863; Sauter, Der Referentenentwurf eines Gesetzes zur Umsetzung der Aktionärsrechterichtlinie (ARUG), S. 3; Zetzsche, Virtual Shareholder Meetings and the European Shareholder Rights Directive – Challenges and Opportunities, S. 65 f. („Pandora's Box opened"). Vgl. bereits Seibert 2004, AG 2004, 529, 529.
94 Hervorhebungen durch den Verfasser.
95 Kritisch zur Formulierung in A-RL-E: Noack, NZG 2006, 321, 325.
96 Daher kritisch zu Art. 8 A-RL-E: Grundmann/Winkler, ZIP 2006, 1421, 1426; Spindler GVR (2005) 31, 46. Die gleiche Gesetzgebungstechnik der veranschaulichenden Aufzählungen wird auch in Art. 5 Abs. 3 b, lit. i) A-RL verwendet.

gliedstaaten lediglich verpflichtet, einen gesetzlichen Rahmen zu schaffen, der es den Gesellschaften gestattet, elektronische Medien einzusetzen, ohne sie hierzu jedoch zu zwingen.[97] Die Offenheit der Norm für alle Arten der elektronischen Kommunikation stellt es also in das unternehmerische Ermessen der Gesellschaften, ob sie weiterhin traditionelle Hauptversammlungen abhalten oder ob sie die elektronische Teilnahme ermöglichen, was bei der Umsetzung ins nationale Recht zwingend beachtet werden muss.[98] Dabei ist der Begriff der „Teilnahme an der Hauptversammlung auf elektronischem Wege" ein nicht klar konturierter, im wesentlichen geht es dabei um die Möglichkeit der Wahrnehmung der versammlungsgebundenen Rechte mittels elektronischer Hilfsmittel.[99] Da sich hierfür noch keine bestimmte Technik durchgesetzt hat, soll die Norm auch offen für neue technologische Entwicklungen sein und den Gesellschaften größtmögliche Flexibilität gewährleisten.

a) Formen der elektronischen Teilnahme

Teilweise wird Art. 8 Abs. 1 A-RL jedoch auch so verstanden, dass den Gesellschaften nur eine der dort angeführten Formen der elektronischen Teilnahme gestattet werden muss. Aus der Formulierung „..., insbesondere *eine oder alle* der nachstehend aufgeführten Formen der Teilnahme",[100] könnte geschlossen werden, dass die nationalen Gesetzgeber es z.B. bei der Zulassung der Übertragung der Hauptversammlung in Echtzeit (Art. 8 Abs. 1 lit. a A-RL) belassen können.[101] Ein solches Verständnis lässt außer Acht, dass der erste Halbsatz bewusst offen gehalten ist, weil insbesondere die Ausübung des Stimmrechts auf elektronischem Weg nicht verhindert sondern im Gegenteil gerade gefördert werden soll.[102] Diese Offenheit wird durch die nicht abschließende Aufzählung der Teilnahmemöglichkeit lediglich veranschaulicht, wonach bestimmte Formen der Teilnahme zulässig sein müssen. Hierbei handelt es sich um:

- Die Übertragung der Hauptversammlung in Echtzeit, lit. a;
- eine Zweiweg-Direktverbindung, die dem Aktionär die Möglichkeit gibt, sich von einem entfernten Ort aus an die Hauptversammlung zu wenden, lit. b;
- ein Verfahren, das die Ausübung des Stimmrechts vor oder während der Hauptversammlung ermöglicht, ohne dass ein Vertreter ernannt werden muss, der bei der Hauptversammlung persönlich anwesend ist.[103]

Diese Liste wurde hauptsächlich aus gesetzgebungstechnischen Gründen in den Text der A-RL aufgenommen, da die ursprünglich in Art. 12 Abs. 2 A-RL-E enthaltene Regelung für die elektronische Stimmabgabe so in den Art. 8 A-RL (lit. c) ver-

---

97 Begr. A-RL-E, S. 4.
98 Bachner/Dokalik, GesRZ 2007, 104, 111; Eigner/Winner, ÖBA 2008, 43, 44.
99 Eigner/Winner, ÖBA 2008, 43, 50.
100 Hervorhebungen durch den Verfasser.
101 Schmidt/Lutter/Ziemons, Vor §§ 121 ff., 31; Schmidt/Lutter/Spindler, § 134, 67.
102 Erwägungsgrund 9 A-RL.
103 Zu den verschiedenen Formen der elektronischen Teilnahme an der Hauptversammlung, die infolge der Umsetzung der A-RL zulässig sein werden, siehe sogleich.

lagert werden konnte, so dass diese Vorschrift eine kompakte Regelung für alle Formen der elektronischen Mitwirkung enthält.[104]

Wichtig ist in diesem Zusammenhang, dass mit der Teilnahme an der Hauptversammlung nicht nur die passive Kenntnisnahme der Versammlungsgeschehnisse erfasst wird, sondern dass vielmehr alle versammlungsgebundenen Rechte elektronisch ausgeübt werden können müssen. Die Mitgliedstaaten müssen also dafür sorgen, dass die Aktionäre die Stimm-, Frage-, Rede-, Auskunfts- und Antragsrechte elektronisch ausüben können, wenn dies so gesellschaftsintern beschlossen wird. Problematisch ist dies gerade im Hinblick auf das Frage-, Rede- und Auskunftsrecht, wenn man bedenkt, dass die Hemmschwelle für die Ausübung dieser Rechte bei Erleichterung der Ausübung übers Internet sinken wird und die Gefahr droht, dass dies von einigen Aktionären in exzessivem Maße betrieben wird, so dass die Gesellschaften bzw. deren Versammlungsleiter in der Hauptversammlung nicht allen Anfragen und Anträgen nachkommen können. Dies könnte ausgenutzt werden, um zusätzliche Anfechtungsmöglichkeiten zu schaffen und gegen die getroffenen Beschlüsse vor Gericht zu ziehen. Aus praktischer Sicht ist daher eine Einschränkung des Frage-, Rede- und Auskunftsrechts durchaus sinnvoll und fast schon zwingend erforderlich.[105] Andererseits steht man dann aber vor der Frage, in welchem Umfang die Aktionäre in der Ausübung ihrer versammlungsgebundenen Rechte mittels elektronischer Hilfsmittel eingeschränkt werden dürfen. Nicht zuletzt ist dabei der Gleichbehandlungsgrundsatz der Aktionäre gem. Art. 4 A-RL zu beachten. So könnte z.B. die Einschränkung des Rederechts eine unangemessene Ungleichbehandlung im Vergleich zu den vor Ort anwesenden Aktionären, die keinen solchen Beschränkungen unterliegen, darstellen. Hieraus wiederum resultiert die weitere Frage, ob die Mitgliedstaaten zur Vermeidung solcher Ungleichbehandlungen vorschreiben könnten, dass die verschiedenen Aktionärsrechte miteinander verknüpft sind, dass also z.B. das Stimmrecht nur dann elektronisch ausgeübt werden darf, wenn auch eine elektronische Möglichkeit besteht, das Rede- oder Fragerecht auszuüben. Dies könnte zur Vermeidung von Verstößen gegen das Gleichbehandlungsgebot zwar notwendig sein. Die Mitgliedstaaten werden sich aber auch diesbezüglich zurücknehmen müssen und das Feld insoweit den Gesellschaften überlassen, die von Art. 8 Abs. 1 A-RL ermächtigt werden, jede Art der elektronischen Teilnahme vorzusehen und daher eigenverantwortlich darauf achten müssen, dass dies mit Art. 4 A-RL[106] vereinbar ist. Die A-RL gestattet es den Gesellschaften jedwede Form der Teilnahme auf elektronischem Weg zuzulassen, folglich müssen die Mitgliedstaaten deren Satzungsfreiheit respektieren. Nicht zuletzt hieran zeigt sich deutlich, wie schwierig die zukünftige Entwicklung der „elektronischen Hauptversammlung" einzuschätzen ist.

---

104 Bachner/Dokalik, GesRZ 2007, 104, 111.
105 Eigner/Winner, ÖBA 2008, 43, 50.
106 Bzw. § 53 a AktG.

b) Einschränkungen

Die einzige Möglichkeit für die Mitgliedstaaten, zusätzliche Auflagen an die elektronische Teilnahme vorzusehen, ergibt sich aus Art. 8 Abs. 2 A-RL. Hiernach darf die elektronische Teilnahme nur an Anforderungen oder Beschränkungen geknüpft werden, die die sichere Feststellung der Identität der Aktionäre und die Sicherheit der elektronischen Kommunikation gewährleisten, wobei zwingend beachtet werden muss, dass der Verhältnismäßigkeitsgrundsatz gewahrt wird und die entsprechenden Anforderungen zur Erreichung dieser Zwecke angemessen sind. Mit dieser Ausnahme werden Sicherheitsbedenken insbesondere hinsichtlich der Identifizierung der Aktionäre berücksichtigt. Problematisch ist dabei, dass angesichts bislang noch fehlender Mindeststandards Rechtsunsicherheit dahingehend herrscht, welche Sicherheitsvorkehrungen als noch angemessen bewertet werden können bzw. ab wann diese Schwelle überschritten ist.[107] Über die Angemessenheit einer diesbezüglichen gesetzlichen Regelung entscheidet letzten Endes der EuGH.[108] Es werden jedoch mit dieser Ausnahmevorschrift hauptsächlich technische und faktische Einschränkungen erfasst; die systemgerechte Einpassung in die nationalen Gesellschaftsrechte soll nicht erschwert werden, so dass z.B. vorgesehen werden kann, dass die elektronische Teilnahme gleichermaßen für Namens- und Inhaberaktien offenstehen muss, was sich in Deutschland gleichfalls aus § 53a AktG ergeben dürfte.[109]

c) Keine Bindung der Gesellschaften an den Verhältnismäßigkeitsgrundsatz

Ferner ist fraglich, wer Adressat dieser Ausnahmevorschrift ist. Die Ausgestaltung der elektronischen Teilnahme ist wie gesagt den Gesellschaften überlassen. Möglich wäre es daher, dass Art. 8 Abs. 2 A-RL nicht nur die Mitgliedstaaten bindet, sondern auch die Gesellschaften selbst verpflichtet, so dass auch diese bei Ausgestaltung ihrer Satzungen an den Verhältnismäßigkeitsgrundsatz gebunden wären. Sollte es wirklich so sein, dass auch die Gesellschaften und deren Satzungen bzw. die in der Hauptversammlung getroffenen Beschlüsse oder die Handlungen der jeweils nach der nationalen Rechtsordnung zuständigen Organe (Vorstand, Versammlungsleiter, Hauptversammlung, Aufsichtsrat oder Aktionäre)[110] an den Vorgaben der A-RL zu messen wären, dann würden die jeweils zulässigen Ausgestaltungen letzten Endes der Überprüfung durch den EuGH unterliegen, weil die Mitgliedstaaten entsprechende Regelungen vorsehen müssten, die den Gesellschaften die Wahrung des Verhältnismäßigkeitsgrundsatzes vorschreiben.[111] Ein gutes Beispiel für eine Ad-

---

107 Spindler, VGR (2005) 31, 46; Grundmann/Winkler, ZIP 2006, 1421, 1426.
108 Zur Angemessenheit bei der Legitimation: Grundmann/Winkler, ZIP 2006, 1421, 1426; Noack, FS Westermann (2008) 1203, 1215.
109 Eigner/Winner, ÖBA 2008, 43, 51 mit Hinweis auf die Parallelvorschrift im österreichischen AktG, § 47a öAktG; vgl. die Kommentierung zu dieser Norm in MüKoAktG/Doralt/Winner, § 53a, 37–53.
110 Vgl. Art. 8 Abs. 2 Unterabs. 2 A-RL.
111 Dafür: Ratschow, DStR 2007, 1402, 1405. Im deutschen Recht findet sich hingegen keine entsprechende Vorschrift und wird auch nicht mit dem ARUG eingeführt werden.

ressierung der Gesellschaften selbst ergibt sich wiederum aus der A-RL und zwar aus Art. 10 Abs. 1 Unterabs. 2 A-RL, wonach die Gesellschaften keine Einschränkungen in Bezug auf die Person des Stimmrechtsvertreters vorsehen dürfen.[112] Gerade die andere Formulierung von Art. 8 Abs. 2 Unterabs. 1 A-RL im Vergleich zu Art. 10 Abs. 1 Unterabs. 2 A-RL spricht jedoch gegen die Annahme, dass auch die Gesellschaften selbst adressiert sind. Entscheidend dürfte aber die Überlegung sein, dass die Gesellschaften selbst darüber entscheiden können, ob sie die elektronische Teilnahme überhaupt zulassen oder ob sie gänzlich davon absehen, diese Form der Teilnahme zuzulassen. Wenn ihnen diese Entscheidungsfreiheit zugestanden wird, wäre es widersprüchlich nicht zu erlauben, dass sie zusätzliche Anforderungen vorsehen, die unter Umständen nicht angemessen im Sinne von Art. 8 Abs. 2 Unterabs. 1 A-RL sein mögen.[113] Gegen eine Adressierung der Gesellschaften spricht weiterhin ganz wesentlich die noch im A-RL-E verwendete Formulierung, wonach die Mitgliedstaaten unangemessene Anforderungen und Auflagen zu untersagen haben.[114] Konzeptionell bestehen folglich zwar geringe Unterschiede zwischen Vorschlag und endgültiger Fassung der A-RL, ohne dass dies jedoch etwas an dem Grundsatz ändern würde, dass den Gesellschaften größtmöglicher Spielraum bei der Ausgestaltung der elektronischen Teilnahme an der Hauptversammlung zugestanden wird. Die Norm will also gerade und ausschließlich die Kompetenzen der Mitgliedstaaten eingrenzen.[115] Folglich richtet sich Art. 8 Abs. 2 Unterabs. 1 A-RL ausschließlich an die Mitgliedstaaten und nicht auch an die Gesellschaften.

d) Geringer Umsetzungsspielraum

Die vorangegangenen Überlegungen bedeuten in der Konsequenz, dass die Mitgliedstaaten bei der Ausgestaltung der elektronischen Hauptversammlung nur geringen Spielraum haben, insbesondere ist daran zu denken, dass die Bewertung der Angemessenheit etwaiger Anforderungen und Beschränkungen durch die Mitgliedstaaten nunmehr dem EuGH obliegt, der die Auslegungshoheit über die A-RL besitzt.[116] Vor diesem Hintergrund, dass sich insofern Kompetenzen von den nationalen Gerichten zum EuGH verlagern, erklärt sich der erst im Gesetzgebungsverfahren eingeführte zweite Unterabsatz von Art. 8 Abs. 2 A-RL. Hiernach fallen Vorschriften über den Entscheidungsprozess in der Gesellschaft zur Einführung oder Anwendung einer Form der Teilnahme auf elektronischem Weg nicht in den Anwendungsbereich der A-RL. Mit dieser Klarstellung soll sichergestellt werden, dass zusätzliche Vorgaben an den gesellschaftsinternen Entscheidungsprozess wie z.B. ein gesetzlicher Satzungs- oder Aufsichtsratsvorbehalt nicht als Beschränkung im Sinne des ersten Unterabsatzes gewertet werden können, weil die nationalen Ge-

---

112 „Mit Ausnahme der Anforderung, dass der Vertreter geschäftsmäßig sein muss, heben die Mitgliedstaaten alle Rechtsvorschriften auf, die [...] es Gesellschaften ermöglichen, solche Einschränkungen vorzusehen."
113 Eigner/Winner, ÖBA, 43, 50.
114 Art. 12 Abs. 2 A-RL-E.
115 Eigner/Winner, ÖBA, 43, 49.
116 Zetzsche, NZG 2007, 686, 692.

sellschaftsrechte in dieser Hinsicht zu verschieden sind.[117] Welche Voraussetzungen an die Entscheidung über die generelle Frage der Einführung elektronischer Teilnahmemöglichkeiten an der Hauptversammlung innerhalb der Gesellschaft geknüpft werden, können die nationalen Gesetzgeber daher regeln, ohne dass dies der Überprüfung des EuGH nach den Grundsätzen der Erforderlichkeit und Angemessenheit unterliegt.

2. Die „elektronische Hauptversammlung" – Gestaltungsformen

Die A-RL legt sich nicht darauf fest, wie sich die elektronische Teilnahme an der Hauptversammlung in concreto vollzieht, weil es in technischer Hinsicht eine Vielzahl an Möglichkeiten gibt und die Berücksichtigung neuer technologischer Entwicklungen nicht von vornherein ausgeschlossen sein soll.[118] Die Entscheidung darüber, welche elektronischen Teilnahmeformen zugelassen werden, liegt dementsprechend bei den Gesellschaften und in deren unternehmerischen Ermessen. Für die Gesellschaften eröffnet sich hierdurch eine Vielzahl an Möglichkeiten, wie sie diese elektronische Teilnahme ausgestalten und welche Formen derselben sie anwenden möchten. Daher wird zunächst, bevor auf den Umsetzungsbedarf in Deutschland eingegangen wird, allgemein dargelegt, welche Optionen in Bezug auf die elektronische Hauptversammlung bestehen. Es ist dabei zu beachten, dass die Diskussion bezüglich des Einsatzes elektronischer Hilfsmittel noch relativ jung ist und sich daher bislang noch keine einheitliche Terminologie herausbilden konnte.[119]

a) Ausschließliche Übertragung via Internet/Fernsehen

Die für die Gesellschaften am einfachsten umzusetzende Form der Zuhilfenahme elektronischer Hilfsmittel bei der Durchführung der Hauptversammlung ist die Übertragung live im Internet (oder im Fernsehen). Dies funktioniert mittels einer Audio-Video-Übertragung, die mit den im Netz überwiegend kostenlos zum Herunterladen angebotenen Programmen verfolgt werden kann.[120] Den Aktionären bzw. anderen interessierten Personenkreisen wird so die Möglichkeit der Verfolgung des Versammlungsgeschehens von einem beliebigen Ort aus eröffnet. Eine sich auf diese Art und Weise vollziehende Teilnahme der Aktionäre bleibt jedoch notgedrungen eine passive, die versammlungsgebundenen Rechte können nicht selbst ausgeübt werden, allenfalls kann ein Vertreter, der sich am Versammlungsort befindet und persönlich daran teilnimmt, telefonisch oder via Email eingeschaltet werden.[121] Daher genügt die ausschließliche Zulässigkeit einer Übertragung der

---

117 Bachner/Dokalik, GesRZ 2007, 104, 111.
118 Begr. A-RL-E, S. 4; Grundmann/Winkler, ZIP 2006, 1421, 1426; Noack/Beurskens, GPR 2006, 88, 89; Pluskat, WM 2007, 2135, 2137.
119 Vgl. Heckelmann, HV und Internet, S. 85.
120 Noack, NZG 2000, 1057, 1060.
121 Sog. Stimmrechtsvertretermodell, siehe hierzu ausführlich: Zetzsche, ZIP 2001, 682, 684–686; ders., BKR 2003, 736, 738–740.

Hauptversammlung im Internet ohne Möglichkeit der aktiven Teilnahme nicht den Anforderungen von Art. 8 Abs. 1 A-RL, wie sich aus den von den Mitgliedstaaten zu erlaubenden elektronischen Teilnahmeformen, wie sie in Art. 8 Abs. 1 lit. a bis c A-RL aufgeführt sind, ergibt.[122] Diese Form der Internetnutzung war gem. § 118 Abs. 3 AktG a. F. schon vor dem ARUG zulässig und wurde von zahlreichen großen Publikumsgesellschaften genutzt (z. B. Deutsche Telekom AG, Deutsche Bank AG, Daimler AG etc.).[123]

b) Satelliten-Hauptversammlung

Eine erste Möglichkeit des Rückgriffs auf moderne Medien, die den Aktionären die Teilnahme an der Hauptversammlung in absentia erlaubt, ist die Zusammenschaltung mehrerer Versammlungsorte mittels audio-visueller Übertragung. Ein solches Verfahren kann sich bei großen Publikumsgesellschaften mit sehr vielen Aktionären anbieten, wenn ein einziger Versammlungssaal nicht ausreicht und daher auf zusätzliche Räumlichkeiten zurückgegriffen werden muss.[124] Ansätze in Richtung solcher Satelliten-Hauptversammlungen finden sich bereits heute in der Hauptversammlungspraxis, weil der hohe logistische Aufwand den Rückgriff auf technische Hilfsmittel zwingend erfordert, wobei jedoch ansonsten auf elektronische Kommunikationsformen verzichtet wird (bzw. werden muss).[125] So werden Redebeiträge schon seit langem akustisch verstärkt wiedergegeben und das Bild des Vorstandes bzw. Versammlungsleiters wird auf einer Leinwand präsentiert, damit alle Anwesenden unabhängig von ihrem Sitzplatz deren Reden und Ansagen verfolgen können.

Es kommt aber nicht nur die Zusammenschaltung von örtlich nahe beieinander liegenden Räumlichkeiten in Betracht, vielmehr können sich auch Konferenzschaltungen über große Distanzen hinweg anbieten. Bei dem Modell der Satelliten-Hauptversammlung[126] findet eine zentrale Hauptversammlung an einem bestimmten Ort statt, an dem sich das Management nebst dem für die Durchführung der Hauptversammlung notwendigen Personal (z.B. Notar) befindet. An einem oder mehreren anderen Orten finden dann weitere Versammlungen statt, von wo aus die Aktionäre über eine Videokonferenzschaltung am Versammlungsgeschehen teilnehmen können. In technischer Hinsicht können sich Aktionäre via Internet oder

---

122 Vgl. Grundmann/Winkler, ZIP 2006, 1421, 1426; Noack, FS Westermann (2008) 1203, 1213 f.; Pluskat, WM 2007, 2135, 2137; Ratschow, DStR 2007, 1402, 1405; Wand/Tilmann, AG 2006, 443, 447; Winkler, Stimmrecht, S. 250; Zetzsche NZG 2007, 686, 686. Zweifelnd hingegen: Schmidt/Lutter/Ziemons, Vor §§ 121 ff., 31; Schmidt/Lutter/Spindler, § 134, 40.

123 Die meisten DAX-30-Gesellschaften ermöglichen ihren Aktionären die Mitverfolgung der Hauptversammlung via Internet ganz oder teilweise, vgl. Sauter, ZIP 2008, 1706, 1708 (in Fn 18 Aufzählung derjenigen DAX-30-Gesellschaften, die eine vollständige Internetübertragung der Hauptversammlung 2008 angeboten haben).

124 Heckelmann, HV und Internet, S. 87.

125 Zum Einsatz elektronischer Kommunikationsmittel nach derzeit geltendem Recht: Marsch-Barner in Noack/Spindler, Unternehmensrecht und Internet, S. 57; Noack, ZGR 1998, 592.

126 Auch der Begriff Tele-Hauptversammlung oder Parallelversammlung wird verwendet, vgl. zur Terminologie: Heckelmann, HV und Internet, S. 87.

eine Satellitenverbindung mittels einer sog. Echtzeit-Zweiweg-Verbindung[127] zu der zentralen Hauptversammlung zuschalten. Dabei gibt es weiterhin nur einen einzigen Versammlungsleiter, der die Gesamtveranstaltung leitet, während weitere Hilfspersonen die Satellitenversammlungen organisieren und überwachen. Es muss trotz der räumlichen Distanz eine Überprüfung der Stimmberechtigung, der Einhaltung des Abstimmungsverfahrens sowie generell der ordnungsgemäße Ablauf der Versammlung sichergestellt werden, wofür die betreffende Gesellschaft selbst Sorge zu tragen hat. Dies offenbart zugleich auch die Schwäche des Modells der Satelliten-Hauptversammlung, dass nämlich bei der Durchführung mehrerer Versammlungen an verschiedenen Orten der logistische Aufwand und die damit verbundenen Kosten ansteigen würden.[128] Ein wesentlicher Vorteil dieses Modells ist es allerdings, dass nicht ortsansässige Anteilseigner zeit- und kostengünstig an der Hauptversammlung teilnehmen können. Bei einer in Deutschland stattfindenden Hauptversammlung könnte es z. B. günstig sein, eine Satellitenversammlung in London zu ermöglichen, um so insbesondere institutionellen Investoren, die sich dort befinden, die Teilnahme an der Hauptversammlung zu erleichtern. Gut vorstellbar ist es weiterhin, dass eine Satellitenveranstaltung z. B. in New York, Hong Kong usw. stattfindet, wo sich ein Mehrheits- oder Großaktionär aufhält, dem die Anreise zur zentralen Hauptversammlung nicht möglich ist bzw. der den damit verbundenen Aufwand scheut.[129] In Frankreich und in der Schweiz haben solchen Satelliten-Hauptversammlungen bereits stattgefunden.[130] Grund für deren Durchführung waren überwiegend länderübergreifende Fusionen, die dazu führten, dass sich große Aktionärsgruppen an den jeweiligen Firmenzentralen befanden. Ein Beispiel hierfür ist die ABB Ltd., die ihre Hauptversammlungen in den Jahren 2000 und 2001 gleichzeitig in der Schweiz (Wettingen bzw. Zürich) und in Schweden (Västerås) durchführte.[131]

c) Online-Hauptversammlung

Eine weitere Form der elektronischen Teilnahme an der Hauptversammlung bietet die Online-Hauptversammlung. Hierunter ist eine Versammlung zu verstehen, zu der die Aktionäre persönlich anreisen können, die also weiterhin an einem bestimmten, satzungsmäßig bedungenen Ort stattfindet. Daneben haben die Anteilseigner aber auch die Gelegenheit, sich über das Internet zu der Hauptversammlung zuzuschalten und auf diese Weise teilzunehmen.[132] Kennzeichnend für

---

127 Mittels einer solchen Echtzeit-Zweiweg-Verbindung kann sich der Aktionär direkt an die Hauptversammlung wenden und umgekehrt, so dass eine Kommunikation (fast) ohne Zeitverzögerung erfolgen kann, vgl. Art. 8 Abs. 1 b A-RL.

128 Noack, BB 1998, 2533, 2534.

129 Däubler-Gmelin, HFR 2000, 1, 3 (Rn. 14).

130 Noack, Hauptversammlung und Internet, abrufbar unter http://ssrn.com/abstract=646723; Noack, FS Druey (2003) 869, 877.

131 Von der Crone, FS Forstmoser (2003) 155, 156–159.

132 Zum Begriff „Online-Hauptversammlung“: Heckelmann, HV und Internet, S. 86; Heller/Sadeghi/Dretzki/Ruhe, CR 2002, 592; , NZG 2001, 1057, 1058; Pikó/Preissler, AG 2002, 223; Schwarz, MMR 2003, 23, 27 („Online-Präsenz-Hauptversammlung“).

die Online-Hauptversammlung ist folglich, dass die traditionelle Form der ortsgebundenen Hauptversammlung beibehalten und zusätzlich eine Teilnahme in Echtzeit übers Internet von einem beliebigen Ort aus ermöglicht wird. Eine solche Zuschaltung über das Internet muss nicht nur den Aktionären der Gesellschaft zu gute kommen, auch eine Übertragung an alle Internetnutzer kann erfolgen, was sich vor allem für große Publikumsgesellschaften anbieten dürfte, wo das Interesse der Allgemeinheit an den Versammlungsgeschehnissen üblicherweise sehr groß ist. Ist allerdings eine elektronische Ausübung der versammlungsgebundenen Aktionärsrechte erwünscht, muss eine entsprechende Legitimationsprüfung durchgeführt werden, um zu verhindern, dass gesellschaftsfremde Personen auf der Hauptversammlung Einfluss ausüben können.[133] Eine solche Identifikationsprüfung im Zusammenhang mit der Online-Teilnahme ist zwar technisch realisierbar, der damit verbundene organisatorische und technische Aufwand ist jedoch recht kostenintensiv, was sich als größter Nachteil der Online-Hauptversammlung erweisen könnte.[134]

Der Einfluss, den die über das Internet zugeschalteten Aktionäre in der Hauptversammlung ausüben können, wird außerdem – abgesehen von der Ausübung ihrer Stimmrechte – als sehr begrenzt angesehen,[135] ist jedoch andererseits nicht zu unterschätzen. Rein theoretisch sind hier mehrere Einflussnahmevarianten denkbar. Die Aktionäre, die die Hauptversammlung über das Internet an ihrem Computer verfolgen, könnten z. B. per Email oder Telefon mit dem Versammlungsleiter in Kontakt treten und auch eine Echtzeit-Zweiweg-Verbindung, über die eine unmittelbare Kommunikation mit der Hauptversammlung möglich ist, ist vorstellbar. Zugegebenermaßen dürfte von Seiten gerade der großen Publikumsgesellschaften die Bereitschaft der Förderung der aktiven Teilnahme über das Internet sehr gering sein, da der damit verbundene Aufwand hoch wäre und nicht zuletzt unüberschaubare Anfechtungsrisiken verursachen könnte. In diesen Fällen ist es angesichts der zu erwartenden Präsenzsteigerungen hinnehmbar, dass die Aktionäre ausschließlich ihr Stimmrecht elektronisch ausüben dürfen. Bei kleineren Gesellschaften hingegen mit überschaubarem Aktionärskreis erscheinen diese Bedenken nicht so gravierend, die Einflussnamemöglichkeiten auf den Gang der Hauptversammlung dürften hier von vornherein größer sein und sind zumindest theoretisch ungemein vielfältig.[136]

Ein Beispiel für einen Mitgliedstaat, in dem den Gesellschaften die Abhaltung einer Online-Hauptversammlung bereits erlaubt ist, ist Frankreich.[137] Es kann satzungsmäßig vorgesehen werden, dass die Aktionäre ihr Stimmrecht in Echtzeit

---

133 Eigner/Winner, ÖBA 2008, 43, 45.

134 Vgl. Fleischhauer, ZIP 2001,1133, 1137; Hasselbach/Schumacher, ZGR 2000, 258, 265–270; Than, FS Peltzer (2001) 577, 594.

135 Heckelmann, HV und Internet, S. 87.

136 Marsch-Barner in Noack/Spindler, Unternehmensrecht und Internet, 57, 66.

137 Vgl. art. L. 225-107 code de commerce. In der Schweiz ist die Zulässigkeit umstritten: von der Crone, FS Forstmoser (2003) 155, 162. Gleiches gilt für Italien, vgl. Hasselbach/Schumacher, ZGR 2000, 258, 281–283

während der Hauptversammlung abgeben, wobei das hierfür einzuhaltende Verfahren dermaßen streng ist, dass diese Form der Teilnahme an der Hauptversammlung sich in der Praxis noch nicht durchgesetzt hat.[138] Bemerkenswert ist außerdem, dass in Großbritannien die Erwartung geäußert wird, dass durch die Zulassung der Online-Hauptversammlung das altmodische Abstimmungsverfahren des „show of hands“ in den Hauptversammlungen englischer Gesellschaften zugunsten fortschrittlicherer Systeme abgeschafft werden wird.[139]

d) Virtuelle Hauptversammlung

Eine virtuelle Hauptversammlung[140] zeichnet sich schließlich dadurch aus, dass bei ihr überhaupt keine Präsenzveranstaltung mehr stattfindet. Sie findet ausschließlich in einem „virtuellen Raum“ statt. Darunter hat man sich zwei Varianten vorzustellen: Die Aktionäre können ein Treffen im Netz organisieren, bei welchem mittels Internet, Mikrofonen und Webkameras Sprache und Bild ausgetauscht werden. Oder sie vereinbaren die Führung der Diskussionen in reiner Textform in einem sog. Chatroom, zu dem nur die Anteilseigner als Teilnehmer zugelassen werden. Ein Ort, an dem die Hauptversammlung stattfindet, existiert dann lediglich insofern, dass sich die Aktionäre über das Internet verbinden lassen, wobei nur bestimmte Personen zugelassen sind. Die Hauptversammlung würde dann nur noch als ein „Netzprozess“ stattfinden, so dass die traditionelle Saalversammlung obsolet würde.[141]

Die Durchführung einer ausschließlich virtuellen Hauptversammlung würde den organisationstechnischen Spielraum im Vergleich zur Präsenzversammlung erheblich erweitern. Insbesondere wäre es dann möglich, dass die Hauptversammlung nicht mehr nur an einem einzigen Tag stattfinden braucht, sondern über eine längere Periode andauern könnte und somit zu einem mehrtägigen Prozess der Entscheidungsfindung in den betreffenden Gesellschaften führen würde. Dies hätte den Vorteil, dass sich die Aktionäre gezielter auf die Hauptversammlung vorbereiten könnten und sich z.B. vor der Stimmabgabe mit anderen Aktionären verbünden oder austauschen könnten.[142] Dadurch würde die Ausübung und Geltendmachung der Minderheitenrechte effektiver und kostengünstiger ausgeübt werden können.[143] Hierin liegt jedoch zugleich eine Gefahr, die mit der virtuellen Hauptversammlung verbunden ist: Es droht dann nämlich ein Missbrauch der sich neu eröffnenden Möglichkeiten durch Aktionäre, die z.B. zur Manipulation falsche Gerüchte streuen oder querulatorische Absichten verfolgen.[144] Die Integrierung einer virtuel-

---

138 Lecourt, Revue des Sociétés. 2006, 923, 927f.
139 Hainsworth, Law and Financial Market Review, January 2007, 11, 16.
140 Zum Begriff „virtuelle Hauptversammlung“: Heckelmann, HV und Internet, S. 86. Auch der Begriff „Cyber-HV“ wird verwendet: Noack, NZG 2001, 1057, 1058; Den Begriff „ausschließliche Internet-HV“ verwendet Hirte, Liber Amicorum Buxbaum, 283, 288.
141 Vgl. Noack, HV und Internet, erhältlich unter: http://ssrn.com/abstract=646723, S. 22–30; ders., NZG 2001, 1057, 1058.
142 Diese Funktion soll gegenwärtig im deutschen Recht bereits das Aktionärsforum iSd § 127 a AktG erfüllen, welches jedoch an Akzeptanzschwierigkeiten leidet. Siehe hierzu Seibert, AG 2006, 16.
143 Spindler, ZGR 2000, 420, 440.
144 Spindler, ZGR 2000, 420, 442.

len Hauptversammlung in die nationalen Gesellschaftsrechte wäre mit vielen grundsätzlichen Fragen verbunden. So gestaltet sich die Steuerung einer solchen „Versammlung" durch den Versammlungsleiter schwierig. Als problematisch könnte sich auch eine ordentliche Dokumentation erweisen, wenn innerhalb kürzester Zeit riesige Datenvolumina, die durch die online teilnehmenden Aktionäre verursacht werden, entstünden.

e) Zwischenergebnis

Die Ausübung der Aktionärsrechte in absentia via elektronischer Kommunikationsmittel oder gar die Durchführung einer virtuellen Hauptversammlung ist zum gegenwärtigen Zeitpunkt in den allermeisten europäischen Mitgliedstaaten nicht zulässig und stellt die absolute Ausnahme dar.[145] Eine Ausnahme stellen insofern Frankreich und Dänemark dar, wo bereits heute elektronisch abgestimmt werden kann bzw. sogar eine rein virtuelle Hauptversammlungen rechtlich zulässig ist.[146] Auch in einigen US-Staaten steht den Gesellschaften diese Option zur Verfügung.[147] Interessant ist, dass die neuen technologischen Entwicklungen im US-Bundesstaat Delaware dazu geführt haben, dass dort seit dem 1. Juli 2000 virtuelle Hauptversammlungen zulässig sind.[148]

3. Anpassungsbedarf im deutschen Recht

Da Art. 8 A-RL die Freigabe der virtuellen Hauptversammlung nicht fordert, besteht für den deutschen Gesetzgeber kein Zwang, den Gesellschaften diese Form der Durchführung der Hauptversammlung zu erlauben. Indem die Vorschrift die Mitgliedstaaten jedoch verpflichtet, die elektronische Teilnahme an der (Präsenz-) Hauptversammlung zu gestatten, wird sich dies auch auf das deutsche Recht auswirken. Den Gesellschaften erlaubt werden muss dies zumindest in Form der reinen Übertragung der Hauptversammlung, der Satelliten-Hauptversammlung und der Online-Hauptversammlung. Die virtuelle Hauptversammlung muss den Gesellschaften zwar nicht erlaubt werden. Da die A-RL insofern lediglich Mindeststandards festlegt (Art. 3 A-RL), ist allerdings auch die Zulassung der virtuellen Hauptversammlung europarechtlich möglich, wenn hierdurch die Ausübung der Aktionärsrechte weiter erleichtert wird.[149]

---

145 Die elektronische Ausübung des Stimmrechts ist in einigen Mitgliedstaaten bereits heute möglich und zwar in Dänemark, Finnland, Frankreich, Italien, Portugal, Spanien; in Großbritannien können die „proxy forms" elektronisch ausgefüllt werden, vgl. Commission Staff Working Document (Fn 4) S. 94 f.
146 Van der Krans, Journal of International Commercial Law and Technology (2007) 32, 33.
147 Hierzu: Spindler/Hüther, RIW 2000, 329.
148 § 211(a)(2) und (e) Delaware General Corporation Law; vgl. hierzu Merkt/Göthel, US-amerikanisches Gesellschaftsrecht, S. 353 (=Rn. 669). Üblicher noch ist freilich die Gewährleistung von Beteiligungsmöglichkeiten in absentia mittels „proxies", vgl. GroßKommAktG/Grundmann, § 133, 82 (Fn 168); Spindler/Hüther, RIW 2000, 329.
149 Zetzsche, NZG 2007, 686, 691.

Um den konkreten Anpassungsbedarf im deutschen Recht zu bestimmen, wird im folgenden erläutert, welche Form der elektronischen Teilnahme an der Hauptversammlung bereits nach der bis zum Inkrafttreten des ARUG geltenden Rechtslage gestattet war und inwiefern hier Beschränkungen bestanden. Im Anschluss wird geklärt, welche zusätzlichen Formen das Aktienrecht zulassen muss und inwiefern sich ggf. eine darüber hinausgehende Umsetzung anböte, so dass ein eigener Umsetzungsvorschlag unterbreitet werden kann.

a) Die elektronische Teilnahme an der Hauptversammlung vor Inkrafttreten des ARUG

(1) Grundsätzlich: Präsenzveranstaltung

Noch aus dem 19. Jahrhundert stammt das herkömmliche Konzept der Hauptversammlung als zeit- und ortsgebundene Präsenzveranstaltung.[150] Dieses Leitbild ist dadurch geprägt, dass sich die Aktionäre als Eigentümer (mindestens) einmal jährlich zusammenfinden, um über Zukunft und Schicksal der Gesellschaft zu befinden, wobei sie ihre Rechte grundsätzlich nur innerhalb der Hauptversammlung ausüben sollten, vgl. § 118 Abs. 1 S. 1 AktG. Dieses Leitbild ist daher ganz wesentlich von der persönlichen Anwesenheit aller Gesellschafter an einem bestimmten reellen Ort geprägt.[151] Mit diesem Konzept soll sichergestellt werden, dass die Aktionäre informiert über die Verwaltungsvorschläge abstimmen und so ihrer Kontrollfunktion gerecht werden können, was insbesondere auch die Beantwortung von Aktionärsfragen durch die Verwaltung beinhaltet.[152] Angesichts der zunehmenden Internationalisierung der Anlegerschaft, der neuen technologischen Entwicklungen und der verstärkten Kapitalmarktöffnung vieler Aktiengesellschaften ist dieses Leitbild mittlerweile allerdings überholt.[153]

Dennoch hat das AktG im Grundsatz an der zeit- und ortsgebundenen Präsenzversammlung festgehalten. Dies folgt aus §§ 118 Abs. 1 S. 1 und 121 Abs. 3 und 5 AktG, wonach eine Teilnahme an der Hauptversammlung im Rechtssinne nur bei gleichzeitiger Anwesenheit am Versammlungsort erfolgt. Hiervon betroffen sind nicht nur das Frage-, Rede- und Auskunftsrecht sondern auch das Stimmrecht, all diese Rechte sind auf der Hauptversammlung auszuüben, sie sind also versammlungsgebunden.[154] Im Zuge „Aktienrechtsreform in Permanenz“[155] ist es zwar zu einer gewissen Lockerung des Grundsatzes der Präsenzveranstaltung gekommen.

---

150 Vgl. GroßKommAktG/Mülbert, § 118, 59; Zetzsche, BKR 2003, 736.

151 Vgl. Passow, Aktiengesellschaft, S. 471 f. Bezeichnend ist der Begriff der sog. „Schornsteinaktionäre“, vgl. Noack, FS Westermann (2008) 1203, 1211.

152 Zetzsch e, BKR 2003, 736. 737.

153 Allgemeine Ansicht, vgl. nur Roth, ZIP 2003, 369, 376 f. Dies anerkennt auch der Gesetzgeber, vgl. Begr. RefE ARUG, S. 27.

154 Eckardt in Geßler/Hefermehl/Eckardt/Kropff, § 118, 5; MüKoAktG/Kubis, § 118, 8; GroßKommAktG/Barz, 3. Auflage, § 118, 5, 7; Hüffer, AktG, § 118, 7; Baumbach/Hueck, § 118, 3; Spindler/Stiltz/Hoffmann, § 118, 41; von Godin/Wilhelmi, § 118, 2.

155 Erstmals: Zöllner, AG 1994, 336. Den Begriff haben z.B. Seibert, AG 2002, 417 und jüngst Noack, NZG 2008, 441 wieder aufgegriffen.

Zu einer vollständigen Aufgabe hat sich der Gesetzgeber bislang jedoch noch nicht durchringen können.[156] Aus § 121 Abs. 3 S. 1 AktG folgt, dass die Hauptversammlung an einem bestimmten Ort stattfinden muss. Ein solcher Ort muss zwingender Weise ein physischer sein, nicht gemeint ist ein „virtueller Ort", zu dem nur über das Internet Zugang möglich ist, so dass die Abhaltung einer rein virtuellen Hauptversammlung nach geltendem Recht nicht möglich ist.[157]

(2) Übertragung der Hauptversammlung

Wie bereits dargelegt, ist eine (wenn auch passive) Form der Teilnahme an der Hauptversammlung auf elektronischem Weg die Verfolgung der Versammlungsgeschehnisse via Rundfunk/Fernsehen bzw. Internet. Es war jedoch schnell klar, dass die Anpassung des AktG an die neuen technologischen Entwicklungen noch nicht abgeschlossen sein konnte.[158] Die Hauptversammlung wird als eine geschlossene Veranstaltung angesehen, was ebenso für große Publikumsgesellschaften gilt, auch wenn dort ein breites Interesse der Öffentlichkeit besteht.[159] Umstritten war lange Zeit, ob eine Übertragung im Fernsehen – ggf. eine entsprechende Satzungs- oder Geschäftsordnungsregelung vorausgesetzt – im Grundsatz zulässig war oder ob einer solchen Zugänglichmachung auch für Gesellschaftsfremde die Nichtöffentlichkeit der Veranstaltung entgegenstand.[160] Die diesbezügliche Rechtsunsicherheit hatte in der Praxis zur Folge, dass Fernsehaufnahmen üblicherweise nur vor und nach aber nicht während der Hauptversammlung erfolgten.[161] Anders stellte sich die Rechtslage in Bezug auf eine Internetübertragung dar, weil hier der Zugang zur Internet-Übertragung beschränkt werden konnte und somit das Prinzip der Geschlossenheit weitgehend gewahrt blieb.[162] Unabhängig davon, ob und wie die Hauptversammlung übertragen wurde, konnte der einzelne Rede- und Fragesteller jederzeit der Übertragung seines Beitrags widersprechen. Dies folgte aus seinem Allgemeinen Persönlichkeitsrecht, das insbesondere eine Aufzeichnung von Privatpersonen in Bild und Ton gegen deren Willen und ohne Rechtsgrundlage verbietet.[163] Widersprach der Rede- und Fragesteller also der Übertra-

---

156 MüKoAktG/Kubis, § 118, 40 f; Schmidt/Lutter/Spindler, § 118, 30.

157 Claussen, AG 2001, 161, 166; Däubler-Gmelin, HFR 2000, 1, 3; Habersack, ZHR 165 (2002), 172, 180 f.; Hüffer, AktG, § 118, 12; MüKoAktG/Volhard, § 134 Rn. 84; Muthers/Ulbrich, WM 2005, 215, 216 f.; Noack, BB 1998, 2533; ders., NZG 2001, 1057, 1061; Pikó/Preissler, AG 2002, 223, 224; Riegger/Mutter, ZIP 1998, 637, 638; Spindler/Stilz/Hoffmann, § 118, 41; Spindler/Hüther, RIW 2000, 329; Than, FS Peltzer (2001) 577; 596; Zätzsch/Gröning, NZG 2000, 393, 396; Zetzsche, ZIP 2001, 682, 683; ders., BKR 2003, 736, 738; a. A. nur Hasselbach/Schumacher, ZGR 2000, 258, 260 f. Ausführlich zur Unzulässigkeit der „Cyber-Hauptversammlung": Heckelmann, HV und Internet, S. 106–117.

158 RegE, BT-Drs. 14/8769, S. 19; Schwarz, MMR 2003, 23, 24 f.

159 Riegger/Mutter, ZIP 1998, 637, 638.

160 Dafür: Max, AG 1991, 77, 81; Semler in MüHdb. GesR, 2. Auflage, § 36, 49. Differenzierend: Riegger, ZHR 165 (2001), 204, 210 f. (m. w. N.).

161 Martens, Leitfaden, 20; Riegger/Mutter, ZIP 1998, 637, 638; Semler in MüHdb. GesR, 2. Auflage, § 36, 49.

162 Riegger, ZHR 165 (2001), 204, 210. Problematisch dabei ist allerdings, dass ein online teilnehmender Aktionär beliebig vielen Nicht-Teilnahmeberechtigten Zugang verschaffen könnte.

163 Vgl. RegBegr. BT-Drs. 14/8769, S. 19; BGHZ 127, 107, 109 = NJW 1994, 3094, 3096; BGHZ 27, 284 = NJW 1958, 1344; Schmidt/Lutter/Spindler, § 118, 46; Hüffer, AktG, § 118, 17.

gung über das Fernsehen oder das Internet, musste er für die Dauer seines Beitrags in der Hauptversammlung ausgeblendet werden.[164] Fraglich war allerdings, ob eine Übertragung selbst dann ausgeschlossen war, wenn eine Aufzeichnung des Beitrags durch die Empfänger mit technischen Mitteln ausgeschlossen werden konnte.[165] Da die Empfänger einer solchen Übertragung jedoch nicht Teilnehmer im Rechtssinne waren und auch eine ausschließliche Übertragung in Bild und Ton ohne Aufzeichnung einen Eingriff in das Allgemeine Persönlichkeitsrecht darstellt,[166] überwog das Interesse des der Übertragung widersprechenden Aktionärs dem Informationsinteresse nicht persönlich Teilnehmender.[167]

Eine wichtige Änderung des AktG brachte das TransPuG vom 19. Juli 2002 und die damit verbundene Einführung von § 118 Abs. 4 AktG[168] mit sich, wonach die Satzung oder Geschäftordnung gem. § 129 Abs. 1 AktG bestimmen kann, „die Bild- und Tonübertragung der Versammlung zuzulassen." Es ist somit klargestellt, dass und unter welchen Voraussetzungen die Echtzeitübertragung der Hauptversammlung zulässig ist und die Hauptversammlungseilnehmer haben in der Folge nicht mehr das Recht der Übertragung ihres Rede- und Fragebeitrags zu widersprechen. Jene Aktionäre, die eine Übertragung ihres Beitrages nicht wünschen, können einen Vertreter mit der Ausübung der Aktionärsrechte beauftragen. Damit hat die Hauptversammlung ihren zwingenden Status als geschlossene Veranstaltung ein Stück weit eingebüßt.[169] Die Übertragung der Hauptversammlung im Internet oder über Fernsehen und Rundfunk hat sich nicht nur zu einem beliebten Mittel der Aktionärspflege sondern auch der Information der Mitarbeiter bei großen Publikumsgesellschaften entwickelt. Z.B. hat die DaimlerChryler AG[170] bereits im Jahr 1999 ihre Hauptversammlung über den konzerneigenen Fernsehsender DCTV übertragen und konnte so weltweit immerhin 420.000 Mitarbeiter des Unternehmens erreichen.[171] Mittlerweile überträgt die ganz überwiegende Zahl der im DAX und MDAX notierten Gesellschaften die Hauptversammlung live.[172]

---

164 GroßKommAktG/Mülbert, Vor §§ 118–147, 177; Riegger, ZHR 165 (2001), 204, 211; Spindler, ZGR 2000, 420, 434f.; a.A. Noack, BB 1998, 2533, 2534 (wenn durch Satzung, Geschäftsordnung oder HV-Beschluss legitimiert).
165 Vgl. Hasselbach/Schumacher, ZGR 2000, 258, 263f.
166 BGHZ 127, 107, 109; LG Frankfurt/M., NZG 2005, 520, 520f. Das Allgemeine Persönlichkeitsrecht folgt aus Art. 2 Abs. 1 in Verbindung mit Art. 1 Abs. 1 GG, vgl. nur BVerfGE 30, 173; 75, 369; BVerfG NJW 2005, 3271.
167 Däubler-Gmelin, HFR 2000, 1, 3 (Rn. 9); GroßKommAktG/Mülbert, Vor §§ 118–147, 177; Riegger, ZHR 165 (2001), 204, 210f.; Spindler, ZGR 2000, 420, 435; a.A. Hasselbach/Schumacher, ZGR 2000, 258, 263f.; Noack, BB 1998, 2533, 2534.
168 Vor Inkrafttreten des ARUG war die im wesentlichen inhaltsgleiche Bestimmung in § 118 Abs. 3 AktG zu finden.
169 MüKoAktG/Kubis, § 118, 94.
170 Heute Daimler AG, vgl. http://www.daimler.com.
171 Vgl. hierzu Noack in FS Druey (2003), 869, 878ff.; Schwarz, MMR 2003, 23.
172 Sauter, ZIP 2008, 1706, 1708 (mit Aufzählung in Fn 18).

(3) keine Stimmrechtsausübung in absentia

Eine partielle Öffnung des Aktienrechts für elektronische Medien erfolgte ferner mit dem am 25. Januar 2001 in Kraft getretenen NaStraG.[173] Eine Erleichterung der Übertragung der Hauptversammlung im Internet bzw. via Rundfunk/Fernsehen war mit diesem Gesetz noch nicht verbunden.[174] Neben der Bedeutung für die Namensaktie wurde insbesondere eine Form der internetbasierten Ausübung des Stimmrechts eingeführt, die der Online-Hauptversammlung sehr nahe kam. Ausgangspunkt war die Neufassung der Vorschrift des § 134 Abs. 3 S. 2 AktG a.F., wonach das gesetzgeberische Leitbild für die Form der Vollmachterteilung zwar nach wie vor die Schriftform war. Die Gesellschaften konnten jedoch in ihren Satzungen Formerleichterungen bis hin zur Formfreiheit vorsehen.[175] Das bedeutete, dass die Vollmachterteilung insbesondere per Email, über die Eingabe auf einem Bildschirmformular, per Computerfax etc. möglich war. In Verbindung mit der Live-Übertragung der Hauptversammlung über Internet, Fernsehen oder Rundfunk konnten die Gesellschaften ihren Aktionäre es daher ermöglichen noch während der Hauptversammlung unter dem Eindruck des dortigen Geschehens Weisungen an einen sich vor Ort befindlichen Vertreter zu erteilen, sog. Stimmrechtsvertretermodell.[176] Ähnlich ist die Rechtslage in Großbritannien, wo zwar der „proxy" elektronisch beauftragt werden kann, der Gesetzgeber es aber noch nicht gewagt hat, die Ausübung der Aktionärsrechte in absentia oder die Echtzeit-Teilnahme an der Versammlung ohne physische Präsenz zuzulassen.[177]

Abgesehen von dieser Ausnahme lag dem AktG das Leitbild der Präsenzveranstaltung zugrunde. Obwohl der Gesetzgeber an diesem Grundsatz stets festgehalten hatte, wurde dennoch dafür gestritten, dass auch nicht anwesende Aktionäre ihr Stimmrecht direkt ausüben, d. h. dass sie ihre Stimme ohne Zwischenschaltung eines Vertreters unmittelbar über das Internet abgeben dürften.[178] Gestützt wurde diese Ansicht durch den Wortlaut des § 134 Abs. 4 AktG a. F., wonach sich die Form der Ausübung des Stimmrechts nach der Satzung richtete.[179]

---

173 Hierzu: Goedecke/Heuser, BB 2001, 369; Fleischhauer, ZIP 2001, 1133; Habersack, ZHR 165 (2001), 172; Heckelmann, HV und Internet, S. 67–69; Heller/Sadeghi/Dretzki/Ruhe, CR 2002, 592; Hüther, AG 2001, 68; Pikó/Preissler, AG 2002, 223; Riegger, ZHR 165 (2001), 204; Schwarz, MMR 2003, 23; Spindler, MMR 2001, 65; Zetzsche, ZIP 2001, 682; ders., BKR 2003, 736. Aus österreichischer Sicht: Thiery, GesRZ 2001, 118.

174 Goedecke/Heuser, BB 2001, 369; 327; Riegger, ZHR 165 (2001), 204, 211; Spindler, ZGR 2000, 420, 433. Die Neufassung des § 118 Abs. 3 AktG wurde erst mit dem TransPuG ins AktG eingefügt.

175 Vor der Neufassung des § 134 Abs. 3 S. 2 AktG bot sich eine Bevollmächtigung unter Rückgriff auf das Internet gem. §§ 126 Abs. 3, 126a Abs. 1 BGB an, wonach die Schriftform durch Verwendung der elektronischen Signatur ersetzt werden kann. Der Vorteil dieser Form der elektronischen Bevollmächtigung liegt darin, dass auf eine Legitimation durch die Satzung verzichtet werden kann; vgl. Heckelmann, HV und Internet, S. 155.

176 Riegger/Mutter, ZIP 1998, 637, 638f. Ausführlich hierzu: Heckelmann, HV und Internet, S. 154–178; Zetzsche, ZIP 2001, 682, 684–689.

177 Hainsworth, Law and Financial Market Review, January 2007, 11, 16.

178 Hasselbach/Schumacher, ZGR 2000, 258, 272f, 276; Noack, BB 1998, 2533, 2535; Hirte, FS Buxbaum (2000) 283, 288f.

179 Spindler, ZGR 2000, 420, 436.

Diese Ansicht konnte gem. § 23 Abs. 5 S. 2 AktG aber nur dann richtig sein, wenn das Gesetz nicht selbst bereits eine abschließende Regelung getroffen hätte. Andernfalls könnte die Satzung nur dann abweichende Regelungen treffen, wenn es ausdrücklich zugelassen wäre.[180] Dem deutschen Recht war eine Stimmabgabe in absentia fremd, was nicht nur für die Stimmrechtsausübung auf elektronischem Weg sondern v. a. auch für eine Stimmabgabe per Brief galt. Der Gesetzgeber hatte nicht nur bei Erlass sowohl des NaStraG als auch des TransPuG explizit davon abgesehen Regelungen bezüglich eines sog. „Direct Votings" zuzulassen, sondern vielmehr den Schwerpunkt auf das Institut der Stellvertretung gesetzt. Es war daher davon auszugehen, dass diejenigen Aktionäre, die nicht persönlich am Ort der Hauptversammlung erschienen, nach dem Verständnis des AktG a. F. nicht als stimmberechtigt und erst recht nicht als Hauptversammlungsteilnehmer im Rechtssinne betrachtet würden. Es bestand daher kein Raum für die Annahme, dass vom Grundsatz der Präsenzveranstaltung mit der Folge abgewichen werden konnte, dass nicht anwesende Aktionäre ihr Stimmrecht direkt ausüben konnten. Erforderlich war stets die Zwischenschaltung eines Vertreters.

Als eine wichtige Schlussfolgerung kann somit festgehalten werden, dass die Ausübung des Stimmrechts „in absentia" nach alter Rechtslage im deutschen Recht nicht zulässig war.[181] Den Gesellschaften war weder die Abhaltung einer Satelliten-Hauptversammlung noch einer Online-Hauptversammlung gestattet. Gleiches galt für die Briefwahl, sie war ebenfalls nicht zulässig. Aus diesem Grund musste das AktG noch mit den Vorgaben der A-RL, die in Art. 8 und 12 A-RL die Möglichkeit der Ausübung des Stimmrechts in absentia zwingend vorschreibt, in Einklang gebracht werden.

b) Aktienrecht und Internet

Folglich war schon vor Inkrafttreten des ARUG eine gewisse Öffnung des Aktienrechts für das Internet und andere elektronische Technologien zu beobachten, auch wenn der deutsche Gesetzgeber hierbei insgesamt eher zögerlich vorgegangen ist. Folge der bisherigen Modernisierung des. Aktienrechts sind die Einberufung der Hauptversammlung im elektronischen Bundesanzeiger gem. § 25 S. 1 AktG, die Streichung des schriftlichen Versendungserfordernisses in § 125 Abs. 2 AktG, das Einstellen hauptversammlungsrelevanter Unterlagen auf der Internetseite der Gesellschaften gem. Ziff. 2.3.1. DCGK, die elektronische Übertragung der Hauptversammlung im Internet ohne Widerspruchsmöglichkeit der Aktionäre gem. § 118 Abs. 4 AktG, die Einführung des elektronischen Aktionärsforums gem. § 127a AktG[182] und die elektronische Übermittlung von Weisungen an den Stimmrechtsvertreter gem. § 134 Abs. 3 S. 2 AktG a. F.[183] Im Vergleich zu anderen Rechtsordnungen, insbesondere den USA, hinkte das deutsche Recht jedoch noch teilweise recht

180 § 23 Abs. 5 S. 1 AktG, Prinzip der Satzungsstrenge.
181 Zetzsche, BKR 2003, 736, 737.
182 Hierzu: Seibert, AG 2006, 16.
183 Überblicksaufsätze hierzu: Noack, NZG 2001, 1057; ders., NZG 2004, 297; Kort, NZG 2007, 653.

deutlich hinterher. So ist man z.B. in Delaware und Dänemark so weit gegangen, dass die nach dem Gesellschaftsrecht dieses US-Bundesstaates inkorporierten Gesellschaften die Jahreshauptversammlung ausschließlich elektronisch abhalten können; dort ist also die virtuelle Hauptversammlung bereits seit längerem zulässig.[184] Um die Reichweite dieser Entscheidung des Gesetzgebers von Delaware deutlich zu machen, sei daran erinnert, dass mehr als 50% aller US-amerikanischen, börsennotierten „corporations" nach dem Recht dieses US-Bundesstaates gegründet worden sind und somit dessen Recht unterstehen.[185] Daher kann davon ausgegangen werden, dass die überwiegende Zahl der großen Publikumsgesellschaften aus den USA eine rein virtuelle Hauptversammlung abhalten könnten.

c) Vorüberlegungen zur Umsetzung

Die erste und vielleicht wichtigste Auswirkung von Art. 8 A-RL ist, dass das in Deutschland geltende Präsenzerfordernis zur Ausübung der versammlungsbezogenen Rechte abgeschafft wurde.[186] Dies hat zum Wegfall des versammlungsbezogenen Stimmrechts geführt, weil es nicht mit den Vorgaben der A-RL vereinbar war, dass im deutschen Recht die Stimmabgabe in absentia unzulässig war.[187] Für die konkrete Beurteilung der Umsetzung der Richtlinienvorgaben sind zunächst einige Vorfragen zu klären.

(1) Erfasste Gesellschaften

Da die A-RL nur für börsennotierte Gesellschaften gilt, musste sich der Gesetzgeber entscheiden, ob auch für die Aktionäre nicht börsennotierter Aktiengesellschaften die elektronische Teilnahme an der Hauptversammlung ermöglicht werden sollte. Gerade bei einer kleineren oder geschlossenen Eignerschaft können die modernen Technologien mit erheblich geringerem Missbrauchspotential nutzbar gemacht werden, weil sich hier die Anteilseigner untereinander gelegentlich sogar persönlich kennen. Für eine Ausdehnung des Anwendungsbereichs spricht auch, dass es ohnehin den Gesellschaften überlassen bleibt, die sich neu bietenden Möglichkeiten auszuschöpfen und dass bei der Ausgestaltung der elektronischen Teilnahmeformen die Bedürfnisse der betreffenden Gesellschaften berücksichtigt werden können. Die den börsennotierten Gesellschaften eröffnete Satzungsfreiheit führt zu einer löblichen Flexibilisierung, die allen Gesellschaften zu Gute kommen sollte.[188] Außerdem erscheint der Rückgriff auf elektronische Kommunikationsmittel bei weniger Teilnehmern aus technischer Sicht leichter als bei großen Publikumsgesellschaften. So dürfte etwa eine Videokonferenz mit einer Echtzeit-Zweiweg-Ver-

---

184 Vgl. Delaware General Corporate Law § 211(a)(1) für Delaware und van der Krans, Journal of International Commercial Law and Technology (2007) 32, 33 für Dänemark.
185 Vor allem die Rechtsentwicklung durch die Gerichte von Delaware hat daher die Entwicklung des US-Gesellschaftsrechts nachhaltig beeinflusst und geprägt, vgl. Pinto, Fordham International Law Journal 32 (2008) S. 10.
186 Dies folgt auch aus Art. 12 A-RL, der die Abstimmung per Brief ermöglicht.
187 GroßKommAktG/Grundmann, § 134, 79–83; Schmidt/Lutter/Spindler, § 134, 67.
188 Eigner/Winner, ÖBA 2008, 43, 49.

bindung für ein paar Gesellschafter einfacher zu realisieren sein als für mehrere tausend Aktionäre.[189] Daher ist es uneingeschränkt zu begrüßen, dass gem. § 118 Abs. 1 S. 2 AktG die elektronische Ausübung der Aktionärsrechte auch für nicht börsennotierte Gesellschaften vorgesehen ist.

(2) *Die Verknüpfung einzelner Aktionärsrechte*

Adressat von Art. 8 A-RL sind die Mitgliedstaaten. Sie dürfen den Gesellschaften keine Vorgaben dahingehend machen, dass nur bestimmte Aktionärsrechte, etwa nur das Stimmrecht, elektronisch ausgeübt werden dürfen. Die Gesellschaften können aber für sich die Entscheidung treffen, dass nur bestimmte Rechte elektronisch ausübbar sein sollen. Die sehr weitgehende Liberalität der A-RL gilt auch in dieser Hinsicht. Ein entsprechendes Bedürfnis könnte z.B. hinsichtlich des Fragerechts bestehen, um dessen missbräuchliche Ausübung über das Internet zu verhindern.[190] Es ist daher gut denkbar, dass eine Gesellschaft z.B. nur die Ausübung des Stimmrechts auf elektronischem Weg zulässt, die Ausübung des Rede- und Fragerechts aber an die Bedingung der persönlichen Anwesenheit am Versammlungsort knüpft.[191] Problematisch könnte sich erweisen, dass bestimmte Aktionärsrechte konzeptionell miteinander verbunden sind und daher sinnvoller Weise nur zusammen ausgeübt werden können.[192] Dies trifft jedenfalls auf das Recht des überstimmten Aktionärs Widerspruch zur Niederschrift einzulegen, um eine Anfechtungsklage (§ 245 Nr. 1 AktG) vorzubereiten, zu, das auch dem elektronisch abstimmenden Aktionär offen stehen sollte.[193] Im Vergleich zu vor Ort anwesenden Aktionären wäre es eine ungerechtfertigte Ungleichbehandlung, wenn nicht allen teilnehmenden Aktionären gleichermaßen das Widerspruchsrecht eingeräumt würde, weil sonst der Rechtsschutz erheblich erschwert würde.[194] Die praktische Relevanz dieser Frage dürfte allerdings gering sein, weil das Stimm- und Widerspruchsrecht in der Praxis aller Wahrscheinlichkeit nach ohnehin nur im Verbund oder gar nicht vorkommen dürften, weil anderenfalls ein erheblicher Preisabschlag die Folge sein dürfte.[195]

(3) *Sicherheitsanforderungen*

Die Mitgliedstaaten dürfen nur solche Anforderungen und Auflagen vorsehen, die für die Feststellung der Identität der Aktionäre und für die Gewährleistung der Sicherheit der elektronischen Kommunikation erforderlich sind, wobei diese Maßnahmen der Verhältnismäßigkeitsprüfung unterliegen, vgl. Art. 8 Abs. 2 Unterabs. 1 A-RL, die letztlich durch den EuGH bewertet wird. Fraglich ist, ob der deutsche Gesetzgeber eine entsprechende Regelung aufnehmen sollte. Bei der Aus-

---

189 In diesem Sinne auch MüKoAktG/Kubis, § 118, 30.
190 Vgl. Than, FS Peltzer (2001) 577, 596.
191 Fleischhauer, ZIP 2001, 1133, 1136.
192 Eigner/Winner, ÖBA 2008, 43, 49.
193 Fleischhauer, ZIP 2001, 1133, 1136; a.A. Baums, Regierungskommission, S. 152.
194 Eigner/Winner, ÖBA 2008, 43, 49.
195 Baums, Regierungskommission, S. 152.

gestaltung einer Regelung durch die nationalen Gesetzgeber hinsichtlich der Sicherheitsanforderungen ist es jedenfalls wenig ratsam, eine detaillierte Regelung zu treffen, weil dabei die Vielfältigkeit elektronischer Teilnahmeformen und die zukünftigen technischen Entwicklungen nicht berücksichtigt werden könnten. Zweifelhaft erscheint weiter, ob es verhältnismäßig i. S. v. Art. 8 Abs. 2 Unterabs. 1 A-RL wäre, wenn die Stimmabgabe von der Verwendung der sehr sicheren digitalen Signatur[196] abhängig gemacht würde, da deren geringer Verbreitungsgrad die elektronische Teilnahme an der Hauptversammlung nicht wesentlich erleichtern würde und daher unangemessen wäre.[197]

Daher ist es empfehlenswert, nicht von der in Art. 8 Abs. 2 Unterabs. 1 A-RL eröffneten Regulierungsoption Gebrauch zu machen.[198] Dadurch müssen die Gesellschaften selbst dafür Sorge tragen, dass Legitimation und Sicherheit der verwendeten Systeme gewährleistet werden. Für eine ausreichende Disziplinierung dürfte ohnehin sorgen, dass die Gesellschaften Anfechtungsrisiken vermeiden müssen. Werden Aktionäre zu Unrecht von der (nicht nur elektronischen) Teilnahme ausgeschlossen und hat dies Auswirkungen auf das Beschlussergebnis, ist der Beschluss jedenfalls anfechtbar, ggf. sogar nichtig.[199] Damit wird die Pflicht zur Zurverfügungstellung sicherer Systeme und Legitimationsmechanismen den Gesellschaften mit der Folge obliegen, dass sich mit der Zeit ein oder mehrere praktikable Konstellationen herausbilden könnten.[200] Die Identifizierung der Aktionäre kann z. B. mittels der bekannten PIN- und Passwort-Systeme sichergestellt werden, wobei dabei das Problem der Weitergabe der Zugangscodes an Unberechtigte aufgeworfen werden könnte. Dieses Problem stellt sich allerdings für alle bekannten Systeme der Identifizierung, insbesondere auch bei der herkömmlichen Versendung der Eintrittskarten an die Aktionäre auf postalischem Weg und wird dadurch entschärft, dass hier in Zukunft biometrische Verfahren Abhilfe schaffen werden und außerdem die Weitergabe von Zugangscodes zugleich als Bevollmächtigung des Empfängers angesehen werden dürften.[201] Aus diesen Überlegungen folgt, dass der deutsche Gesetzgeber zu Recht keine Regelung ins AktG aufgenommen hat, die Anforderungen hinsichtlich der Legitimation und Sicherheit der verwendeten Systeme aufstellt.

(4) Innergesellschaftliche Kompetenzverteilung

Art. 8 Abs. 2 Unterabs. 2 A-RL stellt klar, dass die Regelung der innergesellschaftlichen Kompetenzverteilung weiterhin den Mitgliedstaaten obliegt, weil hier die Regelungstraditionen der einzelnen Mitgliedstaaten nicht einheitlich sind.[202] Daher stellt sich für das deutsche Recht die Frage, an welcher Stelle innerhalb der Gesellschaft diese Entscheidung getroffen werden sollte. Man könnte insofern auf einen

---

196 Ausführlich zur digitalen Signatur: Hasselbach/Schumacher, ZGR 2000, 258, 266–268.
197 Eigner/Winner, ÖBA 2008, 43, 51.
198 Entsprechendes ist im ARUG auch nicht vorgesehen.
199 Eigner/Winner, ÖBA 2008, 43, 51.
200 Vgl. bereit s. Fleischhauer, ZIP 2001, 1133, 1137.
201 Fleischhauer, ZIP 2001, 1133, 1137.
202 Bachner/Dokalik, GesRZ 2007, 104, 111.

Gesellschafterbeschluss verzichten und die Entscheidung in das Ermessen der Verwaltung (Vorstand und Aufsichtsrat) stellen oder aber auch diese Entscheidung dem Versammlungsleiter überlassen, wobei dann wiederum geklärt werden müsste, ob ein entgegenstehender Gesellschafterbeschluss bindend wäre. Im Hinblick auf den Satzungs- bzw. Geschäftsordnungsvorbehalt in § 118 Abs. 3 AktG a.F. erscheint eine Mitwirkung der Anteilseigner jedoch systemgerechter. In dieser Vorschrift wurde die Entscheidung getroffen, dass dem Versammlungsleiter die Entscheidungsbefugnis über die Zulassung der Übertragung zu Gunsten der Aktionären entzogen wird.[203] Die Entscheidung darüber, ob die Gesellschaft die elektronische Teilnahme an der Hauptversammlung ermöglicht, sollte daher bei den Aktionären selbst liegen. Es ist daher richtig, dass § 118 Abs. 1 S. 2 AktG einen Satzungsvorbehalt statuiert.

Mit der Feststellung, dass die Aktionäre und nicht die Verwaltung oder Versammlungsleitung zuständig sind, ist jedoch noch nicht geklärt, an welche Anforderungen die Ausübung der Entscheidungsbefugnis geknüpft werden sollte. Hierbei sind mehrere Umsetzungsvarianten denkbar. Voraussetzung für die Einführung der elektronischen Teilnahme könnte ein entsprechender Hauptversammlungsbeschluss sein. Problematisch erscheint freilich der von §§ 118 Abs. 3, 179 Abs. 2 S. 1 AktG a. F. vorgezeichnete Weg der Satzungsänderung, weil dann eine Mehrheit von mindestens 75% des vertretenen Grundkapitals erforderlich wäre, was sehr hoch erscheint, wenngleich dies andererseits eher der bisherigen Regelungstradition des AktG entspricht.[204] Als schwierig könnte es sich unter Umständen auch erweisen, dass bei einem solchen Hauptversammlungsbeschluss diejenigen Aktionäre abstimmen, deren Stimmrechte zu verwässern drohen, wenn sich die Präsenz erhöht.[205] Um einen wirksamen Minderheitsschutz zu gewährleisten und zu verhindern, dass sich Mehrheitsaktionäre gegen die Einführung der elektronischen Teilnahme sperren, könnte ein entsprechendes Minderheitsrecht eingeführt werden, welches daran geknüpft ist, dass Aktionäre, die – entsprechend § 122 Abs. 1 S. 1 AktG (Einberufung einer Hauptversammlung) – fünf Prozent des Grundkapitals auf sich vereinigen, dies verlangen.[206] Hierbei würde jedoch übersehen, dass die A-RL den Gesellschaften einen großen Ermessensspielraum einräumt. Bei Einführung eines entsprechenden Minderheitenrechts würde diese Intention des europäischen Gesetzgebers konterkariert, weil in der Konsequenz fast schon eine Pflicht der Gesellschaften zur Ermöglichung der elektronischen Teilnahme entstünde, wenn kleinere Aktionärsgruppen die elektronische Teilnahme verlangen könnten. Dies ist aber gerade nicht gewollt. Angesichts der vielen offenen Fragen hinsichtlich Effektivität und technischer Umsetzbarkeit der „elektronischen Hauptversammlung" sollen die Gesellschaften auch die Option haben, von einer Teilnahme in absentia abzusehen. Diese Überlegungen gehen mit den Erwägungen konform, die

---

203 Heckelmann, HV und Internet, S. 182f.; MüKoAktG/Kubis, § 118, 94; Schmidt/Lutter/Spindler, § 118, 46.
204 Vgl. §§ 118 Abs. 2 S. 2, 119 Abs. 1 Nr. 5, 179 Abs. 2 S. 1 AktG; § 129 Abs. 1 S. 1 AktG.
205 Eigner/Winner, ÖBA 2008, 43, 51 f.
206 Eigner/Winner, ÖBA 2008, 43, 52 (zu § 106 Abs. 2 öAktG).

den Gesetzgeber bei § 118 Abs. 4 AktG dazu veranlasst haben, von einem Rechtsanspruch der Aktionäre auf Übertragung der Hauptversammlung abzusehen und keine entsprechende Verpflichtung auf Verlangen einer Minderheit oder Einzelner vorzusehen.[207] Folglich sollte ein Hauptversammlungsbeschluss Voraussetzung für die Einführung der elektronischen Teilnahme an der Hauptversammlung sein.[208]

(5) *Folgen von Rechtsverletzungen*

Genau bedacht werden sollten die Folgen von Rechtsverletzungen. Es sind mehrere Rechtsverstöße im Zusammenhang mit der elektronischen Teilnahme an der Hauptversammlung denkbar, wobei sich jedoch kaum Abweichungen von den allgemeinen Grundsätzen ergeben dürften. Bereits nach derzeitiger Rechtslage ist ein Hauptversammlungsbeschluss nicht anfechtbar, wenn trotz einer entsprechenden Satzungsänderung keine Bild- und Tonübertragung von der Gesellschaft zur Verfügung gestellt wird, weil auch bei rechtmäßigem Verhalten der Verwaltungsorgane aufgrund der fehlenden Teilnahmemöglichkeit durch den bloß zuschauenden Aktionär kein Einfluss auf die Beschlussfassung ausgeübt werden konnte.[209]

Wird von der Gesellschaft ein System eingerichtet, das nur die Stimmrechtsausübung ermöglicht und nicht auch die Ausübung des Rede-, Auskunfts- und Fragerechts, muss ermittelt werden, ob die Stimmen der auf elektronischem Weg Teilnehmenden möglicherweise Einfluss auf die Ergebnisse der Beschlussfassungen hätten haben können, wenn es rechtswidrig unterlassen wird, ein entsprechendes System einzurichten. Denn die Nichtberücksichtigung abgegebener Stimmen bei der Ermittlung des Abstimmungsergebnisses führt nach ständiger Rechtsprechung des BGH nur dann zur Anfechtbarkeit des Beschlusses, wenn sich dieser Fehler auch auf das Abstimmungsergebnis auswirkt.[210] Die Anfechtungsrisiken bei Verwendung eines Systems, welches ausschließlich die Stimmrechtsausübung ermöglicht, sind folglich eher gering.[211]

Etwas schwieriger sind die Fehlerfolgen zu beurteilen, wenn die Gesellschaft es ihren Aktionären gestattet, sämtliche Aktionärsrechte und somit auch das Rede-, Frage- und Auskunftsrecht elektronisch auszuüben. Wird ein Aktionär nicht zur Teilnahme auf elektronischem Weg zugelassen und wird ihm in der Folge nicht nur die Möglichkeit genommen, abzustimmen sondern auch die anderen Aktionärsrechte auszuüben, dann ist dies mit dem Fall vergleichbar, dass ein Aktionär zu Unrecht nicht durch die Einlasskontrolle in den Saal gelassen wird, in dem die (Präsenz-)Hauptversammlung stattfindet. Jedenfalls bei übermäßig scharfen Si-

---

207 Heckelmann, HV und Internet, S. 183; MüKoAktG/Kubis, § 118, 95; Schmidt/Lutter/Spindler, § 118, 46.
208 Unter diesem Gesichtspunkt ist die Regelung in § 118 Abs. 1 S. 2 AktG zu begrüßen.
209 Theoretisch denkbar ist nur eine Anfechtungsbefugnis nach § 245 Nr. 1 AktG wegen Satzungsverstoßes (§ 243 Abs. 1 AktG), vgl. MüKoAktG/Kubis, § 118, 39.
210 Vgl. nur BGHZ 36, 121, 139 f.; BGHZ 107, 296, 306 f.; BGHZ 119, 1, 18 f.; BGHZ 122, 211, 238; BGH, AG 1995, 462; OLG München, AG 1996, 327, 328 f.; OLG Hamburg, NJW-RR 1994, 1459; 1460.
211 Ebenso für das österreichische Recht: Eigner/Winner, ÖBA 2008, 43, 52 f.

cherheitsmaßnahmen ist in solchen Fällen wegen der damit verbundenen Beschränkung des Teilnahmerechts die erfolgreiche Anfechtung sämtlicher Hauptversammlungsbeschlüsse möglich.[212] Nichts anderes wird gelten, wenn ein elektronisch teilnehmender Aktionär, dem die elektronische Ausübung des Rede-, Frage- und Auskunftsrechts gestattet ist, aufgrund übermäßiger Sicherheitsanforderungen nicht zugelassen wird, weil dann auch dieser Teilnehmer im Rechtssinne sein wird.[213] Erhebliche Zweifel bestehen daher an der Zumutbarkeit einer Pflicht zur Verwendung der sehr aufwendig und umständlichen elektronischen Signatur (vgl. § 126a BGB und § 2 Nr. 2 SigG).[214]

Ein weiterer Nachteil der uneingeschränkten Zulassung der elektronischen Rechtsausübung besteht darin, dass bestimmte Aktionäre ihre Rechte in exzessivem Umfang ausüben könnten und z.B. die Verwaltung mit einer Vielzahl an Fragen torpedieren könnten, wodurch Fehler bei der Beantwortung provoziert würden und die Hauptversammlung erheblich in die Länge gezogen würde. Bei großen Publikumsgesellschaften dürften diese Erwägungen zur Folge haben, dass sich eine Form der elektronischen Ausübung aller Aktionärsrechte, also auch der Mitwirkungsrechte, nicht durchsetzen dürfte.[215] Bei geschlossenen Aktiengesellschaften mit überschaubarem Aktionärskreis könnte es sich aber in zahlreichen Konstellationen durchaus anbieten, mittels einer Echtzeit-Zweiweg-Verbindung den nicht anwesenden Aktionären die aktive Teilnahme an der Hauptversammlung zu ermöglichen. In diesen Fällen mus s. dann aber das Gefahrenpotential mit bedacht werden, dass sich daraus ergibt, dass die Verletzung des Rede- und Auskunftsrechts zur Anfechtbarkeit der gefassten Beschlüsse führt, ohne dass es auf einen diesbezüglichen Kausalitätsnachweis ankommt.[216]

(6) *Risikoverteilung bei Störungen*

Im Falle technischer Störungen der Kommunikation muss ebenso an daraus folgende Anfechtungsrisiken gedacht werden. Dabei sollte es genügen, dass sich die Verteilung des Risikos weitestgehend nach allgemeinen Grundsätzen beurteilt. Beruht eine technische Störung auf einem Verhalten gesellschaftsfremder Dritter, z.B. auf einer SPAM-Attacke, die zu einem Systemabsturz führt, ist eine Anfechtbarkeit den Gesellschaften nicht zumutbar, wenn sonst ausreichende Sicherheits-

212 OLG Frankfurt, AG 2007, 357, 357f. (Anfechtbarkeit bei alternativloser Taschenkontrolle); Hüffer, AktG, § 245, 18. Entsprechendes gilt bei späterer Verweisung des Versammlungssaals, vgl. BGHZ 44, 245, 250.

213 Zweifelnd: Paschos/Goslar, AG 2008, 605, 610.

214 In Frankreich ist die Verwendung einer solchen Signatur für die elektronische Teilnahme bereits vorgeschrieben. Entgegen der hier vertretenen Ansicht wird in der französischen Literatur zur A-RL jedoch von der Richtlinienkonformität ausgegangen: Storck, Revue trimestrielle de droit commercial 2007 562, 564; Dethomas/Rontchevsky, Revue Lamy Droit des Affaires 2007, 10, 13.

215 Vgl. bereits Baums, Regierungskommission, S. 152.

216 Die mit der elektronischen Teilnahme verbundenen Anfechtungsrisiken sind in der Diskussion zum ARUG von zentraler Bedeutung: vgl. Horn, ZIP 2008, 1558, 1564; Mutter/Perfuß, AG-Report 2008, R306, R 308; Sauter, ZIP 2008, 1706, 1708.

vorkehrungen eingerichtet wurden.[217] Wenn also einzelne Aktionäre über individuelle Internetverbindungen zugeschaltet sind (Online-Hauptversammlung, s. o.), kann ein Ausfall des Internets nicht zu Lasten der Gesellschaft gehen. Dieser Fall ist am ehesten damit vergleichbar, dass Aktionäre aufgrund äußerer Umstände (z.B. Zugausfall, Stau etc.) daran gehindert sind, an der Hauptversammlung teilzunehmen. Auch in diesen Fällen ist die Gesellschaft nicht verpflichtet, die Versammlung zu unterbrechen oder zu vertagen, um die Teilnahme aller Aktionäre sicherzustellen und sind die gefassten Beschlüsse nicht anfechtbar.[218] Anders ist dies nur, wenn die von der Gesellschaft bereitgestellte IT-Infrastruktur versagt, weil dann die Gesellschaft die Störung am ehesten beseitigen kann und muss. Es ist aus diesem Grund nicht zu übersehen, dass hiermit erhebliche Rechtsunsicherheit verbunden sein kann, so dass es zulässig sein sollte, eine entsprechende Risikoverteilung in die Satzung aufzunehmen.[219]

Gem. § 243 Abs. 3 Nr. 1 AktG kann freilich die Anfechtung nicht auf die durch eine technische Störung verursachte Verletzung von Rechten, die nach § 118 Abs. 1 S. 2, Abs. 2 und § 134 Abs. 3 AktG auf elektronischem Weg wahrgenommen worden sind, gestützt werden, wenn der Gesellschaft nicht grobe Fahrlässigkeit oder Vorsatz vorgeworfen werden kann. Die Satzung kann einen strengeren Verschuldensmaßstab vorsehen.

Im Falle einer Satellitenveranstaltung, bei der die Gesellschaft mehrere, an verschiedenen Orten befindliche Versammlungsräume zusammenschaltet, sind die Aktionäre hingegen darauf angewiesen, dass ihnen eine die Teilnahme ermöglichende Infrastruktur zur Verfügung gestellt wird. Es erscheint dann zumutbar, dass die Verantwortung für das Funktionieren dieser Infrastruktur auch derjenige verantwortlich ist, der sie verwendet, d. h. die betreffende Gesellschaft. Erwägenswert ist daher eine Risikoverteilung dahingehend, dass die Hauptversammlung unterbrochen werden muss bzw. dass eine spätere Beschlussfassung nicht mehr zulässig ist. Fraglich ist jedoch, ob hierfür eine spezielle gesetzliche Regelung empfehlenswert ist, wonach die Hauptversammlung unterbrochen werden muss.[220] Meines Erachtens ist es vorzugswürdiger, allgemein auf die Abgrenzung der Verantwortungsbereiche im Einzelfall abzustellen, weil es angesichts der umfangreichen Gestaltungsoptionen keiner schematischen Lösungen bedarf, sondern vielmehr darauf ankommt, ob die Verletzung des Teilnahmerechts so schwer wiegt, dass eine Anfechtbarkeit der getroffenen Beschlüsse angezeigt ist.

(7) Regelungsfragen zur Satellitenversammlung

Weitere Regelungsfragen stellen sich für die Satellitenveranstaltung, die daraus resultieren, dass nicht mehr nur eine einzige sondern mehrere Versammlungen

217 Baums, Regierungskommission, S. 151.
218 Bachner/Dokalik, GesRZ 2007, 104, 112; Baums, Regierungskommission, S. 151; Noack, NZG 2008, 441, 445.
219 Drinhausen/Keinath, BB 2008, 1238, 1240.
220 Befürwortend: Bachner/Dokalik GesRZ 2007, 104, 112.

stattfinden. Es geht dabei v.a. um Fragen der Protokollierung, insbesondere der ggf. erforderlichen notariellen Beurkundung der dort gefassten Beschlüsse.[221] Da die schriftliche Niederlegung Wirkungsvoraussetzung für jeden auf der Hauptversammlung gefassten Beschluss ist, fragt sich, ob es notwendig ist, dass sich an jedem Versammlungsort ein Versammlungsleiter (bei börsennotierten Gesellschaften zusätzlich ein Notar, vgl. § 130 Abs. 1 S. 1 und 2 AktG) befinden muss, der die Protokollierung an jedem einzelnen Versammlungsort vornimmt. Die A-RL selbst geht davon aus, dass – dem traditionellen Verständnis entsprechend – mit dem Begriff „Hauptversammlung" weiterhin eine an einem physischen Ort stattfindende Versammlung von Menschen gemeint ist.[222] Es sollte daher ausreichend sein, wenn sich an dem zentralen Versammlungsort der Versammlungsleiter, Notar und die Verwaltungsmitglieder befinden, an den übrigen, zugeschalteten Versammlungsorten aber nur Hilfspersonen, die den ordnungsgemäßen Ablauf sicherstellen. Wichtig ist, dass stets aktuelle Teilnehmerverzeichnisse geführt werden, die die An- und Abwesenheit der Aktionäre dokumentieren, damit die Präsenz exakt festgestellt und somit die korrekte Stimmenauszählung gewährleistet werden kann.[223]

(8) Regelungsfragen zur virtuellen Hauptversammlung

Der A-RL lässt sich keine Verpflichtung zur Einführung einer rein virtuellen Hauptversammlung entnehmen, ebenso wenig jedoch enthält sie ein diesbezügliches Verbot. Der deutsche Gesetzgeber hat also die Wahl, ob er diese Form der Hauptversammlung zulässt oder nicht. Auch wenn an der Sinnhaftigkeit einer Zulassung möglicherweise zu Recht gezweifelt wird und ein praktisches Bedürfnis nicht unbedingt gegeben sein mag,[224] dürften die hierfür erforderlichen Maßnahmen andererseits auch kaum schaden, so dass es durchaus empfehlenswert ist, den Gesellschaften die Durchführung einer rein virtuellen Hauptversammlung zu ermöglichen.[225] Wenn allerdings die Aktionäre nicht mehr die Möglichkeit haben, zu einem physischen Versammlungsort anzureisen, muss ihnen zwingend die elektronische Ausübung sämtlicher versammlungsgebundener Rechte, also insbesondere auch das Rede-, Auskunfts- und Fragerecht, möglich sein. Außerdem ist zu bedenken, dass bei börsennotierten Gesellschaften gem. § 130 Abs. 1 S. 1 AktG

---

221 Ausführlich zu den Anforderungen an eine ordnungsgemäße Protokollierung: Volhard in Semler/Volhard, Arbeitshandbuch HV, § 15;/Lutter/Spindler, § 133, 43–48. Die Bedeutung der Protokollierung der Beschlüsse ist immens, da sie für das Wirksamwerden der Beschlüsse konstitutiv ist: BGH, AG 1994, 466, 467 (wirksam erst mit Unterschrift); KK/Zöllner, § 133, 99; GroßKommAktG/Barz, 3. Auflage, § 130, 2; Semler in MünchHdb. AG, § 39, 38; Schmidt/Lutter/Spindler, § 133, 48; MünchKommAktG/Volhard § 133, 71; ßKommAktG/Grundmann, § 133, 134. Fehler führen gem. § 241 Nr. 2 AktG zur Nichtigkeit; vgl. LG Frankfurt/M., DStR 2008, 1886, 1887 (Leica).
222 Bachner/Dokalik GesRZ 2007, 104, 112; Kalss/Schauer, Reform, S. 200.
223 Zur Notwendigkeit aktueller Teilnehmerverzeichnisse: OLG Karlsruhe ZIP 1991, 101, 107; MüKoAktG/Volhard, AktG, § 133, 26; Hüffer, AktG, § 133, 24; Spindler in Schmidt/Lutter, AktG, § 133, 24; Max, AG 1991, 77, 87 f.; Semler in MüHdb. AG, § 39, 35; Stützle/Walgenbach, ZHR 155 (1991) 516, 535.
224 Vgl. Begr. RefE ARUG, S. 37.
225 So bereits Baums, Regierungskommission, S. 146 (für Vollversammlung); ablehnend MüKoAktG/Kubis, § 118, 29 f. (virtuelle HV nur für nicht börsennotierte Aktiengesellschaften).

die Niederschrift von einem Notar aufgenommen werden muss.[226] Die Niederschrift dient vornehmlich Beweiszwecken, wenngleich dem Notar gewisse Prüf- und Hinweispflichten obliegen, die ihn in evidenten Fällen sogar zur Verweigerung der Protokollierung berechtigen.[227] Zum Mindestinhalt gehört u.a. gem. § 130 Abs. 2 AktG auch der Ort der Verhandlung.[228] Sofern an diesem Erfordernis festgehalten wird,[229] können beurkundungspflichtige Beschlüsse in einer rein virtuellen Hauptversammlung nicht wirksam gefasst werden.[230] Folglich käme diese Form des Aktionärstreffens hauptsächlich für nicht börsennotierte Gesellschaften in Betracht, wenn diese einen geschlossenen Aktionärskreis aufweisen und daher am ehesten geeignet sind.[231]

d) Umsetzungsvorschlag

Überlegungen zur Einführung elektronischer Teilnahmemöglichkeiten an der Hauptversammlung zur Verbesserung der Corporate Governance und Stärkung der Aktionärsrechte wurden schon vor Erlass der A-RL angestellt. Explizit zu dieser Thematik hat insbesondere die Regierungskommission Corporate Governance Stellung genommen und eine Empfehlung abgegeben, die dahingehend lautet, dass die bestehenden Hindernisse für die virtuelle Hauptversammlung und die Online-Hauptversammlung beseitigt werden sollten.[232] Vorgeschlagen wurde eine Neuformulierung von § 121 Abs. 6 AktG (Vollversammlung), indem das Erfordernis des „Erscheinens“ durch das Erfordernis der „Teilnahme“ ersetzt werde sollte, damit klar werde, dass die physische Anwesenheit an einem realen Ort nicht mehr Teilnahmevoraussetzung sei. Dies war jedoch mit der Einschränkung verbunden, dass beurkundungsbedürftige Beschlüsse in einer rein virtuellen Hauptversammlung nicht gefasst werden können.[233] Auch in Bezug auf die Online-Hauptversammlung äußerte sich die Expertenkommission wohlwollend und empfahl den Gesellschaften insofern Satzungsfreiheit einzuräumen. Angedeutet wurde die Möglichkeit der Einführung eines neuen § 118 Abs. 1 S. 2 AktG, um das Regelungsmodell der §§ 118ff. AktG dahingehend zu ändern, dass auch nicht physisch anwesende Aktionäre als „Teilnehmer“ im Rechtssinne anzusehen seien.[234] In Bezug genommen wurde hiermit ein Vorschlag der Bundesnotarkammer, wonach § 118 Abs. 1 AktG um folgenden Satz 2 ergänzt werden sollte:

---

226 Siehe auch §§ 36f. BeurkG, die von § 130 AktG nicht verdrängt werden, vgl. Schmidt/Lutter/Spindler, § 130, 2.
227 Vgl. OLG Hamburg, AG 1993, 384; Schmidt/Lutter/Ziemons, § 130, 32; MüKoAktG/Kubis, § 130, 31 (summarische Rechtmäßigkeitskontrolle); Semler in MünchHdb. AG, § 40, 6; GroßKommAktG/Grundmann, § 133, 139.
228 Postalische Anschrift des Versammlungslokals, vgl. MüKoAktG/Kubis, § 130, 41; Schmidt/Lutter/Spindler, § 130, 7.
229 Kritisch MüKoAktG/Kubis, § 130, 2.
230 Baums, Regierungskommission, S. 146.
231 MüKoAktG/Kubis, § 118, 30.
232 Baums, Regierungskommission, S. 143–147 und 150–153.
233 Baums, Regierungskommission, S. 146f.
234 Baums, Regierungskommission, S. 151.

„Die Satzung der Gesellschaft kann vorsehen, dass die Aktionäre an der Hauptversammlung auch ohne eigene Präsenz an deren Ort teilnehmen und sämtliche oder einzelne Rechte im Wege elektronischer Kommunikation ausüben können."[235]

Ein gewisser Nachteil beider Vorschläge liegt jedoch darin, dass sie die elektronische Teilnahme an der Hauptversammlung von einer entsprechenden Bestimmung in der Satzung oder der Geschäftordnung abhängig machen wollen. In beiden Fällen wäre eine Mehrheit von mindestens drei Vierteln des bei der Beschlussfassung anwesenden Grundkapitals erforderlich, §§ 179 Abs. 2 S. 1, 119 Abs. 1 Nr. 5 AktG bzw. § 129 Abs. 1 S. 1 AktG. Ein solches Erfordernis erscheint sehr hoch und ist daher unnötig. Daher sollte aus praktischen Erwägungen zwar grundsätzlich die einfache Stimmenmehrheit ausreichend sein. Schwierig wäre aber ein nahtloses Einfügen in das System des AktG, welches in § 118 Abs. 3 AktG davon ausgeht, dass für eine Übertragung der Hauptversammlung in Bild und Ton ebenfalls eine Satzungs- oder Geschäftsordnungsänderung vorgenommen werden muss, was eine Drei/Viertel-Kapitalmehrheit voraussetzt. Systemgerechter ist es folglich den Anwendungsbereich des § 118 Abs. 3 AktG auszudehnen, so dass er nicht mehr nur die Übertragung der Hauptversammlung erlaubt, sondern sämtliche elektronische Teilnahmeformen allein von einer entsprechenden Bestimmung in der Geschäftsordnung bzw. Satzung abhängig macht.[236] Es sei hier allerdings auf die Möglichkeit hingewiesen, dass Mehrheitserfordernis für die Änderung der Geschäftsordnung zu entschärfen und einfache Stimmenmehrheit genügen zu lassen.[237]

In Anlehnung an den Vorschlag der Bundesnotarkammer hätte folgende Formulierung in das AktG aufgenommen werden können:

„Die Satzung oder die Geschäftordnung gem. § 129 Abs. 1 kann bestimmen, dass die Aktionäre an der Hauptversammlung auch ohne eigene Präsenz an deren Ort teilnehmen und sämtliche oder einzelne Rechte im Wege elektronischer Kommunikation ausüben können."

4. ARUG

Der deutsche Gesetzgeber geht mit dem ARUG einen sehr ähnlichen Weg, indem er eine Ergänzung des § 118 Ab s. 1 AktG vornimmt. § 118 AktG lautet nunmehr:

„Die Satzung der Gesellschaft kann vorsehen oder den Vorstand dazu ermächtigen vorzusehen, dass die Aktionäre an der Hauptversammlung auch ohne Anwesenheit an deren Ort und ohne einen Bevollmächtigten teilnehmen und sämtliche

---

235 Gesetzvorschlag der Bundesnotarkammer zur Öffnung der Hauptversammlung der Aktiengesellschaft für den Einsatz Neuer Medien; hierzu: Fleischhauer, ZIP 2001, 1133, 1135–1138. Dieser Vorschlag wird mit dem ARUG wörtlich ins AktG eingeführt.

236 Der deutsche Gesetzgeber könnte von dem Erfordernis der Drei/Viertelmehrheit nach § 129 Abs. 1 S. 1 AktG zur Änderung der Geschäftsordnung absehen und die einfache Stimmenmehrheit genügen lassen oder eine § 179 Abs. 2 S. 2 AktG entsprechende Regelung einführen, vgl. Schmidt/Lutter/Spindler, § 129, 7.

237 Kritisch zu diesem Erfordernis auch Hüffer, AktG, § 129, 1 d; MüKoAktG/Kubis, § 129, 9.

oder einzelne ihrer Rechte im Wege elektronischer Kommunikation ausüben können."

Es wird daher der Vorschlag der Bundesnotarkammer fast wörtlich übernommen. Möglich ist aber auch eine Zwischenlösung, wonach in der Satzung einige grundlegende Vorgaben gemacht werden und ansonsten der Vorstand ermächtigt wird, nähere Bestimmungen zum Verfahren zu treffen.[238] Der bisherige § 118 Abs. 3 AktG wird in identischer Fassung in § 118 Abs. 4 AktG aufgenommen. „Sauberer" wäre es zwar gewesen, den Anwendungsbereich des § 118 Abs. 3 AktG zu erweitern und so eine unnötige Doppelregelung zu vermeiden. Praktisch ergeben sich hieraus allerdings keine besonderen Unterschiede, so dass die Neuregelung als gelungen angesehen werden kann.[239] Zu begrüßen ist ebenfalls, dass die elektronische Teilnahme an der Hauptversammlung auch für nicht börsennotierte Gesellschaften möglich sein wird. Es gilt – entsprechend den Vorgaben des Art. 8 A-RL – weitestgehend Satzungsfreiheit. Die Ausgestaltung der elektronischen Teilnahme bleibt somit den Gesellschaften überlassen und sie können frei entscheiden, ob sie nur die Ausübung des Stimmrechts oder auch weiterer Rechte in ihren Satzungen vorsehen, solange sie berücksichtigen, dass bestimmte Rechte notwendig miteinander verknüpft sind. Einen Verstoß gegen das Verbot nicht gerechtfertigter Ungleichbehandlungen nach § 53a AktG stellt dies nicht dar.[240] Dies gilt vor allem für das Widerspruchsrecht als Voraussetzung für die Anfechtungsklage (§ 245 AktG). Da die elektronische Teilnahme – anders als die Briefwahl – der persönlichen Teilnahme vor Ort gleichzustellen ist,[241] darf ein Entzug der Anfechtungsbefugnis nicht erfolgen.[242]

Das Problem technischer Störungen wird durch § 243 Abs. 3 Nr. 1 AktG wesentlich entschärft, wonach die durch eine technische Störung verursachte Verletzung von Aktionärsrechten nur bei grober Fahrlässigkeit oder Vorsatz zur Anfechtbarkeit der Beschlüsse führen wird. Hierin ist nicht einmal eine Ordnungswidrigkeit nach § 405 AktG zu sehen. Allerdings kann die Satzung einen strengeren Verschuldensmaßstab vorsehen. Sollte eine entsprechende Satzungsregelung einmal beschlossen werden, ist bei technischen Störungen soweit wie möglich auf die allgemeinen „Grundsätze zur Abgrenzung der Risikosphären" abzustellen.[243] Soweit dies nicht zu sachgerechten Ergebnissen führt, ist darauf abzustellen, ob die technische Störung die von der Gesellschaft bereitgestellte IT-Infrastruktur betrifft.[244]

---

238 Begr. RegE ARUG, S. 38.

239 Nicht gefolgt werden sollte der Anregung des Bundesrates, im Interesse der Rechtssicherheit einen Mindeststandard für eine Identifizierung der elektronisch oder per Briefwahl teilnehmenden Aktionäre festzulegen, weil den Gesellschaften dadurch die Möglichkeit genommen würde, auf technische Neuentwicklungen flexibel zu reagieren; vgl. auch Handelsrechtsausschuss DAV, NZG 2009, 96, 96 f.

240 Begr. RefE ARUG, S. 38; Drinhausen/Keinath, BB 2008, 1238, 1240; Noack, NZG 2008, 441, 445.

241 Begr. RefE ARUG, S. 37.

242 Begr. RefE ARUG, S. 38; Noack, NZG 2008, 441, 445; a. A. Drinhausen/Keinath, BB 2008, 1238, 1240.

243 Vgl. Baums, Regierungskommission, S. 151 (= Rn. 117).

244 Vgl. Drinhausen/Keinath, BB 1238, 1240.

Nur wenn dies der Fall ist, hat die Gesellschaft die technische Störung auch mit der Folge zu vertreten, dass auf der Hauptversammlung getroffene Beschlüsse anfechtbar sind, es sei denn, die rechtswidrige Nichtzulassung eines Aktionärs wird nicht mehr als relevanter Verfahrensverstoß angesehen.[245] Es darf daher mit Spannung abgewartet werden, wie die sich neu bietenden Möglichkeiten in der Praxis angenommen werden und sich entwickeln. Bedauerlich ist lediglich, dass sich der deutsche Gesetzgeber nicht dazu durchringen konnte, auch die rein virtuelle Hauptversammlung zuzulassen, so dass eine Versammlung mit physisch anwesenden Personen stets stattfindet. Denkbar ist lediglich, dass alle Aktionäre online zugeschaltet werden, was dem sehr nahe kommt.[246]

5. DCGK

Zu erwarten sind Änderungen von Abschnitt 2 DCGK („Aktionäre und Hauptversammlung"), d.h. Empfehlungen bezüglich der Frage, ob und wie die Gesellschaften ihren Aktionären die elektronische Teilnahme an der Hauptversammlung ermöglichen sollen. Gem. 2.3.4 DCGK muss bereits eine Erklärung gem. § 161 AktG bezüglich der Übertragung in Ton und Bild, die ausdrücklich empfohlen wird, abgegeben werden. Diese Empfehlung sollte auf die elektronische Ausübung zumindest des Stimmrechts ausgeweitet werden. Geändert werden muss auch 2.1.1 DCGK, wonach die Aktionäre ihre Rechte „in der Hauptversammlung" ausüben. Ergibt sich dies noch nicht zweifelsfrei aus Art. 8 Abs. 1 A-RL und § 118 Abs. 1 AktG, weil auch die online zugeschalteten Aktionäre Teilnehmer in der Hauptversammlung sind,[247] so kann jedoch nach der Umsetzung von Art. 12 A-RL in § 118 Abs. 2 AktG die Stimmabgabe auch in Abwesenheit erfolgen.

Am einfachsten und sinnvollsten wäre es, wenn die Neuformulierung wie folgt lautete: „Die Aktionäre nehmen ihre Rechte in der Hauptversammlung wahr. Sie nehmen das Stimmrecht vor oder während der Hauptversammlung wahr."

6. Zwischenergebnis

Zusammenfassend ist daher festzustellen, dass die Ausübung der Aktionärsrechte in absentia in das deutsche Recht eingeführt werden wird. Dies erfolgt durch die Einführung von § 118 Abs. 1 S. 2, Abs. 2 AktG. Der Grundsatz der Präsenzveranstaltung wird hierdurch zwar nicht aufgehoben, aber immerhin erschüttert werden. Neu ist, dass den Gesellschaften die Durchführung von Satelliten- und Online-Hauptversammlungen ermöglicht wird, bei der konkreten Ausgestaltung besteht weitestgehend Satzungsfreiheit. Folglich wird den Gesellschaften ein Höchstmaß an Flexibilität gewährt, so dass sich zeigen wird, ob und wie sich die neuen Ausgestaltungsmöglichkeiten durchsetzen werden. Dabei können die Gesellschaften den

245 In diese Richtung gehend: Noack, NZG 2008, 441, 445.
246 Begr. RefE ARUG, S. 37; Drinhausen/Keinath, BB 1238, 1240 (Fn 32).
247 Vgl. Begr. RefE RUG, S. 38.

Aktionären die Ausübung nur bestimmter Aktionärsrechte (z.B. nur des Stimmrechts) gestatten und von der Zulassung der Ausübung des Auskunfts-, Frage- und Rederechts in absentia absehen. Ein großes Hindernis für die Teilnahme auf elektronischem Weg stellen vor allem bei den Publikumsgesellschaften die mit der Nutzung der Neuen Technologien verbundenen und nur schwer einschätzbaren Anfechtungsrisiken dar. Das Anfechtungs- und Widerspruchsrecht steht nämlich auch den online teilnehmenden Aktionären zu, weil diese nicht rechtlos gestellt werden dürfen. Allerdings führen technische Störungen gem. § 243 Abs. 3 Nr. 1 AktG nicht zur Anfechtbarkeit der Hauptversammlungsbeschlüsse. Im übrigen ist auf die bereits zum bisher geltenden Recht entwickelten Grundsätze, insbesondere zu Kausalität bzw. Relevanz, zu rekurrieren.

III. Abstimmung per Brief, Art. 12 A-RL

Nicht nur die elektronische Ausübung der Aktionärsrechte wird in die Rechtsordnungen der Mitgliedstaaten eingeführt werden. Ermöglicht werden muss auch die Abstimmung per Brief, wobei beachtet werden muss, dass der insofern missverständliche Wortlaut von Art. 12 A-RL sogar die elektronische Stimmabgabe im Vorfeld der Hauptversammlung zulässt. Durch diese Norm werden letzte Zweifel an der Aufgabe des Anwesenheitszwangs Teilnahme beseitigt. Art. 12 A-RL hat zur Einführung des neuen § 118 Abs. 2 AktG geführt, wonach die Satzungen der Gesellschaften alternativ oder neben der Möglichkeit der elektronischen Ausübung der Aktionärsrechte auch die Möglichkeit der „Briefwahl" vorsehen können.

1. Vorgaben der A-RL

Art. 12 A-RL, der die Abstimmung per Brief behandelt, ist somit die zweite Vorschrift, die die Abstimmung in Abwesenheit betrifft. In Deutschland und vielen anderen Mitgliedstaaten ist dies bislang nicht zulässig, weil die Ausübung des Stimmrechts nach traditioneller Vorstellung nur bei persönlicher Anwesenheit in der Hauptversammlung ausgeübt werden kann.[248] Die noch in Art. 12 Abs. 1 A-RL-E vorgesehene Pflicht der Gesellschaften, diese Form der Abstimmung stets zuzulassen, wurde zu Gunsten von diesbezüglicher Satzungsautonomie aufgegeben.[249] Dies ist zu begrüßen, weil sich erst noch zeigen muss, ob die Norm überhaupt einen praktischen Mehrwert gegenüber der Einschaltung eines Vertreters hat.[250] Ein

---

248 Vgl. Zetzsche, BKR 2003, 736, 737. Für Großbritannien: Nolan EBOR 7 (2006) 549, 586. In Frankreich ist diese Vorgabe bereits mit dem décret n° 2006-1566 du 11 décembre 2006 modifiant décret n° 67-236 du 23 mars 1967 sur les sociétés commerciales ins nationale Recht eingeführt worden, vgl. Dethomas/Rontchevsky, Revue Lamy Droit des Affaires 2007, 10, 13; Storck, Revue trimestrielle de droit commercial 2007, 562, 564.
249 BDA/BDI/DAI/DIHK/GDV, NZG 2006, 301, 302; Noack, NZG 2006, 321, 325.
250 Zweifelnd: Nolan, EBOR 7 (2006) 549, 586.

weiterer schwerwiegender Nachteil der Briefwahl liegt darin, dass ein Reagieren auf nachträgliche Änderungen durch die vergleichsweise langen Postlaufzeiten schwierig ist,[251] wobei allerdings auch die Stimmabgabe per E-Mail als Briefwahl anzusehen ist.[252] Wie bei Art. 8 A-RL sind nur die Mitgliedstaaten und nicht die Gesellschaften adressiert. Eine Klarstellung wie in Art. 8 Abs. 2 Unterabs. 2 A-RL sucht man allerdings für die Abstimmung per Brief vergebens. Es wäre dennoch verfehlt hieraus im Umkehrschluss zu folgern, dass die innergesellschaftliche Kompetenzzuweisung nicht den Mitgliedstaaten überlassen bliebe.[253] Zu beachten ist zuletzt, dass die Abstimmung per Brief nur solchen Anforderungen oder Beschränkungen unterworfen werden darf, die zur Feststellung der Identität der Aktionäre erforderlich und zur Erreichung dieses Zwecks angemessen sind.

2. Umsetzung

Im deutschen Recht ist die Abstimmung per Brief in § 118 Abs. 2 AktG enthalten, der in seiner neuen Fassung wie folgt lautet:

„Die Satzung kann vorsehen, dass Aktionäre ihre Stimmen, auch ohne an der Hauptversammlung teilzunehmen, schriftlich oder im Wege elektronischer Kommunikation abgeben dürfen (Briefwahl). Die Satzung kann den Vorstand ermächtigen, Bestimmungen zum Verfahren zu treffen.“

Sowohl bei der elektronischen Ausübung gem. § 118 Abs. 1 S. 2 AktG als auch bei der Abstimmung per Brief geht es um die Stimmrechtsausübung in Abwesenheit, so dass die Verortung in § 118 Abs. 2 AktG unter systematischen Gesichtspunkten Sinn macht. Anders als bei der elektronischen Beteiligung der Aktionäre ist gem. § 118 Abs. 2 AktG nur die Ausübung des Stimmrechts und nicht der anderen Aktionärsrechte möglich.[254] Dies ergibt sich bereits aus praktischen Erwägungen, weil die Briefwahl notwendiger Weise vor der Hauptversammlung erfolgen muss, um rechtzeitig in der Versammlung berücksichtigt werden zu können; von der Ausübung anderer Aktionärsrechte, vor allem des Fragerechts, vor der Hauptversammlung wurde abgesehen.[255] Ausgestaltende Bestimmungen zum Verfahren kann der Vorstand ausarbeiten, soweit eine Satzungsermächtigung vorliegt, was trotz einer fehlenden Klarstellung in Art. 12 A-RL richtlinienkonform ist. Bemerkenswert ist, dass gem. § 135 Abs. 5 S. 3 AktG die Briefwahl auch den bevollmächtigten Kreditinstituten ermöglicht werden wird, eine vergleichbare Regelung für

---

251 BDA/BDI/DAI/DIHK/GDV, NZG 2006, 301, 302; J. Schmidt, NZG 2006, 487, 491; Ratschow, DStR 2007, 1402, 1405; Noack, NZG 2006, 321, 325; Wand/Tillmann, AG 2006, 443, 449 f.

252 Noack, NZG 2008, 441, 445.

253 Bachner/Dokalik, GesRZ 2007. 104, 115 (eine entsprechende Klarstellung wurde „übersehen“).

254 Drinhausen/Keinath, BB 2008, 1238, 1241.

255 Art. 9 A-RL-E bestimmte noch, dass das Fragerecht auch vor der Hauptversammlung ausgeübt werden konnte. Von einer endgültigen Verabschiedung wurde auf Betreiben vor allem der deutschen Lobby-Verbände abgesehen, um ein weiteres Ansteigen missbräuchlicher Anfechtungsklagen durch sog. „Berufsopponenten“ befürchtet wurde, vgl. Weber-Rey, ECFR 2007, 370, 401.

andere Vertreter aber fehlt. Dies dürfte bei von der Gesellschaft benannten Vertretern zu einer analogen Anwendung dieser Vorschrift führen. Auch bei der individuellen Stimmrechtsvertretung sollte der Vertreter jedoch die Möglichkeit haben, z.B. per E-Mail abzustimmen. Daher hätte es sich angeboten, in § 118 Abs. 2 AktG klarzustellen, dass auch der Stimmrechtsvertreter per Briefwahl abstimmen darf. Dies wäre am einfachsten durch den Zusatz „und ihre Vertreter“ zu erreichen gewesen.

Zu betonen ist, dass der Begriff „Briefwahl“ nicht bedeutet, dass das Stimmrecht schriftlich i.S.v. § 126 BGB ausgeübt werden muss.[256] Schon aus Art. 8 Abs. 1 A-RL (nicht aus Art. 12 Abs. 1 A-RL) folgt vielmehr, dass die nationalen Gesetzgeber die elektronische Ausübung des Stimmrechts auch vor der Hauptversammlung ermöglicht werden muss. Wie auch in § 118 Abs. 2 AktG ausdrücklich klargestellt heißt Briefwahl daher nicht, dass es sich um schriftliche Stimmabgabe handelt, vielmehr stellt auch eine per E-Mail abgegebene Stimme eine „Briefwahl“ dar.[257] Dies bedeutet dann aber auch zugleich, dass diese Form der Stimmrechtsausübung gar nicht so umständlich wie teilweise angenommen[258] ist. Angesichts dieses Umstandes, dass auch bei der Briefwahl die Stimme elektronisch oder womöglich sogar über ein Internetformular[259] abgegeben werden kann, verschwimmt vielmehr die Grenze zwischen elektronischer Stimmrechtsausübung nach § 118 Abs. 1 S. 2 AktG und Briefwahl nach § 118 Abs. 2 AktG.

Die Unterscheidung ist jedoch für die Frage von entscheidender Bedeutung, ob dem betreffenden Aktionär weitere Rechte wie insbesondere das Widerspruchsrecht zustehen. Während nämlich der online zugeschaltete Aktionär als Teilnehmer im Rechtssinn zu verstehen ist, ist der Aktionär bei der Briefwahl nicht in der Hauptversammlung „erschienen“.[260] Hier bestehen folglich Abgrenzungsschwierigkeiten, denen die Gesellschaften dadurch Rechnung tragen müssen, dass sie für die Abstimmung nach § 118 Abs. 2 AktG ein eindeutig definiertes Zeitfenster zur Verfügung stellen. Es ist aus diesem Grund nicht zu empfehlen, dass die Briefwahl noch während der laufenden Hauptversammlung in der Satzung zugelassen wird.

Bei einer Stimmabgabe vor der Hauptversammlung kann es sich als schwierig erweisen, wie auf neue Entwicklungen reagiert werden kann. Wird einem Aktionär die Teilnahme per Brief rechtswidrig verweigert, stellt sich die Frage, ob und ggf. welche Anfechtungsrisiken sich hieraus ergeben könnten; jedenfalls sollte die Verweigerung der „Teilnahme“ per Brief – wie bei der persönlichen (physischen oder elektronischen) Teilnahme – nicht in jedem Fall die Anfechtbarkeit des Beschlusses begründen. Ein ähnliches Problem stellt sich bei der Bindung des Be-

256 Von Nussbaum, GWR 2009, 215; Horn, ZIP 2008, 1558, 1564.
257 Begr. RefE ARUG, S. 38; Seibert, ZIP 2008, 906, 908; kritisch: Horn, ZIP 2008, 1558; 1564; Noac k, NZG 2008, 441, 445.
258 Wand/Tillmann, AG 2006, 443, 450.
259 Diesbezüglich eine Ergänzung von § 118 Abs. 2 AktG vorschlagend: Noack, NZG 2008, 441, 445.
260 Begr. RefE ARUG, S. 38; Noack, NZG 2008, 441, 445.

vollmächtigten an die Weisungen des Aktionärs, vgl. § 135 Abs. 1 S. 3 AktG.[261] Weicht das Kreditinstitut bei der Ausübung des Stimmrechts von einer Weisung des Aktionärs ab, hat es dies gem. § 135 Abs. 3 S. 2 AktG dem Aktionär mitzuteilen und die Gründe anzugeben. Eine solche Abweichung von den Weisungen ist dabei in den Grenzen von § 665 BGB zulässig, wenn berechtigter Weise davon ausgegangen werden kann, dass der Aktionär bei Kenntnis dem zustimmen würde.[262] Gleiches gilt bei der individuellen Stimmrechtsvertretung.[263] Diese Lösung kann bei der Stimmrechtsausübung ohne Einschaltung eines Vertreters nicht weiterhelfen, einzig die Einschaltung eines Vertreters ohne Vertretungsmacht mit nachträglicher Genehmigungsmöglichkeit wäre zwar theoretisch denkbar, angesichts der damit verbundenen Rechtsunsicherheit in Bezug auf die Wirksamkeit des so gefassten Beschlusses aber nicht empfehlenswert. Sind neue Entwicklungen, die die Stimmabgabe per Brief obsolet machen, so rechtzeitig absehbar, dass die Briefwahl noch revidiert werden kann, so ist eine Pflicht der Verwaltung anzunehmen den Aktionären die nochmalige Ausübung des Stimmrechts zu ermöglichen bzw. gegebenenfalls darauf hinzuweisen, dass nur noch in der Hauptversammlung wirksam abgestimmt werden kann.[264]

IV. Frage- und Auskunftsrecht, Art. 9 A-RL

Die Hauptversammlung hat neben der Beschlussfassung über die ihr zugewiesenen Zuständigkeiten noch die wesentliche Funktion eines Forums, in dem sich die Anteilseigner aussprechen, Lob und Kritik äußern und so ihre Rechte informiert ausüben können sollen. Essentiell hierfür ist es, dass der Verwaltung Fragen gestellt werden dürfen, die beantwortet werden müssen.[265] Bei der Hauptversammlung als Massenveranstaltung mit einer oft sehr großen Zahl einzelner Aktionäre birgt dies zugleich aber die Gefahr, dass die Ausübung des Fragerechts die logistisch zu bewältigenden Grenzen des Vertretbaren und teilweise sogar Machbaren sprengen und hohe Kosten verursachen. Zugleich müssen daher auch Schranken festgelegt werden, die einer Ausuferung der entsprechenden Auskunftspflicht entgegen wirken.

1. Art. 9 A-RL-E: Fragerecht *vor* der Hauptversammlung

Die noch im Art. 9 A-RL-E enthaltene Formulierung wich in zwei wesentlichen Punkten von der endgültigen Fassung ab. Zum einen ist die Verlagerung des Frage- und Auskunftsrechts der Aktionäre vor die Hauptversammlung wieder gestri-

261 Noack, NZG 2008, 441, 445.
262 Ausführlich hierzu: GroßKommAktG/Grundmann, § 135, 76 bis 84 (m.w.N.); Hüffer, AktG, § 135, 20.
263 Noack, NZG 2001, 1057, 1062; Zetzsche, ZIP 2001, 682, 685 f.
264 Ähnlich: Horn, ZIP 2008, 1558, 1565; Zetzsche, Der Konzern 2008, 321, 327.
265 Vgl. Begr. A-RL-E, S. 7.

chen worden und zum anderen wurde von der Pflicht der Gesellschaften abgesehen einen Frage-Antworten-Katalog auf ihrer Internetseite vorzusehen. Noch im A-RL-E war man davon ausgegangen, dass die Ausübung des Fragerechts vor der Hauptversammlung als Ergänzung zur Stimmrechtsausübung in absentia und damit insbesondere für nicht ortsansässige Aktionäre von Bedeutung sei. Dementsprechend sollte die Ausübung des Fragerechts mittels elektronischer Kommunikationsmittel und per Brief möglich sein, um auch bei persönlicher Abwesenheit der Aktionäre eine ausreichende Informationsgrundlage sicherzustellen.[266] Um zu verhindern, dass dies zu einer unüberschaubaren Frageflut führen würde, sah Art. 9 Abs. 3 A-RL-E vor, dass die Gesellschaften auf ihrer Internetseite eine Rubrik vorsehen müssten, in der sämtliche Fragen, die vor und während der Hauptversammlung gestellt worden wären, mit entsprechenden Antworten zur Verfügung gestellt würden. Damit sollte verhindert werden, dass auf identische oder ähnliche Fragen immer wieder geantwortet werden müsste, was einen nochmals höheren Verwaltungsaufwand zur Folge gehabt hätte.[267]

Zwar ist der Grundgedanke, der hinter der Vorverlagerung des Fragerechts steht, ein durchaus beachtenswerter: Die Hauptversammlung selbst soll dadurch entlastet werden, dass die Fragen der Aktionäre und die damit korrespondierende Auskunftspflicht der Gesellschaften so weit wie möglich in die Vorbereitungsphase verlagert wird, um am Tag der Veranstaltung selbst für Entlastung zu sorgen und den nicht persönlich erscheinenden Teilnehmern die Wahrnehmung ihrer Rechte zu erleichtern. Allerdings war die Regelung des Art. 9 A-RL-E nicht ganz durchdacht und daher zu Recht massiver Kritik ausgesetzt.[268]

Art. 9 A-RL-E traf aber keinerlei Aussage zu der Frage, innerhalb welchen Zeitraums das Fragerecht vor der Hauptversammlung ausgeübt werden sollte. In der Konsequenz hätte dies s. bedeutet, dass das Fragerecht jederzeit hätte ausgeübt werden können,[269] getreu dem Motto „nach der Hauptversammlung ist vor der Hauptversammlung".[270] Hier hätte noch ein näher konkretisierter Zeitraum festgelegt werden müssen. Alternativ hätte man auch daran denken können, dass die gestellten Fragen erst während der Hauptversammlung hätten beantwortet werden müssen. Einen weiteren handwerklichen Fehler hätte man auch darin sehen können, dass die von den Aktionären gestellten Fragen keinerlei Bezug zu der Tagesordnung haben mussten, so dass auch allgemeine Fragen zulässig und zu beantworten gewesen wären.[271] Auch diese Ungereimtheit hätte man jedoch in der endgültigen Fassung leicht bereinigen können, indem z.B. ein Bezug zur Tagesordnung hergestellt worden wäre.

---

266 Begr. A-RL-E, S. 7.
267 Vgl. J. Schmidt, BB 2006, 1641, 1643.
268 Handelsrechtsausschuss DAI, NZG 2006, 577, 578; BDA/BDI/DAI/DIHK/GDV, NZG 2006, 300, 302.
269 Handelsrechtsausschuss DAI, NZG 2006, 577, 578.
270 In Anlehnung an Sepp Herberger: „Nach dem Spiel ist vor dem Spiel."
271 J. Schmidt, BB 2006, 1641, 1644 (Wegfall der Auskunftspflicht erst bei Rechtsmissbrauch).

Abgesehen von diesen handwerklichen Fehlern wurden darüber hinaus grundsätzliche Bedenken gegen die Vorverlagerung des Fragerechts geäußert. Insbesondere vor explodierenden Kosten wurde gewarnt.[272] Auch Zweifel an der Erforderlichkeit und Gebotenheit wurden geäußert, weil die Aktionäre bereits aufgrund der umfangreichen kapitalmarktrechtlichen Veröffentlichungspflichten über die Verhältnisse der Gesellschaft ausreichend informiert seien.[273] Bezüglich der Möglichkeit, Fragen elektronisch zu stellen, wurde eine nochmals verstärkte Bombardierung größerer Publikumsgesellschaften mit Fragen befürchtet, die nicht nur den bürokratischen Aufwand anschwellen ließe, sondern darüber hinaus vor allem neues Anfechtungspotential mit sich brächte, wenn die Beantwortung der Fragen nicht vollständig oder fehlerhaft erfolgte.[274] Zusätzliche Anfechtungsrisiken wurden des weiteren noch für den Fall einer von der Gesellschaft nicht verschuldeten Störung des Internetzugangs befürchtet.[275] In letzterem Fall besteht aber gerade kein Anfechtungsrisiko, wenn der Internetzugang durch nicht von der Gesellschaft beeinflussbare Faktoren beeinträchtigt wird.[276] Der Kritik ist zwar insoweit zuzustimmen, dass in keinem Fall neue Anfechtungsrisiken geschaffen werden sollten. Andererseits sollte dies auch nicht unnötigerweise zu Lasten der Aktionärsrechte und der Aktionärsdemokratie gehen, für die das Fragerecht von essentieller Bedeutung ist.[277] Man sollte auch bedenken, dass mit der Vorverlagerung des Fragerechts keine zusätzliche Belastung der Gesellschaften bezweckt wird, sondern im Gegenteil eine Entlastung, indem die Hauptversammlung von den sonst üblichen „Fragekatalogen" einiger weniger Aktionäre befreit werden soll.

Diesen Erwägungen folgend war eine ähnliche Regelung in Deutschland bereits für das UMAG vorgesehen.[278] Der RefE zum UMAG[279] sah einen neuen § 131 Abs. 6 AktG vor, wonach die Satzung den Aktionären gestatten durfte, Fragen zu bestimmten Tagesordnungspunkten in Textform, also auch per Email (!), vor der Hauptversammlung zu stellen, die entsprechenden Antworten sollten dann drei Tage vor und während der Hauptversammlung auf der Internetseite zugänglich gemacht werden.[280] Mit dieser Regelung sollte der Verwaltung größtmögliche Fle-

---

272 Handelsrechtsausschuss DAI, NZG 2006, 577, 578; BDA/BDI/DAI/DIHK/GDV, NZG 2006, 300, 302.
273 Handelsrechtsausschuss DAI, NZG 2006, 577, 578.
274 Hierfür müsste aber eine diesbezügliche Anfechtungsbefugnis überhaupt erst noch eingeführt werden; vgl. Wand/Tillmann, AG 2006, 443, 447.
275 Handelsrechtsausschuss DAI, NZG 2006, 577, 578.
276 Ebenso: Horn, ZIP 2008, 1558, 1564.
277 Ratschow, DStR 2007, 1402, 1405.
278 Überblick zur historischen Entwicklung und Reformvorschlägen des Auskunftsrechts: Joussen, AG 2000, 241.
279 RefE UMAG (Januar 2004), abrufbar unter: http//www.jura.uni-augsburg.de/prof/moellers/materialien/4_gesellschaftsrecht/200_umag/.
280 § 131 AktG-RefE-UMAG lautete: „Die Satzung oder die Geschäftsordnung gem. § 129 kann den Vorstand ermächtigen, in der Einberufung der HV für bestimmte Tagesordnungspunkte Fragen in Textform zuzulassen. Für die Einreichung dieser Fragen ist in der Einberufung eine Frist und eine Adresse anzugeben. Die Fragen sind drei Tage vor und während der HV auf der Internetseite der Gesellschaft zugänglich zu machen; werden die Antworten nicht in der HV erteilt, so sind sie wie die Fragen zugänglich zu machen."

xibilität bei der effizienten Beantwortung der Fragen der Aktionäre eingeräumt werden.[281] Durch die Zulassung von Fragen und den entsprechenden Antworten im Vorfeld sollte folglich die eigentliche Veranstaltung der Hauptversammlung entlastet werden. Dennoch konnte sich dieser Vorschlag nicht durchsetzen, weil er – wie Art. 9 Abs. 1 A-RL-E – massiv kritisiert wurde. Anders als beim A-RL-E bezogen sich die kritischen Anmerkungen aber hauptsächlich darauf, dass die Rechte der Aktionäre zu sehr eingeschränkt würden, weil durch das zur Verfügung Stellen von Antworten auf der Internetseite mit der Folge, dass diesbezügliche Fragen in der Hauptversammlung nicht mehr beantwortet werden müssten, die offene und reziproke Kommunikation mit der Verwaltung gestört würde.[282] Während also die für das UMAG vorgesehene Regelung wegen einer Beschränkung des Frage- und Auskunftsrechts gescholten wurde, ist diejenige im A-RL-E an einer angeblich übermäßigen Ausdehnung dieser Rechte gescheitert. Letztendlich machen diese Diskrepanzen wohl deutlich, dass einer Vorverlagerung des Fragerechts nicht die Unpraktikabilität und Uneffektivität einer entsprechenden Vorschrift entgegenstehen.[283] Viel eher scheint das Bedürfnis, alles so zu belassen, wie es ist, das Haupthindernis zu sein. Angesichts der zunehmenden Internationalisierung der Anteilseignerschaften ist die Entscheidung, dass Auskunft allein in der Hauptversammlung verlangt werden kann, mehr und mehr fragwürdig.[284] Dem deutschen Gesetzgeber sei daher geraten, die Möglichkeit der Zulassung des Fragerechts im Vorfeld der Hauptversammlung nicht aus dem Blick zu verlieren.

2. Art. 9 A-RL: Kompromisslösung

In der endgültigen Fassung ist Art. 9 A-RL das Ergebnis eines Kompromisses, dem ein schwieriges Gesetzgebungsverfahren vorausgegangen ist und der von der ursprünglich vorgesehenen Regelung kaum noch etwas übrig gelassen hat.[285] Den Mitgliedstaaten wird nunmehr nur noch vorgeschrieben, dass dem Fragerecht der Aktionäre eine korrespondierende Antwortpflicht der Gesellschaften gegenübergestellt wird. Während dies aus deutscher Perspektive eigentlich eine Selbstverständlichkeit darstellt, liegt hierin für das Recht Großbritanniens ein Novum, weil es hier noch an einem Frage- und Auskunftsrecht des Aktionärs fehlt. Zwar findet eine Aussprache und Erörterung der für die Gesellschaft relevanten Ereignisse und Fakten statt. Dies gestaltet sich aber lediglich im Rahmen der schwer zu fassenden Treuepflichten[286] der „directors" und des Versammlungsleiters, welche zusätzlich in den Gesellschaftsstatuten konkreter ausgestaltet werden können. Da das Recht aus Art. 9 A-RL schließlich auch dem Vertreter zustehen wird (vgl.

---

281 Begr. RefE UMAG abrufbar unter: http//www.jura.uni-augsburg.de/prof/moellers/materialien/4_gesellschafts-recht/200_umag/), S. 28.
282 Martens, AG 2004, 238, 243 ff.; Wilsing, ZIP 2004, 1082, 1085.
283 So aber Gemeinsame Stellungnahme der Spitzenverbände zum UMAG-Ref-E v. 2. 4. 2004; abrufbar unter: http://www.bdi-online.de/de/fachabteilungen/7469.htm.
284 Kalss/Schauer, Reform, S. 183.
285 Bachner/Dokalik, GesRZ 104, 112.
286 Duty to act in good faith.

Art. 10 Abs. 1 S. 2 A-RL), stehen dem britischen Recht durchaus erhebliche Änderungen bevor.[287]

Ferner gilt eine Frage bereits dann als beantwortet, wenn die Information bereits in Form von Frage und Antwort auf der Internetseite der Gesellschaft abgerufen werden kann, Art. 9 Abs. 3 A-RL. Nicht Gesetz geworden ist die noch in Art. 9 Abs. 3 A-RL-E vorgesehene, den Gesellschaften aufzuerlegende Pflicht, die gestellten Fragen und darauf bezogenen Antworten auf ihre Internetseite einzustellen. Von einer Auskunftspflicht kann gem. Art. 9 Abs. 2 S. 1 A-RL in bestimmten Fällen abgesehen werden. Erfasst sind hiermit Maßnahmen zur Feststellung der Identität der Aktionäre, zur Gewährleistung des ordnungsgemäßen Ablaufs der Hauptversammlung und ihrer ordnungsgemäßen Vorbereitung sowie zum Schutz der Vertraulichkeit und der Geschäftsinteressen der Gesellschaften. Auf Fragen gleichen Inhalts kann eine Gesamtantwort gegeben werden, Art. 9 Abs. 2 S. 2 A-RL.

3. Anpassungsbedarf im deutschen Recht

Im deutschen Recht ist das Auskunftsrecht des Aktionärs in § 131 AktG geregelt. In bestimmten in § 131 Abs. 3 S. 1 AktG aufgezählten Fällen, darf die Auskunft verweigert werden. Weitere darüber hinausgehende Verweigerungsgründe gibt es nach § 131 Abs. 3 S. 2 AktG nicht.[288] Ein Auskunftsverweigerungsgrund ist gem. § 131 Abs. 3 Nr. 7 AktG gegeben, wenn die betreffende Information mindestens sieben Tage vor Beginn und während der Hauptversammlung auf der Internetseite der Gesellschaft zugänglich ist, was den Vorgaben des Art. 9 Abs. 3 A-RL entspricht. Die Vorschrift geht auf Empfehlungen des 63. Deutschen Juristentages und der Regierungskommission Corporate Governance zurück[289] und wurde mit dem UMAG in das AktG eingeführt, hat jedoch keine allzu große Bedeutung erlangt, weil die vorab erteilten Auskünfte neue und ergänzende Fragen zur Folge haben.[290]

Weitere Auskunftsverweigerungsgründe sind in § 131 Abs. 3 Nr. 1–6 AktG enthalten, denen gemeinsam ist, dass sie die Gesellschaften vor Nachteilen, die aus der umfassenden Auskunftspflicht gem. § 131 Abs. 1 AktG folgen, schützen sollen.[291] In Zukunft muss darauf geachtet werden, dass sich die Zulässigkeit dieser Verweigerungsgründe an Art. 9 Abs. 2 S. 1 A-RL bemisst und daher nur dann Europarechtskonformität besteht, wenn der ordnungsgemäße Ablauf oder die ordnungsgemäße Vorbereitung der Hauptversammlung, der Schutz der Vertraulichkeit und die Gewährleistung der Geschäftsinteressen bzw. die Feststellung der Identi-

---

287 Ausführlich: Nolan, EBOR 7 (2006) 549, 584–586.
288 Hüffer, AktG, § 131, 23; MüKoAktG/Kubis, § 131, 124; Schmidt/Lutter/Spindler, § 131, 62 (Ausnahmen bei Treuepflicht und Rechtsmissbrauch).
289 Baums, Regierungskommission, S. 139 f. Siehe hierzu bereits Ebenroth, Auskunftsrecht, S. 96–98 (m. w. N.).
290 Handelsrechtsausschuss DAV, BB Beilage 2003, Nr. 4, 24 (drittes Kapitel, 6.); Wilsing, ZIP 2004, 1082, 1085.
291 Kropff, Begr. RegE, S. 186; MüKoAktG/Kubis, § 131, 94.

tät der Aktionäre bezweckt ist. Fraglich ist, ob alle in § 131 Abs. 2 S. 1 AktG aufgeführten Verweigerungsgründe diese Anforderungen erfüllen. Erhebliche Zweifel an der Vereinbarkeit mit den Vorgaben der A-RL bestehen bezüglich § 131 Abs. 2 S. 1 Nr. 2 AktG, wonach der Vorstand die Auskunft verweigern darf, wenn sich die Erteilung der Auskunft auf steuerliche Wertansätze oder die Höhe einzelner Steuern bezöge. Ausweislich der Begr. RegE AktG 1965 soll vermieden werden, dass der Aktionär ein falsches Bild bekomme, wenn er dem Irrtum unterliegt, der steuerliche Gewinn sei betriebswirtschaftlich erzielt und womöglich ausschüttungsfähig.[292] Damit wird impliziert, dass die Aktionäre nicht in der Lage sind, zwischen der Steuer- und der Handelsbilanz zu unterscheiden.[293] Abgesehen davon, dass die Aktionäre hierdurch in ungerechtfertigter Weise bevormundet werden,[294] dürfte dies europarechtswidrig sein, weil kein Rechtfertigungsgrund aus Art. 9 Abs. 2 A-RL eingreift, und sollte daher gestrichen werden. Dies ist jedoch nicht vorgesehen, weil insofern kein Anpassungsbedarf gesehen wird. Der Fokus der Umsetzung der A-RL liegt vielmehr bei der Einberufungspublizität und der Ausübung des Stimmrechts.[295] In dieser Hinsicht besteht folglich Nachbesserungsbedarf.

V. Ausübung des Stimmrechts durch Dritte

1. Stimmrechtsvertretung, Art. 10 A-RL

Als wortreichste Vorschrift in der A-RL legt Art. 10 A-RL Voraussetzungen und Schranken der Stimmrechtsvertretung fest. Erfasst wird von dieser Norm das Verhältnis zwischen Aktionär und Vertreter, wobei nicht nur klargestellt wird, dass sich die Aktionäre auf der Hauptversammlung vertreten lassen können (Art. 10 Abs. 1 A-RL), sondern auch die Schranken für die Stimmrechtsvertretung sehr detailliert umrissen werden (Art. 10 Abs. 1 Unterabs. 2 bis Abs. 5 A-RL). Bislang divergieren die mitgliedstaatlichen Regelungen noch erheblich, was sich bei der grenzüberschreitenden Stimmrechtsausübung als schwerwiegendes Hindernis erwiesen hat.[296] Andererseits gibt es aber keine europäische Rechtsordnung, die die Stimmrechtsvertretung per se nicht zulässt.[297] Vor allem in den Mitgliedstaaten, in denen eine Ausübung der Stimmrechte in absentia bisher nicht vorgesehen war, ist die Einschaltung eines Stimmrechtsvertreters von herausragender Bedeutung, wenn es darum geht, Einfluss auf der Hauptversammlung ohne persönliche Teilnahme wahrzunehmen. Deshalb ist in den verschiedenen Aktienrechten schon sehr früh

---

292 Kropff, Begr. RegE, S. 186.
293 Vgl. Kamprad, AG 1991, 396, 397; Meilicke BB 1991, 241, 242; Meilicke/Heidel, DStR 1992, 113, 117.
294 KK/Zöllner, § 131, 37.
295 Vgl. RefE ARUG, S. 1.
296 Commission Staff Working Document (Fn 4) S. 13, 18, 28; Erstes Konsultationspapier GD Binnenmarkt vom 16. 9. 2004, S. 23 f., abrufbar unter: http://ec.europa.eu/internal_market/company/shareholders/indexa_de. htm; J. Schmidt, NZG 2006, 487; dies., BB 2006, 1641, 1644.
297 Noack, FS Westermann (2008), 1203, 1211.

das Phänomen der Stimmrechtsvertretung in Erscheinung getreten.[298] Viele Mitgliedstaaten führten in der Folge allerdings Restriktionen ein, indem die Zulässigkeit der Vertretung z.B. davon abhängig gemacht wird, dass der Vertreter zugleich die Aktionärseigenschaft bezüglich der betreffenden Gesellschaft besitzt.[299] In Deutschland hat der Gesetzgeber Restriktionen vor allem für die Vertretung durch die Kreditinstitute (Depotstimmrecht) in § 135 AktG vorgesehen, was dazu geführt hat, dass diese mittlerweile in erheblichem Umfang davon absehen, ihren Depotkunden einen entsprechenden Service anzubieten. Dies hat wiederum zu einem spürbaren Absinken der Hauptversammlungspräsenzen geführt.[300]

a) Stimmrechtsvertretung in Frankreich und Großbritannien

In Frankreich ist das Recht, sich durch einen anderen auf der Versammlung vertreten zu lassen hinsichtlich der Person des Vertreters stark eingeschränkt. Die Aktionäre können sich gem. article L. 225-106 code de commerce ausschließlich von anderen Aktionären, nahen Verwandten (z.B. dem Ehepartner), dem Versammlungsleiter oder eingetragenen Intermediären vertreten lassen. Dem widersprechende Satzungsklauseln sind unwirksam.[301] Es ist daher nicht verwunderlich, dass gerade von französischer Seite Bedenken gegen Art. 10 A-RL mit dem Argument vorgebracht wurden, dass die Möglichkeit die Aktionärsrechte in Abwesenheit ausüben zu können, ausreichend sei, weil die «assemblée générale» als private Zusammenkunft angesehen wird.[302] Hinsichtlich des Umfangs der Rechte, die dem Vertreter zustehen, ist das französische Recht wiederum liberal. Eine Beschränkung ist nur in dem Umfang zulässig, wie dies auch beim Aktionär selbst erlaubt wäre. Allerdings kann eine indirekte Beschränkung dadurch erfolgen, dass die Gesamtzahl der Stimmrechte, über die ein Einzelner als Aktionär oder Vertreter verfügen darf, beschränkt werden kann.[303]

In Großbritannien kann sich jeder Aktionär in der Hauptversammlung vertreten lassen, ohne dass hinsichtlich der Person des Vertreters Beschränkungen bestehen, Art. 324 (1) CA 2006; insbesondere darf die Stimmrechtsvertretung nicht auf Mitaktionäre beschränkt werden. Während Beschränkungen hinsichtlich der Person des Stimmrechtsvertreters bereits vor der Company Law Reform 2006 unzulässig waren, vgl. Art. 372 (1) CA 1985, war dessen Stellung in der Hauptversammlung sehr schwach ausgestaltet. Grundsätzlich hatte der Stimmrechtsvertreter kein Rederecht in der Hauptversammlung und hatte vor allem kein Recht zur Stimmab-

---

298 Noack, FS Westermann (2008), 1203, 1211.

299 In Frankreich ist dies durch das Gesetz vorgeschrieben: art. L. 225-106 code de commerce, vgl. Lecourt, Revue des Sociétés. 2006, 923, 927; Winkler, Stimmrecht, S. 192–194. In Österreich ist nach h.M. eine entsprechende Regelung in der Satzung möglich: Bachner/Dokalik, GesRZ 2007, 104, 113; a.A. MüKoAktG/S. Schmidt, § 134, 107 (nur formelle Erfordernisse wie Anmeldung, Hinterlegung etc.).

300 MüKoAktG/Schröer, § 135, 18 (m.w.N.); Seibert, AG 2004, 529, 531.

301 Storck, Revue trimestrielle de droit commercial 2007, 562, 565.

302 Vgl. Dethomas/Rontchevsky, Revue Lamy Droit des Affaires 2007, 10, 13 ; Storck, Revue trimestrielle de droit commercial 2007, 562, 565 f.

303 Storck, Revue trimestrielle de droit commerical 2007, 562, 565.

gabe in der den Regelfall darstellenden show of hands-Abstimmung.[304] Nicht zuletzt aufgrund heftiger Kritik hat der britische Gesetzgeber nunmehr die Position des Stimmrechtsvertreters erheblich gestärkt und erlaubt die Wahrnehmung sämtlicher Aktionärsrechte, d.h. des Teilnahme-, Stimm- und Rederechts, Art. 324 (1) CA 2006.[305] In Großbritannien zulässig und überaus üblich ist vor allem die Bevollmächtigung der Verwaltung mit der Ausübung des Stimmrechts, wobei zusammen mit den Einberufungsunterlagen Formblätter für die Erteilung der Stimmrechtsvollmacht an die Aktionäre versendet werden.[306] Mit dem Companies Act 1985 (Electronic Communications) Order 2000 wurde bereits die Möglichkeit der elektronischen Bestellung von „proxies“ eingeführt, während die persönliche Wahrnehmung der Aktionärsrechte in absentia auf elektronischem Weg bislang noch nicht zulässig ist.[307]

b) Normzweck

Mit dem Vollmachtsstimmrecht werden im wesentlichen zwei Ziele verfolgt: Zum einen soll die Präsenz auf der Hauptversammlung erhöht werden. Unter ökonomischen Gesichtspunkten ist das persönliche Erscheinen auf der Hauptversammlung für viele Aktionäre nicht sinnvoll.[308] Nicht zuletzt aus technischen Gründen wäre eine Präsenzveranstaltung mit riesigen Teilnehmerzahlen aber auch gar nicht durchführbar.[309] War das Augenmerk hierbei lange Zeit auf Kleinaktionäre gerichtet, für die sich die Anreise von vornherein kaum lohnt,[310] ist seit einigen Jahren zu beobachten, dass die Bedeutung des Vollmachtsstimmrechts auch für institutionelle Investoren kontinuierlich zunimmt,[311] die ihre Aktionärsrechte – teils überraschend – in häufig nur geringem Umfang wahrgenommen haben.[312] Bei der Einschaltung eines Vertreters geht es nicht mehr nur um die bloße Ausübung des Stimmrechts, vielmehr werden rund um die Wahrnehmung der Aktionärsrechte von professionell agierenden Stimmrechtsvertretern Dienstleistungen angeboten, die zusätzlich auch ihre Expertise zur Verfügung stellen, die es den Anteilseignern ermöglicht, ihre Einflussnahmemöglichkeiten auf die Verwaltung optimal auszunutzen, um so ihr Risikomanagement zu verbessern und informiertere Entschei-

---

304 Ausführlich zur alten Rechtslage in Großbritannien: Winkler, Stimmrecht, S. 202–204.
305 Nolan, EBOR 7 (2006) 549, 581. Zur Reform des englischen Gesellschaftsrechts durch den Companies Law Act 2006: Davies/Rickford, ECFR 2008, 48 und dies., ECFR 2008, 239, insb. 240–248 (zu Informationspflichten bei der Stimmrechtsvertretung).
306 Ausführlich zur Einwerbung von Stimmrechtsvollmacht durch die Verwaltung: Behnke, NZG 2000, 665, 669f.; Winkler, Stimmrecht, S. 204–206; monographisch für die ähnliche Rechtslage und Praxis in den USA: Tuercks, Depotstimmrecht versus U.S.-proxy-system (2000).
307 Hainsworth, Law and Financial Market Review, January 2007, 11, 16.
308 Bachmann, AG 2001, 635, 637; Baums/v. Randow, AG 1995, 145, 147; Easterbrook/Fischel, The economic structure of corporate law, S. 66; Noack, FS Lutter (2000) 1463, 1468; Seibert, AG 2004, 529; Zöllner, FS Peltzer (2001) 661.
309 Noack, BB 1999, 2533; Zöllner, FS Peltzer (2001) 661.
310 vgl. MüKoAktG/Schröer, § 135, 6; Zöllner, FS Peltzer (2001) 661.
311 Grundmann, FS Wymeersch (2008) 183, 185; Noack, FS Lutter (2000) 1463.
312 Erwogen wurde daher sogar eine Stimmpflicht für institutionelle Investoren, vgl. Baums, AG 1996, 11; Seibert, AG 2004, 529, 532.

dungen zu treffen.[313] Es hat sich gezeigt, dass Investoren im Durchschnitt erheblich höhere Renditen einfahren, wenn sie ihre Rechte aktiv geltend machen und so auf die Geschäftsführung und personelle Veränderungen hinwirken.[314] Dieses Phänomen, dass bestimmte Aktionärsgruppen ihre Beteiligung nicht nur als reines Investment betrachten und intensiv von ihren Aktionärsrechten Gebrauch machen, wird zutreffend als sog. *shareholder activism* bezeichnet.[315] Der Mehrwert, den hierbei die Anbieter von Dienstleistungen rund um das Stimmrecht bieten, ist lange unterschätzt worden,[316] es hat sich aber gezeigt, dass die Einflussnamemöglichkeiten der Aktionäre auf den Vorstand erheblich sein können,[317] womit ein wachsendes Bedürfnis nach professioneller Beratung und Unterstützung verbunden ist. Folglich hat sich die Präsenz der institutionellen Anleger auf den Hauptversammlungen der deutschen AGs in jüngster Zeit etwas verbessert.[318] Dass diese Entwicklung nicht von allen Seiten willkommen geheißen wird, zeigt die weit verbreiteten Sorgen bezüglich des Verhaltens der *hedge fonds* und *private equity*-Investoren sowie die Angst vor einer Zerschlagung nationaler Traditionsunternehmen, die auch in den Verhandlungen zu Art. 10, 11 und 13 A-RL omnipräsent waren.[319]

Dies führt zu einem sehr wichtigen Unterschied von Art. 10f. A-RL zu den anderen Vorschriften in der A-RL. Angesichts der stets drohenden Gefahr nationaler Abschottungstendenzen, die aus Furcht vor einem „Ausverkauf" der nationalen Wirtschaft vorgenommen werden und die die Verwirklichung des Binnenmarktes behindern, blieb die Kommission in den Verhandlungen bezüglich eventueller Spielräume der Mitgliedstaaten unnachgiebig. Während gem. Art. 3 A-RL grundsätzlich nur eine Mindestharmonisierung erfolgt und über die Vorgaben der A-RL hinausgegangen werden darf, sind die Regelungen des Verhältnisses von Aktionär und Vertreter abschließend.[320] Insofern enthält also die A-RL ein in sich geschlossenes System, was sich darin äußert, dass die zulässigen Beschränkungen der Stimmrechtsvertretung abschließend in Art. 10 Abs. 3 A-RL aufgeführt werden. Einen gewissen Ausgleich hierfür stellt die verlängerte Umsetzungsfrist gem. Art. 15 Unterabs. 2 A-RL (bis 3. August 2012) dar.

Ein weiterer Zweck der Beauftragung eines Dritten liegt in der damit verbundenen Anonymität des Vertretenen, wenn er durch die Zwischenschaltung eines Vertreters nicht in Erscheinung zu treten braucht.[321] Im deutschen Recht können gem.

---

313 Z.B. Schneider/Anzinger, NZG 2007, 88, 89. Ein Beispiel für einen solchen professionellen Stimmrechtsvertreter ist Institutional Shareholder Services (ISS) (inzwischen übernommen von Risk Metrics Group), siehe http://www.issproxy.com/issgovernance.html.
314 S. Müller, FTD v. 25. 6. 2007, S. 26; dies., Handelsblatt v. 5. 7. 2007, S. 8.
315 Zu den gesellschaftsrechtlichen Schranken: Thaeter/Guski, AG 2007, 302.
316 Einen Markt für Stimmrechtsvertreter hatten allerdings bereits Baums/v. Randow, AG 1995, 145 und Baums, AG 1996, 11 gefordert.
317 Prominenteste Beispiele sind die Deutsche Börse AG, Cewe Color AG und Balda AG.
318 Schneider/Anzinger, NZG 2007, 88.
319 Bachner/Dokalik, GesRZ 104, 113.
320 Bachner/Dokalik, GesRZ 104, 113.
321 Vgl. KK/Zöllner, § 129, 8.

§ 129 Abs. 1 und 4 AktG dem Teilnehmerverzeichnis Name, Anschrift und der Betrag bzw. die Zahl der vertretenen Aktien entnommen werden und zwar nicht nur während der Hauptversammlung sondern noch bis zu zwei Jahre später.[322] Um der Veröffentlichung zu entgehen, kann entweder ein Treuhänder beauftragt werden, der gem. § 129 Abs. 3 AktG das Stimmrecht für die Aktien im eigenen Namen ausübt und wie teilnehmende Aktionäre ins Teilnehmerverzeichnis eingetragen werden muss, während dies beim wahren Berechtigten unterbleibt.[323] Hierbei handelt es sich jedoch nicht um einen Fall der Stellvertretung, weil der Dritte wie bei § 185 BGB nur dazu ermächtigt wird, die Stimmrechte eines anderen in dessen Namen auszuüben,[324] so dass nicht Art. 10 A-RL sondern Art. 13 A-RL einschlägig ist.[325] Eine andere Möglichkeit ist die verdeckte Stellvertretung, die gem. §§ 135 Abs. 5 S. 3, Abs. 8 AktG Kreditinstituten, Aktionärsvereinigungen und gleichgestellten Personen gestattet ist, so dass im Teilnehmerverzeichnis der Vertreter mit der Kennzeichnung, dass sich die Aktien in Vollmachtbesitz befinden, eingetragen wird.[326] Die verdeckte Stellvertretung kann gem. § 134 Abs. 3 S. 4 AktG auch durch von der Gesellschaft benannte Stimmrechtsvertreter erfolgen.

c) Numerus clausus zulässiger Schutzregeln

In Art. 10 Abs. 1 Unterabs. 1 A-RL wird der Grundsatz festgehalten, dass jeder Aktionär das Recht hat, eine andere natürliche oder juristische Person zum Vertreter zu bestellen. Der Vertreter nimmt dann im Namen des Aktionärs an der Hauptversammlung teil und hat dieselben Rechte auf Ausübung des Stimmrechts, auf Wortmeldung und auf Fragestellung wie der Aktionär selbst. Daraus ergibt sich deutlich, dass die Stellvertretung nicht auf die bloße Stimmrechtsausübung beschränkt ist.[327] Als Beschränkung in der Person des Vertreters kommt allein dessen Geschäftsfähigkeit in Betracht, wobei es sich aber nur um eine Ausnahme rechtstechnischer Natur handelt. Gem. Art. 10 Abs. 1 Unterabs 2 A-RL müssen die Mitgliedstaaten alle Rechtsvorschriften aufheben, die diesbezügliche Einschränkungen vorsehen oder es den Gesellschaften ermöglichen, solche Einschränkungen in der Satzung vorzusehen. Hieraus ergibt sich, dass die A-RL die zulässigen Beschränkungen in der Person des Vertreters abschließend regelt, darüber hinausgehende Anforderungen können die Mitgliedstaaten grundsätzlich nicht bzw. nur ausnahmsweise unter den Voraussetzungen von Art. 10 Abs. 2–5 A-RL vorsehen.[328]

---

322 MüKoAktG/Schröer, § 135, 7.

323 Hüffer, AktG, § 129, 12; MüKoAktG/Kubis, § 129, 34; KK/Zöllner, § 129, 7; v. Falkenhausen, BB 1966, 337, 341.

324 Hüffer, AktG, § 129, 12; a. A. KK/Zöllner, § 129, 7

325 Zur Abgrenzung von Art. 10 und 13 A-RL siehe auch S. 175 f.

326 GroßKommAktG/Grundmann, § 135, 38 („Der Zweck für diesen Purismus ist schwer zufassen…"); Hüffer, AktG, § 129, 12; MüKoAktG/Schröer, § 135, 7.

327 Ratschow, DStR 2007, 1402, 1405. Folglich ist die Überschrift zu Art. 10 A-RL in der englischen Fassung („proxy voting") zu eng geraten, vgl. Bachner/Dokalik, GesRZ 2007, 104, 112.

328 Bachner/Dokalik, GesRZ 2007, 104, 112. Daher wird Art. 10 A-RL vor allem in Frankreich zu Änderungen führen: Dethomas/Rontchevsky, Revue Lamy Droit des Affaires 2007, 10, 13; Dondero, Revue trimestrielle de droit financier 2007, 90, 92; Storck, Revue trimestrielle de droit commercial 2007, 562, 565 f.

Abgesehen von der Geschäftsfähigkeit des Vertreters sind Beschränkungen gem. Art. 10 Abs. 3 A-RL erlaubt, wobei die A-RL sowohl hinsichtlich der Voraussetzungen als auch der Rechtsfolge qualifizierte Vorgaben macht. Hintergedanke dabei ist derjenige, dass überflüssige Hemmnisse, die die Ausübung der Aktionärsrechte unnötig erschweren, abgeschafft werden sollen, zugleich wird jedoch auch anerkannt, dass aus der Wahrnehmung der Aktionärsstellung für einen anderen eine gewisse Missbrauchsgefahr im Hinblick auf die dem Vertreter eingeräumten Handlungsmöglichkeiten zum Nachteil des Vertretenen besteht.[329] Es handelt sich dabei um das fundamentale Problem, das jedem Prinzipal-Agenten-Verhältnis zugrunde liegt, wenn die Interessen von Vertreter und Vertretenem divergieren.[330]

(1) Voraussetzung: Interessenkollision

Zwingende Voraussetzung für das Stellen zusätzlicher Anforderungen und Beschränkungen an die Vertretung ist das Vorliegen eines Interessenkonfliktes. Art. 10 Abs. 3 Unterabs. 2 lit. i) bis iii) A-RL führt typisierend drei Konstellationen auf, in denen ein solcher Interessenkonflikt vorliegen kann.[331] Dabei handelt es sich nicht um eine abschließende Aufzählung, so dass mit entsprechender Begründung auch in ähnlich gelagerten Fällen das Vorliegen einer Interessenkollision bejaht werden kann. Diesen Regelbeispielen ist gemeinsam, dass der Vertreter neben der Vertretung selbst noch weitere beschlussbezogene Ziele verfolgen könnte, weil ein offensichtliches Eigeninteresse besteht, das aus einer weiteren Verbindung zu der betreffenden Gesellschaft resultiert. Erfasst werden daher Vertreter, die selbst kontrollierende Aktionäre der Gesellschaft bzw. andere Rechtsträger sind, die wiederum von einem kontrollierenden Aktionär kontrolliert werden (lit. i) sowie solche, die Mitglied des „Verwaltungs-, Leistungs- oder Aufsichtsorgans der Gesellschaft“ sind (lit. ii). Weiter kann ein Interessenkonflikt angenommen werden, wenn der Vertreter zugleich Arbeitnehmer oder Abschlussprüfer ist (lit. iii). Und schließlich ist dies auch dann der Fall, wenn eine familiäre Beziehung zu einer der in lit. i) bis iii) aufgeführten (natürlichen) Personen eine familiäre Beziehung vorliegt (lit. iv). Nicht ausdrücklich aufgeführt ist die Bevollmächtigung eines Kreditinstituts. Es ist fraglich, ob auch in diesen Fällen ein (unbenannter) potentieller Interessenkonflikt angenommen werden kann. Ein solcher ist jedenfalls dann zu bejahen, wenn beim betreffenden Kreditinstitut ein erhebliches Eigeninteresse vorliegt, welches aus einer größeren Eigenbeteiligung, aus der Rolle als Kreditgeber und dem Einwerben einer hohen Zahl von Stimmrechtsvollmachten resultieren kann.[332]

---

329 Begr. A-RL-E, S. 7.
330 Prinzipal-Agenten-Theorie, siehe Jensen/Meckling, Journal of Financial Economics (1976) 305–360.
331 J. Schmidt, BB 2006, 1641, 1644.
332 Ebenso: Grundmann, BKR 2009, 31, 34f.

(2) Rechtsfolgen: Abschließende Aufzählung

Weiterhin sind die Mitgliedstaaten bei der Wahl der Rechtsfolgen gebunden, die mit ausnahmsweise zulässigen Beschränkungen verbunden sind. Gem. Art. 10 Abs. 3 Unterabs. 1 a) bis c) A-RL dürfen nur bestimmte zusätzliche Anforderungen vorgesehen werden. Mit der A-RL vereinbar sind folglich nur gewissen Offenbarungspflichten, wonach der Vertreter bestimmte Tatsachen offen legt, die über die Gefahr einer Interessenkollision aufklären und bei der Einschätzung eines damit verbundenen Missbrauchsrisikos helfen (lit. a). Eine weitere Möglichkeit besteht darin, dass die Mitgliedstaaten vorsehen können, dass die Zulässigkeit der Vertretung davon abhängig gemacht wird, dass ausdrückliche Weisungen erteilt werden, nach denen sich der Bevollmächtigte bei der Ausübung der Rechte der Anteilseigner zu richten hat (lit. b). Zuletzt kann noch die Bestellung eines Vertretervertreters beschränkt oder ausgeschlossen werden, es sei denn, es handelt sich bei dem Vertreter um eine juristische Person. In einem solchen Fall darf die organschaftliche Vertretung oder die Bevollmächtigung eines Beschäftigten nicht untersagt werden (lit. c). Da es sich hierbei um eine abschließende Auflistung handelt, sind andere als die aufgeführten Anforderungen nicht zulässig. Ein pauschales Verbot der Vertretung durch bestimmte Personen ist daher nicht richtlinienkonform und kann folglich von den Mitgliedstaaten nicht mehr aufrechterhalten werden.[333] Diese haben nunmehr nur noch die Wahl, ob sie die in Art. 10 Abs. 3 Unterabs. 1 lit. a-c A-RL aufgeführten Anforderungen vorsehen oder davon absehen.[334]

(3) Grundsatz: nur ein Stimmrechtsvertreter pro Aktionär

Gem. Art. 10 Abs. 2 Unterabs. 2 S. 1 A-RL ist eine zahlenmäßige Beschränkung der Vertreter pro Aktionär möglich, um zu verhindern, dass für jede Aktie eine andere Person an der Hauptversammlung teilnimmt. Der umgekehrte Fall, dass ein Vertreter die Rechte für mehrere personenverschiedene Aktionäre in der Weise wahrnimmt, dass er für die von ihm vertretenen Aktionäre jeweils unterschiedlich abstimmt, muss hingegen ausdrücklich zugelassen werden, Art. 10 Abs. 5 A-RL. Um Abstimmungsdefizite mit Art. 13 A-RL zu beseitigen, wird klargestellt, dass dies unbeschadet des Art. 13 Abs. 5 A-RL gilt, demzufolge der Intermediär, der Aktien für mehrere Aktionäre in einem Sammelkonto verwahrt, nicht daran gehindert werden darf, dass jedem Anleger bzw. von diesem beauftragte Vertreter Vertretungsmacht eingeräumt werden kann.[335] Eine weitere Klarstellung enthält Art. 10 Abs. 2 Unterabs. 2 S. 2 A-RL, wonach die Beauftragung mehrerer Vertreter auch durch einen einzigen Aktionär dann zulässig ist, wenn mehrere Wertpapierdepots gehalten werden, so dass für die in jedem einzelnen Wertpapierdepot gehaltenen Aktien jeweils ein eigener Vertreter bestellt werden kann. Grund für diese Regelung ist, dass den Anteilseignern nicht die Möglichkeit genommen werden soll,

---

333 Nicht untersagt werden kann dementsprechend die Bevollmächtigung einer gesellschaftsnahen Person, die aber vor der Einführung des § 134 Abs. 3 S. 3 AktG für unzulässig erachtet worden ist; vgl. Hüffer, AktG, § 134, 26 (m. w. N.).
334 Noack, FS Westermann (2008) 1203, 1212.
335 Vgl. J. Schmidt, BB 2006, 1641, 1644.

sich durch die verschiedenen Kreditinstitute, bei denen sie die Depots unterhalten, auf der Hauptversammlung vertreten zu lassen, weil dies eine grundlose Überregulierung darstellen würde.[336] Obwohl ein einzelner Aktionär also verschiedene Vertreter für seine Wertpapierdepots bestellen kann, können die Mitgliedstaaten weiterhin das sog. „split-voting“[337] durch einen einzigen Anteilseigner untersagen. Eine entsprechende Regelung müsste sich jedoch den Vorwurf gefallen lassen, dass sie uneffektiv ist, weil die Umgehungsmöglichkeiten (Stimmrechtsausübung für den, den es angeht; Legitimationszession) mannigfaltig sind.[338]

(4) *Zeitliche Beschränkung*

Gem. Art. 10 Abs. 2 Unterabs. 1 A-RL ist es möglich, dass die Bestellung des Vertreters zeitlich beschränkt wird. So kann vorgesehen werden, dass die Bestellung nur für eine einzige Versammlung oder einen bestimmten Zeitraum gilt.

d) Deutsches Recht

Die Stimmrechtsvertretung des Aktionärs im deutschen Recht richtet sich nach den allgemeinen Regeln der §§ 164ff. BGB, die jedoch durch §§ 134 Abs. 3, 135 AktG modifiziert werden. Dabei steht die Stimmrechtsvertretung nach wie vor im Zentrum der rechtspolitischen Diskussion.[339] Dies betrifft v.a. das Depotstimmrecht der Banken, welches in § 135 AktG normiert ist.[340] Im Kern geht es dabei um die Frage, ob und wie die Macht der Banken, die in ihrer Doppelrolle als Kreditgeber und Gläubiger der Gesellschaften sowie als Inhaber nicht unerheblicher Stimmrechtsanteile aus Beteiligungsbesitz und umfangreichen Bevollmächtigungen ihrer Kunden übermäßig viel Einfluss geltend machen können, eingeschränkt werden soll, wobei zugleich ein Absinken der Hauptversammlungspräsenzen in Kauf genommen werden muss.[341] Ebenso gestritten wurde um die Zulässigkeit und Einführung der Vertretung durch von den Gesellschaften benannte Vertreter, die mit der Einführung des § 134 Abs. 3 S. 4 AktG[342] durch das NaStraG einen ersten Niederschlag im deutschen Recht gefunden hat.[343] Sie ist zumindest auch als Ausgleich für den Rückzug der Banken aus der Stimmrechtsvertretung gedacht.[344] Den vorläufigen Charakter dieser Norm verdeutlicht die Diskussion um die analo-

336 In dieser Hinsicht wurde der A-RL-E zu Recht kritisiert: Handelsrechtsausschuss DAV, NZG 2006, 577, 578.
337 Gemeint ist damit die unterschiedliche Ausübung des Stimmrechts für von einer Person gehaltene Aktien, vgl. Bachner/Dokalik, GesRZ 2007, 104, 113 (in Bezug auf Art. 10 Abs. 5 A-RL).
338 Vgl. Handelsrechtsausschuss DAI, NZG 2006, 577, 578.
339 Vgl. nur GroßKommAktG/Grundmann, § 135, 95–97 (m.w.N., auch rechtsvergleichend).
340 Grundmann, BKR 2009, 31, 34. Zu den jüngsten Deregulierungsbestrebungen: Seibert, ZIP 2008, 906, 907.
341 Zur Diskussion vgl nur Baums, AG 1996, 11; jüngst ders., Zur Deregulierung des Depotstimmrechts, ILF Working Paper Series No. 67, abrufbar unter http://www.ilf-frankfurt.de/uploads/media/ILF_WP_067.pdf; Lenz, AG 2006, 572.
342 Entspricht § 134 Abs. 3 S. 3 AktG a.F.
343 Den experimentellen Charakter des § 134 Abs. 3 AktG betonend: AusschußB, BT-Drs. 14/4618, S. 14; Seibert, ZIP 2001, 53, 55.
344 Marsch-Barner, FS Peltzer (2001), 261, 270f.

ge Anwendung des § 135 Abs. 1 S. 2 AktG a.F. (= § 135 Abs. 3 S. 3 AktG) auf von der Gesellschaft gestellte Stimmrechtsvertreter.[345] Festgehalten werden kann insofern, dass die Regulierung der Stimmrechtsvertretung im deutschen Recht noch nicht optimal und abgeschlossen ist. Auch weiterhin sind daher Reformbestrebungen – wie aktuell das ARUG – auf diesem Gebiet zu erwarten.[346]

(1) Einschränkungen bzgl. der Person und des Umfangs

(a) Von der Gesellschaft benannte Vertreter

Aus § 134 Abs. 3 S. 1 AktG folgt, dass der Aktionär die Ausübung des Stimmrechts einem Vertreter überlassen kann, hinsichtlich der Person desjenigen, der die Vertretung übernimmt, enthält das AktG keinerlei Einschränkungen. Sogar „von der Gesellschaft benannte Stimmrechtsvertreter" können gem. § 134 Abs. 3 S. 4 AktG bevollmächtigt werden, was bis zur Klarstellung der Zulässigkeit durch den Gesetzgeber von weiten Teilen der Literatur für unzulässig gehalten wurde.[347] Aus der Gesetzesformulierung und den Gesetzgebungsmaterialien[348] ergibt sich aber nunmehr das Gegenteil, so dass die generelle Ablehnung der Bevollmächtigung der von der Gesellschaft benannten Vertreter nicht mit dem Gesetz in Einklang steht.[349]

Zugleich ist jedoch auch einzuräumen, dass die Stimmrechtsvertretung nur innerhalb gewisser Schranken zulässig sein kann. Eine Grenze könnte sich aus dem Rechtsgedanken des § 136 Abs. 2 AktG ergeben, wonach eine von einem Aktionär eingegangene Verpflichtung, gegenüber Gesellschaft und Verwaltung in deren Sinne abzustimmen, unwirksam ist, so dass diese von der Stimmrechtsvertretung mit der Folge ausgeschlossen sind, dass nur Mitarbeiter und Dritte (z. B. Wirtschaftsprüfungsgesellschaften, Anwälte etc.) wirksam bevollmächtigt werden können.[350] Freilich ist diese Ansicht mit den Vorgaben der A-RL nur schwer vereinbar, weil hier – die Interessenkollision vorausgesetzt – die abschließende Aufzählung der Rechtsfolgen einen kompletten Ausschluss von der Stimmrechtsvertretung nicht zulässt. Folglich spricht eine richtlinienkonforme Auslegung dafür, dass auch die Gesell-

---

345 Für eine analoge Anwendung: Bunke, AG 2002, 57, 60; Butzke in Obermüller/Werner/Winden, Die Hauptversammlung der Aktiengesellschaft, Rn. E67; Claussen, AG 2001, 161, 169f; Habersack, ZHR 165 (2001) 172, 187–189 und 202; Hirte, Kapitalgesellschaftsrecht, S. 178 (Rn. 2.241); Hüffer, AktG, § 134, 26b; Kocher, NZG 2001, 1074, 1075; Lenz, Stimmrechtsvertretung, S. 285; Noack, ZIP 2001, 57, 62; Schmidt/Lutter/Spindler 56; Zetzsche, ZIP 2001, 682, 684. Dagegen: Bachmann AG 2001, 635, 638f; Hanloser NZG 2001, 355, 355; Hüther AG 2001, 68, 72; Kindler NJW 2001, 1678, 1687; Marsch-Barner, FS Peltzer (2001) 261, 271; Riegger ZHR 165 (2001) 204, 214 ; MünchKommAktG/Volhard, § 134, 39f; Wiebe ZHR 166 (2002), 182, 190f.

346 Vgl. auch Noack, NZG 2008, 411 mit dem bezeichnenden Titel „ARUG: das nächste Stück der Aktienrechtsreform in Permanenz".

347 Vgl. Hüffer, AktG, 4. Auflage (1999), § 134, 26; Ruoff, Stimmrechtsvertretung, S. 47–51; KK/Zöllner, § 134, 79; Möhring, FS Geßler (1971) 171; Zöllner, FS Westermann (1974) 603, 605ff.

348 AusschußB BT-Drucks 14/4618, S. 14.

349 Hüffer, AktG, § 134, 26–26b; weiterhin zurückhaltend Kindler, NJW 2001, 1678, 1687.

350 Dafür, dass Mitarbeiter und Dritte bevollmächtigt werden dürfen: Hüffer, AktG, § 134, 26; Ruoff Stimmrechtsvertretung, S. 50f; Schmidt/Lutter/Spindler § 134, 56. Dafür, dass nur Dritte bevollmächtigt werden dürfen: Kindler NJW 2001, 1678, 1688; Lenz Stimmrechtsvertretung, S. 333.

schaft selbst in ihrer eigenen Hauptversammlung und die Verwaltungsmitglieder sowie sogar Vorstand und Aufsichtsrat bevollmächtigt werden können.[351] Mit den Vorgaben der A-RL, insbesondere mit Art. 10 Abs. 3b A-RL, ist es dann weiterhin vereinbar, dass die Bevollmächtigung gesellschaftsnaher Personen in analoger Anwendung des § 135 Abs. 3 S. 3 AktG davon abhängig gemacht wird, dass dem Vertreter Weisungen erteilt werden müssen. Die Person des Vertreters verliert sowieso erheblich an Bedeutung, wenn eine ausdrückliche Weisung vorliegt, die Gefahr einer nicht im Interesse des Vertretenen liegenden Ausübung des Stimmrechts wird entschärft.[352]

Aus diesen Überlegungen sind folgende Schlussfolgerungen zu ziehen: Die A-RL lässt einen vollständigen Ausschluss bestimmter Personen (natürliche oder juristische) als Stimmrechtsvertreter nicht zu. Folglich ist es nicht mit der A-RL vereinbar, die Gesellschaft selbst in ihrer eigenen Hauptversammlung, deren Vorstand und Aufsichtsrat als Organe, einzelne Mitglieder oder Arbeitnehmer von der Vertretung komplett auszuschließen.[353] Die analoge Anwendung des § 135 Abs. 3 S. 3 AktG ist hingegen von Art. 10 Abs. 3 lit. ii) und iii) A-RL gedeckt. Da es stets Voraussetzung für das Stellen zusätzlicher Anforderungen an die Vertretung ist, dass ein (potentieller) Interessenkonflikt vorliegt, ist es des weiteren nicht mit der A-RL vereinbar, wenn ein von der Gesellschaft benannter, neutraler Dritter, bei dem ein solcher Interessenkonflikt nicht nachzuweisen ist, den Anforderungen des § 135 Abs. 3 S. 3 AktG unterworfen wird und nur aufgrund ausdrücklich erteilter Weisungen abstimmen darf.[354]

(b) Beschränkungen hinsichtlich der Person des Bevollmächtigten in der Satzung

Fraglich ist, ob die Satzungen Beschränkungen hinsichtlich der Person des Bevollmächtigten vorsehen können. Die Frage ist im deutschen Recht umstritten und wird von wichtigen Stimmen in der Literatur und (älteren) Rechtsprechung bejaht.[355] Abgesehen davon, dass dies mit wesentlichen Strukturentscheidungen des AktG in Widerspruch steht (§ 134 Abs. 3 S. 1 i. V. m. § 23 Abs. 5 S. 1 AktG),[356] ist mit der A-RL die Zulässigkeit solcher Satzungsbestimmungen in Zukunft aber nicht mehr vereinbar, da Art. 10 Abs. 1 Unterabs. 2 A-RL klarstellt, dass es den Gesellschaften nicht erlaubt sein soll, Einschränkungen vorzusehen. Eine richtlinienkonforme Auslegung des § 134 Abs. 3 AktG wird daher dazu führen, dass je-

---

351 Ebenso, bereits vor Erlass der A-RL: RegBegr. BT-Drucks. 14/4051, S. 15; LG Stuttgart, AG 1974, 260; Bachmann, AG 2001, 635, 638f; Bunke, AG 2002, 57, 59; Hanloser, NZG 2001, 355, 355; Hüther, AG 2001, 68 und 72; Marsch-Barner, FS Peltzer (2001) 261, 271; Noack, ZIP 2001, 57, 62; Riegger, ZHR 165 (2001) 204, 213; Wiebe, ZHR 166 (2002), 182, 190f.
352 Hüffer, AktG, § 134, 26b.
353 So aber Kindler NJW 2001, 1678, 1688; Lenz Stimmrechtsvertretung, S. 333.
354 Siehe hierzu sogleich, S. 163f.
355 Dafür: RGZ 55, Hüffer, AktG, § 134, 25; RGZ 55, 41, 42; KG JW 1938, 2412; GroßkommAktG/Barz, 3. Aufl., § 134, 27; Eckardt in Geßler/Hefermehl/Eckardt/Kropff, § 134, 39; von Godin/Wilhelmi, § 134, 16; Hüffer, AktG, § 134, 25. Dagegen: OLG Stuttgart, AG 1991, 69; KK/Zöllner, § 134, 76; MüKoAktG/Volhard, § 134, 42; Sieveking, Gruchot 48 (1904) 516–520.
356 GroßKommAktG/Grundmann, § 134, 105.

denfalls für börsennotierte Gesellschaften solche Einschränkungen nicht möglich sind.[357] Einer gesetzlichen Klarstellung bedarf es daneben nicht, weil im AktG ausdrücklich keine Beschränkungen vorgesehen sind.

(c) Sonderregeln für Kapitalanlagegesellschaften

Eine gem. Art. 10 A-RL richtlinienwidrige Einschränkung hinsichtlich der Person des Vertreters könnte gem. § 32 Abs. 1 InvG[358] vorliegen. Nach dieser Vorschrift gelten für Kapitalanlagegesellschaften bei der Wahrnehmung ihrer Stimmrechte Sonderregeln.[359] Da sich der Anwendungsbereich der A-RL auch auf die Kapitalanlagegesellschaften bezieht,[360] gilt auch für diese, dass grundsätzlich nur die Geschäftsfähigkeit zur Voraussetzung gemacht werden kann, es sei denn eine Ausnahme ergibt sich aus Art. 10 Abs. 3 A-RL, was wiederum voraussetzt, dass ein Interessenkonflikt vorliegt. Aus § 32 Abs. 1 InvG folgt, dass eine Kapitalanlagegesellschaft grundsätzlich die von ihr gehaltenen Stimmrechte selbst ausüben soll (S. 3). In Einzelfällen kann ein Vertreter eingeschaltet werden, dem dann jedoch Weisungen erteilt werden sollen (S. 4). Auf Dauer und ohne Weisungen kann gem. § 32 Abs. 1 S. 5 InvG ein „unabhängiger" Bevollmächtigter eingeschaltet werden.

Es sollte hierbei noch eine Angleichung an Art. 10 Abs. 3 lit. b) A-RL vorgenommen werden, weil die A-RL eine Befristung der Vertretung nicht vorsieht, wenn dem Vertreter Weisungen erteilt werden. Nach § 32 Abs. 1 S. 4 und 5 InvG kann ein nicht unabhängiger Vertreter auch dann nicht auf Dauer eingeschaltet werden, wenn er konkrete Weisungen erhält.[361] Deshalb ist die Richtlinienkonformität sehr zweifelhaft, so dass es sich anbietet, dass in § 32 Abs. 1 S. 4 und 5 InvG das Erfordernis der Bevollmächtigung nur „für den Einzelfall" gestrichen wird. Alternativ könnte eine neu gefasste Norm bestimmen, dass bei fehlender Unabhängigkeit des Vertreters dieser bei der Ausübung des Stimmrechts für einen anderen ausdrücklichen Weisungen unterworfen ist. [362] Gegen diese Lösung spricht jedoch die mit dem Begriff „Unabhängigkeit" verbundene Unsicherheit, insbesondere die hiermit verbundene Frage, ob von der Gesellschaft beauftragte Vertreter (*proxies*) dann als abhängig gelten würden und nur in Einzelfällen beauftragt werden dürfte.

---

357 Ebenso Noack in FS Westermann (2008) 1203, 1211 f.; J. Schmidt, NZG 2006, 487, 488.
358 Investmentgesetz, BGBl. I 2003, 2676; zuletzt geändert durch das Gesetz zur Änderung des Investmentgesetzes und zur Anpassung anderer Vorschriften (Investmentänderungsgesetz – InvÄndG), BGBl. I 2007, 3089; zu letzterem: Zetzsche, ZBB 2007, 438.
359 Vgl. hierzu Ratschow, DStR 2007, 1402, 1407.
360 Siehe S. 18.
361 Dies wird deutlicher, wenn man die Vorgängervorschrift § 10 Abs. 1 S. 3 und 4 KAGG (Gesetz über Kapitalanlagegesellschaften in der Fassung vom 5. 10. 1994, BGBl. I, 2911) berücksichtigt, die lautete: „Die Kapitalanalgesellschaft soll das Stimmrecht aus Aktien von Gesellschaften […] im Regelfall selbst ausüben. Sie darf einen anderen zur Ausübung des Stimmrechts **nur** für den Einzelfall ermächtigen; dabei soll sie Weisungen für die Ausübung erteilen." (Hervorhebung durch den Verfasser).
362 Ratschow, DStR 2007, 1402, 1406.

(d) Umfang der Vertretungsmacht

Hinsichtlich des Umfangs der Vertretungsmacht nimmt das AktG nicht ausdrücklich Stellung. Es ist aber klar, dass die Ausübung weiterer Aktionärsrechte durch den Vertreter möglich ist, wenngleich teilweise Streit im Hinblick auf den Umfang herrscht. So ist z.B. umstritten, ob der Bevollmächtigte berechtigt ist, zu beschlusslosen Tagesordnungspunkten abzustimmen.[363] Auch hier wird in Zukunft darauf zu achten sein, dass die Vorschriften des AktG, d.h. insbesondere § 134 AktG, richtlinienkonform ausgelegt werden, was bedeutet, dass der Vertreter nicht nur das Stimmrecht ausüben können muss sondern zusätzlich auch das Rede-, Frage- und Auskunftsrecht. Eine diesbezügliche Klarstellung im Gesetz, dass der Vertreter zur umfassenden Vertretung berechtigt ist, wäre allerdings überflüssig, so dass davon abgesehen werden kann.[364]

(2) Einschränkungen bzgl. der Ausübung

Ist das AktG hinsichtlich der Person des Vertreters und des Umfangs der Vertretungsmacht sehr liberal, so enthält es aber recht hohe Anforderungen, d.h. Offenlegungspflichten sowie Beschränkungen und Verbote, wenn es um die Ausübung der Aktionärsrechte durch Kreditinstitute geht. Den Kreditinstituten gleichgestellt sind gem. § 135 Abs. 8 AktG Aktionärsvereinigungen (1. Alt.) und Personen, die sich geschäftsmäßig gegenüber Aktionären zur Ausübung des Stimmrechts in der Hauptversammlung erbieten (2. Alt.). Gerade § 135 Abs. 8, 2. Alt. AktG führt zu einer erheblichen Ausweitung, weil die organisierte Stimmrechtsvertretung sehr weitgehend zusätzlichen Anforderungen unterworfen wird, wobei freilich die Vertretung durch Kreditinstitute der wohl wichtigste Fall der organisierten Stimmrechtsvertretung ist.[365] Im Hinblick auf das Erstarken der organisierten Stimmrechtsvertretung durch professionelle Anbieter, die keine Kreditinstitute sind und deren Tätigkeiten durch Art. 10 Abs. 2 A-RL ausdrücklich begrüßt werden, stellt sich die Frage, ob diese gem. § 135 Abs. 8, 2. Alt. AktG den Kreditinstituten in jedem Fall gleichzustellen sind. Dies ist insofern zweifelhaft, weil die Stimmrechtsvertreter die Stimmrechte nicht selbst ausüben, sondern ihrerseits wiederum andere Dienstleister damit beauftragen, auf der Hauptversammlung für sie zu agieren.[366] Einerseits kann es aber unter Wertungsgesichtspunkten keinen Unterschied machen, ob diese professionellen Anbieter selbst oder durch einen zwischengeschalteten Untervertreter auftreten und zum anderen greift § 135 Abs. 8, 2. Alt. AktG bereits beim „Anbieten" der Stimmrechtsausübung ein,[367] nicht erst bei der tatsächlichen Ausübung, so dass auch der Wortlaut dafür spricht, dass auch die profes-

---

363 MüKoAktG/Kubis, § 131, 12 (bejahend); KK/Zöllner, § 131,8. (kritisch für das Auskunftserzwingungsverfahren).
364 AA Wand/Tilmann, AG 2006, 443, 448.
365 GroßKommAktG/Grundmann, § 135, 22.
366 So hat ISS die DSW mit der Ausübung der von ihr betreuten Stimmrechte beauftragt, vgl. Pressemitteilung der DSW vom 7.3. 2008, abrufbar unter http://www.dsw-info.de/RiskMetrics-Group-ISS-Governa.1238.0.html.
367 GroßKommAktG/Grundmann, § 135, 26; Hüffer, AktG, § 135, 15.

sionellen Stimmrechtsvertreter den Kreditinstituten gleichgestellt werden. Dies bedeutet – wie bereits angedeutet –, dass der Anwendungsbereich von § 135 AktG nicht nur auf Kreditinstitute begrenzt ist, sondern nicht unerheblich ausgedehnt wird und die gesamte organisierte Stimmrechtsvertretung erfasst.

Von der Gesellschaft benannte Vertreter sind von § 134 Abs. 3 S. 4 AktG erfasst, der nur auf § 135 Abs. 5 AktG verweist, so dass von der Systematik des Gesetzes her in diesen Fällen nicht der gesamte Regelungsbestand des § 135 AktG Anwendung findet. Zwar sollte dieser Verweis ausweislich der Gesetzgebungsmaterialien nicht abschließend sein.[368] Dies bedeutet aber nur, dass einzelne Regelungstatbestände des § 135 AktG bei gesellschaftsnahen Stimmrechtsvertretern zur Anwendung kommen können und zwar namentlich § 135 Abs. 3 S. 3 und 4 AktG.[369] Selbst wenn man davon ausginge, dass die von der Gesellschaft benannten Vertreter von § 135 Abs. 8, 2. Alt. AktG mit der Folge erfasst würden, dass § 135 AktG auf sie insgesamt anwendbar wäre,[370] hätte dies letztendlich aber keine allzu weit reichenden Konsequenzen, weil ein Verstoß gegen diese Vorschrift nicht zur Ungültigkeit der Stimmabgabe führt.[371]

Diese Überlegungen bedeuten in der Konsequenz, dass letztendlich nur privat agierende Vertreter und Freiberufler überhaupt nicht und Stimmrechtsvertreter der Gesellschaft teilweise nicht von den Vorgaben des § 135 AktG erfasst werden, so dass die Vorschrift gründlich und sorgfältigst auf die Vereinbarkeit mit Art. 10 A-RL untersucht werden muss.

(a) Stimmverbote

Gem. § 135 Abs. 3 S. 3 AktG darf ein Kreditinstitut das Stimmrecht auf der eigenen Hauptversammlung nur dann ausüben, wenn es vom Aktionär zuvor ausdrücklich zu den einzelnen Gegenständen auf der Tagesordnung angewiesen wurde. Dies gilt gem. § 135 Abs. 3 S. 4 AktG ebenfalls auf Hauptversammlungen von Gesellschaften, an denen das Kreditinstitut mit mehr als 20 Prozent des Grundkapitals unmittelbar oder über eine Mehrheitsbeteiligung mittelbar beteiligt ist. Die Bindung der Stimmrechtsvertretung in beiden Fällen an konkrete Abstimmungsanweisungen ist von der Rechtsfolge her betrachtet von Art. 10 Abs. 3 Unterabs. 1, lit. b A-RL gedeckt. Beachtet werden muss dabei jedoch, dass die A-RL einen Interessenkonflikt voraussetzt. Ein solcher besteht recht eindeutig, wenn es um die Abstimmung in der eigenen Hauptversammlung geht, weil die Kollusion von Vertreter und Vertretenem in einer Person immer die Gefahr von Missbrauch birgt.[372]

---

368 Rechtausschuss Bundestag, BT-Drs. 14/4618, S. 14.
369 OLG Karlsruhe, ZIP 1999, 750, 752f; Bunke, AG 2002, 57, 60f; Butzke in Obermüller/Werner/Winden, Rn. E67; Hüffer, AktG, § 134, 26b; Noack, ZIP 2001, 57, 62; Zetzsche, ZIP 2001, 682, 684; a.A. Bachmann, AG 2001, 635, 638f; Hanloser, NZG 2001, 355, 355; Riegger, ZHR 165 (2001) 204, 213f.
370 MüKoAktG/Schröer, § 135, 37 (für Wirtschaftsprüfer).
371 Differenzierend: GroßKommAktG/Grundmann, § 134, 125; § 135, 107.
372 Vgl. Erman/Palm, BGB, § 181, 2 (m.w.N.); MünchKommBGB/Schramm, § 181, 2.

Gleiches gilt für von der Gesellschaft benannte Stimmrechtsvertreter, wenn diese eine enge Beziehung mit der Gesellschaft verbindet. Dies gilt vor allem für die Verwaltungsorgane und –mitglieder sowie für Mitarbeiter der Gesellschaft. Fraglich ist das Vorliegen eines Interessenkonflikts, wenn die Gesellschaft einen neutralen Dritten mit der Stimmrechtsvertretung (z.B. Mitarbeiter einer Wirtschaftsprüfungsgesellschaft, die nicht zugleich Abschlussprüferin ist, sonstige Stimmrechtsdienstleister etc.) beauftragt. Gem. Art. 10 Abs. 3, lit. i) bis iv) A-RL liegt ein Interessenkonflikt nicht nur dann vor, wenn der Vertreter kontrollierender Aktionär (lit. i) oder Verwaltungsmitglied (lit. ii) ist, sondern gem. lit. iii) auch bei Arbeitnehmern und Abschlussprüfern der Gesellschaft oder eines kontrollierenden Aktionärs. Nicht aufgeführt werden Konstellationen, in denen die Stimmrechtsvertretung lediglich auf der Initiative der Gesellschaften beruht, ohne dass auf das Abstimmungsverhallten Einfluss genommen wird. Ein Interessenkonflikt wird dann nicht in jedem Fall vorliegen. Wenn die Gesellschaft folglich einen neutralen Stimmrechtsvertreter benennt, sprechen gute Gründe gegen das Vorliegen eines Interessenkonflikts. Es wäre daher richtlinienwidrig, § 135 Abs. 3 S. 3 AktG auf die Bestellung neutraler Stimmrechtsvertreter anzuwenden. Auch bei der Beauftragung einer Aktionärsvereinigung und geschäftsmäßig Handelnden gem. § 135 Abs. 8 AktG kann nicht pauschal vom Vorliegen eines Interessenkonflikts ausgegangen werden, es sei denn, es liegt eine Verflechtung iSv § 135 Abs. 3 S. 4 AktG vor.

Die Gefahr einer Interessenkollusion besteht nicht nur auf der eigenen Hauptversammlung, sondern auch dann wenn der Vertreter selbst ein erhebliches wirtschaftliches Interesse z. B. aufgrund einer Stellung als kontrollierender Aktionär hat. Diese Wertung vollziehen im Grundsatz auch Art. 10 Abs. 3 S. 2 lit. i) A-RL und § 135 Abs. 3 S. 4 AktG nach, wobei die deutsche Vorgängervorschrift § 135 Abs. 1 S. 3 AktG a. F. richtlinienwidrig war, weil die dort vorgesehene Beteiligungsgrenze von fünf Prozent nicht ausreichte, um schon von einem „kontrollierenden Aktionär" ausgehen zu können.[373] Die Anhebung dieser Beteiligungsgrenze war daher bei der Umsetzung der A-RL angezeigt.[374] Eine ausdrückliche Weisung wird folglich auf der eigenen Hauptversammlung und dann verlangt, wenn eine unmittelbare oder mittelbare Beteiligung von 20 Prozent vorliegt (§ 135 Abs. 3 S. 3 und 4 AktG).

(b) Offenlegungspflichten

Weiterhin gelten für Kreditinstitute Offenlegungspflichten gem. § 135 Abs. 2 S. 3 AktG, wonach mitgeteilt werden muss, dass ein Vorstandsmitglied oder ein Mitarbeiter dem Aufsichtsrat der Gesellschaft, auf deren Hauptversammlung die Stellvertretung erfolgen soll, angehört. Gleiches gilt, wenn ein Mitarbeiter der Gesellschaft dem Aufsichtsrat des Kreditinstituts angehört. Diese Anforderung ist von der Rechtsfolge her mit der A-RL unproblematisch vereinbar, weil Art. 10 Abs. 3 S. 1 lit. a A-RL die Offenlegung bestimmter Tatsachen gestattet. Voraussetzung für die Zulässigkeit einer solchen Anforderung ist wiederum das Vorliegen eines Inte-

---

373 Kritisch auch: Hüffer, AktG, § 135, 9b; MünchKommAktG/Schröer, § 135, 75.
374 Grundmann, BKR 2009, 31, 34; Ratschow, DStR 2007, 1402, 1407.

ressenkonflikts, in Betracht kommt dabei Art. 10 Abs. 3 S. 2 lit. ii) A-RL, wonach dies der Fall ist, wenn der Vertreter ein Mitglied des Verwaltungs-, Leitungs- oder Aufsichtsorgans der Gesellschaft, eines kontrollierenden Aktionärs derselben oder eines kontrollierten Rechtsträgers nach lit. i) ist. Die Voraussetzungen für die Offenlegungspflicht decken sich in A-RL und AktG daher jedenfalls insoweit, als dass eine Einbindung des Kreditinstituts in die betreffende Gesellschaft genügt, in der A-RL offen gelassen ist jedoch der umgekehrte Fall, dass ein Organ oder Mitarbeiter der Gesellschaft im Aufsichtsrat des Kreditinstituts sitzt. Da zwischen beiden Konstellationen keine wesentlichen Unterschiede bestehen, die Gefahr sachwidriger Einflussnahme vielmehr jeweils in gleichem Maße besteht, sollte diesbezüglich keine Differenzierung vorgenommen werden.[375]

Eine weitere Offenlegungspflicht folgt für Kreditinstitute aus § 135 Abs. 2 S. 5 AktG, wonach im Rahmen des Bevollmächtigungsprozederes auf Beteiligungen an der Gesellschaft hinzuweisen ist, die nach § 21 WpHG meldepflichtig sind oder wenn das Kreditinstitut einem Konsortium angehörte, welches die letzte Wertpapieremission innerhalb von fünf Jahren übernommen hat.[376] Nach § 21 Abs. 1 S. 1 WpHG ist die Grenze zur Meldepflicht bereits bei drei Prozent erreicht. Bei einer relativ kleinen Beteiligung kann aber kaum schon von einem Interessenkonflikt ausgegangen werden, denn die A-RL verlangt hierfür die kontrollierende Stellung des Aktionärs. Diese Schwelle dürfte aber nur in sehr wenigen Fällen bereits bei einer Beteiligung im einstelligen Prozentbereich erreicht sein und sollte daher angehoben werden.[377] In Anlehnung an § 17 Abs. 2 AktG sollte von einem kontrollierenden Aktionär jedenfalls dann ausgegangen werden, wenn eine Mehrheitsbeteiligung vorliegt. Da eine Minderheitsbeteiligung aufgrund der Zusammensetzung der Anteilseigner und niedriger Hauptversammlungspräsenzen ggf. wie eine Mehrheit wirken kann,[378] sollte die Offenlegungspflicht nicht an eine Beteiligungsquote sondern – wie von der A-RL vorgegeben – an die Stellung als kontrollierender Aktionär der Gesellschaft geknüpft werden. Für eine Beschränkung der Offenlegungspflicht auf Kreditinstitute besteht dann aber kein Grund mehr, diese sollte aufgehoben werden.[379]

(c) Abstimmung nach Weisung

Nach alter Rechtslage enthielt das § 128 Abs. 2 S. 1 bis 5 AktG a. F. detaillierte Vorgaben für die Ausübung des Stimmrechts durch Kreditinstitute, insbesondere bezüglich der Abstimmung nach Weisung des Aktionärs. Hiernach musste das Kreditinstitut, das beabsichtigte, in der Hauptversammlung das Stimmrecht für Aktionäre auszuüben, eigene Vorschläge für die Ausübung des Stimmrechts zu den einzelnen Tagesordnungspunkten ausarbeiten und den Aktionären mitteilen. Die Ausarbeitung der Vorschläge hatte sich am Interesse der Aktionäre zu orientieren und dies-

375 AA Ratschow, DStR 2007, 1402, 1406.
376 Der RefE ARUG sieht vor, dass diese Regelung – ohne inhaltliche Änderung – nach § 135 Abs. 2 S. 5 AktG verschoben wird.
377 Ratschow, DStR 2007, 1402, 1407.
378 Hüffer, AktG, § 17, 9.
379 Entsprechendes ist im ARUG leider nicht vorgesehen, siehe hierzu sogleich (S. 164–168).

bezüglich waren organisatorische Vorkehrungen (v.a. Chinese Walls) zu treffen (S. 3). Eine modifizierte Informationspflicht folgte aus § 128 Abs. 2 S. 2 AktG a. F. für den Fall, dass das Kreditinstitut Namensaktien verwahrte und nicht im Aktienregister eingetragen war, wobei in diesem Fall die Vorschläge lediglich „... zugänglich zu machen ...“ waren und nur dann eine Mitteilung erforderlich war, wenn das Kreditinstitut von den nach § 124 Abs. 3 S. 1 AktG a. F. bekanntzumachenden Vorschlägen von Vorstand oder Aufsichtsrat abweichen wollte. Das Kreditinstitut hatte den Aktionär in diesem Zusammenhang zu bitten, Weisungen zu erteilen, und darauf hinzuweisen, dass es mangels rechtzeitiger Weisung entsprechend seinen eigenen – zuvor ausgearbeiteten – Vorschlägen abstimmen würde (S. 4), wobei die Weisungserteilung erleichtert werden musste, indem z. B. ein Formblatt oder ein Bildschirmformular zur Verfügung gestellt wurde (S. 5).

Die Vereinbarkeit dieser Pflichten im Zusammenhang mit Weisungen mit der A-RL war – jedenfalls in dieser detaillierten Form – alles andere als zweifelsfrei. Zwar lässt sich ein potentieller Interessenkonflikt bei Kreditinstituten bejahen, wenn man davon ausgeht, dass es sich hierbei um einen unbenannten Fall des Art. 10 Abs. 3 Unterabs. 2 A-RL handelt.[380] Unter Berücksichtigung der Doppelrolle, die die Kreditinstitute als Gläubiger und Stimmrechtsvertreter spielen, sowie des sehr häufig nicht unerheblichen Anteilsbesitzes an den betreffenden Gesellschaften und der daraus resultierenden Einflusskumulation ohne entsprechende Beteiligung ist ein potentieller Interessenkonflikt bzw. die latente Gefahr des Auftretens eines solchen nur schwerlich zu leugnen.[381] Nicht so eindeutig stellt sich die Rechtslage jedoch insofern dar, als dass die Kreditinstitute verpflichtet waren, eigene Abstimmungsvorschläge zu erarbeiten. Denn auf der Rechtsfolgenseite ist es den Mitgliedstaaten gem. Art. 10 Abs. 3 b) A-RL gestattet, die Ausübung der Aktionärsrechte davon abhängig zu machen, dass der Vertreter konkrete Abstimmungsanweisungen hat. Es ist dort weder die Rede von der Erarbeitung noch von der Mitteilung eigener Abstimmungsvorschläge. Wenn man hierbei noch den erheblichen Kostenfaktor[382] berücksichtigt, der mit der Erarbeitung eigener Abstimmungsvorschläge verbunden ist, steht die Richtlinienwidrigkeit der Regelung des § 128 Abs. 2 AktG außer Zweifel. Zulässig sind nämlich nur Beschränkungen, wenn keine konkreten Anweisungen gefordert werden.[383] Werden dem Stimm-

380 Kreditinstitute werden nicht ausdrücklich genannt.

381 BegrRegE KonTraG, BT-Drucks. 13/9712; Hopt, Freundesgabe Kübler (1997) 435, 443; GroßKommAktG/Grundmann, § 135, 10 („Macht der Banken“); Kropff, Begr. RegE, S. 194; Passow, Aktiengesellschaft, S. 333; Ratschow, DStR 2007, 1402, 1407. An dem Vorliegen einer solchen Einflusskumulation zweifelnd: Hüffer, AktG, § 135, 9 b; MüKoAktG/Schröer, § 135, 74 (erst ab 25% Eigenbeteiligung); Zöllner, FS Peltzer (2001) 661, 672. Zum Ganzen auch Mülbert, Empfehlen sich gesetzliche Regelungen zur Einschränkung des Einflusses der Kreditinstitute auf Aktiengesellschaften?, Gutachten 61. DJT (1996); Frey, Unternehmenskontrolle und Kapitalmarkt, S. 51–55.

382 Vgl. Ratschow, DStR 2007, 1402, 1407.

383 Dass es sich hierbei nicht um eine Ungenauigkeit handelt, etwa einen Übersetzungsfehler, zeigt die englische Fassung des Art. 10 Abs. 3 b) A-RL: „... Member States may restrict or exclude the exercise of shareholder rights through proxy holders *without specific voting instructions* for each resolution in respect of which the proxy holder is to vote on behalf of the shareholder; ...“ (Hervorhebung durch den Verfasser).

rechtsvertreter hingegen konkrete Anweisungen erteilt, werden keine weitere Anforderungen für nötig erachtet. Da hinzukommt, dass überzogene Anforderungen an die Stimmrechtsvertretung vermieden werden sollen, ist die Pflicht der Kreditinstitute, eigene Abstimmungsvorschläge auszuarbeiten, richtlinienwidrig und musste daher durch das ARUG an die Vorgaben der A-RL angepasst werden.[384]

e) Deregulierung des Depotstimmrechts durch das ARUG

Aus Anlass der Umsetzung der A-RL findet nicht nur eine Anpassung der allgemeinen Stimmrechtsvertretungsregeln sondern zusätzlich eine umfangreiche Deregulierung des Depotstimmrechts statt. Dabei geht der deutsche Gesetzgeber gezielt über die von der Richtlinie aufgestellten Anforderungen hinaus (große Lösung). Ziel ist es, dass insbesondere die öffentlich-rechtlichen Kreditinstitute, die sich massiv aus dem Depotstimmrecht zurückgezogen haben, ihren Kunden die Stimmrechtsvertretung wieder anbieten.[385] Zwar besitzt das Thema eine gewisse rechtspolitische Brisanz. Allerdings war der Gesetzgeber bei der Neuregelung des Depotstimmrechts aufgrund der Vorgaben der A-RL nicht komplett frei und musste folglich tätig werden.[386] Die Umsetzungsfrist lief gem. Art. 15 Abs. 1 A-RL bis zum 3. 8. 2009, hätte sich jedoch die Deregulierung des Depotstimmrechts als bis zu diesem Zeitpunkt nicht durchsetzbar erwiesen, hätte diese abgekoppelt und auf später verschoben werden können.[387] Europarechtlich zulässig wäre dies gewesen, weil in Art. 15 Abs. 2 A-RL eine Übergangsfrist vorgesehen ist, die es den Mitgliedstaaten ermöglicht, die Einschränkung oder das Verbot der Stimmrechtsvertretung bei Vorliegen eines Interessenkonflikts erst bis zum 3. August 2012 abzuschaffen. Voraussetzung für das Eingreifen der längeren Umsetzungsfrist ist freilich, dass die betreffenden Regelungen bereits am 1. Juli 2006 in Kraft waren. Nachträglich erlassene Vorschriften sind wiederum ab dem 3. August 2009 an den Vorgaben der A-RL zu messen, so dass die Neufassung der §§ 134f. AktG durch das ARUG bereits in den Anwendungsbereich der Richtlinie fällt.

Außerdem macht der deutsche Gesetzgeber von der durch Art. 10 Abs. 2 A-RL eröffneten Möglichkeit Gebrauch, dass ein Aktionär nur einen Stimmrechtsvertreter beauftragen darf. § 134 Abs. 3 S. 1 AktG bestimmt, dass die Gesellschaften einen oder mehrere Vertreter zurückweisen können, wenn der Aktionär mehrere Vertreter beauftragt. Ausgenommen werden müssten hiervon jedoch gem. Art. 10 Abs. 2 Unterabs. 2 A-RL Aktionäre, die mehrere Wertpapierdepots unterhalten.

(1) Befreiung von der Erarbeitung eigener Abstimmungsvorschläge

Die wichtigste geplante Änderung ist die Befreiung der Kreditinstitute und geschäftsmäßigen Vertreter von der Pflicht, eigene Abstimmungsvorschläge zu erar-

---

384 Vgl. RefE ARUG, S. 12.
385 Begr. RegE ARUG, S. 49.
386 Zurückhaltender: Grundmann, BKR 2009, 31, 31 („nur in wenigen Punkten“).
387 Seibert, ZIP 2008, 906, 907.

beiten,[388] was freilich von der A-RL vorgegeben ist. Diese Änderung wird folglich trotz aller rechtspolitischer Diskrepanzen nicht mehr zurückgenommen werden können, Spielraum hatte der Gesetzgeber daher nur noch in Bezug auf den Zeitpunkt der Umsetzung (2009 oder 2012), wobei er sich für eine schnelle Umsetzung entschieden hat, und die sonstige Ausgestaltung des Depotstimmrechts unter Berücksichtigung der europarechtlichen Vorgaben. Im ARUG vorgesehen ist daher ein Wahlrecht der Kreditinstitute.[389] Diese sollen gem. § 135 Abs. 1 S. 4 AktG zwei Möglichkeiten haben, wie sie damit umgehen, dass der Aktionär keine ausdrückliche Weisung zu den einzelnen Tagesordnungspunkten erteilt:

(a) Abstimmung entsprechend eigener Vorschläge

Sie können gem. § 135 Abs. 1 S. 4 Nr. 1 AktG entsprechend eigener, von ihnen selbst erarbeiteter Abstimmungsvorschläge abstimmen, wobei dann wiederum die Absätze 2 und 3 zu beachten sin d. Gem. § 135 Abs. 2 S. 1 AktG sind die Abstimmungsvorschläge dem betreffenden Aktionär rechtzeitig zugänglich zu machen, wofür bereits die Veröffentlichung auf der Internetseite des Kreditinstituts genügt.[390] Um den Verwaltungsaufwand zu reduzieren ist die individuelle Benachrichtigung über die Vorschläge erst auf Verlangen des Aktionärs verpflichtend vorgesehen, wie es bislang in § 128 Abs. 2 und 3 AktG a. F. als Regelfall (nebst Ausnahmen) vorgesehen war, so dass diese zwei Absätze gestrichen werden. Bezüglich des Inhalts des Abstimmungsvorschlags wird § 128 Abs. 2 S. 3 AktG a. F. in § 135 Abs. 2 S. 2 AktG übernommen, so dass sich die Kreditinstitute auch weiterhin in erster Linie an den Interessen der Aktionäre zu orientieren und hierfür organisatorische Vorkehrungen zu treffen haben. „Rechtzeitig" i. S. v. § 135 Abs. 2 S. 1 AktG bedeutet in diesem Zusammenhang, dass der Aktionär zwischen Erhalt der Information und dem Stattfinden der Hauptversammlung noch die Zeit hat, die Vorschläge zu überprüfen, und dem Kreditinstitut eigene Weisungen zuleiten kann.[391]

Hinzu kommen noch begleitende Offenlegungspflichten, wie der Hinweis darauf, dass mangels rechtzeitiger Anweisung entsprechend der Vorschläge abgestimmt wird, sowie auf eventuelle personelle Verflechtungen, vgl. § 135 Abs. 2 S. 4 und 5 AktG. Bei Abweichen von seinen eigenen Vorschlägen hat das Kreditinstitut dies dem Aktionär nebst den Gründen anzugeben. Im Vergleich zur alten Rechtslage leider beibehalten wird die diesbezügliche Hinweispflicht des Kreditinstituts, welches eine nach § 21 WpHG meldepflichtige an der Gesellschaft hält. oder einem Konsortium angehörte, welches die zeitlich letzte, nicht länger als fünf Jahre zurückliegende Emission begleitet hat. Auf die Gefahr, dass diese Regelung als europarechtswidrig angesehen werden könnte, weil bei nur geringen Beteiligungsquoten ein Interessenkonflikt nicht zwingend vorliegen muss, wurde bereits hingewiesen.

388 Hinzu tritt die Aufhebung des in § 135 Abs. 10 AktG normierten Kontrahierungszwangs, was ebenfalls eine große Erleichterung darstellt.
389 Vgl. auch Drinhausen/Keinath, BB 2008, 1238, 1244.
390 Begr. RefE ARUG, S. 50; Drinhausen/Keinath, BB 2008, 1238, 1244.
391 Begr. RefE ARUG, S. 50.

(b) *Abstimmung entsprechend der Vorschläge von Aktionärsvereinigungen*

Eine innovative Lösung und ein Novum im deutschen Aktienrecht stellte § 135 Abs. 1 S. 5 Nr. 2, Abs. 4 AktG RefE ARUG dar, wonach die Abstimmungsvorschläge von Aktionärsvereinigungen und anderen professionellen Stimmrechtsvertretern zugänglich gemacht werden können und ggf. müssen.[392] Die Aufnahme der Abstimmungsvorschläge von Aktionärsvereinigungen und unabhängigen Stimmrechtsberatern war als Kompensation für die Befreiung der Kreditinstitute von der Erarbeitung eigener Abstimmungsvorschläge gedacht, weil so verhindert werden sollte, dass mehrheitlich im Sinne der Verwaltung abgestimmt wird, wenn konkrete Weisungen der Aktionäre fehlen.[393] Zugleich sollte die Position der unabhängigen Stimmrechtsvertreter gestärkt werden, bei denen die Gefahr einer Interessenkollusion im Vergleich zu Kreditinstituten und der Verwaltung mangels Eigeninteresse signifikant geringer ist. Durch die Aufnahme in den Kreis der potentiellen Vertreter sollte den Aktionären eine weitere Vertretungsalternative aufgezeigt werden, ohne dass sich diese „auf eigene Faust" erkundigen müssen. Die Kreditinstitute hätten die Wahl gehabt, ob sie eine entgeltliche Stimmrechtsberatung mit der Erarbeitung von Abstimmungsvorschlägen beauftragen oder auf Vorschläge von Aktionärsvereinigungen, wie z. B. DSW und SdK, verwiesen.[394]

Eine gewisse Rechtsunsicherheit hätte sich jedoch daraus ergeben können, dass der Begriff der Aktionärsvereinigung nicht im Aktiengesetz definiert wird und den Kreditinstituten keine Kriterien für die richtige Auswahl derselben zur Verfügung gestellt werden.[395] Schon bisher verwendete das AktG diesen Begriff in § 135 Abs. 9 S. 1 Nr. 1 AktG a.F. ohne Definition desselben, wobei dies keine nennenswerten Schwierigkeiten bereitet hat.[396] Üblicherweise wird dabei von Organisationen ausgegangen, deren Zweck die Förderung von Aktionärsinteressen, einschließlich der Stimmrechtsvertretung ist.[397] Leicht fällt insofern die Abgrenzung von Kreditinstituten, um ein solches handelt es sich sobald das Depotgeschäft betrieben wird, § 1 Abs. 1 Nr. 5 KWG. Schwierig ist hingegen die Unterscheidung zwischen Aktionärsvereinigungen und sonstigen Stimmrechtsvertretern, die sich geschäftsmäßig

---

392 Ein entsprechender Vorschlag findet sich bereits bei: Baums, Deregulierung des Depotstimmrechts, S. 10.

393 Vgl. ausführlich Begr. RefE ARUG, S. 48.

394 Vgl. Baums, Deregulierung des Depotstimmrechts, S. 10; Noack, NZG 2008, 441, 443.

395 Hierauf bezieht sich vor allem die Kritik der Verbände, vgl. DAI-Stellungnahme RefE ARUG, S. 15.; DSW: Stellungnahme zum ARUG, S. 5; Handelsrechtsausschuss DAV, Stellungnahme zum ARUG, S. 27 (alle drei zu finden unter: http://www.jura.uni-augsburg.de/prof/moellers/material ien/materialdateien/040_deutsche_ gesetzgebungsgeschichte/umsetzungsgesetz_aktionaersrechte richtlinie/). Bei Dauervollmachten müssen die Kreditinstitute unter Umständen das Einverständnis des Aktionärs einholen, wenn auf die Abstimmungsvorschläge einer anderen als ursprünglich angegebenen Aktionärsvereinigung verwiesen werden soll; ausführlich zu Dauervollmachten und den (noch) geltenden periodischen Informationspflichten: Bunke, AG 2002, 57, 69 f.

396 Vgl. Hüffer, AktG, § 125, 2 und § 135, 27; MünchKommAktG/Kubis, § 125, 7; MünchKommAktG/Schröer, § 135, 27 f.

397 Eckhardt, DB 1967, 233, 237; GroßKommAktG/Werner, § 125, 35; Hüffer, AktG, § 125, 33 und § 135, 27; KK/Zöllner, § 125, 34. Üblicherweise organisiert als Verein, alternativ auch GmbH und GbR, vgl. GroßKommAktG/Grundmann, § 135, 24 (m. w. N.).

gegenüber Aktionären zur Ausübung des Stimmrechts in der Hauptversammlung erbieten.

Angesichts der Abgrenzungsschwierigkeiten zwischen Aktionärsvereinigungen und professionellen Stimmrechtsvertretern ist es uneingeschränkt zu begrüßen, dass diese gem. § 135 Abs. 8 S. 1 AktG gleichgestellt werden. Dies war im RefE ARUG noch nicht so vorgesehen.[398] Bedauerlich ist es hingegen, dass nicht mehr auf die Abstimmungsvorschläge hingewiesen werden muss, bevor im Sinne der Verwaltung abgestimmt werden kann: Diese Möglichkeit ist im RegE ARUG wieder gestrichen worden. Grund hierfür war einerseits die ungeklärte Frage, welche Aktionärsvereinigungen bzw. welche Vertreter ausgewählt werden sollten,[399] andererseits ist die Streichung sicherlich aber auch das Ergebnis von erheblicher Lobbyarbeit, weil die Stärkung des Einflusses der Aktionärsvereinigungen nicht ohne eine stärkere Kontrolle der Verwaltung einherginge. Dies hat nunmehr eher eine Schwächung der Managementkontrolle zur Folge.[400]

Dem Ausgleich für den Wegfall des Verweises auf die Abstimmungsvorschläge der Aktionärsvereinigungen dient jedoch § 135 Abs. 1 S. 5 AktG, wonach sich das Kreditinstitut, welches die Stimmrechtsvertretung entsprechend eigener Abstimmungsvorschläge oder der Vorschläge der Verwaltung anbietet, „im Rahmen des Zumutbaren" erbieten muss, die zur Stimmrechtsausübung erforderlichen Unterlagen einer Aktionärsvereinigung zuzuleiten. Sinn der Regelung ist es, dem Aktionär eine unbürokratische und einfache Vertretungsalternative zu eröffnen, mit der ein Vertreter gewählt werden kann, der keinem Interessenkonflikt unterliegt.[401] Zweifel bestehen an der Praktikabilität der Regelung, weil nicht klar ist, wann die Grenze des „Zumutbaren" überschritten ist, und weil die Kreditinstitute die Aktionäre nur bei der Zuleitung der Unterlagen nicht aber bei der Auswahl eines geeigneten Vertreters unterstützen müssen. Paradox erscheint außerdem, dass sich Aktionärsvereinigungen gem. § 135 Abs. 8 S. 1 i.V.m. Abs. 1 S. 5 AktG erbieten müssen, die zur Stimmrechtsausübung erforderlichen Unterlagen an andere Aktionärsvereinigungen weiterzuleiten.

(c) *Abstimmung entsprechend der Vorschläge der Verwaltung*

Gem. § 135 Abs. 1 S. 4 Nr. 2 AktG können die Kreditinstitute von der Erarbeitung eigener Abstimmungsvorschläge für den Fall des Fehlens ausdrücklicher Weisungen absehen, wenn sie anbieten, entsprechend den Vorschlägen des Vorstandes, des Aufsichtsrats oder für den Fall voneinander abweichender Vorschläge den Vorschlägen des Aufsichtsrats abzustimmen.[402] Das Kreditinstitut kann auch zusätzlich zu seinen eigenen Abstimmungsvorschlägen diejenigen der Verwaltung zu-

398 Vgl. § 135 Abs. 10 AktG RefE ARUG.
399 Begr. RegE ARUG, S. 51.
400 Grundmann, BKR 2009, 31, 35f.
401 Begr. RegE ARUG, S. 51.
402 Kritisch: Grundmann, BKR 2009, 31, 35f.; Handelsrechtsausschuss DAV, NZG 2009, 96, 97 (in der Regel Übereinstimmung der Vorschläge).

gänglich machen, ist hierzu jedoch nicht verpflichtet. Macht das Kreditinstitut von dieser Möglichkeit Gebrauch, so ist es gem. § 135 Abs. 4 AktG verpflichtet, den Aktionären diese Vorschläge in derselben Weise zugänglich zu machen, sofern dies nicht anderweitig erfolgt. Dies hat zur Folge, dass die Kreditinstitute in Zukunft entscheiden können, ob sie die Stimmrechtsvertretung gar nicht anbieten, ob sie die Vertretung ihrer Depotkunden mit eigenen Abstimmungsvorschlägen anbieten oder ob sie die Stimmrechtsvertretung in der Form anbieten, dass sie auf die Abstimmungsvorschläge der Verwaltung verweisen, wobei das Kreditinstitut in den beiden letzten Fällen die erforderlichen Unterlagen an Aktionärsvereinigungen oder sonstige Vertreter zuleiten muss,[403] um zu verhindern, dass letztendlich das Stimmrecht in großem Umfang im Sinne der Verwaltung ausgeübt wird.[404] Damit geht das ARUG ausdrücklich einen anderen Weg als den vom Deutschen Sparkassen- und Giroverband vorgeschlagenen, wonach sich die Kreditinstitute in ihren Allgemeinen Geschäftsbedingungen vorbehalten können, dass mangels ausdrücklicher Weisung für die Vorschläge der Verwaltung zu stimmen sei.[405] Der Grund ist, dass eine unerwünschte Machtverschiebung zugunsten der Verwaltung befürchtet wird.[406]

(2) *Vereinbarkeit mit der A-RL*

Für die vorliegende Untersuchung von entscheidender Bedeutung ist die Frage, ob die geplante Neuregelung mit den europarechtlichen Vorgaben der A-RL vereinbar ist. Die verlängerte Übergangsfrist in Art. 15 Abs. 2 S. 3 A-RL gilt hier nicht, weil diese nur solche Regelungen erfasst, die bereits am 1. Juli 2006 in Kraft waren. Danach eingeführte Beschränkungen, die nicht den Vorgaben von Art. 10 Abs. 3 A-RL entsprechen, sind unzulässig. Zu beachten ist weiter, dass Art. 13 und nicht Art. 10 A-RL anwendbar ist, wenn das Kreditinstitut Stimmrechte aus Aktien seiner Kunden als im Aktienregister eingetragener, formell legitimierter Namensaktionär gem. §§ 67 Abs. 2, 135 Abs. 6 AktG ausübt. Art. 10 A-RL hingegen ist heranzuziehen, soweit das Kreditinstitut kraft Vollmacht abstimmt.[407] Festzuhalten ist, dass die europarechtswidrige Pflicht zur Erarbeitung eigener Abstimmungsvorschläge abgeschafft wird, an deren Stelle nunmehr Hinweis- und Offenlegungspflichten treten. Dabei stellt sich die Frage, ob diese Vorgaben überhaupt an den Vorgaben von Art. 10 Abs. 3 A-RL messen lassen müssen, weil gem. § 135 Abs. 7 AktG[408] nur der Verstoß gegen das Gebot der Bevollmächtigung gem. § 135 Abs. 1

403 Dazu, wie diese Zuleitung erfolgen kann, siehe ausführlich Begr. RegE ARUG, S. 51.

404 Ausführlich hierzu und auch zu Alternativvorschlägen, bei Fehlen ausdrücklicher Weisungen im Sinne der Verwaltung abzustimmen, Begr. RefE ARUG, S. 48; siehe auch Noack, NZG 2008, 441, 443. Ablehnend: Grundmann, BKR 2009, 31, 35.

405 DSGV/BVR/BDI/GDV/DAI, Präsenzen in Hauptversammlungen durch entbürokratisiertes Depotstimmrecht stärken!, Positionspapier vom 23. 7. 2007, zu finden z. B. unter: http://www.bdi-online.de; Sauter, ZIP 2008, 1706, 1710.

406 Begr. RegE ARUG, S. 50; Begr. RefE ARUG, S. 48. Dem Vorschlag ebenfalls ablehnend gegenüberstehend: Baums, Deregulierung des Depotstimmrechts, S. 3–7; Lenz, AG 2006, 572, 574–576; Wand/Tillmann 443, 449. Befürwortend hingegen: Dauner-Lieb, WM 2007, 9, 15 f.

407 Baums, Deregulierung des Depotstimmrechts, S. 10; Ratschow, DStR 2007. 1402, 1407 f.

408 § 135 Abs. 7 AktG entspricht § 135 Abs. 9 AktG aF.

S. 1 AktG zur Unwirksamkeit der Stimmabgabe führt. Die anderen Verstöße haben hingegen gem. § 135 Abs. 7 AktG lediglich zur Folge, dass eine daraus resultierende Schadensersatzpflicht nicht ausgeschlossen werden kann.[409] Sollte Art. 10 Abs. 3 A-RL nunmehr nur das Außenverhältnis der Stimmrechtsausübung durch einen Vertreter, d.h. die Wirksamkeit der Stimmabgabe, erfassen und nicht auch die Pflichten im Innenverhältnis, wäre eine Anpassung an die Vorgaben in diesem Bereich obsolet.[410]

Allerdings wird die Verletzung der aus § 135 Abs. 1 S. 2 bis 6, Abs. 2 bis 6 AktG folgenden Pflichten nicht folgenlos bleiben, sondern Schadensersatzpflichten zur Folge haben, die die Bereitschaft der Normadressaten zur Übernahme der Stimmrechtsvertretung zumindest schmälern können. Sie können aus Verletzung des Depotvertrages (§ 280 Abs. 1 BGB), aus § 826 BGB und sogar aus § 823 Abs. 2 BGB i.V.m. § 135 AktG sowie § 311 Abs. 2 und 3 BGB ergeben.[411] Daneben können Verstöße gegen § 135 als Ordnungswidrigkeiten gem. § 405 Abs. 3 Nr. 1, 4 und 5 AktG verfolgt werden.[412] Eine dahingehende Auslegung des Art. 10 Abs. 3 A-RL, dass solche Schadensersatzpflichten keine Beschränkungen der Stimmrechtsvertretung darstellen erscheint jedoch als zu formal und berücksichtigt nicht, dass die A-RL „Beschränkungen und Zwänge, die eine Stimmrechtsvertretung schwerfällig und kostspielig machen," beseitigt wissen will.[413] Beschränkungen jeglicher Art sind nur noch zulässig, um etwaigen Missbräuchen vorzubeugen, weshalb die A-RL hierfür einen potentiellen Interessenkonflikt zur Voraussetzung macht. Folglich ist § 135 Abs. 1 bis 6 AktG insgesamt auf seine Europarechtskonformität hin zu überprüfen.

Die in § 135 Abs. 1 bis 5 AktG enthaltene Regelung ist nur dann mit der A-RL vereinbar, wenn sie einen potentiellen Interessenkonflikt erfasst. Wie bereits ausgeführt, kann ein unbenannter Interessenkonflikt i.S.v. Art. 10 Abs. 3 Unterabs. 2 A-RL bei Kreditinstituten angenommen werden, der aus deren Einflusskumulation resultierend aus dem Anteilsbesitz sowie ihrer Rolle als Kreditgeber und als Stimmrechtsbevollmächtigte herrührt.[414] Die Stimmrechtsvertretung durch Kreditinstitute kann somit an zusätzliche Anforderungen geknüpft werden, die denjenigen in Art. 10 Abs. 3a bis c A-RL entsprechen. Erhebliche Zweifel am Vorliegen eines potentiellen Interessenkonflikts bestehen allerdings insoweit, dass gem. § 135 Abs. 8 AktG die Regelungen auch für Aktionärsvereinigungen und für sons-

409 GroßKommAktG/Grundmann, § 135, 106–111; Hüffer, AktG, § 135, 22 und 36 (zu § 135 Abs. 6 und 11 AktG).

410 So mit Hinweis auf den Wortlaut („Beschränkung der Ausübung der Rechte der Aktionäre durch Vertreter"): Baums, Deregulierung des Depotstimmrechts, S. 10f.

411 So die h.M. zu § 135 AktG: GroßKommAktG/Grundmann, § 135, 110; Hüffer, AktG, § 135, 36; MünchKommAktG/Schröer, § 135, 146; KK/Zöllner, § 135, 109; Semler in MünchHdb. AG § 38, 67; Schmidt/Lutter/Spindler, § 135, 51; v. Falkenhausen, AG 1966, 69, 77; Johansson BB 1967, 1315, 1320.

412 GroßKommAktG/Grundmann, § 135, 112; Schmidt/Lutter/Spindler, § 135, 54.

413 Erwägungsgrund 10 A-RL.

414 Zweifelhaft zumindest bei kleinen Kreditinstituten und Direktbanken, vgl. MünchKommAktG/Schröer, § 135, 15–18.

tige professionelle Stimmrechtsvertreter gelten sollen. Ausgenommen sind nur gesetzliche Vertreter, Ehegatten oder Lebenspartner des Aktionärs. Weder lässt sich ein Interessenkonflikt unter dem Gesichtspunkt der Einflusskumulation bejahen noch ist ein vergleichbarer Fall in Art. 10 Abs. 3 Unterabs. 2 lit. i) bis iv) A-RL aufgeführt, so dass es sehr nahe liegt, dass die geplante[415] Erstreckung des Anwendungsbereichs des § 135 AktG einen Verstoß gegen die Vorgaben der A-RL darstellt. Mangels Interessenkonflikts sind nämlich die zusätzlichen Anforderungen an die Stimmrechtsvertretung nicht gerechtfertigt. Meines Erachtens sollten daher Aktionärsvereinigungen und sonstige professionelle Stimmrechtsvertreter komplett aus dem Anwendungsbereich des § 135 AktG herausgenommen werden, d.h. § 135 Abs. 8 AktG sollte ersatzlos gestrichen werden, wobei nicht verkannt wird, dass dies unter verfassungsrechtlichen Gesichtspunkten problematisch sein wird.[416]

(3) Stellungnahme

Im Grundsatz ist die Deregulierung des Depotstimmrechts aufgrund der damit verbundenen Erleichterungen zu begrüßen. Die Schwierigkeiten der europa- und verfassungsrechtlichen Vereinbarkeit der Regeln zum Depotstimmrecht in § 135 AktG, auch in der Neufassung durch das ARUG, sollten dennoch Anlass sein, darüber nachzudenken, ob es sinnvoll ist, erhöhte Anforderungen nur für bestimmte Gruppen von Normadressaten vorzusehen oder ob das Abstellen auf bestimmte Tatbestandsmerkmale und Eigenschaften der Normadressaten zielführender ist, die die erhöhten Anforderungen rechtfertigen, unabhängig von der Person des Vertreters. Die A-RL vollzieht diesen Gedanken nach, indem vor allem ein Interessenkonflikt zur Voraussetzung gemacht wird, während das deutsche Recht einen solchen grundsätzlich allen Kreditinstituten und gleichgestellten Personen unterstellt. Der Grund hierfür liegt sicherlich in der ehemals herausragenden Machtposition deutscher Banken, diese Ausgangssituation hat sich jedoch seit Auflösung der „Deutschland-AG" sowie jüngst der Finanzmarktkrise geändert und kann daher als Rechtfertigung nur noch in begrenztem Umfang herhalten.[417] Eine Einflusskumulation liegt einerseits bei reinen Online-Banken und kleinen Kreditinstituten regelmäßig nicht vor, andererseits kann es durchaus vorkommen, dass ein unabhängiger Stimmrechtsvertreter, eine Aktionärsvereinigung oder aber auch GroßAktionär auf der Hauptversammlung einen großen Anteil der Stimmrechte auf sich vereinigt und aus diesem Grund versucht sein kann, eigennützig zu Lasten der Interessen der anderen Aktionäre sowie der Gesellschaft zu handeln.[418] Dies spricht dafür, dass eine situationsbezogene Anknüpfung einer personenbezogenen

415 Und auch nach noch geltendem Recht erfolgte Ausdehnung des Anwendungsbereichs auf Aktionärsvereinigung, vgl. § 135 Abs. 9, 128 Abs. 5 AktG.

416 Die sinngemäße Anwendung der Regeln über das Depotstimmrecht wurde im Gesetzgebungsverfahren aufgrund verfassungsrechtlicher Erwägungen und eines befürchteten Verstoßes gegen Art. 3 GG eingeführt; vgl. MünchKommAktG/Schröer, § 135, 27.

417 MünchKommAktG/Schröer, § 135, 15.

418 GroßKommAktG/Grundmann, § 135, 18. Die Rechtsprechung greift in diesen Fällen auf Treuepflichten zurück, vgl. BGHZ 129, 136 (Girmes); dazu Lutter, JZ 1995, 1053.

vorzuziehen ist. Ein in diese Richtung gehendes Regelungsmodell findet sich in Art. 10 A-RL, welches für die Deregulierung des Depotstimmrechts eine Alternative darstellt und daher im Reformprozess als erwägenswerte Alternative berücksichtigt werden sollte.

2. Formvorschriften, Art. 11 A-RL

a) Vorgaben der A-RL

Die A-RL macht darüber hinaus Vorgaben hinsichtlich der formellen Anforderungen an die Bestellung und den Widerruf[419] der Vollmacht sowie der diesbezüglichen Benachrichtigungen und der Erteilung von Abstimmungsanweisungen. Art. 11 Abs. 1 A-RL bestimmt, in welcher Form die Stimmrechtsvollmacht durch die Aktionäre erteilt und die Gesellschaft davon unterrichtet werden kann: Beides muss „auf elektronischem Wege“ möglich sein, d.h. die elektronische Bevollmächtigung muss den Aktionären (nicht den Gesellschaften) gestattet sein und die Entgegennahme der Benachrichtigung über die Bevollmächtigung durch die Gesellschaften auf elektronischen Weg muss ebenfalls sichergestellt sein. Hierfür sind die Gesellschaften zu verpflichten, „mindestens eine wirksame Methode für die Benachrichtigung auf elektronischem Wege“ anzubieten.[420] Die Vorschrift nimmt das Verhältnis Aktionär – Vertreter, nicht Gesellschaft – Aktionäre in den Fokus, so dass Art. 3 A-RL nicht uneingeschränkt passt.[421] Eine Pflicht des Vertreters zur Entgegennahme elektronischer Bevollmächtigungen und Weisungen besteht wiederum nicht.[422]

Eine ihrem Wortlaut nach unklare Regelung enthält Art. 11 Abs. 2 A-RL, wonach die Bestellung der Vertretung und die Benachrichtigung über die Bestellung stets „schriftlich erfolgen“[423] muss. Mit diesem Erfordernis ist nicht die schriftliche Form i.S.v. § 126 Abs. 1 BGB gemeint, was allerdings erst unter Heranziehung des Art. 6 Abs. 1 Unterabs. 3 A-RL deutlich wird, der eine Legaldefinition enthält.[424] Hiernach meint schriftlich iSd A-RL entweder die Übermittlung durch Postdienste oder auf elektronischem Wege. Es ist daher nicht nötig, neben der elektronischen Bevollmächtigung auch noch eine Bestellung und diesbezügliche Benachrichtigung vorzunehmen, die den Anforderungen des § 126 Abs. 1 bzw. Abs. 3 BGB entspricht.[425] Dies bedeutet aber auch zugleich, dass die A-RL in Art. 11 Abs. 2 A-RL keine Mindestvorgabe i.S.v. Art. 3 A-RL macht, sondern keine darüber hinausgehenden Anforderungen an die Form zulässt. Die elektronische Form genügt folglich und ist zugleich erforderlich. Es ist daher insbesondere nicht möglich, dass die

419 Vgl. Art. 11 Abs. 3 A-RL, der die sinngemäße Anwendung auf den Widerruf der Bevollmächtigung anordnet.
420 Z.B. Angabe einer E-Mail-Adresse, Ausfüllen eines Bildschirmformulars o.ä.; vgl. hierzu Zetzsche, NZG 2007, 686, 690.
421 Bachner/Dokalik, GesRZ 2007, 104, 113.
422 Zetzsche, NZG 2007, 686, 690.
423 Englische Fassung: „only in writing“; französische Fassung: „par écrit“.
424 Zetzsche, NZG 2007, 686, 689.
425 Ratschow, DStR 2007, 1402, 1407; Zetzsche, NZG 2007, 686, 689.

sehr aufwendige Verwendung einer qualifizierten elektronischen Signatur (§ 126a BGB) vorgeschrieben wird, ohne gegen Art. 11 A-RL zu verstoßen. Dies ergibt sich zum einen aus der mit Art. 10f. A-RL verbundenen Intention einer abschließenden Regelung der Anforderungen an die Stimmrechtsvertretung, gerade im Hinblick auf formelle Voraussetzungen.[426] Zum anderen enthielt Art. 11 Abs. 2 S. 2 A-RL-E noch einen ausdrücklichen Hinweis darauf, dass eine elektronische Unterschrift nicht erforderlich sein sollte, während ein Verweis auf die Strukturrichtlinie[427] fehlte.[428] Nichts anderes ergibt sich aus dem Sinn und Zweck des Art. 11 Abs. 2 A-RL, der nicht dem Übereilungsschutz des Aktionärs dient und somit nicht auf eine Warnfunktion der „schriftlichen" Form abzielt, sondern eine ordnungsgemäße Dokumentation und Identifikation sicherstellen soll.[429]

b) Auswirkungen auf das deutsche Recht

Hinter der Vorgabe, dass die elektronische Form genügt aber auch erforderlich ist, blieb das AktG a.F. teils zurück, teils ging es jedoch auch darüber hinaus, so dass jeweils Anpassungen vorgenommen werden mussten. Gem. § 134 Abs. 3 S. 2 AktG a.F. galt. für die Vollmacht die schriftliche Form (diesmal tatsächlich i.S.v. § 126 Abs. 1 BGB), wobei die Satzung allerdings Erleichterungen vorsehen konnte, dies sogar so weitgehend, dass theoretisch die Mündlichkeit der Bevollmächtigung genügte.[430] Die Stimmrechtsausübung durch Bevollmächtigte durfte andererseits aber nicht erschwert werden.[431] Für Weisungen an den Vertreter galt. die Schriftform hingegen nicht, sie konnten formfrei erteilt werden.[432] Entsprechend den Vorgaben der A-RL hat der Gesetzgeber jetzt die elektronische Form für die Bevollmächtigung genügen lassen und Textform gem. § 126b BGB vorgeschrieben,[433] wobei strengere Anforderungen in der Satzung nicht zugelassen werden dürfen.[434]

---

426 Bachner/Dokalik, GesRZ 2007, 104, 113.
427 Richtlinie 1999/93/EG des Europäischen Parlaments und des Rates vom 13. Dezember 1999 über gemeinschaftliche Rahmenbedingungen für elektronische Signaturen, ABl. L 13 vom 19. 1. 2000, S. 12.
428 Noack, FS Westermann (2008) 1203, 1212; Ratschow, DStR 2007, 1402, 1407; Wand/Tillman, AG 2006, 443, 448; Zetzsche, NZG 2007, 686, 689; im Ergebnis auch Pluskat, WM 2007, 2135, 2138.
429 Ratschow, DStR 2007, 1402, 1407.
430 GroßKommAktG/Grundmann, § 134, 111; Schmidt/Lutter/Spindler, § 134, 40.
431 Begr. RegE NaStraG BT-Drs. 14/4051, S. 15; Hüffer, AktG, § 134, 23; Kocher NZG 2001, 1074, 1074 (Fn 4); von Godin/Wilhelmi § 134, 16; Zätzsch/Gröning NZG 2000, 393, 399; Ratschow, DStR 2007, 1402, 1407.
432 Vgl. Casper ZHR 165 (2001) 219, 220; Hüther MMR 2000, 521, 525; Kocher NZG 2001, 1074, 1074; Noack NZG 2001, 1057, 1062; Horn Die Virtualisierung von Unternehmen als Rechtsproblem, S. 98.
433 Vgl. § 134 Abs. 1 S. 2 AktG; Noack, FS Westermann (2008) 1203, 1212; ders. SR 2007, 102, 103; Zetzsche, NZG 2007, 686, 690; a.A. J. Schmidt, BB 2006, 1641, 1644; dies., NZG 2006, 487, 488 (Satzungsdispositivität genügt den Vorgaben).
434 Vgl. LG Frankfurt/M., DStR 2008, 1886, 1887 (Leica); OLG München DB 2008, 2247; OLG Frankfurt/M., ZIP 2008, 1722, 1723; Begr. RefE ARUG, S. 46; Bachner/Dokalik, GesRZ 2007, 104, 114f.; Ratschow, DStR 2007, 1402, 1408 (vollständiger Verzicht auf gesetzliche Form); Schulte/Bode, AG 2008, 730, 735f.

Weitere Formvorschriften enthielt. § 135 Abs. 2 S. 4 AktG a.F. für die Bevollmächtigung organisierter Stimmrechtsvertreter, wonach ein nachprüfbares Festhalten genügte. Dies bedeutete, dass die Vollmacht sogar ohne entsprechende Regelung in der Satzung der Gesellschaft mündlich erteilt werden konnte, ohne dass eine Bestellung auf elektronischem Wege verlangt wurde.[435] Diese Regelung war folglich mangels „Schriftlichkeit" nicht richtlinienkonform. Für die Erteilung von Weisungen wiederum müssen keine zusätzlichen Formvorschriften eingeführt werden. Diesbezüglich schreibt Art. 11 Abs. 2 S. 2 A-RL lediglich vor, dass nur solche formalen Anforderungen gestellt werden dürfen, die der Feststellung der Identität des Aktionärs bzw. seines Vertreters sowie der Überprüfung des Anweisungsinhalts dienen, die Mitgliedstaaten sind zur Einführung solcher Regelungen jedoch nicht verpflichtet.

c) ARUG

In § 134 Abs. 2 S. 2 AktG ist die Schriftform durch die Textform ersetzt worden, wenn die Satzung nicht Abweichendes und bei börsennotierten Gesellschaften nicht eine Erleichterung bestimmt. Dies gilt sowohl für die Vollmacht und ihren Widerruf als auch für den Nachweis der Bevollmächtigung. Gem. § 134 Abs. 1 S. 3 AktG hat die börsennotierte Gesellschaft mindestens einen Weg elektronischer Kommunikation für die Übermittlung des Nachweises der Bevollmächtigung anzubieten. Eine prinzipiell gem. § 134 Abs. 1 S. 2 AktG zulässige Formerleichterung in der Satzung würde unnötige Komplikationen für Aktionäre, die an beiden Arten von Aktiengesellschaften beteiligt sind, verursachen und eine nicht der Textform entsprechende Bevollmächtigung wird unter dem Aspekt der dann fehlenden Rechtssicherheit[436] in der Praxis nur äußerst selten vorkommen.[437] Formverschärfungen sind hingegen bei geschlossenen Gesellschaften durchaus üblich und sinnvoll, so dass nicht börsennotierte Gesellschaften weiterhin z.B. den schriftlichen Nachweis der Bevollmächtigung verlangen können. Börsennotierte Gesellschaften werden außerdem verpflichtet, mindestens „einen elektronischen Weg"[438] für die Benachrichtigung anzubieten, wobei die alleinige Ermöglichung der Übermittlung per Telefax diese Voraussetzung nicht erfüllt und daher nicht genügt.[439]

Das Erfordernis der Textform gilt allerdings nicht für das Depotstimmrecht. Im RefE ARUG war noch vorgesehen, dass hinsichtlich der Form der Bevollmächtigung kein Unterschied zwischen der individuellen und der organisierten Stimmrechtsvertretung gemacht wird, so dass auch beim Depotstimmrecht der Nachweis

---

435 GroßKommAktG/Grundmann, § 135, 63; J. Schmidt, NZG 2006, 487, 488; Zetzsche, NZG 2007, 686, 690.

436 Zu den damit verbundenen Unwirksamkeitsgefahren: GroßKommAktG/Grundmann, § 135, 63.

437 Begr. RefE ARUG, S. 47. Kreditinstitute sind aufgrund bankaufsichtsrechtlicher Vorschriften verpflichtet, sich schriftlich bevollmächtigen zu lassen, vgl. § 29 Abs. 2 S. 2 KWG.

438 Hier weicht der AktG leicht vom Wortlaut des Art. 11 Abs. 1 S. 2 A-RL ab, in dem von einer „wirksamen Methode für die Benachrichtigung auf elektronischem Wege" die Rede ist.

439 Begr. RefE ARUG, S. 47; Schüppen/Tretter, ZIP 2009, 493, 497.

in Textform erforderlich wäre.[440] Diese Änderung wurde zu Gunsten der alten Rechtslage wieder rückgängig gemacht, wonach die Kreditinstitute die Vollmacht „nachprüfbar festhalten" müssen, § 135 Abs. 1 S. 2 AktG. Dies bleibt – wie auch § 135 Abs. 2 S. 4 AktG a. F. – hinter den Anforderungen des Art. 11 Abs. 1 A-RL zurück. Andererseits sind Kreditinstitute aufgrund bankaufsichtsrechtlicher Vorschriften verpflichtet, sich schriftlich bevollmächtigen zu lassen, vgl. § 29 Abs. 2 S. 2 KWG. Insofern geht das deutsche Recht also über die Vorgaben der A-RL hinaus, was gleichfalls richtlinienwidrig ist. Hinsichtlich der Formvorschriften des Depotstimmrechts besteht folglich Nachbesserungsbedarf: Es muss wie in § 134 Abs. 3 S. 3 AktG die Textform vorgesehen werden.

3. Vertretung durch Intermediäre, Art. 13 A-RL

Schließlich befasst sich Art. 13 A-RL mit einer weiteren Gestaltungsform der Stimmrechtsausübung durch einen Dritten, nämlich der „Beseitigung bestimmter Hemmnisse, die einer tatsächlichen Ausübung des Stimmrechts im Wege stehen". Gemeint ist damit insbesondere die Stimmrechtsausübung durch sog. Finanzintermediäre, die anstelle des nach wirtschaftlicher Betrachtungsweise Berechtigten im Aktienregister eingetragen werden.[441] Die A-RL meidet jedoch den Begriff „Intermediär", weil er bereits im Haager Wertpapier-Übereinkommen[442] verwendet wird und somit vorgeprägt ist und somit Auslegungsschwierigkeiten verursacht werden könnten.[443] Anders als die A-RL-E verwendeten, irreführenden[444] Überschrift „Weisungsgebundene Abstimmung" vermuten ließ, geht es um die Abschaffung bestimmter Arten von nationalen Regeln, die aufgrund ihrer teils prohibitiven Wirkung v. a. gegenüber ausländischen Aktionären einer effektiven Ausübung des Stimmrechts im Weg stehen. Auch Art. 13 A-RL bezweckt somit die Steigerung der Präsenzquoten auf den Hauptversammlungen, indem unnötig Ausübungsbeschränkungen bei der Zwischenschaltung von Finanzintermediäre, die für Investoren eine formelle Aktionärsposition innehaben, abgeschafft werden.[445] Finanzintermediäre nehmen gerade, aber nicht nur im grenzüberschreitenden Verkehr eine überragend wichtige Stellung ein. Ausländischen Aktionären ist eine Beteiligung an in anderen Mitgliedstaaten ansässigen Gesellschaften ohne Zwischenschaltung einer ganzen Kette von Intermediären de facto nicht möglich, weil sie nicht direkt mit den jeweiligen Zentralverwahrern in Kontakt treten können und daher auf die funktionierende Zusammenarbeit mit ihrer Depotbank angewiesen sind.[446] Im bri-

440 Vgl. § 135 Abs. 1 S. 1 AktG RefE ARUG.
441 Ausführlich hierzu: MünchKommAktG/Schröer, § 135, 7.
442 Haager Übereinkommen über die auf bestimmte Rechte in Bezug auf intermediärverwahrte Wertpapiere anzuwendende Rechtsordnun g, amtliche Übersetzung des Übereinkommen abgedruckt in IPRax 2003, 550; ausführlich hierzu: Reuschle, BKR 2003, 562; ders., IPRax 2003, 495.
443 Bachner/Dokalik, GesRZ 2007, 104, 116.
444 Vgl. BDA/BDI/DAI/DIHK/GDV, NZG 2006, 300, 302; Handelsrechtsausschuss DAV, NZG 2006, 577, 579; J. Schmidt, BB 2006, 1641, 1645.
445 Erwägungsgrund 10 A-RL; Putzer, ecolex 2007, 861, 863; Wand/Tillmann, AG 2006, 443, 449.
446 Ausführlich Zetzsche, Shareholder Passivity, Cross-Border Voting and the Shareholder Rights Directive, S. 2–12.

tischen Gesellschaftsrecht wiederum sind die institutionellen Investoren mehrheitlich über treuhänderische Verwahrstrukturen an den börsennotierten Gesellschaften beteiligt, so dass in aller Regel der wahre Berechtigte nicht als Aktionär im formellen Sinn anerkannt wird.[447] Dies verdeutlicht die Schlüsselrolle, die die Finanzintermediäre innehaben.

Folglich ist aus europäischer Perspektive die Stellvertretung keineswegs die allein dominierende Form der Wahrnehmung der Aktionärsrechte durch einen anderen als denjenigen, der nach wirtschaftlicher Betrachtungsweise als Aktionär anzusehen ist.[448] Art. 13 A-RL ist daher augenscheinlich parallel zu Art. 10 A-RL ausgestaltet und ergänzt diesen in logischer Weise.[449] Beide Regelungen betreffen die Stimmrechtsausübung durch Dritte, die nicht nur durch Bevollmächtigung sondern genauso durch Verschaffung der formellen Aktionärsstellung und entsprechender Vereinbarung im Innenverhältnis erfolgen kann. Beiden Konstellationen gemein ist, dass der wahre Berechtigte nicht persönlich auf der Hauptversammlung erscheinen kann bzw. möchte, so dass er einen Dritten zwischenschalten und sich dabei darauf verlassen muss, dass sich dieser ordnungsgemäß verhält. Wie bei Art. 10 A-RL soll die materielle Entscheidungsbefugnis über die Ausübung der Aktionärsrechte dabei dem wahren Aktionär und nicht dem lediglich formell Berechtigten zustehen.[450]

a) Vorgaben der A-RL

(1) Anwendungsbereich

Art. 13 Abs. 1 A-RL legt den Anwendungsbereich der Vorschrift insofern fest, dass dieser Artikel auf natürliche oder juristische Personen anwendbar ist, die nach dem Gesellschaftsstatut (lex societatis die im Rahmen einer beruflichen Tätigkeit für ihre „Klienten" (ultimate investor) tätig werden. Die Betonung, dass sich die Frage, wer als Aktionär i.S.v. Art. 13 A-RL in Betracht kommt, nach dem anwendbaren Recht beurteilt, ist zwar neben Art. 2 A-RL, aus dem sich dasselbe ergibt, entbehrlich. Da bei Mitgliedstaaten, nach deren Rechtsordnung der Intermediär nicht als Aktionär angesehen wird, trotz Vermeidung dieses Begriffs der Eindruck erweckt wurde, dass bestimmten Intermediären aktionärsähnliche Rechte eingeräumt würden.[451] Bei richtigem Verständnis geht es gem. Art. 13 Abs. 1 A-RL um die Konstellation, dass bei der von der lex societatis als Aktionär angesehene Person (legal owner) noch hinzukommt, dass sie ihre Aktionärsstellung für Rechnung einer anderen Person (beneficial owner) wahrnimmt.[452] Auf diesen Anwendungsbereich (nur) bezieht sich folglich Art. 13 A-RL.

---

447 Hainsworth, Law and Financial Markets Review 2007, 11, 11; Davies, Gower and Davies'Principles of Modern Company Law, S. 342.
448 Vgl. Bachner, FS Doralt (2004) 33, 39. Insbesondere in England und Wales ist diese Form der Wahrnehmung der Aktionärsrechte für einen anderen sehr üblich: Nolan, EBOR 7 (2006) 549, 582f.
449 Bachner/Dokalik, GesRZ 2007, 104, 116.
450 Bachner/Dokalik, GesRZ 2007, 104, 116.
451 Bachner/Dokalik, GesRZ 2007, 104, 116.
452 Vgl. Grundmann/Winkler, ZIP 2006, 1421, 1427; Rauter, JAP 2007/2008/6, 45, 49.

Der Hauptanwendungsfall, auf den Art. 13 A-RL in erster Linie ausgerichtet ist, betrifft die Ausübung von Stimmrechten bei Gesellschaften, die Namensaktien ausgeben, welche auf Sammelkonten geführt werden. Typischerweise bestimmt in diesen Fällen das anwendbare Recht, dass diejenige Person gegenüber der Gesellschaft als Aktionär legitimiert gilt, die im Aktienregister eingetragen ist.[453] Freilich darf dabei nicht verkannt werden, dass im Aktienregister oft die wahren Aktionäre gar nicht verzeichnet werden, vielmehr an deren Stelle ein Platzhalter („nominee", „street name") aufgeführt ist, der Aktien für Rechnung mehrerer Investoren hält.[454] Dies hat den deutschen Gesetzgeber veranlasst mit dem Risikobegrenzungsgesetz[455] § 67 Abs. 4 S. 2 AktG neu einzuführen. Hiernach hat die Gesellschaft gegen den im Aktienregister Eingetragenen einen Auskunftsanspruch bezüglich derjenigen Person, für die die Aktien gehalten werden. Dabei wird es in Anlehnung an § 123 Abs. 3 S. 2 AktG darauf ankommen, wem der Banknachweis auszustellen ist.[456] Ebenso in den Anwendungsbereich der Vorschrift fallen auch die Legitimationsübertragung[457] sowie die Übertragung auf einen Treuhänder.[458] Zweifelhaft ist die Eröffnung des Anwendungsbereichs für die Fälle der Zwischenverwahrung, bei der die Depotbank keine Aktionärsstellung innehat.[459]

(2) Materieller Regelungsinhalt

Angesichts der überragenden Bedeutung der Finanzintermediäre hält. sich die Regelung in Art. 13 auffallend stark zurück und enthält lediglich einige rudimentäre Aussagen. Publizitätsanforderungen als Voraussetzung für die Ausübung des Stimmrechts durch den Intermediär dürfen gem. Art. 13 Abs. 2 A-RL nicht über eine Liste hinausgehen, die die Identität aller Klienten sowie die jeweilige Zahl von Aktien, aus denen für diesen das Stimmrecht ausgeübt werden soll. Die A-RL gestattet somit die Offenlegung der Identität der hinter den Intermediären stehenden, wahren Berechtigten, ohne dass dies jedoch verpflichtend vorzuschreiben.[460] Bezüglich der das Innenverhältnis (konkret: der Ausübung des Stimmrechts oder der Abstimmungsanweisungen) zwischen Intermediär und Klient betreffenden formalen Anforderungen der Mitgliedstaaten bestimmt Art. 13 Abs. 3 A-RL, dass diese nur soweit zulässig sind, als sie zur Feststellung der Identität des Klienten und der Überprüfung der inhaltlichen Richtigkeit der Abstimmungsanweisungen erforderlich und angemessen sind. In manchen Mitgliedstaaten[461] darf ein und

---

453 Dies ergibt sich im deutschen Recht aus § 67 Abs. 2 S. 1 AktG, vgl. Ratschow, DStR 2007, 1402, 1408. Für Österreich: § 61 Abs. 5 öAktG; für Großbritannien: 126 Companies Act 2006, vgl. Nolan, EBOR 7 (2006) 549, 570 (zur gleichlautenden Section 360 Companies Act 1985).
454 Ausführlich, auch zu den Ursachen: Schneider/Müller-von Pilchau, AG 2007, 181.
455 Gesetz zur Begrenzung der mit Finanzinvestitionen verbundenen Risiken vom 12. 8. 2008, BGBl. I 2008, 1666.
456 Noack, NZG 2008, 721, 725.
457 Bachner/Dokalik, GesRZ 2007, 104, 117.
458 Zetzsche, NZG 2007, 686, 687.
459 Offengelassen bei: Röh, BKR 2006, 78, 79. Dagegen: Grundmann/Winkler, ZIP 2006, 1421, 1427 (Fn 58).
460 Zetzsche, NZG 2007, 686, 687.
461 Erstes Konsultationspapier (Fn 297) S. 23.

derselbe Aktionär das Stimmrecht aus seinen Aktien nicht unterschiedlich ausüben, was in der Folge für diejenigen Aktionäre, die die Aktien gem. Art. 13 Abs. 1 A-RL für Rechnung eines anderen halten, ein erhebliches Problem darstellt, weil diese die unterschiedlichen Weisungen ihrer Klienten unter Umständen nicht befolgen können.[462] Art. 13 Abs. 4 A-RL[463] stellt daher klar, dass die divergierende Abstimmung durch einen solchen BerufsAktionär aus verschiedenen Aktien zulässig ist und dementsprechend gem. Art. 13 Abs. 5 A-RL seinen Aktienbestand auf mehrere Vertreter verteilen darf.

(3) *Intermediärsketten: Keine Regelung*

Keinen Eingang in die A-RL gefunden hat eine Regulierung der Verwahrketten im grenzüberschreitenden Verkehr, bei dem meist mehrere Intermediäre hinter einander geschaltet sind, so dass für die Kommunikation zwischen Aktionär und Gesellschaft, insbesondere im Hinblick auf die Stimmrechtsausübung, eine effektive Zusammenarbeit der Intermediäre von herausragender Bedeutung ist, auch wenn diese selbst gar kein wirtschaftliches Interesse daran haben mögen.[464] Dass insofern Handlungsbedarf besteht, wurde folglich durchaus erkannt und es war geplant eine entsprechende Empfehlung zu erarbeiten, um sicherzustellen, dass Investoren Zugang zu wirksamen Abstimmungsdiensten verschafft wird. Dementsprechend wurde diese Frage in der von der Kommission durchgeführten 3. Konsultation aufgeworfen, wobei Weiterleitungs-/Informations- und Dokumentationspflichten der Intermediäre im Prozess der Stimmrechtsausübung via Intermediärsketten angedacht waren.[465] Eine Verabschiedung der Empfehlung, die ursprünglich für Ende 2007/Anfang 2008 anvisiert war, scheint zum gegenwärtigen Zeitpunkt jedoch nicht mehr wahrscheinlich.

b) Auswirkungen auf das deutsche Recht

(1) *Erfasste Gestaltungen: Kein Anpassungsbedarf*

Die Einschaltung von Intermediären ist in Deutschland üblich, bei großen Publikumsgesellschaften die Regel.[466] Rechtstechnisch erfolgt diese Einschaltung auf unterschiedlichste Art und Weise. Den praktisch häufigsten Fall, auf den Art. 13 A-RL vor allem zugeschnitten ist, stellt die Sammelverwahrung (§ 5 DepotG) bei Namensaktien dar, wenn anstelle des Inhabers das Kreditinstitut gem. §§ 67 Abs. 4 S. 4, 135 Abs. 6 AktG[467] im Aktienregister eingetragen ist.[468] Bei den eingetragenen Intermediären wird grundsätzlich gem. § 67 Abs. 2 S. 1 AktG deren Aktionärsstellung

---

462 Bachner/Dokalik, GesRZ 2007, 104, 117f.
463 Das englische Recht ist bezüglich der Zulässigkeit sog. „split-votes“ noch unklar und wird angepasst werden müssen: Nolan, EBOR 7 (2006) 549, 583.
464 Vgl. Erwägungsgrund 11 A-RL; Hainsworth, Law and Financial Markets Review, January 2007, 11, 13.
465 Siehe hierzu noch S. 189–194.
466 GroßKommAktG/Grundmann, § 134, 82.
467 Bzw. § 135 Abs. 9 AktG; in dieser Hinsicht ist im ARUG keine Änderung geplant.
468 Noack, NZG 2008, 721, 722; Zetzsche, NZG 2007, 686. 687.

unwiderleglich vermutet.[469] Gem. § 135 Abs. 6 AktG ist sogar die anonyme Stimmrechtsausübung zulässig, so dass das deutsche Aktienrecht geringere Anforderungen als die A-RL vorsieht, welche immerhin die Offenlegung der Identität und die auf den jeweiligen Klienten entfallenden Aktien zulässt.[470] Die Ermächtigung zur Stimmrechtsausübung ist gem. § 135 Abs. 6 AktG grundsätzlich formfrei bzw. ab Inkrafttreten des ARUG gem. § 134 Abs. 3 S. 2 AktG in Textform möglich, was mit Art. 13 Abs. 3 A-RL vereinbar ist, wonach formale Anforderungen zur Sicherstellung der Identität des Klienten und der Richtigkeit der Abstimmungsanweisungen erforderlich und angemessen ist.[471] Bei der Sammelverwahrung von Inhaberaktien hat der Sammelverwahrer zwar Besitz an den von ihm verwahrten Aktien und ist somit formell legitimiert. In materieller Hinsicht haben allerdings die Aktionäre gem. § 6 Abs. 1 DepotG weiterhin (Mit-)Eigentum und somit jeweils einen eigenen Anspruch auf Aushändigung der für die für die Zulassung zur Hauptversammlung notwendigen Legitimationsunterlagen,[472] so dass die Sammelverwahrung von Inhaberaktien nicht in den Anwendungsbereich von Art. 13 A-RL fällt.

Nicht in den Anwendungsbereich des Art. 13 A-RL fallen die Fälle, in denen sich Kreditinstitute oder andere depotführende Institute infolge Nichteintragung des Aktionärs lediglich als Platzhalter gem. § 67 Abs. 4 S. 4 AktG ins Aktienregister eingetragen werden.[473] Die Eintragung in diesen Fällen dient ausschließlich der Verwirklichung des Leitbildes des vollständigen Aktienregisters und begründet einerseits keine weitergehenden Pflichten des Kreditinstituts, die sich sonst nach § 67 Abs. 2 AktG ergäben (z. B. aus § 128 AktG, §§ 15 ff WpHG usw.), vgl. § 67 Abs. 4 S. 6 AktG.[474] Ein Erwerb des Stimmrechts wird nämlich nicht vollzogen. Andererseits tritt das Kreditinstitut nicht – auch nicht formell – in die Stellung des Aktionärs ein.[475] Daher stellt diese Konstellation keinen Anwendungsfall des Art. 13 A-RL dar, dessen Vorgaben brauchen folglich nicht beachten werden.[476]

Weitere Fälle der Einschaltung von Finanzintermediären stellen die Treuhand[477] und die Legitimationsübertragung dar. Aus § 129 Abs. 3 AktG folgt die Pflicht der Legitimationsaktionäre einer gesonderten Bestandsangabe; anzugeben ist der Be-

---

469 OLG Hamburg, AG 2003, 694; OLG Jena, AG 2004, 268, 269; OLG Zweibrücken, AG 1997, 140; MünchKommAktG/Bayer § 67, 39; Hüffer, AktG, § 67, 13; KK/Lutter, § 67, 19; Lieder, NZG 2005, 159, 160; Spindler, ZGR 2000, 420, 423; Zetzsche, Konzern 2007, 180, 187, 189. Beachte aber § 67 Abs. 2 S. 3, Abs. 4 S. 2 AktG; zur Neufassung dieser Norm durch das Risikobegrenzungsgesetz: Noack, NZG 2008, 721.

470 Ratschow, DStR 2007, 1402, 1408.

471 Ratschow, DStR 2007, 1402, 1402, 1408; Zetzsche, NZG 2007, 686, 687.

472 § 69 AktG ist unanwendbar: GroßKommAktG/Grundmann, § 134, 83; KK/Zöllner, § 134, 13; KK/Lutter, § 69, 13; Heinsius/Horn/Than, DepotG § 6, 53; MünchKommAktG/Bayer, § 69, 11.

473 Ausführlich zur Eintragung als Platzhalter: Schneider/Müller-von Pilchau AG 2007, 181, 184 f.

474 GroßKommAktG/Grundmann, § 135, 41; Hüffer, AktG, 67, 21; Schmidt/Lutter/Spindler, § 135, 40.

475 Schneider/Müller-von Pilchau, AG 2007, 181, 184.

476 Im Ergebnis ebenso: Grundmann/Winkler, ZIP 2006, 1421, 1427 (Fn 58). Offengelassen bei: Röh, BKR 2006, 78, 79.

477 Zur treuhänderischen Übertragung des Mitgliedschaftsrechts: GroßKommAktG/Grundmann, § 134, 85; Schmidt/Lutter/Spindler, § 134, 7.

trag und bei Stückaktien auch die Zahl und die Gattung dieser Aktien, die in das Aktienregister gesondert aufgenommen werden. Diese Pflichtangaben sind entsprechend den Vorgaben des Art. 13 Abs. 2 A-RL wohl richtlinienkonform,[478] wobei allerdings eingeräumt werden muss, dass die Angabe der Aktiengattung nicht zu den zulässigen Publizitätspflichten gehört, so dass eine gewisse Rechtsunsicherheit bleibt.

Fraglich ist die Eröffnung des Anwendungsbereichs von Art. 13 A-RL auf nationale Regelungen, die sich mit sog. American Depositary Shares (ADR) befassen. Letztere erlauben deutschen Investoren den Zugriff auf den US-amerikanischen Kapitalmarkt, indem bestehende Inkompatibilitäten, wie z. B. verschiedene Aktiengattungen, überwunden werden können. Kennzeichnend für ADR ist, dass der Depositary Eigentümer der Aktie bleibt und somit gegenüber der Gesellschaft umfassend berechtigt ist, der ADR-Holder als wirtschaftlicher Eigentümer hingegen nur aus dem depositary agreement Ansprüche und Rechte ableiten kann, sich also für die Stimmrechtsausübung bevollmächtigen lassen muss.[479] Dies ist eine typische Fallgestaltung, in der Aktien für Rechnung eines anderen gehalten werden, so dass auch hier die Anforderungen des Art. 13 A-RL eingehalten werden müssen.

Fraglich ist zuletzt noch, ob es einen Anwendungsfall des Art. 13 A-RL darstellt, wenn an dem Mitgliedschaftsrecht beschränkt dinglich Rechte eingeräumt werden, wenn dies zur Folge hat, dass die Stimmberechtigung auf den Inhaber dieses Rechts übergeht. Bei der Einräumung eines Pfandrechts an der Mitgliedschaft ist dies nicht der Fall, weil dem Pfandrechtsgläubiger vor Eintritt der Pfandreife noch kein durchsetzbares Recht zusteht.[480] Schwieriger gestaltet sich die Entscheidung dieser Frage beim Nießbrauch, weil hier der Nießbrauchberechtigte aus §§ 1030, 1081 BGB ein Fruchtziehungs- und Nutzungsrecht hat, wobei umstritten ist, ob hiervon die Ausübungsberechtigung des Stimmrechts umfasst ist. Kommt man zu dem Ergebnis, dass der Aktionär zur Stimmrechtsausübung weiter berechtigt bleibt, weil es beim Stimmrecht um den Bestand der Mitgliedschaft selbst geht,[481] so kann sich der Nießbrauchberechtigte mit der Folge bevollmächtigen lassen, dass Art. 10 und nicht Art. 13 A-RL einschlägig ist. Stellt man hingegen das Stimmrecht als Teil der Fruchtziehung in den Vordergrund, könnte eine gemein-

---

478 Zetzsche, NZG 2007, 686, 687 („ein gegenüber dem Zulässigen geringerer Eingriff").

479 Ausführlich hierzu, auch zu möglichen Ausgestaltungen: Bungert/Paschos, DZWiR 1995, 221; Meyer-Sparenberg, WM 1996, 1117; Röhler, American Depositary Shares (1997), insb. S. 269 f.; Wienecke, AG 2001, 504; Zachert, AG 1994, 207; ders., ZIP 1993, 1426.

480 RGZ 155, 52, 55; 139, 224–230 (für GmbH); Baumbach/Hueck, § 134, 4; von Godin/Wilhelmi, § 134, 2; GroßKommAktG/Grundmann, § 134, 80; Semler in MünchHdb. AG, § 38, 2 und § 36, 11; Schmidt/Lutter/Spindler, § 134, 7; Wiedemann, Übertragung und Vererbung von Mitgliedschaftsrechten (1963) S. 428 f; KK/Zöllner, § 134, 14.

481 OLG Koblenz, NJW 1992, 2163; RG JW 1916, 409 (Bericht Hackenburg); Hüffer, AktG, § 118, 15; K. Schmidt, ZGR 1999, 601, 609; Semler in MünchHdb. AG, § 38, 2; Schmidt/Lutter/Spindler, § 134, 8; Teichmann, ZGR 1972, 1, 12; ders. ZGR 1973, 24, 26, 32–34; Wiedemann, Übertragung und Vererbung von Mitgliedschaftsrechten (1963) S. 416 f; ausführlich: Meyer, Der Nießbrauch an GmbH-Geschäftsanteilen und Aktien (2002) S. 179–248.

same Ausübungsberechtigung von Aktionär und Nießbraucher die Folge sein,[482] wodurch beide freilich eine mehr oder wenige gleichberechtigte Stellung erhielten (Anwendung von § 69 AktG), die noch kein Eintreten eines Intermediärs in die Stellung des Aktionärs, weil der tatsächliche Aktionär weiterhin gegenüber der Gesellschaft als solcher auftritt. Nur wenn man davon ausgeht, dass allein der Nießbraucher zur Ausübung des Stimmrechts befugt ist,[483] wäre Art. 13 A-RL eventuell einschlägig. Da jedoch insofern das Aktienrecht gegenüber den allgemeinen Regeln Vorrang hat und derjenige, der gegenüber der Gesellschaft als Aktionär legitimiert ist, nur in den Grenzen der §§ 15 ff WpHG und § 136 AktG von der Stimmrechtsausübung ausgeschlossen werden kann, steht das Stimmrecht stets dem Aktionär zu.[484]

(2) Änderungen durch das Risikobegrenzungsgesetz

Bei der von Art. 13 Abs. 2 und 3 A-RL adressierten Feststellung der Identität des Klienten übt das deutsche Recht (noch) Zurückhaltung, respektiert da s. Bedürfnis nach anonymer Stimmrechtsausübung und verlangt insbesondere keine Offenlegung der Identität des wirtschaftlich Berechtigten. Die europarechtlichen Vorgaben gewähren also Spielräume, welche Deutschland noch nicht ausgeschöpft hat.[485] In die Richtung einer verstärkten Transparenz hinsichtlich der Beteiligungsverhältnisse an Gesellschaften gehen allerdings die Änderungen durch das Risikobegrenzungsgesetz,[486] womit die verbesserte Identifizierung der Inhaber von Namensaktien bezweckt wird.[487] Die Satzung von Namensaktiengesellschaften kann hiernach die Ausübung des Stimmrechts davon abhängig machen, dass Angaben dazu gemacht werden, ob der im Aktienregister Eingetragene auch der wirtschaftlich Berechtigte ist.[488] Satzungsmäßig festgelegt werden kann vor allem ein Schwellenwert, bis zu dem die Eintragung von Nominees möglich und zulässig ist, bei Überschreiten des satzungsautonom festgelegten Schwellenwertes kann die Stimmberechtigung verloren gehen, wenn der Eingetragene nicht gem. § 67 Abs. 4 S. 2 AktG mitteilt, ob die Aktien für eigene oder fremde Rechnung gehalten werden, und in letzterem Fall das Auskunftsverlangen nicht an denjenigen, für den die Ak-

---

482 Baumbach/Hueck, § 134, 4; Hueck, Anfechtbarkeit und Nichtigkeit von Gesellschafterbeschlüssen (1923) S. 130; Schö n, ZHR 158 (1994) 229, 261 f; KK/Zöllner, § 134, 15.
483 Von Godin/Wilhelmi, § 134, 4; Jauernig, BGB, § 1068, 4.
484 Daher zu Recht OLG Koblenz, NJW 1992, 2163; GroßKommAktG/Grundmann, § 134, 81 (alleinige Ausübungsbefugnis des Aktionärs, solange dieser nicht offensichtlich unbillig handelt); MüKoBGB/Pohlmann, § 1068, 81; Palandt/Bassenge, § 1068, 3; vgl. auch Schmidt/Lutter/Spindler, § 134, 8 (vertragliche Zuordnung der Aktionärsrechte empfehlenswert).
485 Zetzsche, NZG 2007, 686, 687.
486 Gesetz zur Begrenzung der mit Finanzinvestitionen verbundenen Risiken vom 12. 8. 2008, BGBl. I, 1666; vgl. hierzu: Noack, NZG 2008, 721. Siehe auch bereits Entwurf eines Gesetzes zur Begrenzung der mit Finanzinvestitionen verbundenen Risiken (Risikobegrenzungsgesetz) v. 7. 12. 2007, BT-Drs. 16/7438.
487 Vgl. Timmann/Birkholz, BB 2007, 2749, 2750.
488 § 67 Abs. 2 S. 2 und 3 AktG. Dazu, wer genau dieser Berechtigte ist, werden allerdings keine Aussagen getroffen, vgl. Wilsing/Goslar, DB 2007, 2467, 2471.

tien gehalten werden, weiterleitet.[489] Nicht eindeutig ist der Wortlaut der geplanten Regelung, wenn es um die Frage geht, ob die Gesellschaften ab dem Erreichen des Schwellenwertes in ihrer Satzung einen vollständigen Ausschluss von Finanzintermediären vorsehen können.[490] Der Gesetzgeber geht in der Regierungsbegründung ausdrücklich von der Zulässigkeit solcher Satzungsbestimmungen aus, die Eintragungen von Legitimationsaktionären völlig untersagen, wenn z.B. ein Schwellenwert von 0,5 bis 2% erreicht wurde.[491] Dies ist freilich weder mit Art. 13 Abs. 2 noch Abs. 3 A-RL vereinbar, der klarstellt, dass nur formale Anforderungen und Publizitätsanforderungen zulässig sind, im Umkehrschluss jedoch kein Verbot der Einschaltung von Intermediären erlaubt.[492] Folglich bestehen meines Erachtens bezüglich der Europarechtskonformität der Regelung erhebliche Zweifel. Dies zeigt, dass es unvermeidbar ist, dass Art. 13 A-RL bei allen gegenwärtigen und zukünftigen Reformbestrebungen im Zusammenhang mit einer verbesserten Transparenz des Beteiligungsbesitzes berücksichtigt wird. Aktuell gilt dies vor allem für die Regulierungsüberlegungen bezüglich Finanzinvestoren,[493] die sich unbemerkt in eine Gesellschaft einkaufen können, indem sie durch Einschaltung von Finanzintermediären die Meldepflichten der §§ 15ff. WpHG umgehen.[494] Hier wird die A-RL auch in Zukunft zu beachten sein, so dass ihre Auswirkungen über die Umsetzung durch das ARUG hinausgehen werden.

4. Zwischenergebnis

Die A-RL hat erhebliche Auswirkungen auf die Ausübung der Aktionärsrechte durch Dritte, die vor allem die organisierte Stimmrechtsvertretung betreffen. Die nationalen Gesetzgeber müssen den Gesellschaften vorschreiben, dass diese ihren Aktionären die Bevollmächtigung auf elektronischem Weg eröffnen, in Deutschland wird dies dazu führen, dass statt der Schriftform gem. § 134 Abs. 3 S. 2 AktG die Textform genügt. Selbst wenn die Satzung Formverschärfungen vorsehen sollte, muss mindestens ein Weg elektronischer Kommunikation für die Übermittlung des Nachweises angeboten werden. Die Auswirkungen hinsichtlich des Intermediärsrechts in Art. 13 A-RL sind wenig weitreichend, wenngleich eine Anpassung des § 67 Abs. 4

---

489 Timmann/Birkholz, BB 2007, 2749, 2750; kritisch: Diekmann/Merkner, NZG 2007, 921, 926.
490 Handelsrechtsausschuss DAV, NZG 2008, 60, 63.
491 RegBegr. Risikobegrenzungsgesetz, BT-Drs. 16/7438, S. 17; vgl. Noack, NZG 2008, 721, 722. Für eine Einbeziehung von Treuhandverhältnissen: Handelsrechtsausschuss DAV, NZG 2008, 60, 62.
492 Ähnlich: Handelsrechtsausschuss DAV, NZG 2008, 60, 63.
493 Grundlegend zu diesbezüglichen Regulierungsoptionen: Eidenmüller, DStR 2007, 2116; Überblick zu aktuellen Reformtendenzen bei: Bolder, EuZW 2008, 321.
494 Prominentes Beispiel für ein vom Vorstand unbemerktes „Heranschleichen" ist der Übernahmeversuch bezüglich der Continental AG durch die Schaeffler-Gruppe, die sich durch sog. Swap-Geschäfte den Zugriff auf zunächst 28% der Continental-Anteile gesichert hat, vgl. Nagl/Herz, Handelsblatt vom 18.7.2008, S. 12; siehe auch Zetzsche, Continental AG vs. Schaeffler, Hidden Ownership and European Law – Matter of Law, or Enforcement?. Zu Umgehungsmöglichkeiten des neu gefassten § 27 WpHG in der Fassung des Risikobegrenzungsgesetzes: Möllers/Hofner, NZG 2008, 166, 169f.

AktG zu empfehlen ist. Von herausragender Bedeutung sind die Vorgaben der A-RL vor allem für das Depotstimmrecht. In Art. 10 Abs. 3 A-RL werden die zulässigen Einschränkungen bezüglich der Vertretung des Aktionärs abschließend (!) aufgeführt. Nicht vorgesehen ist dabei eine Pflicht zur Erarbeitung eigener Abstimmungsvorschläge durch den Vertreter, wie dies § 128 Abs. 2 AktG a. F. verpflichtend für den Fall vorgeschrieben hatte, dass die Kreditinstitute die Stimmrechtsvertretung anbieten wollten.

Auch bei der Deregulierung des Depotstimmrechts ist Art. 10f. A-RL zwingend zu beachten. Zwar ist diesbezüglich die Umsetzungsfrist gem. Art. 15 Abs. 2 A-RL bis zum 3. August 2012 verlängert worden. Nach dem 1. Juli 2006 eingeführte Regeln sind allerdings in vollem Umfang an die europäischen Vorgaben, d.h. insbesondere Art. 10 Abs. 3 A-RL, gebunden. Zwingende Voraussetzung für europarechtskonforme Beschränkungen der Stimmrechtsvertretung ist daher das Vorliegen eines Interessenkonflikts. Ein solcher kann zwar bei Kreditinstituten bejaht werden, weil diese in vielfältiger Weise in Geschäftskontakten mit den Gesellschaften stehen und insbesondere aufgrund ihrer Rolle als Kreditgläubiger solche Interessenkonflikte naheliegend sind. Für andere professionelle Stimmrechtsvertreter, v. a. für Aktionärsvereinigungen darf dies aber nicht leichtfertig angenommen werden, so dass § 135 Abs. 8 AktG, der eine Ausdehnung des Anwendungsbereichs von § 135 Abs. 1 bis 7 AktG bewirkt, mit den Vorgaben von Art. 10 A-RL nicht vereinbar ist. Da folglich die Europarechtskonformität des deregulierten Depotstimmrechts insgesamt unsicher ist, sollte die Neuregelung des § 135 AktG zurückgenommen werden. Ein Regelungsmodell, das eine ernstzunehmende Alternative darstellt, ist in Art. 10 Abs. 3 A-RL enthalten

7. Kapitel: Nach der Hauptversammlung

I. Abstimmungsergebnisses, Art. 14 A-RL

Die letzte Vorschrift, die materiell-rechtliche Vorgaben enthält, ist Art. 14 A-RL. Sie enthält Aussagen zur Auszählung der Stimmen und zur Bekanntgabe der Abstimmungsergebnisse. Die Norm ist aus der Fusion der Art. 14 und 15 A-RL-E hervorgegangen, weil die Feststellung des Abstimmungsergebnisses (Art. 14 A-RL-E) sowie die Bekanntgabe desselben (Art. 15 A-RL-E) in unmittelbarem Zusammenhang stehen und folglich eine inhaltliche Abstimmung geboten ist.[495] Art. 14 A-RL in seiner jetzigen Fassung dient daher zum einen der richtigen, d.h. den Aktionärswillen widerspiegelnden, Feststellung des Abstimmungsergebnisses und zum anderen der Information der Aktionäre darüber, wie ihre Stimmen von der Gesellschaft tatsächlich berücksichtigt wurden.[496]

Die Gesellschaften sind europaweit verpflichtet, bestimmte Angaben in die Feststellung des Abstimmungsergebnisses aufzunehmen, Art. 14 Abs. 1 A-RL. Die s. schließt die Zahl der Aktien, für die gültige Stimmen abgegeben wurden, ebenso ein, wie den Anteil des durch die abgegebenen Stimmen vertretenen Grundkapitals, die Gesamtzahl der abgegebenen gültigen Stimmen sowie die Zahl der für einen Antrag abgegebenen Stimmen, der Gegenstimmen und die Zahl etwaiger Enthaltungen.

Die Vorschrift soll keinesfalls dazu führen, dass etablierte Auszählungsmethoden der Mitgliedstaaten als unzulässig angesehen werden.[497] Eine Ausnahme wird daher für den Fall gemacht, dass kein Aktionär eine umfassende Darstellung des Abstimmungsergebnisses verlangt. Es genügt dann die Feststellung für jeden Beschluss, dass die erforderliche Mehrheit erreicht wurde, Art. 14 Abs. 1 Unterabs. 2 A-RL. Klargestellt werden soll mit dieser Regelung, dass die angelsächsische Tradition zulässig ist, nach der eine Abstimmung nach Köpfen möglich ist, ohne dass die tatsächlichen Beteiligungsverhältnisse berücksichtigt werden (show of hands), wenn kein Aktionär widerspricht. Die Pflichtangabe des abstimmenden Kapitals hätte sonst leicht dazu führen können, dass diese Abstimmungsmethode, bei der das abstimmende Kapital gerade nicht mitgezählt wird, hätte abgeschafft werden müssen.[498] Keinesfalls für unzulässig erklärt werden sollte auch die sog. Subtraktionsmethode, bei der von der Gesamtzahl der auf der Hauptversammlung vertretenen

495 Bachner/Dokalik, GesRZ 2007, 104, 117.
496 Vgl. Begr. A-RL-E, S. 8f.
497 Vgl. Bachner/Dokalik, GesRZ 2007, 104, 117.
498 Winkler, Stimmrecht, S. 248.

Stimmrechte die Ja- oder Nein-Stimmen mit den Stimmenthaltungen addiert werden, um sich auf diese Weise die Auszählung der meisten Stimmen zu ersparen.[499] Die Subtraktionsmethode ist unter anderem auch in Deutschland rechtlich zulässig, wenn darauf geachtet wird, dass die Gesamtzahl der an der Abstimmung teilnehmenden stimmberechtigten Aktien zuverlässig festgehalten wird.[500] Daher ist die Ermittlung der „Zahl der für einen Beschluss abgegebenen Stimmen" auch durch Berechnung möglich, ohne dass eine Auszählung tatsächlich erfolgt.

Um sicher zu stellen, dass sich gerade die gebietsfremden Aktionäre ohne großen Aufwand über die Abstimmungsergebnisse informieren können,[501] sieht Art. 14 Abs. 2 A-RL deren Veröffentlichung auf der Internetseite der Gesellschaft innerhalb von höchstens 15 Tagen nach der Hauptversammlung vor. Die nationalen Gesetzgeber müssen eine entsprechende Frist zwingend vorsehen. Zuletzt stellt Art. 14 Abs. 3 A-RL noch klar, dass die Mitgliedstaaten weiterhin die Wirksamkeit der Beschlüsse von Formalitäten abhängig machen dürfen und dass auch die bereits existierenden oder zukünftig erlassenen Vorschriften über eine spätere Anfechtung des Abstimmungsergebnisses unberührt bleiben.

II. Auswirkungen auf das deutsche Recht

Die Beschlussergebnisse sind nach deutscher Rechtslage gem. § 130 Abs. 1 AktG S. 1 AktG durch eine über die Verhandlung notariell aufgenommene Niederschrift zu beurkunden. Eine Abschrift dieser Niederschrift ist sodann gem. § 130 Abs. 5 AktG unverzüglich zum Handelsregister einzureichen. Ein Beschluss bedarf grundsätzlich nicht der Eintragung im Handelsregister, freilich wird die Wirksamkeit für die Mehrzahl von Beschlussgegenständen ausdrücklich vorgeschrieben.[502] Nach Eintragung hat jedermann gem. § 9 Abs. 1 HGB ein kostenfreies (vgl. § 90 KostO) Einsichtsrecht beim Registergericht. Die Aktionäre der Gesellschaft haben zusätzlich gem. § 125 Abs. 4 AktG das Recht, individuelle Mitteilung zu verlangen. Gem. § 130 Abs. 2 S. 1 AktG sind jedenfalls Ort und Datum der Versammlung, Name des Notars und die Art und das Ergebnis der Abstimmung sowie die Feststellung des Vorsitzenden über die Beschlussfassung anzugeben. Inhalt der Niederschrift des

---

499 Ausführliche Beschreibung der Subtraktionsmethode bei: Eckardt in Geßler/Hefermehl/Eckardt/Kropff, § 133, 15–25; GroßKommAktG/Grundmann, § 133, 130; Hüffer, AktG, § 133, 24; MünchKommAktG/Volhard, § 133, 26; Steiner, Die Hauptversammlung der Aktiengesellschaft, § 13, 44–52; Semler in MünchHdb. AG, § 39, 28; Schmidt/Lutter/Spindler, § 133, 24; Zöllner, ZGR 1974, 1, 5 f.

500 BGHZ 152, 63, 67–73 (für Wohnungseigentümergemeinschaft); OLG Frankfurt/M., AG 1999, 231, 232; LG Dortmund, AG 1968, 390; Eckardt in Geßler/Hefermehl/Eckardt/Kropff, § 133, 15; GroßKommAktG/Grundmann, § 133, 130; Jäger, NZG 2001, 97, 100; Hüffer, AktG, § 133, 24; Max, AG 1991, 77, 87 f.; Martens, Leitfaden, S. 88–91; Semler in MünchHdb. AG, § 39, 35; MünchKommAktG/Volhard § 133, 26; KK/Zöllner, § 133, 57; Bedenken bei: OLG Karlsruhe, ZIP 1991, 101, 107; Barz, AG 1962, Sonderbeilage Nr. 1, S. 9 f; Brox, DB 1965, 731, 733.

501 Vgl. Begr. A-RL-E, S. 9.

502 Aufzählung bei: GroßKommAktG/Grundmann, § 133, 135 (Fn 275). Hierbei kann es gem. Art. 14 Abs. 3 A-RL bleiben.

Beschlussergebnisses ist die Zahl der Ja- und Nein-Stimmen, also das formelle Ergebnis,[503] teilweise wird aber auch die Verkündung des Ergebnisses ohne genaue Angabe der genauen Stimmverhältnisse als ausreichend angesehen.[504] Wichtig ist in diesem Zusammenhang, dass die Anforderungen an die Beschlussfeststellung durch den Versammlungsleiter sehr hoch sind, d.h. dass der Inhalt des Beschlusses in nicht mehr interpretierbarer Weise festgelegt werden und sich dementsprechend in dieser Form in der Niederschrift wiederfinden muss.[505] Die Angabe der von der A-RL geforderten „ziffernmäßigen Feststellungen"[506] ist durch § 130 Abs. 2 S. 1 AktG allerdings nicht sichergestellt, so dass eine entsprechende Ergänzung in § 130 Abs. 2 S. 2 Nr. 3 AktG zu erfolgen hatte.[507] Nach alter Rechtslage nicht verpflichtend vorgesehen war die aus Art. 14 Abs. 2 A-RL folgende Pflicht der Gesellschaften, die Ergebnisse auf ihrer Internetseite zu publizieren. Eine ähnliche Pflicht börsennotierter Gesellschaften ergibt sich allenfalls indirekt aus Ziff. 6.8 DCGK, was in keinem Fall den Anforderungen der A-RL genügt. Diese Verpflichtung war daher ebenfalls neu ins AktG aufzunehmen.

Aufgrund der zusätzlichen Publizitätspflicht (Veröffentlichung auf der Internetseite) und der zusätzlichen Angaben böte es sich an, die Gesellschaften an anderer Stelle hierfür zu entlasten.[508] Verzichtet werden könnte zum einen auf die Handelsregistereinreichung nach § 130 Abs. 5 AktG.[509] Besser noch wäre aber die Abschaffung des ausgesprochen kostenintensiven individuellen Auskunftsrechts in § 125 Abs. 4 AktG, da sich die Aktionäre leicht über die Internetseite informieren können.[510] Eine entsprechende Deregulierung ist im ARUG jedoch leider nicht enthalten, § 130 AktG ist lediglich im Hinblick auf die Vorgaben des Art. 14 A-RL in Abs. 2 S. 2 um die vorgeschriebenen Feststellungen zu den Abstimmungsergebnissen ergänzt worden.[511] Außerdem ist ein neuer Abs. 6 eingefügt worden, aus dem sich für börsennotierte Gesellschaften die Pflicht zur Veröffentlichung der Abstimmungsergebnisse auf ihrer Internetseite innerhalb von sieben (nicht 15!) Tagen nach der Hauptversammlung ergibt. Die Beschränkung der Regelung auf börsennotierte Gesellschaften ist zu begrüßen, weil viele börsenferne Gesellschaften über keine Internetpräsenz verfügen. Ansonsten sind die zu erwartenden Aus-

503 BayObLG, NJW 1973, 250, 250f.; OLG Düsseldorf, NZG 2003, 816, 818; GroßKommAktG/Grundmann, § 133, 131, Hüffer, AktG, § 130, 19; MüKoAktG/Volhard, § 133, 66; Schmidt/Lutter/Spindler, § 133, 38.

504 Fischer in ArbeitsHdb. HV, § 11, 194; a.A. Sigel/Schäfer, BB 2005, 2137, 2142.

505 Zweifel hieran bestehen, wenn der Versammlungsleiter das Beschlussergebnis nur unter Bezugnahme auf den von der Mehrheit angenommenen Vorschlag von Vorstand und Aufsichtsrat verweist, vgl. KG, Beschluss v. 31. 3. 2006, 23 W 8/05; LG Frankfurt/M, DStR 2008, 1886, 1888; a. A. OLG München, Beschluss v. 3.9. 2008, Az. 7 W 1432/08 = DB 2008, 2247 (Leitsatz), Rn. 41; Mutter, AG 2007, R268, R 269; MüKoAktG/Volhard, § 133, 66; Willburger, DStR 2008, 1889, 1889; Schmidt/Lutter/Ziemons, § 130, 12; Wicke, NZG 2007, 771, 772.

506 Zetzsche, NZG 2007, 686, 689.

507 Noack, NZG 2006, 321, 325; Zetzsche, NZG 2007, 686, 689.

508 Daher kritisch: Zetzsche, NZG 2007, 686, 689.

509 Dafür: Ratschow, DStR 2007, 1402, 1408. Dagegen: Spindler in VGR (2005) 31, 51.

510 Ebenso im Ergebnis: Horn, ZIP 2008, 1558, 1566; Paschos/Goslar, AG 2008, 605, 612 (für börsennotierte Gesellschaften); Zetzsche, NZG 2007, 686, 689.

511 Horn, ZIP 2008, 1558, 1566.

wirkungen der Neuregelung in der Tat nicht allzu gravierend, weil die Mindestangaben bereits zum gegenwärtigen Stand meist im Zuge einer ordnungsgemäßen Beschlussvorstellung erfolgen[512] und die Internetseite in den allermeisten Fällen bereits als Informationsmedium intensiv genutzt wird.[513]

Fraglich ist, welche Rechtsfolgen mit einem Verstoß gegen § 130 Abs. 2 S. 2, Abs. 6 AktG verbunden sind. Gem. § 241 Nr. 2 AktG ist Nichtigkeit nur anzunehmen, wenn nicht nach § 130 Abs. 1, Abs. 2 S. 1 und Abs. 4 AktG beurkundet ist. Hieraus folgt im Umkehrschluss, dass Fehler der erweiterten Beschlussfeststellung nach § 130 Abs. 2 S. 2 AktG nicht zur Nichtigkeit führen. Denn kleinere Fehler, die in die Niederschrift aufgenommen werden, sollen nicht mit der drakonischen Nichtigkeitsfolge sanktioniert werden.[514] Beachtenswert ist diese Rechtsfolgenregelung vor allem deshalb, weil ein Verstoß gegen § 130 Abs. 2 S. 2 AktG mangels Ursächlichkeit nicht zur Anfechtbarkeit führt, weil bereits gefasste Hauptversammlungsbeschlüsse nicht auf dem nachfolgenden Gesetzesverstoß beruhen können.[515] Die Einreichungspflicht des Vorstands aus § 130 Abs. 5 AktG kann das zuständige Registergericht dann gem. § 407 Abs. 1 S. 1 AktG i.V.m. § 14 HGB im Zwangsgeldverfahren (§§ 132ff. FGG) durchsetzen.[516] Denkbar ist auch eine Schadensersatzpflicht des Notars nach § 19 Abs. 1 BNotO, wenn Verschulden vorliegt.

Im Falle eines Mangels im Rahmen der Veröffentlichung der festgestellten Abstimmungsergebnisse auf der Internetseite gem. § 130 Abs. 6 AktG erweist sich diese Rechtsfolgenregelung allerdings als problematisch. Denn die Anfechtung der Beschlüsse scheidet hierbei ebenfalls aus, weil keine Ursächlichkeit für die Beschlussfassung vorliegt. Da die Veröffentlichung der Abstimmungsergebnisse auf der Internetseite nicht gem. § 130 Abs. 5 AktG der Kontrolle des Registergerichts. unterliegt, haben Verstöße gegen § 130 Abs. 6 AktG keine unmittelbaren Konsequenzen. Da dieses Ergebnis vom Gesetzgeber nicht gewollt ist und darüber hinaus ein Verstoß gegen das Gebot der effektiven Durchsetzung europäischen Rechts vorliegt, sollte zumindest ein entsprechender Ordnungswidrigkeitentatbestand in § 405 Abs. 3 AktG aufgenommen werden.

---

512 Begr. RefE ARUG, S. 46; Horn, ZIP 2008, 1558, 1566.
513 Vgl. Drinhausen/Keinath, BB 2008, 1238, 1243; Paschos/Goslar, AG 2008, 605, 612.
514 Vgl. Begr. RegE ARUG, S. 62.
515 Baumbach/Hueck, § 130, 3; Eckardt in Geßler/Hefermehl/Eckardt/Kropff, § 130, 80; Hüffer, § 130, 32, § 241, 13; KK/Zöllner, § 130, 97; Schmidt/Lutter/Schwab, § 241, 13; nicht eindeutig: GroßKommAktG/Werner, § 130, 118; a. A. Begr. RegE ARUG S. 62; Knur, DNotZ 1938, 700, 709 (noch zu § 111 Abs. 3 AktG 1937); Lamers, DNotZ 1962, 287, 301.
516 Henn/Frodermann/Jannott/Göhmann, Handbuch des Aktienrechts, S. 538 (Rn. 288); Hüffer, AktG, § 130, 32; Schmidt/Lutter/Schwab, § 130, 13.

5. Teil – Offene Fragen, Ausblick und Bewertung

8. Kapitel: Nicht realisierte Vorschläge

Um die Verabschiedung der A-RL nicht zu gefährden, wurde von der Regulierung einiger Punkte abgesehen. Geplant war, dass bezüglich einiger der strittigen Punkte (nicht aller) eine unverbindliche Empfehlung der Kommission erlassen würde, zu deren Vorbereitung eine dritte Konsultation durchgeführt wurde.[1] Diese Empfehlung sollte den Umsetzungsprozess in den Mitgliedstaaten begleiten und ggf. Reformanregungen geben, um die grenzüberschreitende Ausübung der Aktionärsrechte und die Modernisierung des Europäischen Gesellschaftsrechts auch auf diese Weise weiter voranzutreiben. Die Stellungnahmen zu den von der dritten Konsultation adressierten Bereichen, die im September 2007 der Öffentlichkeit zugänglich gemacht wurden, zeigten sich jedoch einem weiteren legislativen Eingreifen gegenüber überwiegend ablehnend.[2] Mittlerweile ist nicht mehr davon auszugehen, dass die Empfehlung noch in absehbarer Zeit veröffentlicht wird. Zu folgenden Themen war eine weitere Regulierung angedacht:

- Sprache der der Hauptversammlung zugänglich zu machenden Dokumente
- Stimmrechtsausübung bei Depositary Receipts
- Aktienleihe
- Intermediärsketten und Pflichten der Intermediäre

Abzuwarten bleibt, ob diese Themenbereiche noch einmal aufgegriffen werden.

I. Intermediärsrecht

Von herausragender Bedeutung für die A-RL ist die Bestimmung der Person des inhaltlichen Entscheidungsbefugten, d.h. die Definition des Begriffs „Aktionär" als derjenige, dem die Aktionärsrechte zustehen. Für all diese Rechte ist zwingende Voraussetzung, dass zuvor geklärt wird, wer denn diese Person überhaupt ist, deren Rechte geschützt werden sollen. War diese Frage früher leicht zu beantworten, weil als Aktionär stets derjenige galt, der das Wertpapier selbst präsentieren konnte, hat sich infolge der (fast) kompletten Dematerialisierung und Mediatisierung des Aktienbestandes die praktische Handhabung der Legitimation des Aktionärs, also der Bestimmung des inhaltlich Entscheidungsbefugten im rechtli-

---

1 Das Konsultationsdokument ist abrufbar unter: http://ec.europa.eu/internal_market/company/docs/shareholders/consultation3_en.pdf

2 Vgl. Synthesis of the Comments on the Third Consultation Document of the Internal Market and Services Directorate-General „Fostering an Appropriate Regime for Shareholder Rights", abrufbar unter: http://ec.europa.eu/internal_market/company/docs/shareholders/consultation3_report_en.pdf. Befürwortend: Zetzsche, Der Konzern 2007, 251, 258.

chen Sinne (der immer noch von den tatsächlichen Verhältnissen abweichen kann) vollständig gewandelt.[3] Europaweit werden die Aktienbestände nur noch als bloße Buchungsposten geführt, die Aktionäre werden bei Namensaktien über die Aktienregister und bei Inhaberaktien durch das Erfordernis vorheriger Hinterlegung oder über die Institutionen ermittelt, die das Wertpapierkonto für die Aktionäre führt.[4] Das Hinterlegungssystem kann aber bei börsennotierten Gesellschaften nicht mehr angewandt werden, vgl. Art. 7 A-RL. Nicht geändert hat sich hingegen das Verständnis, dass derjenige, der das wirtschaftliche Risiko trägt, welches mit den Anteilen verbunden ist, und dass es nicht allein auf die gegenüber der Gesellschaft formal legitimierte Person ankommt.[5]

Sowohl bei Namens- als auch bei Inhaberaktien stellt sich das Problem, wie damit umgegangen werden soll, dass der inhaltlich Entscheidungsbefugte bestimmt werden muss bzw. nicht bekannt ist, weil entweder ein Intermediär im Aktienregister eingetragen oder der Institution gegenüber, die das Wertpapierkonto unterhält, als Kunde auftritt. Die Schwierigkeit bei der Entwicklung einheitlicher europäischer Kriterien für die Bestimmung des Aktionärsbegriffes liegt zunächst einmal darin begründet, dass es zwei sehr verschiedene Konzeptionen des sachenrechtlichen Eigentums an Aktien gibt. In den kontinentalen Rechtsordnungen, in denen die Inhaberaktien vorherrschend sind, wird als Aktionär derjenige angesehen, der Depotinhaber ist, weil seine Inhaberschaft am Wertpapier unwiderleglich vermutet wird.[6] In den angelsächsischen Rechtsordnungen wird hingegen davon ausgegangen, dass die im Aktienregister eingetragene Person zugleich auch Eigentümer (legal owner) ist und ggf. als trustee (Treuhänder) für den wirtschaftlichen Eigentümer fungiert.[7] Im grenzüberschreitenden Verkehr werden diese Diskrepanzen noch zusätzlich durch äußerst komplexe Verwahrstrukturen und -ketten verschärft, weil es keinen funktionierenden Effektengiroverkehr für ganz Europa gibt, sondern dieser in den einzelnen Mitgliedstaaten von den nationalen Wertpapiersammelbanken[8] betrieben wird, deren Systeme nicht in jeder Hinsicht miteinander kompatibel sind. Die Gründe für diese Inkompatibilität liegen wiederum vornehmlich im rechtlichen Bereich, d. h. Ursachen sind u. a. die unterschiedlichen Ausgestaltungen der Aktiengattungen, der Legitimationsverfahren und Diskrepanzen bezüglich der Bestimmung der Person des Aktionärs in langen Verwahr-

---

3 Noack, FS Westermann (2008) 1203, 1217 f. Ausführlich zur Aktionärslegitimation in Deutschland: Zetzsche, Der Konzern 2007, 180 und 251.

4 Winkler, Stimmrecht, S. 150; ausführlich: Zetzsche, Der Konzern 2007, 180 und 251 (für Inhaberaktien).

5 Hainsworth, Law and Financial Markets Review, January 2007, 11, 13; Noack, FS Westermann (2008) 1203, 1217; Winkler, Stimmrecht, S. 147–150.

6 Vgl. Zetzsche, Der Konzern 2007, 180, 187.

7 Vgl. Hannigan, Company Law, S. 355–357; Scanlan/Harvey/Prime/Ogowewo, Companies Act 2006, S. 43 f.

8 Die großen europäischen Wertpapiersammelbanken sind: Clearstream Banking AG (Deutschland), Clearstream- und Euroclear-Gruppe (Crestco) (Großbritannien), Swiss Financial Services Group AG (Schweiz), Nordic Central Securities Depository (Skandinavien). In den USA: The Depositary Trust & Clearing Company (DTCC), vgl. Zetzsche, Der Konzern 2007, 180, 181 (Fn 9).

ketten.[9] Bei diesen Ursachen wiederum setzt die A-RL an, insofern schließt sich also gewissermaßen der Kreis.

In der Vorbereitungsphase hatte sich die High Level Group of Corporate Experts in ihrem Bericht,[10] der bereits konkrete Vorschläge für Regelungen bezüglich der grenzüberschreitenden Ausübung des Stimmrechts enthielt, mit der Bestimmung des inhaltlich Berechtigten auseinandergesetzt und an einer gemeinschaftsautonomen Definition des Begriffs „Aktionär" versucht. Als Aktionär sollte gegenüber der Gesellschaft nur derjenige anzusehen sein, der inhaltlich über die Ausübung der Aktionärsrechte entscheiden können soll (ultimate accountholder) und zwar unabhängig von den zivilrechtlichen Eigentumsverhältnissen.[11] Die Gruppe schlägt vor, zwischen zwei verschiedenen Kategorien von Depotinhabern zu unterscheiden. Eine Kategorie stellen die sog. Wertpapierintermediäre dar („Securities Intermediaries"), die innerhalb der von den europäischen Wertpapiersammelbanken betriebenen Systemen (Securities Holding System) das Depotgeschäft betreiben und in der Folge die Aktien nicht für sich selbst sondern für einen anderen halten. Alle anderen Depotinhaber, die nicht Wertpapierintermediäre in diesem Sinne sind, können daher als inhaltlich entscheidungsbefugte Aktionärs in Betracht kommen.[12] Dies ermöglicht nunmehr die Bestimmung derjenigen Person, die gegenüber der Gesellschaft als Aktionär anzusehen ist in der Weise, dass ausgehend vom Emittenten die Verwahrkette entlang die Wertpapierdepots zurückverfolgt werden, bis zum ersten Mal ein Depotinhaber auftaucht, der nicht EU-Wertpapierintermediär ist. Dieser Depotinhaber sollte nach Vorstellung der Gruppe dann als sog. „ultimate accountholder" über die Ausübung der Aktionärsrechte inhaltlich entscheiden können oder aber denjenigen benennen, der bestimmen kann wie das Stimmrecht ausgeübt wird.[13] Dabei wurde bewusst in Kauf genommen, dass die so identifizierte Person des inhaltlich Entscheidungsbefugten nicht mit demjenigen identisch sein muss, der als wirtschaftlicher Eigentümer anzusehen ist, weil die Entwicklung handhabbarer Kriterien für dessen Bestimmung extrem schwierig ist und erhebliche Rechtsunsicherheit die Folge wäre.[14] Der Vorschlag dieser Definition wurde der Öffentlichkeit in der ersten Konsultation vorgestellt und stieß auf massive Kritik. Gerade einmal eine knappe Mehrheit der Einsender befürwortete überhaupt eine diesbezügliche gemeinschaftskonforme Vorgabe und innerhalb dieser Gruppe gingen die Meinungen darüber, wie dies erfolgen solle, weit auseinander.[15] Neben den

---

9 Aus diesen Gründen weitere Maßnahmen auf europäischer Ebene fordernd Zetzsche, Shareholder Passivity, Cross-Border Voting and the Shareholder Rights Directive, S. 55 f.

10 Bericht der Hochrangigen Gruppe von Experten auf dem Gebiet des Gesellschaftsrechts über moderne gesellschaftsrechtliche Rahmenbedingungen in Europa, abrufbar unter: http://ec.europa.eu/internal_market/company/docs/modern/report_de.pdf.

11 Vgl. Noack, ZIP 2002, 1215, 1215 f.

12 Vgl. hierzu: Bachner, FS Doralt (2004) 33, 38; Winkler, Stimmrecht, S. 155.

13 Vgl. Empfehlung 1 und 2 des Berichts Hochrangigen Gruppe von Experten auf dem Gebiet des Gesellschaftsrechts über moderne gesellschaftsrechtliche Rahmenbedingungen in Europa (Fn 10).

14 Bachner, FS Doralt (2004) 33, 39.

15 Synthesis of the Comments on the Consultation Document of the Services of the Internal Market Directorate-General „Fostering an Appropriate Regime for Shareholders' Rights", S. 5 f.; abrufbereits beschriebenen Schwierigkeiten ist hervorzuheben, dass die sehr unterschiedlichen Legitimationsverfahren für die Bestimmung des stimmberechtigten Aktionärs auf fest in den nationalen Gesellschaftsrechten verwurzelten Grundsätzen beruhen.

Angesichts der Widerstände hatte die Kommission in Art. 2 lit. c A-RL-E eine Begriffsbestimmung des Aktionärs vorgeschlagen, die derjenigen in Art. 2 Abs. 1 lit. e Transparenz-RL entspricht, wonach der Begriff „Aktionär" eine natürliche oder juristische Person, die unter das öffentliche oder private Recht fällt und entweder Aktien im eigenen Namen und für eigene Rechnung (lit. i) oder Aktien im eigenen Namen und für Rechnung einer anderen natürlichen oder juristischen Person hält. (lit. ii).[16] Obwohl über die Transparenz-RL bereits Eingang ins europäische Recht gefunden, konnte auch zu dieser Definition keine schnelle Einigung erzielt werden.[17] Dass weder der ursprüngliche Vorschlag der High Level Group of Company Law Experts noch eine alternative oder modifizierte Fassung letztlich umgesetzt wurde, liegt daran, dass es sich bei der Klärung des Begriffs „Aktionär" um eine für die gesamte Regelungsmaterie der A-RL entscheidende Frage handelt. Aufgrund dieser zentralen Bedeutung war rascher Abschluss der Verhandlungen hierzu nötig, um das Gesamtprojekt, die A-RL, nicht zu verzögern und womöglich gar zu gefährden.[18] Daher wurde in Art. 2 lit. b A-RL eine Lösung gewählt, die eine „sowohl kluge als auch ausweichende Antwort"[19] gibt:

„Aktionär bezeichnet die natürliche oder juristische Person, die nach dem anwendbaren Recht als Aktionär als Aktionär anerkannt ist."

Es entscheidet daher das jeweils anwendbare Recht, wer die Person ist, der die in der A-RL enthaltenen Rechte zukommen. Die anwendbare Rechtsordnung bestimmt sich dabei nach dem Gesellschaftsstatut, vgl. Art. 1 Abs. 2 A-RL, es ist also das Recht des Gründungsstaates der betreffenden Gesellschaft anwendbar.[20] Die Frage, wer der inhaltlich Entscheidungsbefugte ist, ist damit allerdings noch nicht gelöst, hieran wird gleichfalls an anderer Stelle gearbeitet.[21] Durch diese „Lücke" verliert die A-RL freilich enorm an Schwung, sind doch die komplexen Verwahr-

---

bar unter: http://ec.europa.eu/internal_market/company/docs/shareholders/consultation-synthesis_en.pdf

16 Nicht von dieser Definition erfasst gewesen wären Aktienzertifikate, vgl. Begr. A-RL-E, S. 5.

17 Kritisch auch Noack, NZG 2006, 321, 326.

18 Bachner/Dokalik, GesRZ 2007, 104, 105.

19 Noack, FS Westermann (2008) 1203, 1216.

20 Vgl. EuGH Rs. 81/87 Daily Mail, Slg. 1988, 5483; EuGH Rs. C-212/97 Centros, Slg. 1999, I-1459; EuGH Rs. C-208/00 Überseering, Slg. 2002, I-9919; EuGH Rs. C-167/01, Inspire Art, Slg. 2003, I-10155; siehe hierzu: Grundmann/Möslein in Bayer/Habersack, Aktienrecht im Wandel, Bd. II, S. 31, 37–45 (= Rn. 7–16) (m. w. N.).

21 Unidroit, Preliminary Draft Convention on Harmonised Substantive Rules Regarding Intermediated Securities (November 2006) abrufbar unter: http://www.unidroit.org/english/documents/2006/study78/s-78-057-e.pdf. Die Kommission wurde vom Rat zu den Verhandlungen ermächtigt, diese Ermächtigung beschränkt sich jedoch auf bereits existierende EG-Normen, vgl. Zetzsche, Der Konzern 2007, 251, 258 (m. w. N.).

strukturen mit ein Hauptgrund für die mit der grenzüberschreitenden Stimmrechtsausübung verbundenen Schwierigkeiten.

II. Pflichten der Intermediäre

Mit dieser Problematik zusammenhängend, wenngleich nicht identisch, ist die Frage, ob Pflichten der Intermediäre festgehalten werden sollten, die das Verhältnis zu ihren Kunden, den mutmaßlichen wirtschaftlichen Eigentümern, betreffen. Angedacht war die Aufnahme von Regelungen in die A-RL oder die geplante Begleitempfehlung der Kommission, wonach die Intermediäre auf die Stimmrechtsausübung hinwirken und zugleich die Abstimmungsanweisungen in der Verwahrkette weitergeben sollten, um zu verhindern, dass diese „stecken bleiben". Außerdem sollte darauf hingewirkt werden, dass die Kunden der Intermediäre in die Aktienregister eingetragen werden.[22]

Das Absehen von der Einführung solcher Intermediärspflichten korrespondiert mit dem Fehlen von durchsetzbaren Rechten der Aktionäre in den angelsächsischen Mitgliedstaaten, d.h. namentlich in England und Wales, wenn nichts Entsprechendes in den Satzungen der Gesellschaften vorgesehen ist. In diesen Rechtsordnungen werden die Aktien in Form von „trusts" gehalten, wobei section 126 Companies Act 2006 bestimmt, dass „... no trust may be placed on the register of a company registered in England and Wales." Diese Vorschrift, mit der verhindert werden soll, dass die Gesellschaften in Streitigkeiten um die Eigentümerschaft verwickelt werden, hat zur Folge, dass der Treuhänder[23] gegenüber der Gesellschaft als allein zur Stimmabgabe berechtigter Aktionär gilt und dass der wirtschaftlich Berechtigte selbst dann nicht ins Register eingetragen werden kann, wenn der Treuhänder zustimmt. Hinzu kommt, dass es keine gesetzliche Pflicht des Treuhänders gibt, den wirtschaftlich Berechtigten z.B. im Wege der Stellvertretung die Stimmabgabe auf der Hauptversammlung zu ermöglichen.[24] Diese Umstände veranlassten daher auch die Kommission zu der Aussage, dass die rechtlichen Konstruktionen, auf denen die Rechte der Aktionäre in den Mitgliedstaaten beruhen, nicht hinreichend an die modernen Anforderungen des indirekten Aktienbesitzes angepasst worden sind.[25]

Ist dieses Problem der Trennung von formeller Berechtigung und wirtschaftlichen Interessen („separation of legal ownership and economic interest") in Deutschland aufgrund des grundlegend verschiedenen Verständnisses von sachenrechtlichem Eigentum nicht evident, weil der nicht im Aktienregister Eingetragene dennoch als Eigentümer angesehen wird, stellt sich vor allem in den angelsächsischen Ländern das Problem, dass die sog. „beneficial shareholders" keine eigenen durch-

---

22 Vgl. 3. Konsultationspapier (Fn 1) S. 5.
23 Diese Treuhänder werden als „custodians" oder „subcustodians" bezeichnet, vgl. Hainsworth, Law and Financial Market Review, January 2007, 11.
24 Hainsworth, Law and Financial Market Review, January 2007, 11, 12.
25 Vgl. Begr. A-RL-E, S. 2.

setzbaren Rechte gegenüber den Gesellschaften bzw. den Intermediären haben und in der Regel auf Vereinbarungen mit ihren Treuhändern angewiesen sind. Daher war in Anlehnung an Article 8-506 Uniform Commercial Code (UCC)[26] vorgeschlagen worden, dass in die A-RL eine Verpflichtung jedes Intermediärs aufgenommen würde, die Aktionärsrechte in der Kette „weiterzuleiten", bis der „ultimate investor" erreicht wäre.[27] Aufgrund der beschriebenen Unstimmigkeiten bezüglich der Definition des Begriffes „Aktionär" ist es zur Umsetzung einer vergleichbaren Regelung in der A-RL nicht gekommen. Vielmehr bleibt es aufgrund des Verweises ins nationale Recht dabei, dass die A-RL keine Verbesserung der wirtschaftlich an den gehaltenen Aktien Interessierten bringen wird, sondern dass die Erleichterung der Ausübung vielmehr nur denjenigen zugute kommt, die rechtlich als Aktionäre anerkannt werden. In England und Wales sind dies eben die registrierten Aktionäre, d. h. Intermediäre, die die Aktien für ihre Kunden halten und in einer Vielzahl von Fällen keine Stimmrechtsdienstleistungen anbieten, so dass bereits von einer „Entrechtlichung der Aktionäre" gesprochen wird.[28] In diesem wichtigen Punkt wird die A-RL die Ausübung der Aktionärsrechte folglich entgegen den ursprünglichen Plänen der Kommission nicht erleichtern, lediglich die recht dürftige Fassung des Art. 13 A-RL hat Eingang in die endgültige Fassung gefunden. In diesem Punkt muss die A-RL daher als gescheitert angesehen werden.

III. Aktienleihe

Bei der Aktienleihe überträgt der Aktionär vorübergehend sein Eigentum an der Aktie und dem folgend die Aktionärsrechte auf einen Dritte. Im Vorfeld sind zwei Konstellationen denkbar. Zum einen benötigt derjenige, der seine Aktien vorübergehend auf einen anderen übertragen hat, eine gewisse Zeit, um diese „zurück zu holen", wenn er das Stimmrecht aus seinen Aktien ausüben will. Zum anderen ist es aber auch denkbar, dass die Aktienleihe dazu verwendet wird, Stimmrechte aus Aktien auszuüben, die eigentlich einem anderen gehören, indem Aktien im Vorfeld der Hauptversammlung verliehen werden. Letzteres sollte nach der ursprünglichen Intention der Kommission dadurch entmutigt werden, dass die Stimmrechte nur auf ausdrückliche Weisung des Entleihers hin ausgeübt werden durften.[29]

---

26 Diese Norm lautet in Auszügen:
„§ 8–507. Duty of Securities Intermediary to Comply with Entitlement Order.
(a) A securities intermediary shall comply with an entitlement order if the entitlement order is originated by the appropriate person, the securities intermediary has had reasonable opportunity to assure itself that the entitlement order is genuine and authorized, and the securities intermediary has had reasonable opportunity to comply with the entitlement order."

27 International Corporate Governance Network (ICGN), Response to the second consultation, 14 July 2005, abrufbar unter: http://www.icgn.org/organisation/documents/cbv/ec_shareholder_rights_dec2004.pdf: „The directive could include a requirement for each intermediary to pass legal voting rights to the next layer until the ultimate investor is reached."

28 Hainsworth, Law and Financial Markets Review, January 2007, 11, 12 („disfranchisement of shareholders").

29 3. Konsultationspapier (Fn 1) S. 4.

IV. Rechtsfolgen

Keine Regelungen enthält die A-RL zu den Sanktionen, die mit Verstößen gegen die Aktionärsrechte verbunden sind. Daher werden die sich aus Verstößen ergebenden Rechtsfolgen nach nationalen Vorgaben richten. Die nationalen Legislativ- und Exekutivorgane sind hierbei dazu verpflichtet, die europäischen Vorgaben effizient in dem Sinne durchzusetzen, dass entsprechende Sanktionen nicht schwächer als bei vergleichbaren Regeln nationalen Rechts sind.[30] Diesen Anforderungen werden die §§ 241ff. gerecht, sofern sie Anwendung finden. Näher betrachtet werden muss die Sanktionierung von Verstößen im Zusammenhang mit der Stimmrechtsausübung in Abwesenheit gem. § 118 Abs. 2 AktG, weil dem Aktionär dann nach der Konzeption des ARUG kein Widerspruchsrecht zusteht (vgl. § 243 Nr. 1 AktG) und wohl auch nicht die Verletzung von Verfahrensfehlern in der Hauptversammlung geltend gemacht werden kann.[31] Es bleibt dann lediglich die Möglichkeit der Beschlussanfechtung nach § 245 Nr. 2 und Nr. 3 AktG.[32] Dennoch muss auch der in Abwesenheit das Stimmrecht ausübende Aktionär die Möglichkeit haben, sich zu wehren, wenn die Gesellschaft z.B. seine Stimme rechtswidrig nicht berücksichtigt und dies womöglich sogar Einfluss auf das Beschlussergebnis hat. Daher sollte auch in den Fällen des § 118 Abs. 2 AktG die Möglichkeit bestehen, den Widerspruch zu erklären. Daher sollte § 243 Nr. 1 AktG ergänzt werden, indem dies auch noch für eine kurze Zeit nach der Hauptversammlung zulässig ist, wobei nicht verkannt wird, dass die Attraktivität der Briefwahl für die Gesellschaften dann arg geschmälert wird.

V. Sprache

Der grenzüberschreitende Zugang von Informationen vor, nach und während der Hauptversammlung kann sehr leicht an der linguistischen Barriere scheitern, wenn die Aktionäre die Sprache, in der mit Ihnen kommuniziert wird nicht verstehen. Von der Kommission war daher angedacht worden, dass Gesellschaften, die ein „going public“ in anderen Mitgliedstaaten vornehmen, sämtliche veröffentlichte Dokumente in eine weitere Sprache, d.h. in erster Linie wohl ins Englische übersetzen müssten.[33] Die Übersetzung der hauptversammlungsrelevanten Informationen erleichtert und komplettiert zwar deren europaweite Verbreitung. Bei kleineren

---

30 Vgl. EuGH Rs. 68/88 Kommission/Griechenland, Slg. 1989, 2965; EuGH Rs. C-326/88 Hansen, Slg. 1990, I-2911; EuGH Rs./94 André Allain, Slg. 1996, I-4631; Grundmann, Europäisches Gesellschaftsrecht, S. 73f. (= Rn. 154); Noack, FS Westermann (2008) 1203, 1207; ders., NZG 2006, 321, 326.

31 Bosse, NZG 2009, 807, 809; Noack, NZG 2008, 441, 445.

32 Horn, ZIP 2008, 1558, 1565.

33 Vgl. Zweites Konsultationspapier GD Binnenmarkt vom 13. 5. 2005, S. 3, abrufbar unter: http://ec.europa.eu/internal_market/company/shareholders/indexa_de.htm.), S. 10f: „ in a language customary in the sphere of international finance ”. Die Formulierung liefe in den allermeisten Fällen auf eine Übersetzung der Dokumente ins Englische hinaus, vgl. Dethomas/Rontchevsky, Revue Lamy Droit des Affaires 2007, 10, 15.

Gesellschaften stellte eine entsprechende Verpflichtung jedoch einen spürbaren Kostenfaktor dar, wenn sie wirklich jedes einzelne Dokument übersetzen müssten.[34] Außerdem hätte geklärt werden müssen, wie verhindert werden kann, dass die Informationen dann ausschließlich in Englisch zur Verfügung gestellt worden wären, so dass die einheimischen Aktionäre unter Umständen benachteiligt würden. Es ist daher richtig, dass die Kommission die Frage der Sprache der Dokumente nicht in einer zwingenden Regelung behandelt hat. Die meisten Gesellschaften werden aufgrund eigener Interessen mit ihren Aktionären mehrsprachig kommunizieren.

34 Ob von der Übersetzungspflicht auch die Ergänzungen der Tagesordnung durch Aktionäre betroffen gewesen wären, wurde im Konsultationsverfahren nicht explizit angesprochen, muss aber konsequenter Weise bejaht werden.

9. Kapitel: Schlussbetrachtung und Bewertung

Die vorliegende Untersuchung hat gezeigt, dass die A-RL Auswirkungen auf das Recht der Hauptversammlung, die Ausübung der Aktionärsrechte und die Stimmrechtsvertretung hat. Dem Intermediärsrecht wiederum widmet sich die A-RL nur am Rande, es bleibt abzuwarten, ob es diesbezüglich zur Verabschiedung eines eigenen Regelungsaktes auf europäischer Ebene oder zur Einigung auf ein internationales Einkommen, welches sich der grenzüberschreitenden Verwahrstrukturen annimmt, kommt.[35] Für das Gesamtgefüge des Europäischen Gesellschaftsrechts stellt die A-RL einen wichtigen Baustein für die geplante Modernisierung des Gesellschaftsrechts dar, wenngleich von einem Meilenstein nicht die Rede sein kann. Während noch zur Jahrtausendwende mit der Verabschiedung der Übernahme-RL und der SE-VO umfangreiche Harmonisierungsaktivitäten im Bereich des Gesellschaftsrechts zu beobachten waren, sind mittlerweile die Stimmen gegen eine noch weitergehende Harmonisierung erheblich stärker geworden und haben zu einem vorläufigen Stillstand geführt.[36] Bemerkenswert ist, dass von insgesamt 16 Legislativakten, die im Aktionsplan Modernisierung des Gesellschaftsrechts und Verbesserung der Corporate Governance in der EU[37] angeregt wurden, bisher allein die A-RL verabschiedet wurde und die baldige Ausarbeitung sonstiger Rechtsakte auf dem Gebiet des Gesellschaftsrechts jedenfalls nicht unmittelbar bevorstehen. Umso wichtiger ist es daher aus politischer Sicht, dass die A-RL zu einem „Erfolg" wird und die Bedenken der Gegner einer weiteren Harmonisierung entkräftet werden. Hiermit korrespondiert das sehr vorsichtige Vorgehen des europäischen Gesetzgebers, der in der A-RL eine Regelungstechnik verwendet, die keine umfassende Regulierung der Aktionärsrechte vornimmt, sondern diese nur punktuell für mit der grenzüberschreitenden Ausübung verbundene Hindernisse adressiert.[38] Dabei geht es vor allem um die Abschaffung von bestehenden Hindernissen und nicht um die Schaffung neuer Voraussetzungen.[39] Beispielhaft kann hierfür angeführt werden, dass die Einführung und Ausgestaltung der Ausübung der Aktionärsrechte in Abwesenheit nicht in einer bestimmten Art und Weise von den Mitgliedstaaten vorzu-

---

35 Dies wäre jedenfalls wünschenswert, vgl. Zetzsche, Der Konzern 2007, 251, 258.

36 Hopt, ZHR 171 (2007) 199, 202. Sogar von einer Krise der Harmonisierung des Gesellschaftsrechts sprechend: Behrens, FS Mestmäcker (1996) 831; Hopt, ZIP 1998, 96. Deutlich optimistischer hingegen: Grundmann, ZIP 2004, 2401 und ders., EBOR 5 (2004), 601.

37 Vgl. der Hochrangigen Gruppe von Experten auf dem Gebiet des Gesellschaftsrechts über moderne gesellschaftsrechtliche Rahmenbedingungen in Europa (Fn 10). Einen Überblick über die Umsetzung der angeregten Maßnahmen findet sich bei: Baums, EBOR 8 (2007) 143.

38 Dethomas/Rontchevsky, Revue Lamy Droit des Affaires 2007, 10, 14: „Un début d'harmonisation *a minima*". Instruktiv dazu: Grundmann/Möslein in Bayer/Habersack, Bd. II, S. 31, 36 (Rn. 4).

39 Eine Ausnahme stellt die – missglückte – Pflicht des Rückgriffs auf Medien für die Bekanntmachung der Einberufung der Hauptversammlung gem. Art. 5 Abs. 2 A-RL dar.

schreiben ist, sondern den Gesellschaften selbst überlassen bleibt. Insofern kann von einer Regulierungswut der EG nicht die Rede sein, vielmehr erfolgt durch die A-RL eine Deregulierung der nationalen Gesellschaftsrechte.

I. Ausblick: ARUG

Die Umsetzung der Vorgaben der A-RL ist mit der Verabschiedung des ARUG erfolgt und wurde bereits bei den jeweiligen Einzelregelungen erörtert. Gem. § 20 Abs. 1 und 2 EGAktG sind die neuen Vorschriften seit November 2009 anzuwenden.[40] Der deutsche Gesetzgeber hat sich jedoch nicht auf die bloße Anpassung des deutschen Aktienrechts an die europäischen Vorgaben beschränken, sondern hat diese vielmehr zum Anlass genommen, noch weitere Bereiche zu reformieren. Dies betrifft zum einen die umfassende Deregulierung des Depotstimmrechts, die eigentlich gem. Art. 15 Abs. 1 Unterabs. 2 A-RL erst bis zum 3. August 2012 erfolgen müsste. Neben den Vorschriften zum Sacheinlagenrecht (§§ 33 ff. AktG)[41] werden weitere hauptversammlungsbezogene Vorschriften zum Anfechtungsrecht mit dem Ziel neu gefasst, missbräuchliche Anfechtungsklagen zu erschweren. Das Problem hierbei liegt vornehmlich darin, dass die Anfechtung von Hauptversammlungsbeschlüssen grundsätzlich gegenüber der Registereintragung, die für das Wirksamwerden bedeutsamer Beschlüsse konstitutiv ist, Sperrwirkung entfaltet, so dass für die Zukunft der Unternehmen wichtige Entscheidungen blockiert werden können, was mit erheblichen wirtschaftlichen Nachteilen bis hin zur Existenzbedrohung verbunden ist.[42] Die betroffenen Unternehmen sind in der Folge dazu gezwungen, mit den hinter den missbräuchlichen Anfechtungsklagen stehenden Berufsklägern zu verhandeln und diesen deren Lästigkeitswert abzukaufen.[43] Dieser Punkt hat sich in den Verhandlungen zur A-RL als sehr problematisch erwiesen und z.B. die europaweite Einführung eines Fragerechts vor der Hauptversammlung verhindert, weil von deutscher Seite ein weiteres Ansteigen der Anfechtungsrisiken befürchtet wurde.[44] Daher ist es erforderlich, dass möglichst schnell und unkompliziert ein Freigabeverfahren durchgeführt wird, wonach Beschlüsse ins Register eingetragen werden können, wenn das Interesse der Gesellschaft trotz möglicher Rechtswidrigkeit das Aktionärsinteresse überwiegt. §§ 246a Abs. 2, 319 Abs. 6 S. 2 AktG, § 16 Abs. 3 S. 2 UmwG legen nunmehr fest, dass ein solcher Freigabebeschluss bereits dann ergehen kann, wenn das „alsbaldige Wirksamwerden des Hauptversammlungsbeschlusses vorrangig erscheint, weil die vom Antragsteller dargelegten wesentlichen Nachteile für die Gesellschaft und ihre Aktionäre nach freier Überzeu-

---

40 Eine Ausnahme ergibt sich aus § 20 Abs. 3 EGAktG, wonach die Satzungen noch in der nächsten ordentlichen Hauptversammlung angepasst werden können.

41 Vgl. hierzu Böttcher, NZG 2008, 481.

42 Vgl. Niemeier, ZIP 2008, 1148, 1148; Noack, NZG 2008, 441, 445; Seibert, ZIP 2008, 906, 910; Waclawik, ZIP 2008, 1141, 1141.

43 Goette, DStR 2009, 51, 55; Sauter, Der Referentenentwurf eines Gesetzes zur Umsetzung der Aktionärsrechterichtlinie (ARUG), S. 11.

44 Weber-Rey, ECFR 2007, 370, 401.

gung des Gerichts die Nachteile für den Antragsgegner überwiegen und der Eintragung nicht die Schwere der mit der Klage geltend gemachten Rechtsverletzungen entgegensteht." Diese Voraussetzungen dienen weitgehend nur der Klarstellung und entsprechen im wesentlichen der Gerichtspraxis zur bisherigen Rechtslage.[45] Wirklich neu ist aber die Einführung eines Bagatellquorums gem. §§ 246a Abs. 2 Nr. 2, 319 Abs. 6 S. 2 Nr. 2 AktG, § 16 Abs. 3 S. 2 Nr. 2 UmwG, wonach die Anfechtungsklage bei Kleinstbeteiligungen von unter 1000 € Nennbetrag unzulässig ist;[46] von der Einführung eines Quorums von 1% des Grundkapitals für die Erhebung der Anfechtungsklage[47] hat der Gesetzgeber hingegen zum Schutz der Minderheitsaktionäre abgesehen.

II. Zusammenfassende Darstellung der Ergebnisse

1. Ziel der A-RL ist die Senkung der Koordinationskosten im Zusammenhang mit der Vorbereitung, Durchführung sowie Nachbereitung der Hauptversammlung sowohl für die Unternehmen als auch für die Aktionäre, deren rationale Zurückhaltung bekämpft werden soll, um ein Absinken bzw. ein Ansteigen der Hauptversammlungspräsenzen zu verhindern bzw. zu fördern. Zur Erreichung dieses Ziels werden die Mitgliedstaaten zum einen dazu verpflichtet, ihre nationalen Aktienrechte zu deregulieren, zum anderen wird die Bedeutung elektronischer Medien erheblich gestärkt werden.

2. In der Folge der Umsetzung der A-RL musste das deutsche Recht angepasst werden, wobei die Auswirkungen nicht zu unterschätzen sind. So ist die Einberufungspublizität erheblich modifiziert worden und die Internetseite börsennotierter Gesellschaften muss verstärkt zum Einsatz kommen. Große Bedeutung haben die Stärkung elektronischer Medien bei der Durchführung der Hauptversammlung, die zur Aufweichung des Prinzips der Hauptversammlung als Präsenzveranstaltung führt, sowie die Regeln zur Ausübung der Aktionärsrechte durch Dritte, die sich insbesondere bei der Neuregelung des Depotstimmrechts der Kreditinstitute ausgewirkt haben.

3. Keine Aussagen enthält die A-RL zu den materiellrechtlichen Befugnissen der Aktionäre, insbesondere nicht zu den Kompetenzen der Hauptversammlung. Auch der Proportionalitätsgrundsatz, wonach mit einer Aktie stets nur ein Stimmrecht verbunden ist, wird nicht adressiert. Es geht vielmehr darum, die formellen und tat-

---

45 Zur Auslegung der Interessenabwägungsklausel: Poelzig, DStR 2008, 1538, 1539.

46 Ausführlich zum Ganzen: Sauter, Der Referentenentwurf eines Gesetzes zur Umsetzung der Aktionärsrechterichtlinie (ARUG), S. 11–17.

47 Befürwortend: Noack, BB 2007, Die erste Seite (1% des Grundkapitals oder anteiliger Betrag von 100.000 €); von Rosen, BB 2008, 957 (5% des Grundkapitals); Poelzig/Meixner, AG 2008, 196, 203 (1% des Grundkapitals oder anteiliger Betrag von 100.000 €); Vetter, AG 2008, 177, 195 (1% des Grundkapitals). Ablehnend: Baums/Drinhausen, ZIP 2008, 145, 148; Niemeier, ZIP 2008, 1148, 1149 f.; Seibert, NZG 2007, 841, 845. Für die Aufhebung jeglicher Sperrwirkung bei Anfechtungsklagen: Assmann, AG 2008, 208, 212.

sächlichen Voraussetzungen für die effektive Ausübung der Aktionärsrechte europaweit herzustellen.

4. Die Regelungstechnik steht für den neuen „Stil“ europäischer Gesetzgebung, weil sie die Harmonisierung nur punktuell, äußerst vorsichtig und nicht umfassend betreibt. Dies stellt eine Reaktion auf Kritik dar, die allgemein die verstärkte Berücksichtigung des Subsidiaritätsprinzips einfordert und sich konkret gegen die Harmonisierung der Aktionärsrechte wendet.

5. Die verabschiedeten Regelungen haben fast durchgehend den Charakter von Kompromisslösungen, da eine Einigung der Mitgliedstaaten innerhalb des vorgesehenen Zeitraums aufgrund der teilweise sehr unterschiedlichen Regelungstraditionen nicht erreicht werden konnte. Für zentrale Fragen konnte überhaupt keine Einigung erzielt werden, so dass die A-RL keine einheitliche Definition des Begriffes Aktionär, keine Regelungen zum Intermediärsrecht und ganz allgemein zu den komplexen Verwahrstrukturen im grenzüberschreitenden Verkehr enthält.

6. Ein Tätigwerden des europäischen Gesetzgebers war angemessen, weil die Aktionäre von ihren Rechten bei grenzüberschreitenden Investments nochmals seltener Gebrauch von ihren Rechten als bei rein nationalen Beteiligungen machen. Aufgrund dieses Binnenmarktbezugs ist eine europaweite Harmonisierung europaweit wünschenswert. Bedauerlich ist jedoch, dass in wichtigen Bereichen keine Einigung erzielt werden konnte, so dass die A-RL „unvollständig“ ist.

7. Folgende Punkte reguliert die A-RL: die rechtzeitige Einberufung der Hauptversammlung, die Verbreitung der hauptversammlungsrelevanten Informationen und Unterlagen (z.B. über die Internetseite), die Abschaffung jeglicher Form der Aktiensperrung, die Beseitigung sämtlicher Hemmnisse für die Nutzung elektronischer Medien, die Ermöglichung der Ausübung der Aktionärsrechte in Abwesenheit sowie die Ausübung der Aktionärsrechte durch Dritte, insbesondere die Stimmrechtsvertretung.

8. Die Beschränkung des Anwendungsbereichs ausschließlich auf börsennotierte Gesellschaften hat eine stärkere Differenzierung zwischen geschlossenen und kapitalmarktorientierten Gesellschaften zur Folge. Es ist jedoch im Rahmen der Umsetzung sinnvoll, einzelne Regelungen auf alle Aktiengesellschaften anzuwenden. Die Entscheidung über die Beschränkung oder Ausdehnung des Anwendungsbereichs sollte sich an den Kriterien der Systemgerechtigkeit, der Deregulierung sowie der vergleichbaren bzw. verschiedenen Interessenlagen orientieren.

9. Kein konkreter Anpassungsbedarf ergibt sich auf dem in Art. 4 A-RL enthaltenen Gleichbehandlungsgebot der Aktionäre, welches bereits in § 53 a AktG enthalten ist. Wichtig ist für die zukünftige Rechtsentwicklung, dass der europarechtliche Hintergrund der deutschen Vorschrift berücksichtigt wird. Dies wird sich nicht nur auf die harmonisierten Bereiche sondern im Wege einer quasirichtlinienkonformen Auslegung des Gleichbehandlungsgebots auswirken. Es besteht eine Vermutung dafür, dass § 53 a AktG im gesamten Aktienrecht gemeinschaftsrechtskonform auszulegen ist. Diese Vermutung kann nur in nicht harmonisierten

Bereichen widerlegt werden. Die im europäischen Recht mit Erlass der A-RL getroffene Wertung, dass die Aktionärsrechte gestärkt werden sollen, sollte im deutschen Recht verstärkt berücksichtigt werden. Praktische Bedeutung könnte diese Erkenntnis schnell für die anfechtungsanfälligen Aktionärsrechte erlangen. Der Gleichbehandlungsgrundsatz der Aktionäre sollte im Rahmen der Anwendung der von der A-RL adressierten Rechte deshalb insofern stets betrachtet werden, dass Anfechtungsrisiken von Hauptversammlungsbeschlüssen bestehen.

10. Die A-RL legt eine europaweite Mindesteinberufungsfrist von 21 Tagen fest. Die deutsche Frist von mindestens 30 Tagen sollte jedoch in Folge der Umsetzung der A-RL nicht abgekürzt werden, damit den Aktionären genügend Zeit zur Vorbereitung verbleibt. Die Möglichkeit einer Abkürzung der Einberufungsfrist für außerordentliche Hauptversammlungen stützt sich zwar grundsätzlich auf gute Argumente. Allerdings muss eine Abstimmung mit dem Nachweisstichtag erfolgen, der gem. Art. 7 Abs. 3 S. 4 A-RL frühestens acht Tage nach Einberufung liegen darf, so dass er nur noch ca. vier bis fünf Tage vor der Hauptversammlung läge, was für den Nachweis der Aktionärsstellung bei Inhaberaktien zu kurz ist. Eine Verkürzung der Einberufungsfrist kann daher allein für Namensaktien eingeführt werden.

11. Bezüglich der Einberufungspublizität sind erhebliche Modifikationen zu konstatieren. Die Gesellschaften müssen die Einberufung dadurch bekannt machen, dass sie die diesbezüglichen Informationen einem Bündel von Medien zuleiten, welches die europaweite Verbreitung sicherstellt. Diese Pflicht wird gem. 121 Abs. 4a AktG nur für börsennotierte Gesellschaften gelten. Außerdem hat eine Bekanntgabe über die Internetseite zu erfolgen.

12. Die Pflicht zum Rückgriff auf das Medienbündel ist zum einen inhaltlich schwer zu fassen und zum anderen äußerst uneffektiv, weil sie lediglich eine Zuleitungs-, keine Veröffentlichungspflicht statuiert, so dass die europaweite Verbreitung der Einberufung keineswegs sichergestellt ist. Außerdem ist der damit verbundene bürokratische Aufwand sehr hoch. Daher ist es zu begrüßen, dass der deutsche Gesetzgeber die Gesellschaften gem. §§ 125 Abs. 2 S. 2,128 Abs. 1 S. 2 AktG dadurch entlastet, dass sie die Einberufungsunterlagen elektronisch an die Aktionäre übermitteln können.

13. Um Widersprüchlichkeiten zwischen AktG und WpHG zu vermeiden, sollte §§ 125 Abs. 2 S. 2, 128 Abs. 1 AktG zu Gunsten der Übernahme einer § 30b Abs. 3 Nr. 1 WpHG entsprechenden Regelung in das AktG weichen. Aktionäre würden dann von der Einberufung elektronisch benachrichtigt werden, wenn sie dem nicht widersprechen und ein zustimmender Hauptversammlungsbeschluss vorliegt.

14. Zentral für die Kommunikation zwischen börsennotierten Aktiengesellschaften und ihren Aktionären wird die Internetseite sein. Auf ihr müssen die Gesellschaften nicht nur sämtliche für die Einberufung relevanten Informationen zur Verfügung stellen, sondern auch die Anmeldevoraussetzungen sowie die Abstim-

mungsergebnisse. Einschlägige Vorschrift im deutschen Recht ist § 124a AktG. Nicht übersehen werden darf, dass aus Art. 5 Abs. 4d A-RL folgt, dass Unterlagen, die nur auszugsweise auf der Internetseite zum Abruf zu Verfügung stehen, den Aktionären zugänglich gemacht werden müssen und dass hierüber in der Einberufung zu informieren ist.

15. Die Umsetzung der die Minderheitenrechte betreffenden Vorgaben sollte Anlass zu einer verbesserten Abstimmung von Nachweisstichtag, Einberufungsfrist und Gegenantragsfrist geben. Im Ergebnis sollte sich der Nachweisstichtag nicht mehr auf den 21. sondern den 14. Tag vor der Hauptversammlung beziehen. Die Gegenantrags- und Tagesordnungsergänzungsfrist könnte sich dann unproblematisch auf den 20. Tag vor der Hauptversammlung beziehen. Entsprechendes ist im ARUG nicht vorgesehen. Weil die opponierende Minderheit ihr Ergänzungsrecht bei börsennotierten Gesellschaften gem. § 122 Abs. 2 S. 3 AktG mindestens 30 Tage vor der Hauptversammlung ausüben muss, wird die Ausübung des Tagesordnungsergänzungsrecht erheblich erschwert bzw. sogar verhindert.

16. Art. 7 A-RL führt für börsennotierte Gesellschaften europaweit das Nachweisstichtagssystem für die Legitimierung zur Hauptversammlungsteilnahme ein, welches in Deutschland gem. § 123 Abs. 3 S. 2 AktG bereits gilt, so dass sich auf den ersten Blick kein Anpassungsbedarf ergibt. Aus dem richtigen Zusammenspiel von Nachweisstichtag und der Wahrnehmung der Minderheitenrechte ergibt sich aber, dass sich der Nachweis auf den 14. Tag beziehen und folglich vorgezogen werden sollte. Die vom deutschen Gesetzgeber mit § 123 Abs. 2 und 3 AktG verfolgte Lösung, wonach sich die Mindesteinberufungsfrist auf bis zu 36 Tage verlängert, überzeugt nicht. Außerdem sollte ein Nachweisstichtag auch für Namensaktien eingeführt werden, obwohl sich dies nicht konkret aus der Pflicht zur Umsetzung der A-RL ergibt.

17. Die Mitgliedstaaten sind verpflichtet, den Gesellschaften den Einsatz elektronischer Medien bei Durchführung der Hauptversammlung zu ermöglichen. Folgende Formen der elektronischen Teilnahme sind zuzulassen: Übertragung in Echtzeit via Internet oder Fernsehen, Satelliten-Hauptversammlung und Online-Hauptversammlung; die Zulassung der rein virtuellen Hauptversammlung liegt im Ermessen der Mitgliedstaaten.

18. Grundsätzlich können sämtliche Aktionärsrechte – nicht nur das Stimmrecht – mittels elektronischer Hilfsmittel ausgeübt werden. Die Entscheidung über die Ausgestaltung der elektronischen Teilnahme obliegt den Gesellschaften selbst, insofern herrscht Satzungsautonomie. Wünschenswert wäre es, dass auch die rein virtuelle Hauptversammlung zugelassen wird, weil berechtigte Bedürfnisse bei Gesellschaften mit geschlossenem Aktionärskreis bestehen können; der deutsche Gesetzgeber konnte sich hierzu bislang jedoch noch nicht durchringen.

19. Im deutschen Recht war bisher nur die elektronische Übertragung via Internet zulässig. Die Zulassung weiterer elektronischer Teilnahmeformen hat zur Aufhebung des Grundsatzes geführt, dass es sich bei der Hauptversammlung zwingend

um eine Präsenzveranstaltung handelt. In Zukunft können die Aktionärsrechte auch dann persönlich ausgeübt werden, wenn sich der betreffende Aktionär nicht am Ort der Versammlung befindet.

20. Die Gesellschaften müssen die mit der Einführung elektronischer Teilnahmeformen für ihre Aktionäre verbundenen Anfechtungsrisiken genau bedenken. Dies gilt vor allem dafür, dass der Ausfall technischer Hilfsmittel im Verantwortungsbereich der Gesellschaft zur Anfechtbarkeit der getroffenen Beschlüsse führen kann. Hierbei ist auf die bereits bislang geltenden, von der Rechtsprechung herausgearbeiteten Grundsätze, insbesondere der Relevanz/Kausalität des Verstoßes, zurückzugreifen. Technische Störungen führen gem. § 243 Abs. 1 Nr. 1 AktG nur bei Vorsatz und grober Fahrlässigkeit zur Anfechtbarkeit.

21. Eine weitere Teilnahmemöglichkeit in Abwesenheit, die gem. § 118 Abs. 2 AktG zugelassen ist, ist die Abstimmung per Brief. Dies schließt die Stimmabgabe per Email im Vorfeld der Hauptversammlung ein. Aktionäre, die ihr Stimmrecht vor der Hauptversammlung ausüben, sind jedoch nicht Teilnehmer an der Hauptversammlung und somit nur beschränkt anfechtungsbefugt, vgl. § 245 Nr. 1 AktG. Hieraus entstehen Abgrenzungsschwierigkeiten zu § 118 Abs. 1 S. 2 AktG.

22. Zu einer Einführung eines Fragerechts vor der Hauptversammlung ist es auf Druck der deutschen Verbände nicht gekommen. Die endgültige Fassung der das Frage- und Auskunftsrecht enthaltenden Vorschrift Art. 9 A-RL ist eine Kompromisslösung. Sie hat insofern Auswirkungen auf das deutsche Recht, dass sich die Auskunftsverweigerung an Art. 9 Abs. 2 S. 1 A-RL messen lassen muss. Zweifel an der Europarechtskonformität bestehen bezüglich § 131 Abs. 2 S. 1 Nr. 2 AktG, wonach die Auskunft zu bestimmten steuerrechtlichen Fragen verweigert werden darf. Dieser Auskunftsverweigerungsgrund sollte gestrichen werden.

23. Anders als die übrigen Regelungen beinhalten die Vorschriften zur Vertretung bei der Ausübung der Aktionärsrechte durch Dritte (Art. 10, 11 A-RL) keine Mindestharmonisierung sondern treffen im Gegenteil abschließende Aussagen.

24. Voraussetzung für Beschränkungen der Vertretung der Aktionäre ist das Vorliegen einer Interessenkollision. Eine solche liegt vor, wenn beim Vertreter ein erhebliches Eigeninteresse vorliegt. Bei neutralen Vertretern dürfen keine Beschränkungen oder zusätzliche Anforderungen vorgesehen werden.

25. Die sich aus einer solchen Interessenkollision ergebenden Rechtsfolgen werden abschließend aufgezählt, wobei der vollständige Ausschluss bestimmter Personen von der Vertretung europarechtswidrig ist. Nicht mit einer richtlinienkonformen Auslegung vereinbar ist daher die Annahme, dass die Gesellschaften in ihrer Satzung die Person des Vertreters von bestimmten Eigenschaften (z.B. dass dieser ebenfalls Aktionär sein muss) abhängig machen.

26. Problematisch ist sowohl die Vereinbarkeit von § 135 AktG a.F. als auch vom durch das ARUG neugefassten § 135 AktG mit den Vorgaben der A-RL. Während dies bei der alten Regelung wegen der verlängerten Umsetzungsfrist bis August

2012 gem. Art. 15 Abs. 1 Unterabs. 2 A-RL nicht akut gewesen wäre, muss sich die geplante Deregulierung des Depotstimmrechts bereits ab August 2009 an Art. 10 A-RL messen lassen. Problematisch ist dabei vor allem die Erstreckung der für Kreditinstitute geltenden Regeln auf Aktionärsvereinigungen. Wichtig ist weiterhin, dass die Pflicht zur Ausarbeitung eigener Abstimmungsvorschläge europarechtswidrig ist.

27. Für die Bevollmächtigung des Vertreters gilt, dass diese elektronisch erfolgen können muss. Daher wird in § 134 Abs. 3 S. 2 AktG die Schrift- durch die Textform ersetzt. Diese Formvorgabe muss auch für Kreditinstitute gelten, die Vorgabe, dass die Bevollmächtigung lediglich nachprüfbar festzuhalten ist, genügt den Vorgaben der A-RL nicht.

28. Keinen Fall der Vertretung stellt es dar, wenn ein Dritter formell die Aktionärseigenschaft annimmt sich gegenüber dem wirtschaftlich Berechtigten aber zur Wahrnehmung von dessen Rechten verpflichtet. In diesem Fall ist Art. 13 A-RL einschlägig. Der Regelungsinhalt dieser Norm ist sehr dürftig und enthält insbesondere keine Aussage zu den komplexen Verwahrstrukturen im grenzüberschreitenden Verkehr.

29. § 67 Abs. 4 S. 2 AktG ist richtlinienkonform – unter Beachtung der Vorgaben des Art. 13 A-RL – auszulegen, so dass Finanzintermediäre, die bestimmte Schwellenwerte erreichen, von der Ausübung der Aktionärsrechte nicht aufgrund entsprechender Satzungsregelungen ausgeschlossen werden können.

30. Die Sorge vor missbräuchlichen Anfechtungsklagen darf nicht dazu führen, dass ein Verstoß gegen die auf europäischen Vorgaben beruhenden Vorschriften nicht sanktioniert wird. Geändert werden sollten daher die europarechtswidrigen Regelungen, dass Aktionären, die gem. § 118 Abs. 2 AktG per Brief abstimmen, kein Widerspruchsrecht zusteht sowie dass es an einer Sanktion von Verstößen gegen § 130 Abs. 6 AktG fehlt.

31. Keine Aussagen enthält die A-RL – trotz ursprünglicher Pläne der Kommission – dazu, in welcher Sprache die der Hauptversammlung zugänglich zu machenden Dokumente abgefasst sein sollen, wie sich die Stimmrechtsausübung bei Depositary Receipts gestaltet, zur Aktienleihe sowie zu Pflichten der Finanzintermediäre, um einen schnelleren Informationsfluss zwischen Gesellschaft und Aktionären zu schaffen.

32. Der deutsche Gesetzgeber hat die Vorgaben der A-RL im ARUG umgesetzt und hat dabei – über die europäischen Vorgaben hinausgehend – weitere Bereiche des Aktienrechts reformiert. Daher geht die „Aktienrechtsreform in Permanenz“ weiter, nunmehr mit europarechtlichem Hintergrund.

Stichwortverzeichnis

FSC
www.fsc.org
MIX
Papier | Fördert gute Waldnutzung
FSC® C083411

Kolibri 360 GmbH
Ferdinand-Jühlke-Straße 7
99095 Erfurt, Deutschland
produktsicherheit@kolibri360.de